KB267545

맹세를 깬 자들

Oathbreakers

맹세를 깬 자들

매슈 게이브리얼 × 데이비드 M. 페리

최파일 옮김

프랑크 제국과 중세의 운명을 바꾼
형제들의 전쟁

까치

역자 최파일
서울대학교에서 언론정보학과 서양사학을 전공했다. 역사책 읽기 모임 '헤로도토스 클럽'에서 활동하며, 역사 분야를 중심으로 해외의 좋은 책을 기획, 번역하고 있다. 축구와 셜록 홈스의 열렬한 팬이며, 제1차 세계대전 문학에도 관심이 많다. 옮긴 책으로『지금, 역사란 무엇인가』,『로마 황제 열전』,『글이 만든 세계』,『동인도회사, 제국이 된 기업』,『왜 서양이 지배하는가』,『백년전쟁 1337-1453』,『상하이의 유대인 제국』,『피렌체 서점 이야기』, 버트런드 러셀의『자유의 조직』등이 있다.

편집, 교정_옥신애(玉信愛)

맹세를 깬 자들
프랑크 제국과 중세의 운명을 바꾼 형제들의 전쟁

저자/매슈 게이브리얼, 데이비드 M. 페리
역자/최파일
발행처/까치글방
발행인/박후영
주소/서울시 용산구 서빙고로 67, 파크타워 103동 1003호
전화/02 · 735 · 8998, 736 · 7768
팩시밀리/02 · 723 · 4591
홈페이지/www.kachibooks.co.kr
전자우편/kachibooks@gmail.com
등록번호/1-528
등록일/1977. 8. 5
초판 1쇄 발행일/2026. 2. 20

값/뒤표지에 쓰여 있음

ISBN   978-89-7291-890-5   93920

우리의 형제자매에게

찬사의 글

저자들은 편향된 연대기와 사료들을 섬세하게 분석하여 카롤루스 왕조 시대의 낭만적인 분위기를 벗겨내고, 권력에 굶주린 음모와 살인, 속을 뒤틀리게 하는 실명 형벌 등 그 시대를 재미나면서도 소름 끼치는 중세 피카레스크 소설처럼 그려낸다. 저자들은 또한 그토록 폭력적인 체제가 돌아가도록 만든 왕권—특히 멍세—의 신성함에 대한 프랑크인들의 진정한 믿음을 빈틈없이 탐구한다. 그 결과, 중세의 사고방식을 분명하게 보여주는 초상이 탄생했다.
—「퍼블리셔스 위클리」

활기 넘치는 두 저자가 오늘날까지 남아 있는 사료들에 비판적인 시선을 던지면서, 역사가들이 단편적이고 대단히 편향된 기록들을 통해서 실제로는 무슨 일이 벌어졌는지 알아내고자 애쓰는 과정을 보여준다. 서로 다투는 형제들에 대한, 학술적이면서도 흥미로운 역사책이다.
—「커커스 리뷰」

9세기 초의 정치적 사건들을 생성하고 흥미진진하게 그려낸 책이다.
—「타임스 리터러리 서플먼트」

신성 로마 제국은 미약한 상태일지라도 평화에 도달했다. 그런데 카롤루스 마그누스의 후계자들은 그보다 더 큰 야망을 품었다. 제국이 내전으로 빠져들면서 아들과 아버지가, 또 형제와 형제가 싸우게 되었다. 그리고 중세 유럽을 위한 무대가 열렸다. 역사학자인 저자들은 당대의 사료들을 철저히 파헤치며 이 내전의 이야기를 들려준다.……이 책은 “왕좌의 게임” 팬들도 흥미로워할 만큼 진지하고 꼼꼼한 역사서로, 독자들은 역사와 허구 사이의 흥미로운 유사점을 발견할 수 있을 것이다.
—「북리스트」

카롤루스 왕조 내전처럼 중요한 사건을 깊이 다룬 책이 많지 않다니 놀라운 일이다. 더더욱 놀라운 점은 이 책이 명저이며 쉽게 읽힌다는 것이다. 역사 애호가들에게 안성맞춤이다.
—Medievalists.net

이 책은 먼 과거의 사건들을 다루지만 저자들은 바로 가까이에 있는 듯이 묘사한다. 유익하고도 흥미롭다.……저자들은 카롤루스 왕조의 인물들을 움직인 감정들—야망, 탐욕, 권력욕—이 오늘날만큼이나 시의적절하다는 것을 보여준다.
—「셀프 어웨어니스」

우여곡절과 반전, 가문 간의 불화, 그리고 체제를 뒤흔드는 쿠데타로 가득한 이 책에서 저자들은 엄밀함을 놓치지 않으면서도 흥미진진한 이야기로 9세기를 생생하게 되살려낸다.
—「알링턴 매거진」

역사 애호가라면 아버지와 아들, 반란과 배신, 약속과 깨진 약속, 음모와 계략, 그리고 결국에는 맹세와 깨진 맹세에 대한 이 이야기에 흠뻑 빠질 것이다.
—「덴버 포스트」

소설 못지않게 충격적이고 극적이며 박진감이 넘친다.
—「북버브」

차례

연표

741년 카롤루스 마르텔루스 사망.

751년 단신왕 피피누스 3세가 프랑크인의 왕이 됨.

754년 피피누스 3세가 생-드니(파리 바깥)에서 교황 스테파누스 2세에게 왕으로 기름 부음을 받음. 이 일로 스테파누스 2세는 알프스 산맥 이북에 온 최초의 교황이 됨.

768년 피피누스 3세 사망. 카롤루스 마그누스와 형제 카를로마누스의 승계.

771년 카를로마누스 사망. 프랑크 왕국 재통일.

774년 프랑크족의 랑고바르드족 정복. 카를로마누스 가족의 종적이 묘연해짐.

792년 카롤루스 마그누스의 아들 (꼽추) 피피누스의 반란.

794년 이르멘가르트 하스바니아가 경건왕 루도비쿠스 1세와 결혼.

800년 카롤루스 마그누스가 성탄절에 로마에서 황제로 왕관을 받음.

806년 카롤루스 마그누스가 『디비시오 레그노룸』으로 제국을 세 명의 적자에게 공식 분할.

810년 이탈리아왕 피피누스 사망.

811년 카롤루스 이우니오르 사망. 꼽추 피피누스 사망.

813년 경건왕 루도비쿠스 1세가 공동황제로 즉위.

814년 카롤루스 마그누스 사망. 경건왕 루도비쿠스 1세의 승계.

817년 경건왕 루도비쿠스 1세가 『오르디나티오 임페리』로 제국을 세

명의 적자에게 공식 분할. 이탈리아의 베르나르두스의 반란.

818년 이탈리아의 베르나르두스의 실명과 사망.

819년 바이에른의 유디트가 경건왕 루도비쿠스 1세와 결혼.

822년 아티니에서 경건왕 루도비쿠스 1세의 정식 공개 참회.

823년 대머리왕 카롤루스 2세 출생.

827년 바르셀로나에서 아이조의 반란.

823년 오를레앙의 마트프리드와 투르의 위그의 명예 실추.

830년 경건왕 루도비쿠스 1세에 대항한 첫 번째 반란.

833년 경건왕 루도비쿠스 1세에 대항한 두 번째 반란.

834년 로타리우스 1세의 샬롱-쉬르-손 포위전. 게르베르가 수녀가 살해됨.

838년 아키텐의 피피누스 1세(경건왕 루도비쿠스 1세의 아들) 사망. 네이메헌 귀족 회의가 열려서 경건왕 루도비쿠스 1세와 독일왕 루도비쿠스 2세가 멀어지는 처참한 결과를 낳음.

840년 경건왕 루도비쿠스 1세 사망. 로타리우스 1세, 독일왕 루도비쿠스 2세, 대머리왕 카롤루스 2세가 각각 황제, 동프랑크 왕, 서프랑크 왕으로 승계.

841년 독일왕 루도비쿠스 2세의 손에 메스의 아달베르트 사망(5월), 퐁트누아 전투(6월), 두오다가 볼모로 잡힌 아들에게 편지를 쓰기 시작(11월).

842년 스트라스부르 맹세(8월), 대머리왕 카롤루스 2세의 결혼식, 니타르두스가 궁정에서 소외됨(12월).

843년 두오다의 편지 완결(2월), 베르됭 조약(8월).

844년 셉티마니아의 베르나르두스 처형.

845년 니타르두스 사망.

등장인물

(셉티마니아의) 기욤　셉티마니아의 베르나르두스와 두오다의 아들.
　어머니로부터 궁정에서의 생존법에 관한 조언이 담긴 장문의
　편지를 받았다. 대머리왕 카롤루스 2세의 볼모였고 반란을 일
　으켰다가 850년에 바르셀로나에서 사망했다.

니타르두스　카롤루스 마그누스의 손자. 대머리왕 카롤루스 2세를 섬
　겼고, 내전을 서술한 역사서를 썼다.

두오다　셉티마니아의 베르나르두스의 아내. 841-843년에 아들이 대
　머리왕 카롤루스 2세의 볼모로 붙잡혀 있을 때 편지를 썼다.

(메스의) 드로고　카롤루스 마그누스의 사생자. 메스의 주교이자 830
　년 이후로는 경건왕 루도비쿠스 1세의 심복이었다.

레오 3세　795-816년의 교황. 800년에 카롤루스 마그누스 황제에게
　왕관을 씌웠다.

로타리우스 1세　경건왕 루도비쿠스 1세의 장남. 840-855년의 황제였다.

루도비쿠스 1세 피우스, 경건왕　카롤루스 마그누스의 적자 중 막내. 아
　버지로부터 프랑크 제국을 물려받았다. 814-840년의 황제였다.

루도비쿠스 2세 게르마니쿠스, 독일왕　경건왕 루도비쿠스 1세의 아들.
　840-876년의 동프랑크 왕이었다.

(오를레앙의) 마트프리드　경건왕 루도비쿠스 1세 치하의 막강한 귀족.
　827년 바르셀로나 원정이 실패한 뒤 명예를 박탈당하고 830년
　과 833년에 경건왕 루도비쿠스 1세에 맞선 반란을 이끌었다.

(셉티마니아의) 베르나르두스   경건왕 루도비쿠스 1세의 사촌. 829년에 궁내관으로 임명되었다. 830년에 마법을 행한 혐의로 고발당했으며 반란의 근접 원인으로 지목되었다.

(이탈리아의) 베르나르두스   이탈리아왕 피피누스의 아들, 카롤루스 마그누스의 손자. 817년에 경건왕 루도비쿠스 1세에 맞서 이른바 반란을 이끌었다가 818년에 실명형을 당하고 사망했다.

베르타   카롤루스 마그누스의 딸, 니타르두스의 어머니.

(라벤나의) 아그넬루스   라벤나 주교들에 대한 역사서를 집필한 성직자. 그 책에는 퐁트누아 전투에 대한 설명도 있다.

아달라르   830년경 이후 경건왕 루도비쿠스 1세의 가령(家令). 퐁트누아 전투 당시 대머리왕 카롤루스 2세 아래에서 군 지휘관을 맡았다. 대머리왕 카롤루스 2세의 부인인 에르망트뤼드의 외삼촌이자 보호자이기도 했다.

(메스의) 아달베르트   경건왕 루도비쿠스 1세의 고문관. 독일왕 루도비쿠스 2세의 숙적이었다. 퐁트누아 전투 직전 리스 운석구에서 독일왕 루도비쿠스 2세의 손에 사망했다.

아인하르트   궁정인. 카롤루스 마그누스 전기 작가였으며, 로타리우스 1세의 개인 교사이기도 했다.

앙길베르트   카롤루스 마그누스의 고문관, 카롤루스 마그누스의 딸인 베르타의 연인, 니타르두스의 아버지.

앙젤베르   로타리우스 1세를 섬긴 귀족. 841년 퐁트누아 전투에 관한 시를 썼다.

(투르의) 에르망가르드   로타리우스 1세의 아내, 투르의 위그의 딸.

(랭스의) 에보   경건왕 루도비쿠스 1세의 수양 형제. 원래는 노예였다. 랭스의 대주교로 833년 반란군 편에 섰다가 834년에 명예와 직위를 박탈당했다.

(마인츠의) 오트가르   마인츠의 대주교. 833년에 반란군 편에 가담했다. 독일왕 루도비쿠스 2세의 적이었다.

왈라 카롤루스 마그누스의 사촌. 황제 말년에 저명한 고문관이었다. 경건왕 루도비쿠스 1세가 여러 차례 유배를 보냈다.

(오를레앙의) 외드 셉티마니아의 베르나르두스의 사촌. 829년에 마트프리드로부터 오를레앙 백작령을 받았고, 834년에 마트프리드의 손에 죽었다.

위고 악마.

(생-캉탱의) 위그 카롤루스 마그누스의 사생자. 생-캉탱의 대수도원장이자 830년 이후 경건왕 루도비쿠스 1세의 측근이었다. 종손인 아키텐의 피피누스 2세의 손에 사망했다.

(투르의) 위그 경건왕 루도비쿠스 1세 치하의 막강한 귀족. 827년 바르셀로나 원정이 실패한 후 명예를 잃었고, 830년과 833년에 경건왕 루도비쿠스에 대항한 반란을 이끌었다. 황제 로타리우스 1세의 장인이기도 했다.

(바이에른의) 유디트 경건왕 루도비쿠스 1세의 두 번째 아내(819－843), 대머리왕 카롤루스 2세의 어머니.

이레네 797－802년의 비잔티움 여제. 아들로부터 제위를 빼앗았고, 780년경까지 카롤루스 마그누스와 잠시 혼인동맹을 맺었다.

이르멘가르트 하스바니아 경건왕 루도비쿠스 1세의 첫 번째 아내(794－818), 로타리우스 1세, 아키텐의 피피누스, 독일왕 루도비쿠스 2세의 어머니.

이밀트뤼드 카롤루스 마그누스의 첫 번째 아내(768－770), 꼽추 피피누스의 어머니.

천문가 성직자 겸 궁정인. 840년 직후에 경건왕 루도비쿠스 1세의 전기를 썼다.

카롤루스 마그누스 프랑크 왕이자 황제(768－814).

카롤루스 마르텔루스 프랑크족 카롤루스 왕조의 시조. 741년 사망했다.

카롤루스 이우니오르, 젊은 카롤루스 카롤루스 마그누스와 힐데가르트의 장남. 811년에 사망했다.

카롤루스 2세 칼부스, 대머리왕　경건왕 루도비쿠스 1세의 막내아들. 838-877년의 서프랑크 국왕, 875-877년의 황제였다.

클로도베쿠스 1세　메로베우스 왕조의 481-511년의 왕. 프랑크족을 기독교로 개종시켰다.

테간　성직자. 837년경에 경건왕 루도비쿠스 1세 전기를 썼다. 독일왕 루도비쿠스 2세에게 동조적이었다.

파스카시우스 라드베르투스　수도승. 왈라의 추종자였다. 830년과 833년의 반란을 정당화하고자 유디트와 베르나르두스를 비난하는 장황한 글을 썼다.

파스트라다　카롤루스 마그누스의 네 번째 아내(783-794).

(리옹의) 플로루스　성직자. 퐁트누아 전투 이후 제국의 파괴에 대한 시를 썼다.

피피누스 기부스, 꼽추 피피누스　카롤루스 마그누스의 장남. 792년에 아버지에 대항해 쿠데타를 일으켰으나 실패했고, 811년에 사망했다.

(아키텐의) 피피누스 1세　경건왕 루도비쿠스 1세의 아들. 아키텐 국왕이었다. 830년에 반란을 주도했고 838년에 사망했다.

(아키텐의) 피피누스 2세　피피누스 1세의 아들. 경건왕 루도비쿠스 1세에 의해서 상속권을 박탈당했고, 864년에 죽을 때까지 아키텐에서 반란을 이끌었다.

피피누스 2세, 이탈리아왕　카롤루스 마그누스와 힐데가르트의 아들. 810년에 사망했다.

피피누스 3세 브레비스, 단신왕　751-768년의 프랑크족 카롤루스 왕조 초대 군주. 쿠데타로 메로베우스 왕조를 무너트렸다.

힐데가르트　카롤루스 마그누스의 세 번째 아내(772-783). 카롤루스 이우니오르, 이탈리아왕 피피누스, 경건왕 루도비쿠스 1세를 비롯해 여섯 자녀를 낳았다.

독수리와 늑대를 위한 진수성찬

841년 6월 25일 토요일 늦은 오후, 앙젤베르라는 귀족이 황제와 함께 전장에서 도망쳐서 동쪽의 제국령 도시 아헨으로 향했다. 아헨에 이르기 며칠 전, 막사에 앉아 있던 그에게 전장으로부터 수레에 실려온 부상자들의 신음과 지친 말의 조용한 울음소리, 그리고 적의 추격을 예의 경계하는 정찰병들에게서 나는, 금속끼리 챙그랑 부딪히는 소리가 들렸다. 그는 자신이 목격한 바를 기억할 수 있도록 시를 쓰기 시작했다. 어쩌면 그가 칼날에 묻은 피를 닦아내기도 전이었으리라. 너무나도 중요한 일이 일어났다. 그는 퐁트누아 전투에서 자신이 목격한─그리고 참전한─끔찍한 학살의 참상을 독자가 기억해주기를 바랐다.

그 저주받은 날을 달력에 넣지 말라.
차라리 모든 기억에서 지워버려라.

그곳에 햇살이 내리쬐지 않기를, [끝없는] 황혼을 [끝낼] 새벽이 영영 찾아
  오지 않기를.[1]

대단히 조예가 깊으며 감정을 자극하는 이 시에서 들려주는 이야기 말고는 앙젤베르에 대해서 알려진 바가 거의 없다. 그가 전사이자 9세기의 귀족이었다는 것이 우리가 아는 전부이다. 다만 이 단편적인 사실로부터 더 많은 것을 재구성할 수는 있다. 우리는 앙젤베르와 같은 귀족이라면 전투에 익숙했다는 사실을 안다. 앙젤베르와 같은 남자들은 대대로 함께 싸워 적을 무찌르고, 유럽 전역에서 여러 종족(宗族)을 복속하고, 승리를 축하했으며, 지도자들과 함께 전리품을 나누어 가졌다. 그 선조들은 그러한 과정에서, 전 유럽을 아우르며 전성기에는 로마에 버금간 제국을 건설했다. 제국의 경계는 북해부터 피레네 산맥 너머까지, 브르타뉴의 대서양 해안부터 도나우 강 너머까지 뻗어 있었다. 그들은 스스로를 프랑크족(Franks)이라고 불렀다.

프랑크족은 무엇보다도 군사적 승리로 세력을 넓혀가며 제국을 건설했고, 그들의 제국은 정복지가 차곡차곡 쌓이면서 마침내 주변의 모든 바다와 맞닿았다. 일단 땅을 차지하면 그들은 이데올로기적 동화를 통해서 새로운 영토와 주민들을 안정화시켰고, 정복당한 종족들에게 "프랑크족"이 될 수 있는 길을 제시했다. 그리고 정복당한 종족들은 팽창하는 제국의 전리품을 나누어달라고 요구하면서, 8세기 말과 9세기 초에 걸쳐 실제로 놀라울 만큼 어김없이 동화되었다. 프랑크족은 승승장구했다. 신은 그들의 편이라는 점이 분명해 보였다. 그 진

실이 그들의 드넓은 제국으로 드러나는 듯했다.

그러나 앙젤베르에게 엉겨 붙은 흙먼지와 땀, 피는 이제 다른 이야기를 들려주었다. 신이 편애하는 이 민족이 서로에게 칼을 겨누었다. 앉아서 시를 짓는 동안 앙젤베르는 자신의 칼날에서 닦아낼 피가 프랑크인의 피라는 사실만을 알 뿐이었다. 그 피가 혹시 오랜 친구들의 피는 아닐지 틀림없이 걱정했으리라.

지난 두 세대에 걸쳐서 한 대륙을 복속한 프랑크족의 정치적, 문화적 합의는 와르르 무너졌다. 앙젤베르는 얼마 전에 서거한 경건왕 루도비쿠스 1세의 장남이자 황제인 로타리우스와 같이 퐁트누아로 왔다. 로타리우스는 지난 24년 동안 아버지와 함께 공동황제였지만, 이제는 두 동생과 대립하고 있었고, 각 군대는 갈가리 찢긴 가문들로 이루어져 있었다. 아주 최근까지 같은 편에서 싸우고 어울리고 사랑하던 친구들이 이제는 복수심에 이글거리는 눈으로 전장에서 서로를 마주 보았다.

앙젤베르는 순진하지 않았다. 그 역시 과거에 프랑키아(Francia, 프랑크족의 땅) 곳곳에서 동란이 있었음을 분명히 알았다. 지배 가문의 일원들은 10년 넘게 반목해왔고 그 시기에 선대 황제는―다소간 어렵사리라고 말할 수밖에 없는데―반란 음모를 수차례 진압했다. 그러나 문화와 관습으로 통합되고 대륙의 거의 절반을 지배하던 프랑크족이 이렇게 엄청난 규모로 분열된 적은 없었으며, 추악한 분열이 고개를 들었을 때에도 공공연한 전쟁이 터지지는 않았다. 상황이 이렇게 험악한 적은 없었다. 지금까지는 말이다.

앙젤베르에게는 전투 경험만으로도 충격이 컸는데, 설상가상으로 반란군이 승리했다. 그가 섬기는 황제가 패배했다. 세상이 뒤집힌 것 같았다. 그의 시는 전투가 끝난 다음 날의 아침을 돌이켜보면서 눈물을 흘리고 하늘을 향해 소리치면서도, 그 전투가 정치적으로 또 신학적으로 의미하는 바를 차분하게 분석하고자 했다. 전투는 불확실한 미래에 어떤 전조를 불러왔는가? 이것이 그가 대답하려고 한 질문이었다. 그는 지도자인 로타리우스가 배신당했기 때문에 졌을 뿐이라고 강조했다. 로타리우스의 형제인 대머리왕 카롤루스 2세와 독일왕 루도비쿠스 2세는 프랑크족이 서로 등을 돌리게 만들었다. 지옥이 열리니, 악마들이 있었다. 악마들은 프랑크의 벌판을 떠돌며 살육에 흠뻑 빠져, 왕권의 유대들이 끊어지고 친족이 서로를 살해하는 광경에 기뻐했다.

새벽 햇살이 사나운 밤을 가르니

그날은 안식일이 아니라 사투르누스(토요일/역주)의 그릇이었네.

불경한 악마는 형제들의 깨진 평화에 기뻐한다.

여기저기에서 심각한 싸움이 터져나오니 전쟁이 악을 쓰고,

형제가 형제의 죽음을 준비하고, 삼촌이 조카의 죽음을 준비하네.

아들들은 아버지들에게 마땅한 것을 바치려고 하지 않는다.

어느 전쟁터에서도 이보다 끔찍한 학살은 없었네.

이렇게 흘린 피로 기독교인들의 법이 산산조각나고

지옥의 동무와 케르베로스의 아가리가 기뻐 날뛴다.

앙젤베르에게 퐁트누아 전투는 범죄, 즉 인간의 법만이 아니라 신의 법도 무너뜨린 행위였다. 지옥이 새로운 주민들을 들이기 위해서는 아가리를 크게 벌려야 할 만큼, 너무도 중대하고 너무도 만연한 범죄였다.

시는 혈육을 잃은 가족들의 비탄으로 끝을 맺으며, 아군뿐 아니라 상대편에 속한 지인들의 죽음까지도 애통해함으로써 희생이 한층 컸음을 암시한다. 엄청난 규모의 폭력에 그들의 고통은 깊어졌다. 시신이 너무 많아 전부 묻기가 힘들었다. 양측은 친구들의 시신이 훼손되는 모습을 속수무책으로 지켜보아야 했다. "다른 이들과 나란히 싸우면서 이 범죄가 펼쳐지는 장면을 지켜보았다"라고 말하는 앙젤베르는 독수리와 늑대가 전장을 덮쳐서 가족과 친구들의 시체를 먹어치웠다고 기록했다. 그가 (현대의 영어 단어 horror["공포, 참사"]의 어원인 라틴어 동사 horreo["떨다, 떨리다"]를 사용하여) "들판이 덜덜 떨고, 숲이 덜덜 떨고, 늪지가 덜덜 떤다"라고 쓴 대로 대지 자체가 학살에 몸서리쳤다.

전에는 전우였고 이제는 서로의 살인자가 된 9세기 프랑크 제국에 살던 앙젤베르의 독자들은 대체로 로타리우스의 아버지의 궁정에서 (심지어 일부는 로타리우스의 할아버지인 카롤루스 마그누스의 시대부터) 서로 아는 사이였다. 그들은 서로 어울리고 통혼했다. 교육도 함께 받았다. 그들은 전쟁에서 싸우는 법을 훈련받고 전투를 직업으로 삼았지만, 그들의 문화는 문학적이고 종교적이었으며 역사와 시, 그리고 프랑크족이 거룩한 역사의 움직임에서 결정적인 역할을 한다는 깊고도 변함없는 의식으로 충만했다. 그들은 『성서』와 그 주해를 읽었고 『구약 성서』와 『신약 성서』에 나오는 이야기들이 그들의 시대에 호소한다고 생각했다. 그들은 신이 프랑크족을 매우 아끼므로 자신들이 옛 선민(選民)을 대체할 새로운 선민, 즉 새로운 이스라엘 민족이라고 믿었다. 그러므로 프랑크족의 신학자, 역사가, 시인들은 주변 세상을 신이 역사(役事)하심의 징표로 해석했다. 그리고 앙젤베르는 그러한 징표들을 찾아냈다. 심지어 그것들이 위안을 주지 않는데도 말이다.

시의 마지막 몇 행은 울림을 주는 만가(挽歌)이다. "[프랑크족의] 대성통곡을 더욱더 자세히 묘사하지 않으리라. 각자 애써 슬픔을 삼키라." 그는 기독교 『구약 성서』의 「예레미야」 3장의 한 구절을 상기시킨다. 선지자 예레미야는 이스라엘의 죄악이 끔찍하고 피비린내 나는 징벌을 초래할 것이며, 왕국 백성들이 큰길에서 "큰 소리로 울부짖을 것"이라고 말하면서 암울한 앞날을 예언한다. 앙젤베르는 그 경고가 841년 6월에 현실이 되는 것을 목격했다. (어쩌면 특히) 사악한 통치자들을 비롯해 그의 민족이 저지른 죄가 신을 노엽게 했고 프랑크족에게 무시무시한 복수를 불러왔다. 앙젤베르는 이런 식으로 전투를 장대한 관점에서 바라보고자 했다. 그리고 시의 끝자락에 먹먹한 침묵을 표현하여, 그들의 죄악이 불러일으킨 절망, 그들이 받아 마땅한 끔찍한 징벌을 독자가 더 분명하게 느끼게 했다.

퐁트누아 전투가 끝난 뒤 들려온 대성통곡은 그후 여러 세대까지 울려 퍼졌다. 약 1세기가 지난 후에 한 연대기 작가는 "이 전투로 프랑크족의 세력이 크게 줄어들고 그들의 이름난 남자다움도 쇠퇴하여, 이후로 그들은 제국을 확장하지 못했을 뿐 아니라 국경도 지키지 못했다"라고 기억했다.[2] 12세기에 어느 수도원의 연대기 작가는 이른바 제1차 십자군 전쟁에서 기독교도의 폭력적인 예루살렘 정복을 묘사하기 위해서 과거를 돌이켜보며 선례를 찾았다. 그 수도사는 1099년 그 기독교도들이 예루살렘을 함락하여 이슬람교도를 학살하기 직전, 최후의 전투가 벌어지기 전야에 아주 밝은 빛이 밤하늘을 밝혀서 "인간의 피가 엄청나게 흐를 것"을 예고했다고 언급했다.[3] 연대기 작가는 그 전조가 중요한데, 그런 일이 인류사에서 단 몇 차례밖에 일어나지 않았기 대문이라고 말했다. 그리고 그중 처음은 "경건왕 루도비쿠스의 아들들 간의 개탄스러운 전쟁"이 일어나기 직전에 일어났다고 언급했다. 다시 말해 앙젤베르가 그저 감지하기만 했던 무엇인가를 연대기 작가는—어쩌면 무심코, 그러나 커다란 시간적 간극 덕분에—분명하게 인식했다. 퐁트누아 전투와 프랑크 내전이 구세계를 피로 쓸어버리고 새로운 것을 만들어냈다는 점을 말이다. 유럽은 결코 예전과 같지 않으리라.

이 책에 등장하는 주요 지역들 : 800년경의 프랑크 제국

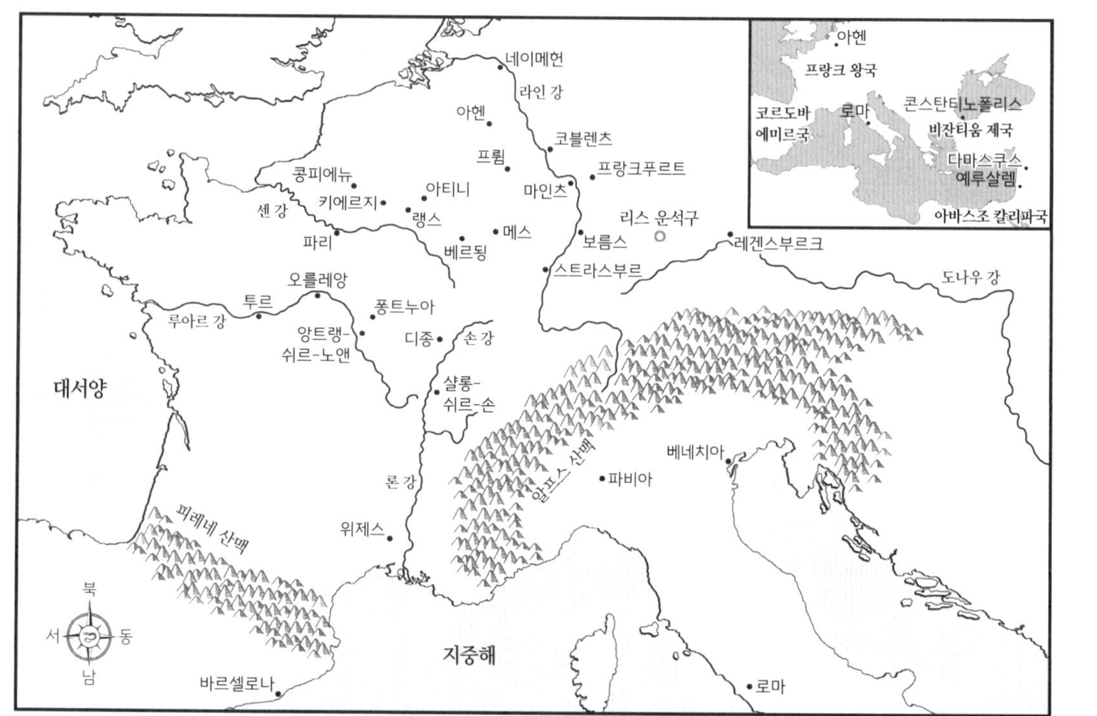

기원 이야기들

732–750년

8세기를 거치면서 프랑크라는 집단이 불과 칼로 제국을 건설했다. 그들은 경계선을 넓히고, 적들을 복속하고, 콘스탄티노폴리스의 막강한 비잔티움 황제와 그보다 더 막강한 바그다드의 칼리파들을 비롯해 이웃과 동맹을 맺었다. 당시 그들의 지도자, 다시 말해 오늘날의 우리는 카롤루스라고 알고 있는 한 가문 아래에서 프랑크족은 이탈리아 로마 너머에서 북해까지, 그리고 서쪽의 피레네 산맥 너머부터 동쪽의 도나우 강 너머까지 뻗은 광대한 땅을 지배하게 된다. 800년 성탄절에 카롤루스 마그누스(라틴어로 "위대한 카롤루스"라는 뜻으로, 흔히 카롤루스 대제라고도 일컫는다. 표기법에 따라서 샤를마뉴 혹은 카를 대제로도 잘 알려져 있다. 이 책에서는 라틴어 표기를 원칙으로 삼아, 카롤루스 마그누스라고 칭하기로 한다/역주)라는 프랑크족 통치자가 로마의 주교로부터 새로운 로마 황제로서 왕관을 받는다.

그러나 모든 제국과 마찬가지로 이 제국도 무수한 거짓말 위에 세워졌다. 물론 프랑크족의 권력은 진짜였지만, 그들의 제국은 철과 피만큼 깃펜과 양피지로 건설되었다. 그들이 역사서에서, 신학적 저작에서, 그리고 예술에서 스스로에게 들려주는 자신들의 이야기는 모든 것이 운명으로 정해진 것처럼 들렸다. 새로운 이스라엘 민족으로서 지상에 신의 왕국을 건설할 그들의 운명은 9세기 초에 들어서자 너무도 자명해진 듯했다. 자신들에 대한 이 같은 이야기를 만들어내기 위해서, 프랑크족의 제국 건설 계획 초기부터 실제로 일어났던 불화와 반란, 그리고 참사는 누락되고 침묵되고 적당히 가려졌다. 그들은 현재—그들이 정점이라고 본 시점—에서부터 거꾸로 역사를 써내려감으로써 과거를 현재에 대한 예정된 전주곡으로 만들었다. 달리 말해 그들은 자신들에 대해서 애초에 실제의 이야기를 들려줄 생각이 없었다. 그들은 **진실한** 이야기를 들려주고자 했다. 스스로 생각하기에 숨겨진 신의 계획을 드러내는 이야기, 그들이 필연이었음을 입증하는 이야기 말이다.

그러나 정점이란 위태로운 것이다. 9세기를 거치며, 프랑크족의 역사라는 태피스트리는 하나로 짜일 때만큼이나 빠르게 풀려버렸다. 군사적인 승리를 얻기는 더 힘들어졌다. 인명 피해가 쌓여갔다. 아버지가 아들을 억압하거나 아들이 아버지에게 마땅한 존경을 보이지 않았다(어느 쪽 관점에서 보는지에 따라 다르다). 스스로를 정당화하려는 프랑크족의 지적 노력은 계속되었지만, 결국에는 새로운 현실의 압도적인 무게를 견딜 수가 없었다. 권력과 사회가 작동하는 방식이 파벌에 따라서 분열되던 와중에도 통합이라는 목표는 끈질기게 유지되었다.

형제들이 서로에게 칼을 겨누던 내전 중에 쓰인 앙젤베르의 고뇌는 수 세기를 뛰어넘어 그 송아지 피지(皮紙)에서 곧장 튀어나와 그들이 스스로에게 되뇌인 거짓들이 어떻게 무너져내렸는지를 생생하게 보여준다.

이 책은 841−843년이라는 결정적인 시기, 퐁트누아 전투의 참극을 향해 착착 나아간다. 황제인 경건왕 루도비쿠스 1세가 사망(840년)하기 무섭게 아들들이 권력 다툼을 벌이면서 프랑크 제국에 내전이 터졌다. 내전의 대부분은 대체로 허세에 불과한 각종 선전포고와 군사기동으로 수행되었다. 장남이자 앙젤베르의 후원자였던 로타리우스 1세(855년 사망)는 아버지가 죽은 후 황제 칭호를 물려받았고, 동생들인 독일왕 루도비쿠스 2세(876년 사망)와 대머리왕 카롤루스 2세(877년 사망) 위에 군림하는 지배권을 즉시 주장했다. 세 형제는 모두 통합이라는 허상―프랑크족이 진정으로 특별한 지위를 누린다면 필요한 환상―을 유지하고 싶어했지단, 한편으로 동생들은 제국의 영토에서 분리된 독립적인 왕국을 다스리기를 원했다. 아버지가 죽기 전 10년 동안 속임수와 도발이 횡행했지만, 그래도 반란이 심각한 유혈 사태로 이어지지는 않았다. 그들은 언제나 벼랑 끝에서 한 발 물러섰다.

그러다가 결국 벼랑 끝에서 뛰어내렸다.

"무혈"의 반란들은 841년 6월에 세 형제가 처음으로 전장에서 마주하면서 피에 젖은 퐁트누아 전투가 되었다. 앙젤베르는 그곳에 있었고 모든 것을 목격했다. 퐁트느아에서 피비린내 나는 절정에 달한 이 내전은 프랑스와 독일이라는 개별 나라들의 시발점으로 흔히 여겨지는 유명한 베르됭 조약을 통해 표면상으로는 843년에 막을 내린다. 그러나 카롤루스 마그누스의 후손들 간의 폭력은 이후로도 수 세대 동안 이어진다. "끝"은 시작일 뿐이었고, 거듭되는 분쟁은 그때마다 나름의 거짓말들을 양산했다. 결국 카롤루스 제국이 사라지고 그 자리에 새로운 가문과 왕국, 민족들이 들어서며, 사람들은 위대한 카롤루스 마그누스를 돌이켜보면서 일이 어쩌다가 이 지경이 되었는지 의아해하게 된다.

경건왕 루도비쿠스 1세의 아들들이 내전—언제 일어날지 아무도 예상하지 못했지만 다가오고 있음을 모두가 알고 있던—에 어떻게 이르게 되었는지를 이해하려면, 이 책의 이야기는 카롤루스 가문이 권력을 잡던 순간에서부터 시작하여 카롤루스 왕조와 그들의 통치에 대해서—대체로 근대에—생겨난 전설로 끝맺어야 한다. 사료에 세심하게 귀를 기울이면, 내전 당시 형제들 사이에 발생한 폭력이 이례적인 현상이 아니라 오히려 더 깊은 진실을 드러낸 일이었음을, 프랑크족이 자신들에 대해서(그리고 대체로 자신들에게) 이야기해온 휘황찬란한 거짓말을 들추어내는 일련의 사건들이었음을 이해하게 될 것이다. 프랑크족에게 8세기, 특히 9세기는 끊임없는 폭력의 시대인 동시에, 그 폭력의 여파로부터 항구적인 평화를 달성하려는 거의 끊임없는 시도가 이루어진 시대였다. 이 시기에는 엄청난 예술적, 철학적 천재성이 빛나는 작품들이 탄생했지만 동시에 지적 탐구를 억압하려는 움직임도 있었고, 웬만한 셰익스피어 희곡이나 TV 드라마는 저리 가라고 할 수준의 정치적 암투가 횡행하면서도 기막힌 자비와 연대의 행위들

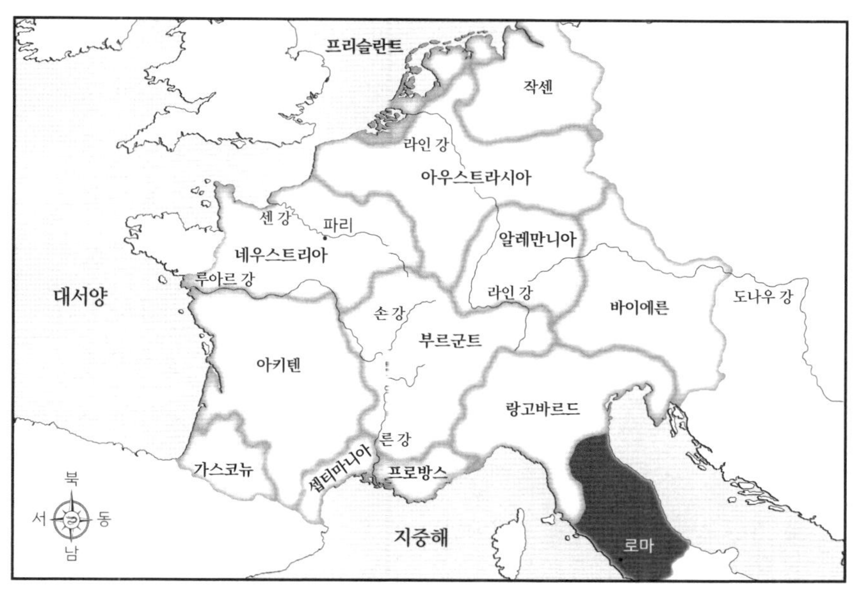

메로베우스 시대의 프랑크 독립 왕국들.

역시 이루어졌다. 이러한 사건들은 또한 아무리 강력한 정권이라도 얼마나 취약할 수 있는지, 그리고 얼마나 빠르게 무너질 수 있는지를 보여준다.

◆ ◆ ✤ ◆ ◆

프랑크족, 그들은 누구였는가? 우리는 대체로 고대 로마의 문헌들을 통해 그들에 대해서, 그리고 그들이 초창기에 어떻게 살았는지를 알고 있다. 고대 로마 문헌에 따르면, 프랑크족은 라인 강 어귀 근처에서 살던 사람들의 느슨한 연합체로 출발했다. 이 집단은 4세기와 5세기를 거치면서 종종 로마 제국의 지원을 받으며 라인 강을 건너 서쪽으로 서서히 이동하여 제국의 영토로 들어왔고, 내륙의 갈리아 지방(현대 프랑스)뿐 아니라 현대의 저지대 국가(현재의 네덜란드와 벨기에, 프랑스 북서부 지역/역주) 일대에 대체로 충성스러운 로마의 신민으로 정착했다.1 그러다가 중앙 집권적인 로마 제국의 권력이 이탈리아 반도로 후퇴하고 결국에는 바다 건너 콘스탄티노폴리스와 소아시아(현대 튀르키예)로 물러가자, 프랑크족 아집단들은 저마다 지역 왕국을 수립했다. 가장 큰 왕국은 아우스트라시아로서, 대강 메스를 중심으로 라인 강 중류 지역에 수립되었고, 네우스트리아는 대강 파리를 중심으로 루아르 강 유역을 향해 뻗어 있었다. 네우스트리아 남쪽에 있으며 대체로 손 강을 따라 위치한 부르군트는 독립된 왕국으로 프랑크족의 영향권에 가까웠고, 부르군트의 서쪽이자 피레네 산맥 북쪽에 위치한 아키텐은 독자적인 정체성을 발전시키기는 했지만 왕국이 되지는 못했다.

이 지역에서 중앙 집권적인 로마의 권위가 약화되자, 프랑크족의 이야기는 어느 정도는 각자 독립 왕국을 자처하면서도 여전히 로마 제국의 일부임을 주장하는 왕과 자잘한 왕국들이 이어나갔다. 처음에는 왕이 많았는데, 5세기에 아우스트라시아에서 가장 강력한 왕이 등장했다. 메로베우스라고 알려진 가문의 일원이었다. 메로베우스 왕조가 예수의 후손이라는 현대의 일부 음모론과 달리, 메로베우스 왕조에는 비기독교 신화가 따로 있었다. 7세기의 한 연대기 작가에 따르면, 전설적인 영웅이자 왕으로서 왕조 이름의 유래이기도 한 메로베우스는 수영을 하던 그의 어머니를 바다 괴물이 강간하여 태어났다고 한다. 역사가들은 그런 일이 실제로 일어났는지에 다소 회의적이다. 이 기원 설화는 그보다는 메로베우스를 권좌에 앉힌 쿠데타(혹은 협잡), 즉 이 제는 역사에 묻힌 권력 부상의 사연을 은폐하기 위한 이야기였을 것 이다.

그럼에도 메로베우스의 후손들은 유럽의 북부와 서부 전역에서 권력을 다졌고, 메로베우스의 손자인 클로도베쿠스 1세(511년 사망) 아래에서 진정한 활약을 펼쳤다. 클로도베쿠스의 치세를 평하려면, 그의 두 얼굴 혹은 동전의 양면성을 먼저 고려해야 한다. 그는 어느 정도는 무자비했다. 연대기 작가이자 주교인 투르의 그레고리우스에 따르면, 클로도베쿠스는 적이 그의 심기를 거스르면 머리통을 박살내고는 했다. 동시에 그는 결정적인 순간에 군사력을 이용해 이웃 나라에 개입하여 자신의 권위를 체계적으로 확대하는 기민한 지도자이기도 했다. 그는 남쪽과 동쪽의 세력들은 물론 동포 프랑크족을 상대로 전통적인 군사적 승리를 거두었지만, 부르군트 내전에 끼어들었다가 통치자의 딸을 신붓감으로 얻어내자 금방 발을 빼기도 했다. 이 결혼은 클로도베쿠스가 선택을 하는 사람이었음을 상기시킨다. 그는 부분적으로는 아내 때문에 500년 직후에 공개적으로 기독교로 개종한다는 결정을 내리기도 했다.

그 마지막 결정, 그의 개종은 전략적으로 탁월했다. 그는 이 선택으로 이웃 부르군트족과 더 긴밀하게 엮임으로써 강력한 동맹을 얻었을 뿐 아니라 당시 이탈리아에서 여전히 활동 중이던 비잔티움인들의 동맹이라는 입장에 설 수 있었다. 클로도베쿠스는 이 전략적인 관계를 이용해 507년에 아키텐에서 기독교도인 서고트족을 무찔렀고, 얼마 지나지 않아 북쪽과 동쪽의 경쟁자인 프랑크족 지도자들을 무찔렀다. 511년 클로도베쿠스가 사망할 무렵 프랑크 왕국은 한 명의 지도자 아래에 북해부터 피레네 산맥까지 뻗어 있었다.

그러나 오래가지는 못했다. 클로도베쿠스 1세의 네 명의 아들들은 프랑크 전통에 따라 아버지의 영토를 개별 왕국으로 재분할했으며—앞으로 보게 되겠지만 역시 프랑크 전통에 따라서—그들의 후손은 그다음 수 세기 동안 음모를 꾸미고 책략을 구사하며 서로를 살해하게 된다. 프랑크 제국은 단일 왕국으로 재편되었다가 그다음 세대에 쪼개지고, 재통일되었다가 분열되기를 반복했다. 이러한 움직임을 주도한 것은 언제나 왕이었지만, 계속된 내분은 어쩌면 뜻하지 않는 결과를 낳았다. 왕 **주변의** 귀족, 즉 전사 계급의 중요성이 커진 것이었다. 이 귀족들은 참모로 일하며 왕의 군대를 이끌었고, 통치자들로부터 각종 호의와 특권, 명예를 하사받았으며, 때로 보상이 타산에 맞다면 기꺼이 편을 바꾸기도 했다.

아우스트라시아를 권력 근거지로 하며 메로베우스 가문과 나란히 존재했지만 독립적이었던 한 가문은 7세기 중반에 "궁재(宮宰, mayor of the palace)"라는 궁정의 직위를 얻어냈다. 원래 "피피누스" 가문(처음으로 두각을 나타낸 가문의 일원의 이름을 딴 것이다)이라고 알려진 이 가문은 곧 왕좌 배후의 실세로 부상한다. 아우스트라시아의 메로베우스 왕들을 대신해 프랑크 근대를 이끈 사람들은 피피누스 가문 사람들이었고, 전리품을 나누어주고 전사들의 충성심을 왕으로부터 멀어지게 하여 자신들에게로 돌린 사람들도 그들이었다.

720년대에 이르자 메로베우스 왕들은 대체로 이름뿐인 왕이 되었다. 737년 테우데리쿠스 4세가 죽었을 때에는 아무도 그를 승계하려고 하지 않았다. 당시에는 피피누스 가문의 수장이자 궁재인 카롤루스 마르텔루스가 확고하게 권력을 잡고 있었다. 카롤루스 마르텔루스가 사망하고 그의 아들들 사이에 내전의 기운이 모락모락 피어오르던 743년에야 킬데리쿠스 3세라는 젊은 메로베우스 왕이 빈자리를 채웠다. 그러나 그의 치세도 오래가지 못했다. 750년에 이르자 메로베우스 왕이 더는 필요하지 않았다. 피피누스 가문의 사람, 즉 역사상 카롤루스 왕조(카롤루스 마르텔루스에서 따온 이름)로 알려진 가문의 일원이 막후의 권력자 노릇에 지겨워져서 스스로 왕좌를 차지했다.

• ◆ ❖ ◆ •

카롤루스 마르텔루스가 권력자로 부상한 이야기, 즉 카롤루스 왕조의 이야기는 전투로 시작한다. 유명한 전투이다. 732년 카롤루스 마르텔루스—망치 카롤루스라는 뜻이다—휘하의 한 프랑크 군대가 투르와 푸아티에 사이 모처에서 알안달루스의 이슬람 총독이 북쪽으로 보낸 이슬람 군대를 맞닥뜨려 무찔렀다. 알안달루스는 근래에 이슬람 교도에게 정복된 이베리아 반도의 아랍식 지명이다. 이것은 실제로 일어난 일이다. 그러나 이 전투에 대한 이야기는 특히 18-19세기 유럽 역사가들의 손을 거쳐, 프랑크족과 아랍인, 기독교도와 이슬람교도로 나뉜 상상된 세계를 흔히 배경으로 한다. 그리고 이는 사실과 완전히 다르다.

투르에서 운명적인 전투가 벌어지기 1년 전까지도 카롤루스 마르텔루스는 같은 기독교도인 아키텐의 통치자를 상대로 권력을 주장하며 그곳에서 싸우고 있었다. 오늘날에는 피레네 산맥을 유럽 내부를 가르는 거대한 분수령처럼 생각하는 경향이 있지만, 당시에도 오늘날처럼 사람들은 이리저리 돌아다녔다. 아키텐의 기독교도 통치자는 이베리아 반도에 강력한 연줄이 있었고, 알안달루스의 군주인 압두르-라흐만에 맞서 반란을 일으킨 어느 이슬람 영주에게 딸을 시집보내기까지 했다. 그래서 732년에 압두르-라흐만은 피레네 산맥 너머 아키텐으로 병력을 보내 적의 영토를 약탈하게 했다. 분명히 해두자. 이것은 정복 전쟁이나 어떤 의미에서도 성전(聖戰)이 아니었고, 그보다는 정치 전쟁이었다. 이슬람 습격대는 보르도에서 대승을 거둔 뒤 북쪽으로 향했다. 기독교도 통치자는 이슬람교도들을 피해 달아났고 카롤루스 마르텔루스에게 도움을 호소했다. 그리고 카롤루스 마르텔루스는 남쪽으로 진군하여 그 지역에서 자신의 지배권을 주장하게 되어 기쁠 뿐이었다. 그렇게 이베리아 반도에서 온 이슬람 군대를 프랑크 군대가 투르 근처에서 무찔렀다.[2]

그것은 "문명의 충돌"이 아니라 소규모 접전에 불과했다. 그런데 자세히 들여다보면, 그 소규모 접전에서 서로가 서로의 세계를 넘나들던 중세 초의 모습을 볼 수 있다. 지배권을 차지하려고 기독교도끼리 싸우고 또 이슬람교도끼리 싸우는 일이 정상이고, 기독교도 통치자가 이웃 이슬람교도 통치자와 동맹을 맺는 일도 정상인 세계 말이다. 중세의 사람들 누구도 이항 대립적 세계에 살지 않았고, 그보다는 정치적, 사회적, 종교적 복잡성이 가득한 세계 속에 살았다. 이 책 전체에 걸쳐 카롤루스 마르텔루스의 후손들의 궤적을 추적해가는 동안, 카롤루스 사람들이 여러 지역과 민족, 신앙, 정치체로 이루어진 세계에 살았음을 항상 의식해야 한다. 그 지역들에서는 그들 나름의 이야기가 펼쳐졌고 다른 지역들에 흔히 영향을 미치기도 했지만, 이 책에서는 그 이야기들을 다루지 않는다.

그래도 남쪽으로 퇴각하는 이슬람교도 군대를 잠시 따라가서, 현재 역사가들이 알고 있는 모습과 이 책의 주인공들인 프랑크족이 이해하던 모습으로 더 넓은 세계를 잠시 살펴보자. 먼저 이베리아 반도부터 보자. 이베리아 반도는 그보다 더 북쪽에 있던 메로베우스 왕조와 마찬가지로, 5세기와 6세기에 등장한 여러 게르만-로마 혼종 국가들 중의 하나인 서고트 왕국의 왕들이 수 세기 동안 다스려왔다. 그러다가 711년에 아랍인과 베르베르인 전사들로 이루어진 소규모 군대가 지브롤터 해협을 건너 반도를 침공했다. 이들은 서고트 왕위 계승을 주장하는 누군가를 위해서 분쟁에 개입하려고 왔을 수도 있지만, 결과적으로는 북아프리카에서 오는 훨씬 더 큰 군대의 전위대 역할을 했다. 713년에 이르자 이베리아 반도의 상당 부분은 정복되어 다마스쿠스를 중심으로 한 거대한 우마이야 칼리파국의 속주로 탈바꿈했다.

다만 이베리아 반도는 시리아에서 한참 떨어져 있었고, 따라서 멀리까지 뻗은 이슬람 제국의 많은 지역들과 마찬가지로 반(半)독립국처럼 운용되었다.

이베리아 반도의 독립성은 750년에 우마이야 왕조를 몰아내고 새로운 아바스 왕조가 들어서며 강화되었을 뿐이다. 아바스 왕조는 바그다드로 천도하고는 그 세력권을 중앙 아시아까지 확대했다. 그런데 우마이야 왕족 한 사람이 쿠데타가 일어난 시리아에서 빠져나와 북아프리카를 가로질러, 결국에는 (아쉽게도 이 책에서 다룰 이야기는 아니지만 한 편의 대하사극을 통해서) 이베리아 반도 대부분을 차지하고는 코르도바 에미르국을 세웠다. 그곳의 다양한 정치체는 때로는 프랑크족에게 공세적인 적이었고 이따금은 이런저런 카롤루스 왕족과 한편이 되기도 했으며 어안이 벙벙해 그저 지켜볼 때도 있었다. 그러나 어쨌거나 이베리아 반도는 내내 기독교도와 이슬람교도, 유대인의 땅이자, 서고트족과 이베리아인, 아랍인, 베르베르족, 그리고 물론 프랑크족의 땅이었다.

732년 프랑크 군대는 패주한 적을 이베리아 반도까지 추격하지는 않았다. 카롤루스 마르텔루스는 아우스트라시아의 본거지에 더 밀접하고 더 시급한 관심사가 있었다. 그의 후계자들처럼 그도 거의 모든 방면으로 프랑크족의 지배권을 강하게 밀어붙이며 원정에 많은 시간을 보냈다. 그는 다신교를 믿는 북쪽의 프리슬란트인들, 동쪽의 이교도 작센족, 부르군트와 아키텐의 동료 기독교도들을 상대로 싸웠고, 이탈리아 북부를 지배하며 로마의 주교들을 종종 위협하던 랑고바르드족과도 싸웠다.

랑고바르드족은 6세기 말에 이탈리아 북부로 이주하여 처음에는 밀라노와 파비아, 라벤나를 중심으로 북부 지역의 지배권을 놓고 주로 비잔티움인들과 경쟁했다. 비잔티움 세력이 이울면서 랑고바르드의 세력이 커졌고, 독자적인 랑고바르드 왕국이 스폴레토와 베네벤토 주변의 이탈리아 남부에 모습을 갖추었다. 이 때문에 로마는 양쪽에서 압박을 받는 형세였다. 8세기에 콘스탄티노폴리스로부터 군사적 지원을 받을 수 없게 되자, 로마 주교들이 알프스 산맥 이북의 첫째가는 세력인 프랑크족에게서 우군을 찾은 것은 당연한 일이었다. 이 책의 뒤에서 카롤루스 마르텔루스의 후계자 단신왕 피피누스 3세에게로 눈길을 돌려 이 이야기가 어떻게 펼쳐지는지 살펴볼 것이다. 그러나 랑고바르드족은 조용히 사라지려고 하지 않았다.

비잔티움인들도 마찬가지였다. 그들은 이탈리아를 재정복하고 서로마 제국의 영화(榮華)를 되살리려는 염원을 쉽게 버리지 않았다. 8세기에 비잔티움 제국은 전보다 축소되기는 했어도 소아시아와 유럽 남동부에 넓게 걸쳐 있는 제법 탄탄한 영토를 전설적인 도시 콘스탄티노폴리스에서 다스렸다. 로마 제국의 계승자로서 비잔티움 제국의 위신과 부(富)는 정치적, 군사적 영향력을 계속 유지시키는 원동력이었다. 이 책에서 다루는 시기 내나 각종 서신과 상품, 사람들은 비잔티움 제국과 로마, 프랑크 제국을 오갔고 모든 세력은 서로의 동향을 잘 파악하고 있었다. 실제로 프랑크 신학자들은 콘스탄티노폴리스 내부의 종교적 긴장을 면밀히 주시했고, 8세기 말에 비잔티움 제국이 종교적 분열에 시달리다가 성상 파괴자라는 집단, 즉 예배에서의 성상 사용에 반대하며 성상을 부수는 사람들이 제위(帝位)를 차지했을 때 프랑크족이 수사학적으로 개입할 기회를 보았다.

로마 주교들은 성상 파괴에 반대했다. 그들은 성상을 파괴하는 것뿐 아니라 예배에서 상징으로서 성상의 효력을 부정하는 것마저도 이단이라고 말했다. 양측은 상대방을 맹비난하는 글을 쓰는 데에 많은 시간을 보냈고 때로는 상대편 주교에게 파문을 남발하는 등 신학과 상징을 통해 전장에서만큼 아주 사납게 권력 쟁탈전을 벌였다.3 프랑크족은 그 불화의 틈새로 끼어들었다. 실제로 카롤루스 왕조와 교황 간의 새로운 동맹, 즉 누가 왕이 되어야 하는지에 관해서 왕과 교황 양측에 도움이 된 이야기가 **맹세를 깬 자들**을 탄생시켰다.

• ◆ ✜ ◆ •

18세기와 19세기 식민주의와 제국주의 시대의 유럽 역사가들은 카롤루스 왕조를 혼란에 질서를 가져온 세력으로 간주하고, 무능한 메로베우스 왕조로부터 지배권을 빼앗아서 결국에는 근대 민족국가로 진화할 존재를 만들어낸 세력이라고 보았다. 그러한 근대 역사가들은 과거에 거울을 비추면서, 그들이 가장 뛰어나고 우수하며 강인하다고 본 민족, 즉 19세기 유럽인들이 자처한 미덕을 구현한 민족에게서 자신들의 모습을 찾았다. 그 근대인들에게 카롤루스 왕조 치하의 프랑크족보다 뛰어난 사람이 어디 있었겠는가? 그러나 모든 이야기에는 흥기가 있고 그 뒤에는 몰락이 따라올 수밖에 없으며, 모든 재탄생에는 죽음이 따른다. 근대 역사가들은 9세기에 새롭고 항구적인 제국을 수립할 "도약"의 기회를 놓쳤다는 것, 그리고 카롤루스 치하 프랑크족의 이야기가 비극으로 끝나도록 "플롯이 짜였다"는 것─그 근대 학자들이 들려준 것도 한 편의 이야기였기 때문에 플롯이 필요했다!─을 노골적으로 한탄했다.4 비극은 눈을 뗄 수 없는 인물들이 등장하여 어떤 위대한 것을 약속했다가 어떤 불행이 덮쳐서 그 계획이 수포로 돌아간다는 특징적인 구조를 가지며, 관객은 결말이 달랐다면 어떻게 되었을까를 곰곰이 생각해보게 된다. 이런 식으로 짜인 이야기에서 보면, 프랑크족은 유럽의 위대함을 낳을 씨앗을 뿌렸으나 열매를 맺어야 할 씨앗은 840년대의 내전 탓에 싹을 틔우기까지 수 세기가 더 걸리게 된다. 아, 안타깝고도 안타깝도다.

그런데 이는 그저 낭만적인 몽상에 찬 민족주의자들이 만들어낸 근대의 발명품이 아니었다. 그렇다면 너무 쉬운 일일 테니까 말이다. 역사란 여러 가지 것이지만 절대로 쉬운 것은 아니다. 이 이야기는 발명품이 아니라 재귀적인 허구, 다시 말해서 스스로에게 되돌아와 주장을 강화하는 서사였다. 그 이른바 필연적인 흥기란, 폭력적으로 권력을 장악했으며 다른 사건들을 기록에서 사라지게 만들었다는 사실을 감추려고 애쓴 카롤루스 왕조의 자아상 구축의 일환으로서 프랑크족 자신이 처음 만들어낸 것이다. 그리고 결국 21세기에 이를 때까지 제국의 흥망에 관한 그 이야기들은 역사를 통해서 퍼져나갔고, 당대의 의제들을 뒷받침하는 방식으로 재편되고 회자되면서 과거에 대해서 알 수 있는 사실을 감추기도 했다.

그러므로 이야기를 진행해나가면서, 중세 유럽에서 나온 대다수의 사료와 마찬가지로 이 책에서 다루는 사료들이 과거를 비추는 투명한 창이 아니라는 점을 인식해야 한다. 9세기 프랑크 기록들은 그 작가들이 스스로 무슨 일을 하고 있는지 아주 잘 의식하고 있었기 때문에 특히 문제가 된다. 그들은 역사에 크게 투자하고 있음을, 원하는 대로 기억되고자 글을 쓰고 있음을 의식하고 있었다.[5] 그들은 동시대인과 그들의 뒤를 이를 사람들이 프랑크족을 신이 총애하는 새로운 선민으로 생각해주기를 바랐고, 신의 은총은 전투에서의 승리와 지적인 성취, 안정된 정치와 문화로 입증된다고 믿었다. 군대만큼 이데올로기도 8세기 말과 9세기의 프랑크족을 하나로 묶었다.

이 책 전체에 걸쳐서 이 문제적인 사료들을 걸러내어 진짜로 무슨 일이 벌어지고 있었는지를 여전히 밝혀낼 수 있다는 것을 보여주고자 한다. 피비린내 나는 내전과 제국의 몰락으로 향할 때에도 그것을 비극으로 그리지 않을 것이다. 그 대신 우리의 전작인 『빛의 시대, 중세』에서처럼 사람들이 어떤 선택을 했는지, 왜 그렇게 결정했는지, 그리고 다른 결정을 내렸다면 상황이 어떻게 달라질 수 있었을지를 보자.

• ◆ ✛ ◆ •

이 책에는 여러 인물들이 등장한다(등장인물들 다수의 이름이 피피누스이거나 루도비쿠스, 카롤루스이다). 불운과 승리가 넘쳐났다. 그러나 어떤 인류 역사도 필연이 아니듯이 그들의 이야기 역시 결코 필연적이지 않았다. 이 책에서는 카롤루스 왕조의 사람들이 누구인지, 제국은 왜 흥기했고 내전에 빠져들었는지, 그리고 이후에 어떻게 되었는지를 정직하게 서술하기 위해서 그 시대에 나온 광범위한 1차 사료와 최신 연구 성과를 결합했다. 중세의 유럽인들은 세계가 필연적으로 근대 유럽에 도달하도록 일종의 각본에 따라 움직인 자동인형이 아니었다. 과거의 사람들은 선택을 내렸고 다른 선택을 내릴 수도 있었던 인간이다. 그들은 자신들이 내린 결정의 반향을 언제나 이해한 것은 아니었지만 때로는 이해하기도 했고, 또 때로는 그 선택에 대해서 자신과 타인에게 거짓말을 하기도 했다. 그 시대에 나온 사료는 그들에 대해서 훨씬 많은 것들을 들려줄 수 있다. 사료가 무엇을 말하려고 하는지에 주의를 기울이고 그 이유를 이해하려고 한다면 말이다.

이 책에서는 카롤루스 왕들 치하에서 한 제국이 부상하는 모습을 보게 될 것이다. 이 제국은 유혈 쿠데타로 탄생했고, 전성기에도 특정한 기독교적 시각을 중심으로 한 이데올로기적 계획에 의해서 표면적으로만 통합되어 있었다. 지배 가문은 보기 좋은 그림엽서같이 완벽하지 않았다. 어느 가문도 완벽했던 적은 없다. 반란과 불화가 줄곧 끊이지 않았다. 대부분의 경우 이러한 분열상은 변화하는 상황에 맞추어 교묘하게 각색된, 하나의 정치, 문화, 종교 위에 수립된 지적 계획으로 적당히 가려졌다. 외부자들, 심지어 프랑크 정치 지배층 본인들에게도 그들의 제국은 위대한 군사적 승리로 등장했으며 (때로는 이른바 악마적인) 외적들에게 시달리는 언덕 위의 도시가 된 것 같았다.

권력의 중심에서 프랑크족은 지배층 사이의 정치적, 사회적 합의를 이루었을 뿐 아니라 수도를 중심으로 공통의 문화적 경험까지도 창조해냈다.

그러나 극심한 정치적, 문화적 위기 동안 그 이데올로기적 합의는 좌초했다. 지도층의 역할을 둘러싸고 잠복해 있던 긴장 관계들이 합쳐져서 파벌이 형성되었고, 그후 통치자가 죽자 승계 분쟁은 순식간에 폭력으로 비화했다. 이 제국과 이 폭력, 그리고 그다음에 일어난 일들은 결코 불가피하지 않았지만 다른 선택을 할 수도 있었던―그리고 종종 실제로 거의 그럴 뻔했던―사람들이 한 선택의 소산이었다. 다른 선택지가 존재했지만 그럼에도 그들이 내린 결정이 역사의 경로를 결정했다.

· ◆ ✛ ◆ ·

9세기 프랑크족의 이야기는 한 제국과 그 제국의 몰락의 이야기, 왕과 왕비, 군인과 반역자, 사제와 마녀의 이야기이지만, 무엇보다도 자신들의 세계를 이해하려고 애쓰던 사람들의 이야기이다. 그 이야기 내내 평범한 사람들은 귀족들이 공공선을 더는 신경 쓰지 않고 자신들만의 왕좌의 게임을 추구할 때 고통을 받았다. 이것은 현대 독자가 너무도 익숙하게 느낄 이야기이자 경고이다. 정치적 합의, 다양한 세력들이 격렬히 투쟁할지라도 사회의 기본적 작동은 안전하다는 의식은 너무나도 쉽게 무너지며 끔찍한 결과를 초래하기도 한다.

843년, 내전의 와중에 두오다라는 한 귀부인이 아들 기욤에게 긴 편지를 보냈다. 기욤의 부친이 서로 다투는 형제 중에 한쪽을 지지하도록, 기욤이 볼모로 잡힌 상태였다. 도입부에서 두오다는 "나는 여러 괴로움에 시달리고 있으나 이 한 가지는 신의 뜻이기를 바라노니, 그분을 기쁘게 한다면 나의 두 눈으로 너를 다시 볼 수 있기를……. 하지만 죄 많은 여인인 나에게서 구원은 너무 멀기 때문에 그저 바랄 뿐이란다. 나의 마음은 이 욕망으로 점점 약해지는구나"라고 썼다.[6] 두오다에 대해서 알려진 바는 별로 없지만, 그녀가 편지를 쓰기 얼마 전에 앙젤베르가 친구와 가족들의 죽음에 애통해했듯이 그녀 역시 아들을 사랑했고 그의 운명에 애통해했음을 알 수 있다. 또 그녀가 틀림없이 아들을 두 번 다시 보지 못했으리라는 것도 알 수 있다.

결국 이 책에서 들려줄 프랑크족의 역사는 비극도 희극도 아니다. 그보다는 인간 경험의 전 범위를 아우르는 이야기이다. 사랑과 증오, 절망과 희망의 이야기이자, 두오다와 앙젤베르가 보여주듯이 그때를 살았던 이들의 목소리를 통해서 가장 잘 들을 수 있는 이야기이다.

제1막
거짓말의 제국

1

불만과 상속 박탈

750-792년

어둑한 교회의 제단 아래, 그곳에 누운 어느 사제가 사람들이 음모를 꾸미며 작당하는 소리를 듣고 있었다. 그는 그들의 목소리를 알고 있었다. 카롤루스 마그누스와 그의 궁정은 레겐스부르크의 바이에른 왕궁을 북쪽의 작센족을 상대로 한 군사 작전의 근거지로 삼아서 그곳에 1년 넘게 머무르고 있었고, 득립을 거세게 주장하는 그 지역의 프랑크 귀족들에게도 권위를 행사하고 있었다. 궁정은 파벌에 시달리기는 해도 여전히 친밀한 작은 세계였다. 궁정의 모든 남녀는 서로를 알았다. 사람들이 느닷없이 모이는 일은 이상하지 않았지만, 교회에서 모이는 경우는 흔하지 않았고 한밤중이라면 더 말할 것도 없었다. 오로지 신의 은총 덕분에 사제는 그 자리에 모인 귀족들이 그를 보기 전에 낌새를 눈치채고 본능적으로 몸을 숨겼다. 그가 귀를 기울이는 동안, 제단을 덮은 얇은 천만이 그를 가리고 있었다.

그는 카롤루스 마그누스의 장남 피피누스의 목소리를 알아차리고서 헉 소리를 지르지 않으려고 입술을 깨물었다. 그는 사람들이 하는 말을 듣다가 거의 까무러칠 뻔했지만 그들이 한밤중에 교회에 모인 이유를 이내 알아차렸다. 사제가 눈을 질끈 감은 채 소리 없이 기도하는 동안 피피누스는 동지들에게 왕, 다시 말해서 자신의 아버지를 붙잡아 살해할 것이라고 말했다. 그다음 그가 왕좌를 차지할 것이다.

어쩌면 그 순간에 사제가 경악한 나머지 숨을 좀 크게 들이켰는지도 모른다. 모임이 마무리될 즈음 피피누스가 교회 안을 수색하라고 지시했고, 모의자들은 구석구석을 찔러보다가 결국 제단 아래도 살폈다. 그들에게 발각되자 사제는 지상에서의 삶이 끝났다고 확신했고 죽음을 감연하게 받아들여야겠다고 단단히 마음먹었다.

그러나 중세 초기에 국왕 시해를 모의하는 것과 사제를 예배당에서 참혹하게 죽이는 것은 완전히 다른 문제였다. 게다가 사제가 사라진 것을 사람들이 알아차려서 그런 불경한 짓이 발각된다면, 조사가 뒤따르거나 경계가 심해져서 모의가 위험에 빠질 수 있었다. 그래서 두 사람은 사제를 붙들어 피피누스 앞에 대령했고, 피피누스는 그에게 선택지를 내놓았다. 그 자리에서 당장 목숨을 잃든지, 이 일에 대해서 입을 다물겠다고 신성한 맹세를 하라는 것이었다. 그는 사제이니 당연히 맹세를 지키지 않겠는가? 사제는 겁에 질리고 수치심에 사로잡혀서 맹세를 했고, 귀족들과 모의의 주동자인 왕자가 떠나자 만신창이가 되어 쓰러졌다.

강압에 못 이겨서 한 맹세는 정말로 맹세일까? 사제는 자문했다. 그의 입에서 억지로 끌어낸 불경한 약속을 지키는 것보다 입을 다무는 것이 더 큰 죄 아닐까? 다시 말해, 거짓된 맹세는 깨는 편이 더 낫지 않을까? 사제는 음모자들이 정말로 교회를 떠났다는 것을 확인하자마자 맹세를 깨겠다고 결심했다. 그는 자신의 영혼을 위험에 빠트릴 각오를 하고 왕의 목숨을 구할 작정이었다.

그날 밤 사제는 왕궁으로 달려갔다. 그러나 시간이 늦은 데다가 무턱대고 왕의 침소로 들어갈 수는 없는 법이다. 실제로 사제는 침소가 건물의 한가운데에 있으며, 7개의 잠긴 문과 충성스러운 호위병들이 침소를 지키고 있음을 발견했다. 위대한 카롤루스 마그누스가 아들의 배신을 의심하지는 않았을지도 모르지만, 많은 사람들이 그와 가족을 해치려고 했을 것이다. 전해지는 이야기에 따르면 사제는 신의 은총으로 창문과 배수구를 통해서 내부로 들어가는 길을 찾아냈고, 간신히 몸을 집어넣는 바람에 제의가 다 찢어져서 리넨 셔츠와 속옷만 남은 상태로 머리부터 발끝까지 오물을 뒤집어쓴 채 왕의 침소 앞에 도착해 방문을 거세게 두드렸다.

얼마 지나지 않아 이렇게 늦은 밤에 누가 감히 왕의 처소에서 소란을 피우는지 궁정의 수행원들이 살피러 왔다. 여자들은 제정신이 아닌 듯한 사람이 알현을 요청하는 모습을 보고는 웃었다. 그들은 그를 조롱하려고 문을 쾅 닫고는 다시 걸어 잠갔고, 그 일을 그냥 그렇게 끝내려고 했다. 그러나 왕은 늘 경계하며 늘 깨어 있었다. 그래서 침실에서 나와 무슨 소란인지를 물었다. 소동을 피우는 사람에 대한 이야기를 듣자 그는 심상치 않음을 느끼고 그 사람을 앞으로 데려오게 했다. 사제는 왕의 발밑에 엎드려 모든 것을 털어놓았다. 모의자들은 붙잡혀서 신속히 처벌받았다. 일부는 유배되었고, 모두 재산을 몰수당했으며, 피피누스는 프림의 수도원으로 보내져 강제로 수도서원을 해야 했다. 피피누스는 그가 그토록 갈망하던 왕위를 물려받지 못한 채 여생을 속세에서 벗어나 참회하며 살아야 할 운명이었다.

• ◆ ✣ ◆ •

792년에 카롤루스 마그누스를 상대로 아들 피피누스와 프랑크 귀족들이 도모한 이 쿠데타 미수 사건은 당대 여러 문헌에 기록되었는데, 여기에서 인용한 판본은 사건으로부터 거의 한 세기가 지난 후에 역사가이자 수도사인 말더듬이 노트케르가 쓴 것이다.[1] 이 기록은 음모를 가장 자세하고 극적으로 서술하지만, 문제의 사건으로부터 시간상 가장 멀리 떨어져 있기도 하다. 사실 지나치게 생생히 서술되어 이 사건이 실제로는 그렇게 일어나지는 않았다고 거의 확신할 수 있다.

792년에 쿠데타 시도가 있었던 것은 명백하다. 노트케르는 그 사건을 심각한 음모였지만 금방 진압된 일로 묘사했다. 카롤루스 마그누스는 왕이자 아버지로서 음모자들을 본보기로 삼아 레겐스부르크나 바이에른 지역을 피로 물들일 필요가 없었고, 그 대신 자신의 지혜와 자비를 보여주는 계기로 삼았다. 그래서 노트케르의 판본을 보면, 왕을 시해하려던 음모자들에 대한 처벌로 여러 프랑크 고위 귀족들이 영지를 몰수당하고 일부는 유배되었다. 또 노트케르가 글을 쓸 무렵

에는 사악하고 성미가 고약하고 코기 흉하고 첩의 소생으로 난 서자
였던 피피누스는 수도원에서 은거하도록 쫓겨났다. 노트케르 같은 프
랑크 작가들은 피피누스의 외양에 대한 훗날의 묘사를 더 구체화하
여 피피누스에게 "꼽추"라는 별칭을 붙였고, 그리하여 겉으로 드러나
는 신체적 특징을 내면의 부도덕함이나 심지어 사악함을 가리키는 징
표로 이용했다. 반면 카롤루스 마그누스는 통찰력이 있고 충성스러운
백성의 말에 기꺼이 귀를 기울이며, 아들에게 배반당했지만 항시 경계
를 늦추지 않는 사람, 위험을 피한 후에는 응징보다는 회복을 추구하
며 중용을 지키는 사람으로 그려졌다.

그런데 카롤루스 마그누스에 대한 위협은 노트케르가 밝힌 것보다
훨씬 더 위험했다. 첫째, 음모자들은 실제로 그를 죽일 작정이었다. 둘
째, 제멋대로 구는 귀족들과 부적격한 아들―장애를 둘러싼 낙인뿐
아니라 사생자라는 지위 때문에도 부적격한 아들―의 유례없는 불충
의 사례이기는커녕, 이런 공작은 이상한 일이 아니었다. 프랑크 제국
에는 일촉즉발의 순간이 많았다. 프랑크 왕실의 아들들은 아버지에
맞서 음모를 꾸미는 유구한 전통이 있었다. 그러나 프랑크족 이야기,
즉 제국을 건설하면서 자신들이 신의 선택을 받았다고 생각하던 민족
의 이야기에 따르자면, 그 거대한 기획 전체가 실제로는 얼마나 얄팍
한지가 위협의 순간과 그 이후 대궤로도 은폐되어야 했다.

통일 프랑크 제국이라는 관념은 언제나 사실이라기보다는 주장에
가까웠다. 바로 그 까닭에 당대어 나온 사료들은 792년 꼽추 피피누
스의 행위를 위협적인 동시에 덧없는 것으로 그린다. 왕과 지지자들

은 음모 자체를 분쇄할 뿐 아니라 불충과 불안정의 이야기도 없애야 했다. 오늘날처럼 중세에도 통치자는 그런 공개적인 사건을 무시할 수는 없었지만, 권력과 수단을 총동원하여 사람들이 그 사건에서 취할 의미를 만들어낼 수 있었다. 이때 프랑크족은 제국이 적어도 카롤루스 마그누스 치하에서는 계속 안정되고 튼튼했다는 허상을 필사적으로 유지해야만 했고, 그것이 노트케르가 들려준 이야기였다. 그러나 피피누스의 반란은 어느 때보다 강력하고 찬란한 시기였음에도 불구하고 실제로는 카롤루스 왕조가 금이 간 토대 위에 얹혀 있었음을 보여준다.[2]

쿠데타 시도의 파장은 여러 해 동안 이어졌지만, 모의자들에게 영원히 나쁘지만은 않았다. 목숨을 잃지 않았거나 불구가 되지 않은 사람들은 시간이 지나고 또 충분한 재산과 정치적 영향력이 있다면 카롤루스 마그누스의 환심을 다시 살 수 있었다. 프랑크 왕에게는 귀족이 필요했고, 어떤 면에서는 귀족에게 왕이 필요한 것보다도 더 필요했다. 다만 이는 꼽추 피피누스에게는 해당되지 않았으니 그의 존재는 사료에서 자취를 감추고 상상의 영역으로 진입한다. 그가 사망했다는 811년의 기록과 항구적인 평화를 가져올 수 있는 길로 카롤루스 마그누스의 후손을 이끌었다는 어느 성인에 대한 839년의 기적 이야기, 그리고 1972년에 제작된 브로드웨이 뮤지컬만 빼면 말이다.

• ◆ ✛ ◆ •

792년, 그리고 그후로도 계속되는 정치적, 군사적 위기(위기는 항상 있었다)를 이용하여 아버지를 타도하려고 한 아들에게 돌아가기 전에, 카롤루스 왕조가 애초에 어떻게 집권했는지를 살펴보아야 한다. 아니, 그보다는 그들이 애초에 어떻게 집권했는지에 대한 이야기를 카롤루스 사람들이 스스로에게 어떤 식으로 들려주었는지를 살펴보면 더 좋을 것이다.

이제는 『프랑크인 열왕편년사(*Annales regni Francorum*)』라고 알려진 문헌으로부터 그 이야기를 대체로 알 수 있다. 연도와 그 뒤에 "중요" 사건들이 나열되어 다소간 중요항목 목록 같은 연대기는 8세기 프랑크족에게 가장 일반적인 역사 서술 형식이었다. 이 문헌들은 종종 객관적인 기록 같다는 인상을 주지만, 연대기마다 나름의 체계와 의미가 있다. 연대기 작가가 사건을 실제 일어난 대로 기록하는 법은 거의 없기 때문이다. 그 대신 연대기는 보통 사건이 일어나고 한참 뒤에 쓰였고,[3] (연대기에 포함함으로써) 부각시키거나 (연대기에서 제외함으로써) 침묵시키기 위해서 의식적으로 선택한 특정 사건들을 모아놓은 것이다. 다시 말해서 연대기의 목적은 이야기를 들려주는 방식을 통제하는 것이며, 이는 중세 작가들이 열심히 또 꽤나 능숙하게 휘두르던 권력이다.

『프랑크인 열왕편년사』 작가들은 꼽추 피피누스의 이야기를 구성하는 데에 아주아주 뛰어났다. 작가들의 신원이 구체적으로 밝혀지지 않았지만, 이 문헌이 카롤루스 마그누스의 궁정에서 만들어진 것은 거의 확실하다.[4] 작가들은 반드시 카롤루스 마그누스에 의해서는 아니겠지만 틀림없이 카롤루스 마그누스를 **위해서** 선택된 순간들을 자세히 다루면서 황제의 뜻을 외부로 투사했다. 구체적으로 보면『프랑크인 열왕편년사』는 741−829년, 즉 카롤루스 마르텔루스의 죽음과 단신왕 피피누스 3세의 집권으로 시작해서 카롤루스 마르텔루스의 증손자인 경건왕 루도비쿠스 1세의 치세 중반(구체적으로는 황제의 궁내관으로 셉티마니아의 베르나르두스―이 이름을 잘 기억해두라―의 임명)으로 끝날 때까지, 해마다 일어난 일을 전한다. 딱 두 해만 빼고 말이다.

　『프랑크인 열왕편년사』에서 빠진 두 해는 단신왕 피피누스 3세가 메로베우스의 왕 킬데리쿠스 3세를 타도할 의사를 밝히고 스스로 왕관을 차지한 직후인 751년과 752년이다. 그 결정적인 두 해, 카롤루스 왕조 개창의 순간은 영구적인 공식 기록에서 지워졌고, 이 커다란 구멍은 1,000년이 넘는 시간적 간극을 넘어 역설적으로 우리에게 무엇인가를 뚜렷하게 말해준다. 오랫동안, 심지어 근대를 상당히 지나서까지도, 단신왕 피피누스는 무혈 쿠데타로 집권했으며 이미 허약했고 상대적으로 무력했던 메로베우스 왕조의 마지막 왕은 모든 것을 체념하고 수도원으로 들어가 여생을 그곳에서 숨어 지냈다는 이야기가 통용되었다. 그러나 이 사건에 관한 주요 사료이자 메로베우스 왕조를 계승한 자들의 찬란한 권력 부상과 가장 직접적으로 연관된 사료는 비어 있으니, 이 같은 삭제는 그 권력 이전에 대해서 중요한 점을 말해준다. 프랑크 제국의 위대한 통치자들이 카롤루스 패권이라는 그 굉장한 이야기에서 폭력을 다시 한번 은폐했다는 것을 말이다.

무혈 쿠데타라는 것은 없다.

그럼 메로베우스 왕조로부터 왕관을 빼앗기로 한 단신왕 피피누스 3세의 결정에 대해서 우리가 할 수 있는 말은 무엇일까? 쿠데타 당시에 단신왕 피피누스는 메로베우스 궁정에서 일종의 총리인 궁재, 즉 귀족층과 왕 사이를 중재하는 군사 지도자였다. 그런데 그는 자신의 형인 카를로만 1세와 그 직위를 공유하고 있었다. 당시 피피누스에게는 자식이 없고 형만 있었으므로 앞날이 그다지 밝아보이지 않았다. 그러나 운수는 순식간에 바뀌기도 하는 법이다. 747년에 대체로 알려지지 않은 이유로 피피누스의 형은 공적 생활에서 물러나 수도사가 되었다. 메로베우스 왕에 맞서 움직이기로 한 피피누스의 결정은 왕좌를 향한 야망뿐 아니라 형의 가족에 맞서 자신의 입지를 강화할 필요성에서 나왔을 가능성이 크다.[5] 직접적인 계기는 748년경 피피누스의 첫아들, 즉 장래의 카롤루스 마그누스의 출생이었다. 이로써 피피누스는 미래를 생각하게 되었다. 그러나 왕과 더불어, 궁정에서 눈에 띄는 피피누스의 조카들도 앞길을 가로막고 있었다. 그래서 피피누스는 다른 동지, 즉 로마의 주교들을 찾아냈는데, 그들은 그들대로 랑고바르드족에 맞서 동맹이 필요했기 때문에 그와 기꺼이 손을 잡고자 했다.

『프랑크인 열왕편년사』에 따르면, 749년에 이르자 단신왕 피피누스 3세는 자신의 입지가 충분히 단단하다고 느꼈고, 로마의 주교에게 대표단을 파견해 저의가 있는 질문을 던졌다. 대표단은 누가 왕국을 다스려야 하는지, 즉 출생으로 자격을 보유한 자가 다스려야 하는지 혹은 "실제 권력"을 휘두르는 자가 다스려야 하는지를 물었다. 이는 분명히 미리 준비된 순간이었고, 그래서 교황 자카리아스(752년 사망)는 기민하게 분위기를 파악하고서 물론 후자가 다스려야 한다고 대답했다. 피피누스에게 필요한 것은 그것이 전부였다. 프랑크 대표단은 기분 좋게 프랑크 왕국으로 돌아갔고, 연대기의 공백기 바로 전년의 기록에 따르면 피피누스는 750년에 프랑크 귀족들에 의해서 "평화롭게" 왕으로 선출되었으며 메로베우스 왕은 수도원으로 보내졌다. 그리고 바로 그때부터 『프랑크인 열왕편년사』는 말이 없다. 기록은 753년도에 재개되어 피피누스가 작센족을 상대로 대승을 거두고 이복형제 그리포의 사망 소식을 들었으며, 그해 말에 자카리아스의 뒤를 이은 새로운 교황과 동맹을 맺었다고 전한다.

751-752년에 정말로 무슨 일이 일어났는지는 알 수 없지만, 그 기간은 폭력으로 얼룩졌고 그러므로 『프랑크인 열왕편년사』가 의도적으로 침묵했다고 추측해도 무방할 것이다. 일례로 753년에 그의 이복형제의 사망(어쩌면 살해)과 더불어 단신왕 피피누스 3세의 조카인 메스의 드로고 역시 수도원으로 보내졌다. 이제 단신왕 피피누스의 집안 모든 경쟁자들이 편리하게 제거되었으며 피피누스의 자리가 안전해졌다는 뜻이다. 같은 해에 교황은 프랑크인들에게 서한을 보내 피피누스를 지지하라고 (다시금) 말했고, 심지어 몸소 알프스 산맥을 넘어와 그 말을 앵무새처럼 되풀이했다. 이듬해 파리의 바로 북쪽에 있는 중요한 교회이자 수도원인 생-드니 대성당에서 거행된 성대한 대관식에서 교황 스테파누스 2세는 피피누스에게 기름을 부어주었다.

전통에 따르면 『성서』 속 이스라엘의 왕을 신성하게 하는 데에 이용되었으나 그때까지 중세 유럽에서는 거의 거행된 적 없던 의례를 부활시킨 것이었다.6

이 단편적 사실들을 종합해보면, 메로베우스 왕조에서 단신왕 피피누스 3세로 안정적이고 안전하게 권력이 이전되었다는 인상은 들지 않는다. 그 대신 이 사실들은 폭력적이고 오래 걸렸지만 문헌상으로는 감추어진 내전을 이야기한다. 어떤 내전은 대규모 군대가 정면 전투에서 맞붙는 방식으로 치러지지만, 어떤 내전은 한밤중의 단도질과 뜻밖의 매복, 그리고 충격적인 배신으로 치러지기도 한다. 751–752년의 내전이 어느 쪽이었는지는 알 수 없지만, 일단 상당한 피가 흘렀으며 새로운 왕 아래의 753–754년에 깃펜과 칼을 모두 동원하여 이행 과정에서 발생한 갈등을 무마하는 데에 모든 노력이 집중되었다는 것은 분명하다. 프랑크족은 당대의 혼란을 송아지 피지로 세운 담 뒤편에 감추면서 스스로에게 이야기를 들려주기 시작했다.

그러나 시간은 따분할 만큼 순환적일 수도 있다. 20년이 채 지나지 않아 또다른 프랑크 왕이 경쟁자인 형제를 상대하는 데에 도움이 필요했고, 또다른 교황이 랑고바르드족에 맞서 도움이 필요했다. 스테파누스 3세(768–772)는 혼란과 유혈 사태 속에서 교황이 되었다. 그는 다른 두 대립교황을 무찌르는 데에—그리고 그중 한 명은 고문하고 불구로 만드는 데에—성공한 로마 행정가와 관료 파벌에 의해서 성 베드로의 보좌에 앉았다. 대립교황 지지 세력들은 당시 로마의 복잡한 정치 현실을 보여준다. 스테파누스 3세의 경쟁자 한 사람은 로마 도시의 일상적 기능을 통제하는 막강한 세력인 현지 귀족층의 지지를 받았다. 불행히도 그 후보자는 실명을 당하고 혀가 잘린 자였다. 이런 일은 중세 초의 교황 선출 과정에서 흔했다.

그런데 스테파누스 3세가 선출되었을 무렵 랑고바르드족은 프랑크족의 압력에도 로마를 향해 영향력을 확대하려는 열망을 버리지 않았다. 이는 스테파누스 3세가 성 베드로좌를 차지한 해인 768년에 특히 심각한 문제가 되었는데 단신왕 피피누스 3세가 죽었기 때문이다. 그의 아들들인 카롤루스(나중에 그를 카롤루스 대제로 알려지게 만들 위대함에 근접하기에는 한참 전이다)와 카를로마누스는 즉시 불편한 공동 통치에 들어갔다. 양측 사이에는 긴장이 감돌았다. 카롤루스가 강력한 동맹을 얻으려고 현재의 아내를 버리고 랑고바르드 공주와 결혼하려고 한다는 소문이 떠돈 탓이 컸다. 그래서 스테파누스 3세는 그 결혼 제안에 관해서 즉시 두 형제에게 편지를 썼다. 그는 순화해서 말하자면 그 계획이 마음에 들지 않았다. "악마만이 그런 일을 제안할 수 있을 것인즉 이는 결혼이 아니라 수치스러운 결합이 될 것이기 때문이오. 고귀한 종족인 프랑크족과 거의 인간 이하인 그 고약한 종자 랑고바르드족 간의 결합을 시도하는 것은 미친 짓이었소."[7] 그는 계속해서 이혼의 폐해를 맹렬히 성토했고, 프랑크 통치자들을 파문하겠다고 위협했다. 스테파누스 3세는 정말로 랑고바르드족을 아주아주 싫어했다. 그런데 여기에서 흥미로운 것은 편지의 다음 대목이다. 교황은 카롤루스와 카를로마누스가 이미 "아름다운 프랑크 여인들과 혼인으로 결합되어 있으므로" 결혼 제안은 좋지 않은 계획이며 "사랑으로 그 여인들 곁을 지켜야 한다"고 단언했다.

카롤루스 마그누스와 결혼한 아름다운 프랑크 여인은 다름 아닌 귀족 여성 이밀트뤼드였다. 후대의 작가들은 거의 어김없이 792년의 실패한 쿠데타 이후에 글을 쓰면서 이밀트뤼드를 기껏해야 첩으로, 그리고 두 사람의 아들 피피누스를 혼외 관계에서 태어난 사생자로 묘사한다. 단, 중세의 이성애 관계가 (역사상 대다수의 결혼 전통과 마찬가지로) 그저 독신과 기혼 사이의 이분법이 아니었으며, 중세 초 유럽의 결혼은 온갖 공식적, 비공식적 방식으로 존재하는 관계들의 연속선상에 있었다는 점을 고려해야 한다. 카롤루스 왕조와 같은 프랑크 지배층에게 결혼은 별다른 낙인 없이 신속하게 성립되거나 취소될 수 있었다. 이런 관행은 중세 후기에 교회의 위계질서가 부부 관계에 더 공식적으로 관여하기 시작하면서 바뀌기 시작한다. 8세기의 프랑크 왕국에는 확실히 성관계와 그로써 태어나는 자식들의 지위에, 말하자면 융통성이 있었다. 따라서 자식들의 상속 능력도 유연하게 변했고 특정 순간의 정치나 필요에 크게 좌우되었다. 그러므로 피피누스가―혹은 어느 귀족의 자식이든 간에―"정말로" 적자인지 아닌지는 주로 통치자의 욕망과 그 욕망을 실행할 그의 능력에 크게 좌우되었다. 다시 말해서 적법성과 혼인 여부는 단순히 존재하는 상태라기보다는 사람들이 내놓을 수 있는 하나의 주장이었다. 그리고 768년에 교황 스테파누스 3세는 이밀트뤼드를 카롤루스에게 아들이자 후계자를 낳아준 아름다운 프랑크인 아내라고 불렀다.

결국 카롤루스는 스테파누스 3세의 반대를 무시하고 랑고바르드

공주와 결혼했다. 다만 그 결혼에 대해 알려진 것은 거의 없는데—심지어 신부의 이름도 모른다—1년밖에 유지되지 않았기 때문이다(앞에서도 말했지만 중세 초의 결혼은 유연했다). 771년에 이르자 카롤루스의 형제가 죽었고, 그는 프랑크 왕국의 심장부와 형제의 왕국을 확보하는 일에 초점을 맞추었다. 그러므로 그의 다음 아내는 형제 카를로마누스의 이전 영토에 중요한 영지를 보유한 가문 출신인 힐데가르트라는 프랑크 귀족 여성이었다. 두 사람은 10년 남짓한 기간에 아들 셋을 비롯하여 자식 아홉을 낳았는데 아들들의 이름은 각각 카롤루스, 카를로마누스, 루도비쿠스였다. 이 아들들에 대해서는 다음 장에서 더욱 자세히 듣겠지만 여기에서 간단히 설명하자면, 맏아들인 카롤루스(카롤루스 이우니오르, 즉 "젊은" 카롤루스라고 불렸다)는 궁정 주변에서 인생을 보냈으나 결혼을 하지 않았고 아버지가 여전히 살아 있을 때 자식 없이 죽었다. 막내아들 루도비쿠스는 "경건자"가 되었고 아버지보다 오래 산 유일한 아들이어서 제국을 물려받았다.

　여기에서는 차남인 카를로마누스가 더 흥미로운데, 왜냐하면 그가 카를로마누스라는 이름을 오래 유지하지 못했기 때문이다. 781년에 카롤루스 마그누스는 가장 연장자인 두 아들—열세 살의 꼽추 피피누스와 아홉 살의 카롤루스 이우니오르—을 보름스의 왕궁에 남겨 두고, 다른 두 아들—네 살의 카를로마누스와 세 살의 루도비쿠스—을 데리고는 부활절을 기리러 로마로 떠났다. 이는 표면상으로 이치에 맞았다. 중세의 어린 시절은 흔히 몇 시기로 나뉘는데 유아기가 대략 일곱 살까지였고 그때부터 대략 열다섯 살까지가 유년기였다. 그

러므로 카를로마누스와 루도비쿠스는 둘 다 유아였고 많은 보살핌이
필요했다.

아장아장 걷는 작은 두 어린아이가 화려하게 차려입고 옛 성 베드
로 대성당에서 미사에 참석하는 광경이 그려진다. 어마어마하게 큰
대성당은 400년도 더 전에 황제 콘스탄티누스 1세가 건립했다. 춥고
찬바람이 쌩쌩 들어오고 공기 중에는 자욱한 향내가 진동했다. 어쩌
면 아이들은 아버지 곁에 가만히, 부모와 보모들과 나란히 서 있었을
지도 모른다. 혹은 그 나이 또래의 보통 아이들처럼 행동하며 가만히
있지 못했을 수도 있다. 중세 어린아이들은 노는 것을 좋아했다. 중세
부모는 권력자인 부모라도, 아니 특히 권력자인 부모라면 그 모습을
다정하게 바라보았을 수도 있다. 심지어 교회에서도 말이다.

어쨌거나 의례는 오감을 자극하며 계속되었다. 이 책에서는 앞으로
도 교회와 귀족 회의, 전쟁터에서 이런 순간을 여러 번 마주칠 것이다.
미사는 성가를 부르며 시작되었고, 그다음 교황 하드리아누스 1세
(772-795)가 거대한 행렬을 이끌었다. 라틴어 성가의 소리가 석조 건
물의 구조 때문에 증폭되어 교회 안에 울려퍼졌다. 달콤한 향내가 점
점 진해졌다. 모든 것이 무엇인가를 향해서 점점 고조되는 듯했다. 카
롤루스와 힐데가르트는 희색이 만면했지만 긴장했다. 아이들은 신이
났거나 지루해했다. 아이들이 관심의 중심이었고, 미사가 끝날 무렵
교황은 두 손에 성수와 성유를 들고 귀빈들에게 다가가 어린 손님들
에게 기름을 부어주며 "피피누스 전하는 이탈리아의 왕으로, 루도비
쿠스 전하는 아키텐의 왕으로" 축복했다. 부모가 자랑스럽게 지켜보

는 가운데 카를로마누스는 하드리아누스 1세에게 다시 세례를 받아 새로운 피피누스가 되었다. 그렇다. 맞다. 이는 이 책의 세 번째 카롤루스 왕조 피피누스이자 이 책의 세 번째 카를로마누스, 그리고 이 책의 세 번째 카롤루스이다. 그리고 피피누스와 카를로마누스, 카롤루스는 앞으로도 더 나올 것이다.

• ◆ ✜ ◆ •

역사가들은 이 개명의 배후에 존재하는 동기에 대해서 오랫동안 논쟁해왔고, 자세한 사정은 아마도 영영 알 수 없을 것이다. 그러나 이름은 의도를 표명했다. 모든 것이 교황 하드리아누스 1세의 아이디어에서 시작했다는 증거가 다소 있다. 단신왕 피피누스 3세는 750년대에 랑고바르드족을 무찌른 후에 정복한 영토의 일부를 교황 스테파누스 2세에게 주었다. 그리고 754년에는 그 단신왕 피피누스가 교황에 의해서 왕으로 기름 부음을 받으며 카롤루스 왕조 쿠데타의 정당성을 굳혔다. 그로부터 30년 뒤에 카롤루스 마그누스가 막 걸음마를 배운 아이를 상징적으로 이탈리아의 주인으로 만들려고 하면서 아이의 이름을 피피누스로 개명한 것은 프랑크 왕국과 교황 간의 동맹을 상징적으로 갱신하는 동시에 랑고바르드족은 여기에서 소외된 처지임을 분명히 하려는 시도였을 수도 있다.

카롤루스 마그누스 역시 이름의 중요성에 민감했다. 그는 주변에 요크의 앨퀸과 같은 철학자들을 거느렸는데, 이들은 상징과 사물 간의 신플라톤주의적인 연관성을 믿는 사람들이었다. 이런 식의 개명은 일종의 마법과도 같았다. 이 경우에는 아이를 그의 할아버지로 제의적으로 변신시키는 일이자 프랑크족의 이탈리아 지배라는 생각을 구체화하는 일이었다. 새로운 이름을 취함으로써 아이는 말 그대로 바뀌고 있었다. 카를로마누스는 가문의 이름이기는 하지만 카롤루스 마그누스의 죽은 형제와 연관된 이름이었다. 피피누스는 왕의 이름이자 교황의 동맹자의 이름이었다. 교황과 왕 모두 이 의례로부터 각자에게 필요했던 것을 얻었다.[8]

그런데 이름은 주어질 수 있듯이 빼앗기거나 적어도 다른 이에게 가려질 수도 있다. 카롤루스 마그누스 집안에 피피누스라는 이름의 아들이 이미 있음을 기억할 것이다. 781년에 카롤루스 마그누스의 궁극적인 승계 계획이 무엇이었는지는 분명하지 않지만, 당시 그는 30대 후반이었을 테고 따라서 자신의 아버지와의 경험과 나중에 일어난 일들로 미루어볼 때, 그가 넓은 영토에 걸친 권력을 어떻게 분할할지를 실제로 그때부터 생각하고 있었으리라고 짐작할 수 있다. 세례식과 대관식은 카롤루스 마그누스가 손위의 피피누스를 승계에서 완전히 배제하기로 했다는 것을 반드시 의미하지는 않았지만, 피피누스의 관점에서 보면 전망이 딱히 좋지는 않았을 것이다. 알프스 산맥 너머에서 들려온 소식에 왕족으로서 그의 이름, 손위 아들이라는 자랑스러운 지위, 정체성이 위협받고 있었다. 장남 피피누스는 여러 면모를 지닌 존재였겠지만, 분명히 순진하지는 않았다.

꼽추 피피누스가 왜 그로부터 11년 후에 아버지에 맞선 쿠데타를 주도하거나 그에 가담하거나 엮였는지는 확실히 알 수 없다. 다만 그가 불길한 조짐을 보고 있었다고 상상하는 것은 어렵지 않다. 그는 동생과 이름을 공유하는 것이 자신의 운명에 가져올 위협을 인식하고 있었고, 따라서 10년 후에 일단의 프랑크 귀족들이 정권 교체 계획을 들고 접근했을 때 적어도 기꺼이 귀 기울일 용의가 있었을 것이다.

• ◆ ⊹ • •

왕과 궁정을 보면 통합을 보기는 쉽다. 그러나 폭력과 음모라는 섬광이 비추면 표면의 균열들이 눈에 들어온다. 민족과 가문, 세대, 파벌, 그리고 정치적 계획에 이르기까지 모든 것이 붕괴할 가능성이 드러난다. 이는 이 책의 이야기에서 거듭 진실로 드러날 것이며, 남편과 아내, 자식이 파벌의 양상을 결정하는 데에 흔히 핵심 역할을 할 것이다. 그러니 지금까지의 상황이 어떤지 다시 분명히 짚어보자. 이밀트뤼드의 아들 꼽추 피피누스는 768년에 태어났고, 781년을 막 벗어난 지금 그는 프랑크 왕국의 통치 구조 안에 아직 공식적으로 자리 잡지 않았다. 그의 동생들인 힐데가르트 왕비의 아들들은 이미 각자 왕국을 수여받았다. 힐데가르트 왕비가 사망하자 카롤루스 마그누스는 네 번째 부인인 파스트라다와 결혼했다. 파스트라다는 계속해서 힐데가르트의 자식들을 밀어주었고, 완전히 명확하지는 않은 이유로 그 아들들을 나이가 더 많은 꼽추 피피누스보다 편애했다. 저 운명적인 로마 모험 이후의 10년간은 긴장이 감돌지만 감당할 만한 상태였던 것 같다.

그러나 792년 무렵이 되자 일련의 사건들이 거대한 소용돌이처럼 몰아쳤다. 표면에 금이 가면서 왕조의 구조가 거의 무너질 뻔했다.

프랑크 왕국에서 파벌은 흔히 지역에 따라서 갈라졌다. 앞에서 언급한 대로 아우스트라시아와 너우스트리아도 나름대로 정체성이 있었는데 아키텐, 부르군트, 작센 같은 지역들은 정체성이 더더욱 뚜렷했고, 이 경우에는 레겐스부르크 도시의 본거지인 바이에른도 마찬가지였다. 카롤루스 왕조는 788년게야 바이에른을 장악했다. 바이에른 공국은 다소간 프랑크족의 옆구리에 박힌 가시 같은 존재였다. 그곳은 카롤루스 왕조와 대등한 지위에 있으며 그들과 통혼도 하는 막강한 가문이 다스렸다. 카롤루스 마르텔루스의 딸은 바이에른 공작 오딜로와 결혼했고, 그래서 카롤루스 마그누스가 788년에 그 지역을 차지했을 때 카롤루스가 권좌에서 제거한 사람은 다름 아닌 그의 사촌이었다. 그때 쫓겨난 공작은 그후에 프륌 수도원에 부속된 성 고아르 수도원에 유폐되었다. 카롤루스 왕조가 바이에른 공국을 직접 지배하면서 이 지역에 대한 통제력이 크게 확대되었지만, 더 동쪽에 있는 적대적인 비기독교도 집단(슬라브족과 아바르족 등), 그리고 후원이나 권력에 접근할 만한 인맥이 끊어진 반(半)토착적인 귀족층 등 또다른 문제들도 따라왔다. 792년에 음모가 발각되었을 때 카롤루스 마그누스는 이 두 가지 문제를 처리하느다 레겐스부르크에 1년 넘게 머물고 있었다.

그런데 카롤루스 마그누스가 792년에 레겐스부르크에 있었을 만한 또다른 이유가 있다. 그해는 그의 아들 이탈리아왕 피피누스(전에는 카를로마누스)가 열다섯 살, 따라서 성년이 되는 해였기 때문에도 중요했다. 다시 말해 이탈리아왕 피피누스는 이제 홀로서기를 하여, 자신만의 궁정을 차리고 고문관(顧問官)을 둘 수 있으며, 아버지를 대신하여 이탈리아를 다스릴 수 있을 것이었다. 중대한 순간이었고, 카롤루스 왕가의 자식들에게 이런 생일들은 다음 여러 세대 동안 극심한 긴장감을 조성했다.

카롤루스 마그누스의 가족이 레겐스부르크에 모인 것에는 두 피피누스, 즉 바이에른에 있는 피피누스와 이탈리아에 있는 피피누스의 지위를 승격하려는 이중적 목적이 있었을 것이다. 그 시대에 나온 작은 미사 전례서는 바로 그 점을 드러낸다. 미사 전례서에는 카롤루스 마그누스와 파스트라다, 그들의 모든 자식을 비롯하여 성직자의 기도를 받을 만한 사람들의 이름이 나열되어 있는데, "이탈리아왕" 피피누스 아래로는 피피누스 렉스(rex), 즉 왕 피피누스라는 표현이 적혀 있다. 이런 것들은 사소해보이지만 훨씬 더 넓은 세계들을 드러내는, 작지만 중대한 세부 사항이다. 이 자그마한 열쇳구멍을 들여다봄으로써 우리는 이행기의 궁정을 엿볼 수 있다. 또다른 피피누스 왕은 꼽추 피피누스였고,9 미사 전례서는 그 아들이 바이에른을 다스리는 임무를 맡게끔 준비되던 바로 그 시점에―792년 혹은 790년 직후에―만들어졌을 것이다. 아키텐이 전에 그랬던 것처럼 바이에른은 이제 십중팔구 프랑크 내 하나의 왕국으로 지위가 격상되었을 공산이 크다.

그러다가 모든 것이 아주 심하게 엇나가고 말았다.

계획했던 일은 일어나지 않았고, 그 대신 꼽추 피피누스는 지위를 잃고 목숨도 잃을 뻔했다. 『프랑크인 열왕편년사』의 792년도 부분에 그 음모나 음모의 결과에 대한 언급이 단 한 줄도 없기 때문에 음모가 얼마나 심각했는지 어느 정도 알 수 있다. 그 내용은 9세기 초에 글을 썼으며 (지금 당장은 자세히 언급하지 않아도 되는 이유로) 경건왕 루도비쿠스 1세와 인연이 있는 후대의 개정자에 의해서 추가되었다.[10] 그때쯤 프랑크족은 이미 자신들의 이야기를 바로잡았다. 『프랑크인 열왕편년사』의 개정자와 카롤루스 마그누스의 전기 작가인 아인하르트 두 사람 모두 820년대에 글을 쓰면서 음모의 직접적인 이유는 "파스트라다 왕비의 잔인함"이었다고 밝혔다. 아인하르트는 꼽추 피피누스가 음모를 계획한 것이라기보다는 일부 프랑크 귀족들의 약속에 솔깃해져 말려든 것이라고 덧붙였다. 그는 장남이었고 그때쯤이면 대략 스물넷의 완전한 성년이었으므로, 확실히 일부 귀족들이 미래를 기대하며(어리석지 않게도) 피피누스와 한배를 타려고 했을 법도 하다. 노트케르가 상상한 운명적인 사건이 교회에서 일어나기 직전에 피피누스는 바이에른에서 십중팔구 왕이라는 칭호에 버금가지는 않지만 그에 가까운 권력을 부여받았을 것이다.

그러므로 쿠데타 시도는 왕실 내 파벌 간의 긴장 관계와 더불어, 왕국의 외곽 지역과 심장부 간의 긴장 관계까지도 드러내는 사건으로 이해해야 한다. 이런 양상은 앞으로도 거듭 마주치게 될 것이다. 당대의 모든 기록은 음모가 심각했으며 카롤루스 마그누스를 죽이는 계획이 있었을지도 모른다는 데에 동의하지만, 음모의 목표는 바이에른의 지배권이었을 것이다. 필시 카롤루스 마그누스는 마음을 바꾸어, 권력을 완전히 박탈하지는 않더라도, 바이에른에서의 꼽추 피피누스의 지위를 제한하는 쪽으로 기울었을 것이다. 아마도 파스트라다가 편애하는 아들들—카롤루스 이우니오르, 혹은 그보다 더 가능성이 높은, 막 성년이 된 이탈리아왕 피피누스—을 지지하는 의견을 낸 후에 그 사건이 벌어진 것 아닐까? 바이에른 귀족들은 자신들의 주가가 곤두박질치는 것을 보았고, 그래서 자신들이 왕위에 앉혀주겠다고 하면서 꼽추 피피누스에게 과감한 조치를 취하라고 제안했다. 치명적이게도 그는 그들의 뜻에 따랐다. 앞으로 거듭 보겠지만, 프랑크 귀족들은 자신들의 궂은 일을 대신해주도록 왕의 자식들의 불만을 기꺼이 이용하고자 했다. 우리는 남자와 여자, 고위 성직자와 세속 귀족으로 이루어진 궁정 전체, 아닌 게 아니라 서유럽 전역에 뻗어 있던 제국 전체를 보아야 한다. 제국은 저마다의 속셈과 지역적 충성심을 품은 사람들로 이루어져 있었고, 이는 때로 전쟁으로 이어졌다.

그러나 이번에는 아니었다. 음모는 저지되었다. 그리고 어떤 면에서는 음모가 발각된 경위에 대해서 노트케르가 최소한 일부는 맞았다. 『프랑크인 열왕편년사』의 개정자는 파르둘프라는 랑고바르드인이 왕에게 이 소식을 전하여 그 보상으로 대단히 중요한 생-드니의 수도원장으로 임명되었다고 구체적으로 언급한다. 신원 확인을 최대한 시도해본다면, 파르둘프는 노트케르의 이야기에 나오는 겁에 질린 사제였을 수도 있다.[11] 노트케르는 실패한 쿠데타의 결과에 관해서는 틀렸다. 연루된 일부 사람들의 목에서는 실제로 피가 흘렀다. 다른 음모자들은 영지를 몰수당했다. 꼽추 피피누스 본인은 프륌으로 보내져 여생을 수도사로 살아야 했고, 왕은 이듬해에 충성스러운 귀족들에게 많은 부를 아낌없이 하사했다.

◆ ◆ ✥ ◆ ◆

수십 년 뒤에 형제가 형제와 싸우고 카롤루스 세계의 지적인 확실성 이 무너졌다. 프랑크족이 프랑크족에 맞서는 잔혹한 내전의 폭력은 끔찍하고 어마어마하게 보일 것이다. 그리고 실제로 그랬다. 그러나 프랑크 제국이라는 우뚝 솟은 구조물의 균열은 처음부터 존재했다. 무혈로 기억되기를 바라는 행위로 메로베우스 왕조를 타도하는 데에 성공한 이들, 쿠데타의 위협을 츠장에 제거한 후에 정신 나가고 기형 인 사생자의 소행이었을 뿐이라고 주장한 이들 모두가 그러한 균열 들 위에 결속이라는 얇은 판자를 덧댔을 뿐이었다. 어쩌면 제국의 창 건자들은 공동의 목적이라는 수사(修辭)가 널리 투사된다면 결국에는 실현되리라고 믿었을 것이다.

아닌 게 아니라, 제국은 넓은 광덩어리에 걸친 무력의 투사뿐 아니 라 안정성이라는 이미지의 투사도 요구한다. 프랑크 통치자들은 스스 로 신의 선민이라고 공언했다. 그들은 위대한 통치자 아래에 공동의 목적으로 뭉친 통일 민족에 대한 이야기를 현세대와 후대 모두에게 들려주기 위해서 역사서, 연대기, 전기, 성인전, 법률 문서 등을 작성 했다. 그들은 대규모 의례를 거행했고, 멀리까지 곳곳에 사절을 파견 했으며 화려한 예술적, 지적 활동을 후원했고 심지어 바그다드의 아바스조 칼리파가 아헨의 카롤루스 마그누스 궁정에 보낸 코끼리를 맞이하기까지 했다. 그러나 통합과 권력의 표면 아래로는 프랑크 사회의 토대로 깊이 파고든 균열이 분쟁과 기만, 반란 속에서 거듭하여 끓어올랐다.

2

아버지와
아들들

800−814년

『롤랑의 노래(*La Chanson de Roland*)』라고 알려진 12세기 서사시의 가장 초기 판본은 실제 사건, 구체적으로 말하면 778년 피레네 산맥에서 프랑크족이 당한 패배에 관한 전설적인 이야기를 들려준다. 실제 사건보다 훨씬 나중에 쓰인 그 허구의 서사시 내용과는 달리, 카롤루스 마그누스는 실제로는 그 지역의 또다른 이슬람교도 경쟁자들에 맞서 도움이 필요했던 바르셀로나의 이슬람 통치자의 요청으로 이베리아 반도에 왔다.[1] 프랑크 군대는 그곳에서 약간 우왕좌왕하다가 이슬람 동맹군을 지원하여 몇 차례 소구모 승전을 거두고는 다시 북쪽으로 발길을 돌렸다. 그런데 피레네 산맥을 넘어 프랑크 왕국으로 돌아오는 길에 카롤루스 마그누스의 후위 군대가 현지 세력에게 공격을 받아 패했다. 북쪽으로부터 침략당하는 데에 반발한 바스크 기독교 세력의 공격이었다. 바스크인들은 현지 지형을 잘 활용하여 훨씬 대군인 카롤루스 군대의 꼬리를 효과적으로 급습했고, 유력한 프랑크 귀족들 다수를 죽였다.

그러나 몇 세기 뒤의 이야기에서는 카롤루스 마그누스와 프랑크족이 정복과 개종을 위해서 이베리아 반도에 있었고 전선은 훨씬 더 선명하게 그어졌다. 기독교도와 이슬람교도 간 변화무쌍한 동맹을 낳은 실제 역사의 복잡한 정치는 사라졌다. 그 자리를 대신 차지한 것은 성전이다. 기독교도 바스크인이었던 프랑크족의 적은 이제 이베리아 반도와 북아프리카, 그리고 멀리 바그다드에서 온 이슬람교도 연합 군대로 변신했다. 『롤랑의 노래』에 나오는 전설적인 카롤루스 마그누스는 지상에서 신의 대변자로서 아주 명확하게 모든 기독교권을 이끌고 있다. 그는 200살이 넘었고 천사들과 직접 소통한다. 그러나 신이 정하신 그의 통치는 여전히 심각한 내부적 반대에 직면해 있고, 궁극적으로는 그의 권력에도 여전히 한계가 있다.

서사시가 시작되면, 이베리아 반도의 도시 딱 한 군데만이 카롤루스 마그누스 군대의 침공에 버티고 있고 곧 항복할 것처럼 **보인다**. 그러나 비열한 음모가 진행 중이다. 기독교도와 이슬람교도 간 외교적 모임에서 카롤루스 마그누스는 배신당한다. 승리한 프랑크족은 적이 패배를 인정한다는 약속을 믿고 귀환길에 오르지만, 이 모든 것은 계략일 뿐이다. 기독교도 군대의 후위를 맡은 카롤루스 마그누스의 조카 롤랑은 고갯길에서 거대한 이슬람 군대의 덫에 빠지고 후위대는 전멸한다.

8세기에 일어난 실제 사건과 달리, 무훈시에서는 이 패배가 승리가 된다. 후위대는 영웅적인 최후의 저항을 벌이다가 쓰러지지만, 전설에 따르면 그후 카롤루스 마그느스가 적군에게 끔찍한 복수를 하려고 산맥을 넘어와 반격하고 결국 에스파냐 전역을 정복하여 이슬람교도에게 개종하거나 죽음을 택하도록 강요한다. 「여호수아」를 암시하는 어느 대목에서는 카롤루스 마그누스가 적군을 실컷 도륙할 수 있도록 천사가 하늘의 태양을 멈추기까지 한다.

『롤랑의 노래』를 연구한 학자들은 일반적으로 종교 간 전쟁에 초점을 맞추지만, 이 시는 프랑크 궁정 한가운데에 도사린 불안정성과 배반에 대한 이야기이기도 하다. 『를랑의 노래』에서 후위 군대가 매복한 적군에게 공격받은 것은 궁극적으로는 가늘롱이라는 막강한 프랑크 귀족 탓으로, 그는 홧김에 카롤르스 마그누스와 그의 조카인 롤랑을 이슬람 통치자에게 팔아넘긴다. 그런데 이 반역이 마침내 드러날 때 "카롤루스 왕, 우리의 위대한 황제"—신의 선택을 받은 자, 천사와 대화하는 자—조차도 반역자에게 정면으로 맞서서 행동할 수 없는데, 귀족 회의가 이 사건에 모호한 입장을 보이기 때문이다. 그들은 결정을 내리지 않고 우물쭈물하며 가늘롱의 주장을 어느 정도 수긍한다. 궁극적으로는 정의가 실현되지만, 시인은 권력과 폭력의 행사가—전장에 천사가 나타나고 신이 선택받은 민족을 편드는 기적이 일어나는 허구의 세계에서도—통치자와 귀족 집단 간에 협상되어야 하는 아슬아슬한 줄타기라는 점을 분명히 한다. 그 통치자가 어떤 칭호로 불리든지 간에 말이다.

생전에 카롤루스 마그누스는 후대의 무훈시에서처럼 여러 칭호를 보유했고, 덕분에 광범위한 백성을 다스릴 자격이 있었다. 그는 아버지로부터 "프랑크족의 왕"이라는 칭호를 물려받았고 그의 형제가 사망하자 그 자격을 더욱 공고히 했으며, 770년대 초에는 랑고바르드족을 정복하여 "랑고바르드족의 왕"이라는 칭호도 얻었고, 그다음에는 교황 레오 3세(795-816)가 800년 로마에서 성탄 미사를 드릴 때 그의 머리에 왕관을 씌워주며 "로마 황제"라는 칭호를 서방에 부활시켰다. 그날 이후로 남은 치세 동안 그는 칙령에 세 칭호를 모두 사용했다. "신으로부터 왕관을 받은 가장 존귀한 아우구스투스 카롤루스, 로마 권력을 인도하는 위대하고 평화로운 황제이자 신의 자비에 의한 프랑크족과 랑고바르드족의 왕."[2] 각 칭호는 그에게 특정한 공동체에 대한 권력을 부여했으나, 어디에서든 그의 권력이 결코 절대적이지는 않았고, 그는 내부적, 외부적 위협에 끊임없이 직면했다.

앞의 제1장에서 보았고 또 이번 제2장에서 볼 것처럼, 프랑크 통치자의 권력이란 (심지어 황제로서의 권력도) 다소간 역설적인 것이었다. 그 권력은 어마어마했지만, 프랑크족이 스스로에게, 그리고 스스로에 대해서 들려주기를 좋아한 이야기에도 불구하고 언제나 제한적이었다. 황제 칭호의 획득은 신이 프랑크족과 함께한다는 믿음을 확인시켜주었기 때문에 중요했다. 그러나 뜻밖에도 그들이 신의 선택을 받았다고 말하는 것은 카롤루스 왕조를 괴롭혀온 상충하는 가문 간의 충성심이라는 문제를 실제로 해결해주지는 못했고, 폭력을 행사하며 필사적으로 지위를 갈망하는 강력한 귀족층에 의존해야만 하는 통치자의 긴장을 해소해주지도 못했다.

유럽에서 중세의 상당 기간 그리고 솔직히 말해서 근대의 상당 기간, "황제" 칭호의 부활은 카롤루스 마그누스 치세의 최정점으로 여겨졌다. 프랑크족의 야심뿐 아니라 원형적 민족국가를 건설하려는 시도를 보여주는 신호이기도 했던 것이다. 그러나 카롤루스 마그누스의 실제 통치 관행을 더 자세히 들여다보면, 그가 황제로 대관한 뒤에도 상황이 크게 달라지지 않았음을 알 수 있다.3 중세 초기의 통치자의 칭호가 아무런 의미가 없을 때도 물론 있었다. 이를테면 막강한 귀족들이 쿠데타를 기획하거나 여러 집단의 불만들이 눈 밖에 난 아들에게 모이면서 왕을 살해하려고 들 때면 말이다. 그러나 더 많은 권력을 가져다주지 않을 때조차도 칭호는 권위의 상징으로서 중요했다. 카롤루스 마그누스는 매우 역력하게 칭호를 추구했다. 칭호가 위협을 방지해주지는 않더라도 위협으로부터 자신을 보호해주리라고 기대했기 때문이기도 하고, 그 칭호가 가져다주는 여러 능력 때문이기도 했다.

황제 칭호의 경우, 『프랑크인 열왕편년사』가 이야기하는 것처럼 카롤루스 마그누스가 800년에 영원의 도시(로마의 별칭/역주)에 온 것은 교황이 곤경을 겪고 있었기 때문이었다. 또다시 말이다. 그전 해에 로마 시민들―혹은 적어도 다른 사람이 교황이 되어야 한다고 생각한 사람들―은 교황 레오 3세를 공격해 그의 눈을 멀게 하고 혀를 뽑고 감옥에 쳐넣었다. 그럼에도 레오 3세는 어찌어찌 감옥에서 탈출했고 성벽을 넘은 뒤 알프스 산맥 너머 북쪽에 있는 카롤루스 마그누스

의 궁정으로 도망쳤다. 카롤루스는 교황이 당한 만행에 짐짓 분노를
터트리고는 군대를 딸려서 로마 주교를 이탈리아로 돌려보낸 뒤, 이
듬해 가을에 자신도 뒤따라서 남쪽으로 갔다. 그 사이 레오 3세는 몸
이 나아졌던 모양이다. 눈과 혀는 웬일인지 이제 다시 멀쩡했고, 그는
800년 11월에 왕을 로마로 맞아들였다. 다시금 『프랑크인 열왕편년
사』에 따르면, 로마에 도착한 카롤루스는 교회의 질서를 바로잡고, 예
루살렘 총대주교가 보낸 사절들로부터 상징적인 선물을 받은 다음,
교황이 자신의 결백을 맹세하는 데에 증인으로 입회했다. 800년의 그
로마 방문은 성탄절에 성 베드로 대성당에서 미사가 거행되는 동안
교황이 카롤루스의 머리에 왕관을 씌우고 로마 시민들이 한목소리로
"신이 정하신 존엄한 카롤루스 왕, 평화롭고 위대한 로마인의 황제께
서 만수무강과 승리를 누리시길!"이라고 찬양했을 때 절정에 달했다.
카롤루스는 황제로서 법을 집행하고 레오 3세에 맞선 음모자들을 유
배시키며 로마 방문을 마무리했다. 그리고 801년 초에 로마 시를 떠나
알프스 산맥을 넘어 귀환했다.

　당대의 다른 기록들도 이 사건의 전체적인 윤곽을 확인해준다. 다
만 구체적인 사항들 일부는 곧장 의심해보아야 한다. 예를 들면 혀
와 눈알은 한번 뽑히면 보통은 다시 생겨나지 않는다. 그렇기는 해도
799년에 로마의 주교가 현지 정치계의 반대파로부터 실제로 공격을
당해서 북쪽으로 도망쳤을 가능성은 큰 것 같다. 중세 초기 내내 로마
는 여러 막강한 권세가가 주교직(주교는 물론 신학적 권력과 더불어 세
속적 권력도 보유했다)의 통제권을 놓고 다투면서 파벌 싸움으로 악명

이 높았다. 교황 레오 3세는 로마 출신이었지만 반드시 고위 귀족 가문 출신이라고는 할 수 없었으며, 근래에 죽은 전임자인 하드리아누스 1세의 친척들은 레오 3세의 집권에 불만을 품고 그 대신 교황좌에 그들 가문 사람을 앉히고 싶어했던 것 같다. 그 하드리아누스 1세 가문의 파벌이 레오 3세에 대한 공격을 부추긴 것은 거의 확실하다.

긴 재임기 동안 교황 하드리아누스 1세는 오랫동안 교황좌의 시선이 고정되어 있었던 동로마 제국 비잔티움을 외면하고 의식적으로 북쪽에 초점을 맞추었다. 프랑크족은 비잔티움 제국을 견제하는 균형추 역할을 할 만한 새로운 권력 중추를 제공했다. 그렇지만 비잔티움 제국은 마치 유령처럼 이탈리아를 떠나지 않았다. 5세기 이래로 다양한 게르만 민족들이 이탈리아 반도를 차지하려고 서로 다투었다. 그러나 비잔티움 제국은 끈질기게 버텼고, 때로는 이탈리아의 상당 지역을 지배했다. 7세기와 8세기 초까지도 로마 시는 여전히 (적어도 이론적으로는) 콘스탄티노폴리스 황제들의 보호를 주로 기대했다. 그러나 신학적 쟁점들을 둘러싸고 지속적인 긴장이 존재했으며, 여기에 로마 북부 접경지의 또다른 정치 세력들이라는 현실이 맞물리면서 결국 교황좌의 초점은 프랑크족과 750년대부터 본격적으로 출범한 동맹으로 옮겨갔다. 795년 레오 3세가 집권할 즈음 프랑크족과의 관계는 오래전에 수립되어 있었으며 그가 카롤루스 마그누스의 도움을 기대한 것은 자연스럽고 당연했다는 뜻이다.

나머지 이야기는 익히 알려져 있다. 카롤루스 마그누스는 실제로 도움을 베풀어 프랑크 군대와 함께 레오 3세를 로마로 돌려보냈고,

이듬해에는 본인이 뒤따라가서 재판을 주재하고 교황을 권좌에 복귀시켰다. 그는 성탄절에 교황이 그의 머리에 왕관을 씌우고 그 자리에 모인 로마 시민들과 프랑크족 군중이 소리를 치며 찬성의 뜻을 나타냈을 때 황제가 되었다. 이 마지막 부분의 중요성에 주목해야 하는데, 고대까지 거슬러가는 전례를 따라 민중의 환호성(어쩌면 일반 의지의 허구적 표현)만이 로마 황제를 옹립할 수 있었기 때문이다. 이 마지막 부분은 카롤루스 마그누스의 로마 도착부터 행사 자체에 이르기까지 대관식이 분명히 잘 계획되고 세심하게 연출된 사건이었다는 점도 드러낸다. 눈과 혀가 다시 생기지 않는 것처럼, 로마 군중도 자발적으로 모여서 그곳을 찾은 프랑크 왕들에게 "만세와 승리"를 누리라고 외치지 않았다. 카롤루스와 측근들은 대략 798년 이래로 이 모든 것을 계획해왔고, 799년 교황이 받은 공격은 일을 추진할 완벽한 구실을 제공했다.

그런데 황제 대관식을 추진하기로 한 결정은 로마에서 멀리 떨어진 콘스탄티노폴리스에서 벌어지던 다소 혼란스러운 사태와도 부분적으로 관련이 있었다. 3세기 말, 반 세기 간의 내전을 겪은 로마 제국은 얼마간 안정을 회복할 희망을 품고서 각자 통치자를 두고 둘로 쪼개졌다. 명목상으로는 서로 연결되어 있었지만, 두 지역은 각각의 승계 구도를 따르며 다소간 독립적으로 돌아갔다. 적어도 계획에 따르면 그렇게 운영되어야 했다. 실제로는 이 체계가 더 많은 내전을 불러오는 경향이 있었다. 서방 황제와 동방 황제는 제국 전체의 지배권을 차지하려고 다투었고, 때로는 실제로 차지했다. 그러나 허구적인 구조는 중요했는데, 마지막 서방 황제가 476년에 폐위되었을 때처럼 심각한 위기에도 연속성을 유지하도록 했기 때문이다. 일례로 서로마 제국 황제가 실제 폐위되었을 때 동로마 제국은 삐걱거리면서도 계속 돌아갔고, 여러 게르만 통치자들은 그저 콘스탄티노폴리스의 황제에 대한 충성을 맹세했을 뿐이다. 수 세기가 흘러 카롤루스 마그누스의 시대에 이르면 이탈리아에서의 비잔티움 제국의 권력이 꽤나 쇠퇴했지만, 프랑크인과 로마인은 여전히 동방에서 펼쳐지는 제국의 드라마에 많은 주의를 기울였다.

처음에는 미성년인 아들의 섭정이었던 동로마 제국의 여제 이레네가 권력을 내주기를 거부하고 일종의 공동 통치자로서 아들과 함께 대략 10년간 다스리다가, 797년 결국에는 아들의 눈알을 뽑고 스스로 권력을 차지했다. 로마 역사에서 일어난 거대한 권력 투쟁들에서 이런 사건들 자체는 그다지 충격적이지 않았다. 비잔티움 제국과 서로마 제국 양쪽에 충격적으로 다가온 것은 최소한 옆에 남자를 세워둔다는 허상도 유지하지 않고 여자가 혼자서 다스린다는 사실이었다.

카롤루스 마그누스와 이레네는 오랫동안 친선을 유지해왔고, 780년 무렵에는 카롤루스의 딸과 이레네의 아들 간 혼인동맹을 도모했을 가능성도 있다. 그러나 787년에 혼례를 코앞에 두고 카롤루스가 약혼을 깨자 우정은 갑자기 틀어졌다. 중요한 신학적 문제를 해소하기 위해서 콘스탄티노폴리스에서 공의회가 열렸을 때 프랑크 주교들이 초대받지 못하자 카롤루스가 무시당했다고 느껴서 이런 일이 일어났던 같다. 그것은 중세식의 고의적인 면박이었다. 실제로 그 직후에 이탈리아 남부에서 프랑크인과 비잔티움인 간 공공연한 적대행위가 터져 나오면서 긴장 관계가 확인되었다.

양국 관계는 그로부터 10년 뒤인 797년 무렵에 이레네 여제의 아들이 프랑크 왕에게 사절단을 파견하여 어머니에 맞서기 위한 지원을 호소했을 때 회복될 수도 있었을 것이다. 카롤루스 마그누스는 어정쩡한 입장이었지만, 어쨌거나 그들은 너무 늦게 도착했다. 아들은 이미 눈이 멀어 폐위당했고 프랑크 측의 응답이 콘스탄티노폴리스에 도착했을 때 이레네는 이미 권좌에 확실하게 복귀했다. 그렇지만 일단 이레네가 스스로 집권하자 카롤루스와 동로마 제국 간 대화의 보조는 대체로 빨라졌다. 이는 한편으로는 이레네가 자신의 지지 기반을 강화하고 프랑크의 추가적인 군사적 간섭에 맞서서 이탈리아에서 비잔티움 제국의 이해 관계를 보호하고자 했기 때문이며, 다른 한편으로는 프랑크인들이 오랫동안 잠자고 있던 로마 제국의 서쪽 절반을 부활시킴으로써 주도권을 쥐고 열강으로서 세계 무대에 진출하려고 했기 때문이다.

카롤루스 마그누스와 동방 사이를 오간 그 사절들은 중세 유럽이 경계를 넘나들 수 있는 공간이었으며 그곳의 사람들이 지중해, 심지어 이집트와 현대 이라크 안쪽까지 이르는 더 넓은 세계의 확실한 일원이었다는 사실을 다시금 입증한다. 프랑크족에게는 그 사절들은 확장되는 그들의 지평선, 다시 말해서 자신들이 더 넓은 세계에서 중요 강국임을 스스로 주장하려는 시도뿐 아니라, 그들의 시각에 따르면 비잔티움 제국의 "거만함"을 견제하려는 시도를 보여주는 분명한 신호였다. 799년 말에 카롤루스는 예루살렘의 기독교 총대주교가 보낸 사절을 맞이했는데, 이들은 성지의 성유물을 들고 왔다. 이 일을 전하는 동일한 문헌은 800년 12월 초에 카롤루스가 예루살렘 총대주교에게 파견한 또다른 사절이 "성묘교회의 열쇠들과 성도(聖都)와 시온 산의 열쇠들 및 깃발 한 장"을 들고 카롤루스가 있는 로마로 귀환했다고 기록했다.4 이 상징적인 선물들은 성지를 카롤루스의 보호 아래에 두기 위한 것일 뿐 아니라 기독고 성지들의 관리 권한이 비잔티움 제국이 아니라 프랑크 쪽에 있다고 주장하려는 의도이기도 했다.

  카롤루스 마그누스는 더 동쪽으로 눈길을 돌려 바그다드를 근거지로 한 이슬람 아바스 왕조(그리고 프랑크 기록들이 종종 "페르시아인"들이라고 부른 세력)를 주시함으로써 더 넓은 세계에서 계속해서 자신의 역할을 확대했다. 때로는 비잔티움 제국의 동맹이었다가 나중에는 적이 된 아바스 왕조는 현재의 이라크부터 북아프리카 거의 전역에 걸쳐 있던 제국을 다스렸다. 그런데 카롤루스에게 그들과의 친선 관계란 일종의 위신 외교, 다시 말해서 사절과 선물을 주고받음으로써 백성의 눈에 통치자의 위상을 높이는 일이었다. 게다가 그 선물들이라니! 카롤루스가 대관식을 치른 뒤 이탈리아를 떠나기 전, 바그다드에서 온 사절들이 카롤루스가 머물던 라벤나에 도착하여 칼리파가 프랑크 왕에게 코끼리 한 마리를 보냈다는 소식을 전했다. 그 선물 역시 상징적이었다. 코끼리는 과거에 고대 로마인과 페르시아인 사이에 오가던 선물이었고, 그러므로 상호 존중에 대한 인정일 뿐더러 프랑크 쪽의 시각에서는 칼리파와 왕 간의 대등한 지위에 대한 인정이기도 했다. 로마인과 페르시아인은 과거에 서로 싸우기도 하고 호화로운 선물을 교환하기도 했다.[5] 그런 일이 이제 다시 일어나고 있었다.

로마에서 대관식이 열리기 전에 이루어진 외교에 대해서 『프랑크인 열왕편년사』가 그토록 많은 내용을 전하는 것은 우연이 아니다. 카롤루스 마그누스가 황제가 되는 것을 계획하고 있었다면, 그의 임페리움(imperium, 지배권)을 입증하는 일은 여제인 이레네와 칼리파인 하룬 알-라시드 같은 위대한 통치자들과 대등하다고 여겨짐으로써 달성되었다. 선물 교환은 선물이 성스럽거나 이국적일수록 더 좋았고, 대단한 지위의 사람이 하는 일로 비쳤다. 808년경에 작성된 더 훗날의 한 문서(실제 필사본은 그보다 살짝 더 이후의 것이다)는 이를 아주 잘 보여준다. 예루살렘에 파견된 사절들이 카롤루스의 명시적 지시에 따라서 작성한 그 문서는 예루살렘 안팎의 모든 교회를 열거한 목록을 담고 있다. 즉, 아주 흥미로운 사회적, 종교적, 경제적 역사의 단편으로서 (다른 무엇보다도) 이슬람 치하에서 살아가며 어쩌면 심지어 번영하던 다양한 기독교 공동체들을 보여준다. 예루살렘에는 라틴어를 사용하는—그러므로 프랑크 세계와 더 직접적으로 연결된—수도원도 최소한 한 군데가 올리브 산(감람 산)에 있었다. 그런데 더 구체적으로 교회의 지붕 크기와 더불어 각지에 근무하는 성직자의 정확한 숫자까지 세심하게 기록한 이 문서의 구성은 카롤루스의 의도를 드러낸다. 그는 그 교회들이 자신의 보호를 받는다고 생각했던 것이다. 800년에 예루살렘 대주교가 보낸 선물—성도와 그곳의 중요 교회의 열쇠들 및 깃발 한 장—은 물론 대체로 상징적인 것인데, 하나의 현실을 대변한다. 카롤루스는 기독교 황제로서의 책임을 진지하게 받아들였다. 프랑크인들은 자신들의 소유인 것을 제대로 챙길 수 있게끔 예루살렘 교회들에 필요한 것을 수량화하고 있었다. 실제로 810년 귀족 회의 기록은 "하느님의 교회를 수리하기 위해서 예루살렘으로 보내야 할 구호금"에 관한 논의를 담고 있다.[6] 이는 몇 년 전에 성도에 파견된 카롤루스의 사절단에 대한 반응이 거의 확실하다.

결국 비잔티움 제국의 제위에 여자가 앉아 있으니 카롤루스 마그누스와 그의 고문관들은 지금이 서로마 제국에서 그의 권력을 확대할 때라고 생각했던 듯하다. 800년에 로마는 혼란에 빠져 있었다. 이탈리아에는 통치자가 없었다. 황제 칭호 덕분에 카롤루스는 실질적이고도 정신적인 권력을 주장할 수 있었다. 이 칭호는 로마에서 반(反)교황파 음모자들을 응징하고 이탈리아 남부에 대한 권리를 강하게 주장할 수 있을 뿐 아니라(카롤루스는 이전 이름이 카를로마누스였던 아들 이탈리아왕 피피누스를 800년 말부터 801년 초까지 그 지역에 원정 보냈다) 심지어 머나먼 예루살렘을 상징적으로 보호할 수 있는 능력까지 아울렀다. 이 모든 일은 쿠데타 이후 이레네의 입지가 위태로운 탓에 비잔티움인들이 군사적으로 확실히 그에 관해 손을 쓸 수 없었으며, 현실적으로는 외교적으로도 손을 쓸 수 없던 시기에 이루어졌다.

그러나 카롤루스 마그누스는 바보가 아니었다. 그는 자신이 이레네의 자리를 찬탈하고 있다고는 결코 주장하지 않았다. 그 대신 그는 교황의 도움을 받아 이탈리아에서 권위를 주장하고 그의 다른 칭호들과 나란히 놓일(그러나 그보다 위에 놓일) 패권적 칭호를 주장하면서, 서방의 권력 공백을 메우고 있었다. 그가 칙령에서 가장 일반적으로 사용한 칭호는 그 점을 분명히 했다. "신으로부터 왕관을 받은 가장 존귀한 아우구스투스 카롤루스, 로마 권력을 인도하는 위대하고 평화로운 황제이자 신의 자비에 의한 프랑크족과 랑고바르드족의 왕." 그는 대단한 경칭인 아우구스투스였다. 그의 권력은 신으로부터 나왔지만 그는 (콘스탄티노폴리스의 황제들 같은) "로마인의" 황제가 아니었다. 그 대신 그는 로마 권력을 행사하는 황제였다. 이 구분은 미묘하지만 중대했고, 프랑크인들에게 콘스탄티노폴리스와의 연계를 영구적으로 단절하지 않으면서 권위와 위용을 확대할 구실을 제공했다.

· ◆ ⟐ ◆ ·

황제 칭호는 카롤루스 마그누스에게 제국의 다양한 지역들에서 그의 권력 행사를 정당화하는 지적인 무기를 제공했다. 그런데 "황제" 칭호의 부활이 실제로 프랑크 제국의 성격을 변화시켰을까? 그 의례는 쿠데타로 창건된 왕조를 안정화할 수 있었을까?

800년 이전에는 카롤루스 마그누스의 궁정이 유럽에서 가장 뛰어난 지성인들을 끌어당기는 자석이었다. 아일랜드와 잉글랜드에서는 영불 해협을 건너, 이베리아 반도에서는 피레네 산맥을 넘어 학자들이 프랑크 왕을 섬기기 위해 그가 주로 머무는 아헨 왕궁으로 몰려왔다. 물론 왕은 지역 수도들에서 수개월, 심지어 수년을 지낼 때도 있었다. 그의 군대는 지속적으로 외부로 진출하여 데인족, 이베리아 반도의 이슬람교도(그리고 기독교도), 이탈리아의 랑고바르드족과 비잔티움인, 유럽 동부의 아바르족, 독일 북부의 작센족 등을 무찔렀다. 전리품과 이웃 왕들이 보낸 공물이 아헨으로 아낌없이 흘러들어왔고, 그곳에서 교회에는 헌금으로서, 프랑크 귀족들에게는 그들의 충성심을 보장하는 수단으로서 분배도 었다. 카롤루스는 콘스탄티노폴리스의 비잔티움 제국 황제들과 사절을 교환하면서 그들로부터 마지못한 존중을 얻어내는 한편, 바그다드의 아바스조 칼리파와는 훨씬 더 우호적인 대표단을 주고받았다. 로마에서 대관식을 치르기 전에도 카롤루스는 유럽 거의 전역에 걸쳐 비교적 독보적인 권력의 자리에 안착했다. 그러므로 교황의 손이 그의 머리에 왕관을 씌웠을 때 실제로 무엇이 바뀌었는지를 알아내려던 학자들은 대체로 황제 본인에, 그리고 그가 새로운 칭호를 획득한 후에 어떤 식으로 다르게 행동했는지에 초점을 맞추어왔다.

군주가 절대 권력을 행사할 수 있다는 생각은 근대 초기에 생겨났으나 그때에도 그것은 언제나 허구였다. 언제나 왕이나 여왕에게는 궁정과 지역 귀족들, 그들의 가문, 배우자, 왕자, 공주, 자식과 애인, 가족 그리고 항상 다수의 사생자가 있었고, 그들은 저마다 중요한 지위와 핵심 직위를 차지했고 파벌을 유지할 수도 있었다. 이에 더해 출세를 노리는 사람들, 즉 왕에게 접근하려는 자들도 있었고, 물론 다양한 하인과 일꾼, 노예가 된 사람들, 장인 등도 있었다. 남아 있는 사료에서 이들을 발견하기는 어렵지만, 그들은 다수가 존재했으며 복잡하고 온전한 인간으로서의 삶을 살았다. 이 잡탕 같은 사회를 바로 『롤랑의 노래』가 너무도 잘 표현했으며, 바로 이 얽히고설킨 관계들에서 이 책의 이야기 대부분과 카롤루스 왕조의 지배를 떠받치는 토대의 그 많은 균열들, 폭력과 쿠데타로 생겨났고 이후 여러 해에 걸쳐 서서히 벌어진 균열들이 드러난다. 왕은 결코 홀로 다스리지 않았기 때문이다.

카롤루스 마그누스와 그의 궁정은 적응하는 데에, 다시 말해서 이질적인 지역들을 편입시키고 그 지역들을 전 유럽적인 차원에서 계속 관리하는 방도를 찾아내는 데에 뛰어났다.7 카롤루스는 중앙 집중화했지만 획일화하지는 않았다. 그의 성공은 어느 정도는 거의 상시적인 이동, 즉 제국 전역에 흩어져 있는 궁성을 돌아다니면서 그의 이름으로 지방을 다스리는 자들에게 자신의 존재감을 드러내려던 의지 덕분이었다. 또한 역시 전장에서 거의 상시적으로 군대의 선두에 서서, 프랑크 치하의 주변부(작센 지방이 특히 그렇고 이탈리아와 이베리아 반도도 해당된다)에서 군사 원정에 많은 시간을 보낸 덕분이기도 했다. 대략 늦봄부터 초가을까지인 원정 기간은 왕의 관심을 사려고 애쓰기에 특히 좋은 시기였을 것이다. 그의 이름으로 죽이는 일을 함으로써 사람들은 왕에게 깊은 인상을 심어줄 수 있었다. 그들은 왕이 시키는 일을 기꺼이 했다.

그리고 프랑크족은 죽이는 일에 아주 뛰어났다. 카롤루스 마그누스는 그의 집안이 이전 왕조를 상대로 한 유혈 쿠데타를 통해 집권했다는 사실을 잊은 적이 없었고, 일부 귀족이 그의 장남과 손을 잡고 자신을 해치려는 음모를 꾸몄다는 사실도 결코 잊지 않았다. 그러므로 그는 폭력이 사용되는 방식을 저한하고 권력이 집적되는 공간을 제한하여, 그의 자식이든 막강한 지역 귀족이든 간에 다른 사람들에게 영향력과 권력이 집중되는 것을 완화하려고 했다. 권위와 권력을 분배하기 위해서 그는 전장에서 군대를 공동으로 이끌게 하거나 외국의 통치자에게 파견하는 사절단의 일원으로 활동하게 하는 등 중요한 임무를 흔히 두세 명에게 맡겼다. 일례로 『프랑크인 열왕편년사』는 카롤루스가 796년에 아바르족을 상대로 한 원정을 다름 아닌 그의 아들(이 책에서 처음에 카를로마누스르 만난 자) 이탈리아왕 피피누스(810년 사망)와 그의 처남 프리울리 공작 에리히에게 맡겼다고 설명한다. 원정은 성공적이었고 그에 따라 승리의 월계관이 공유되었을 뿐 아니라 전리품도 카롤루스에게 보내졌는데, 그는 "전리품을 받고 하느님께 감사드린 후에⋯⋯그중 많은 몫을 사랑하는 수도원장 앙길베르트[시인과는 다른 사람이다]와 함께 로마로 보냈다.⋯⋯나머지는 성직자와 평신도를 가리지 않고 휘하의 귀족과 여타 봉신에게 분배했다." 피피누스와 에리히는 각자 상대방의 전리품을 모두 차지하거나 그것을 이용해 자신만의 후원 인맥을 만들어내지 못하도록 서로를 견제하는 역할을 했다. 전리품은 아헨으로 흘러들어갔다. 그리고 모든 후원이 카롤루스로부터 나오면서 경쟁자들이 권력을 끌어모을 만한 접점이 만들어지지 못하게 했다. 전투에서 승리한 사람은 피피누스와 에리히였을지 모르지만, 승리를 축하한 사람은 카롤루스였다.

어디에나 카롤루스 마그누스의 손길이 있었다. 그는 "인간적 접촉" 방식으로 통치했다. 그는 권력이 메로베우스 왕조를 떠나 궁재인 그의 아버지 주변으로 뭉쳤던 과거를 잊은 적이 없었다. 그는 동일한 운명을 피하겠다고 결심했다. 과거의 단신왕 피피누스 3세와 지금의 카롤루스 마그누스 모두 그 교훈을 배웠고, 중개인을 제거해 자신만이 프랑크 태양계의 유일한 중력이 되고자 했다. 이 점은 왕의 자식들에게도 마찬가지였다. 카롤루스는 모든 아들딸을 가까이에 두었지만, 자식들이 자신만의 권력 기반을 만드는 것을 허용하지는 않았다. 그는 통제권이 자신에게 있음을 확실히 했다.

그런데 그의 존재가 어디에서나 느껴졌기 때문에, 그러한 통치 방식이 적어도 백성에게는 그를 만날 수 있으며 다른 사람들이 그 권력에 접근할 수 있다는 인상을 주었다. 아헨은 그의 치세 마지막 약 20여 년간 사실상 수도였고, 그러므로 왕과 궁정을 찾을 수 있는 장소였다. 그 중심은 프랑크 치하의 여러 지역에 퍼져 있는 권력의 접점들을 끌어당기는 자석이 되었고, 궁정은 많은 사람들이 소속되기를 열망하는 공동체이자 권력이 나오는 장소가 되었다. 카롤루스 마그누스의 궁정인이자 전기 작가로서 그의 전기 주인공이 사망한 지 약 10년 후에 글을 쓴 아인하르트는 왕이 아헨 주변의 온천을 좋아해서 그곳에서 수시로 수영을 했다는 이야기를 들려주었다. 아인하르트는 계속하여 위대한 카롤루스가 아들들과 함께 수영을 했을 뿐 아니라 종종 친구들과 다른 귀족들, 다양한 추종자들과 호위대도 온천으로 초대했다고 언급했다. 전기에서 이런 일화를 들려주는 것이 어쩌면 이상한 듯하지만, 이 일화의 요점은 첫째로 카롤루스의 신체적 활력을 과시하는 것이었고(결국에는 그도 사내가 아니던가) 둘째로 그보다 더 중요하게는 그 활동이 왕과 내부자 집단(배타적이고 다소 비밀스러운 권력 핵심층/역주)에 접근할 수 있는 통로였음을 보여주는 것이었다. 모든 정치에서 의사결정은 종종 공식적이고 공개적으로 "내려지기" 전에 내려지고는 한다. 9세기에도 다르지 않았다. 욕장의 사람들은 제국을 움직이는 관계들을 형성하는 중요 인사들이었다. 욕장은 닫힌 권력장이었지만 드나듦을 암시하는 권력장이었다. 당신도 카롤루스 마그누스와 멱을 감을 수 있다! 어쩌면 그와 함께 몸을 씻을 수 있을 뿐 아니라 그의 환심을 살 수도 있다!

　왕의 욕장은 카롤루스 마그누스가 나이를 먹어가면서 점점 더 북적거렸다. 그는 아주 왕성하게 자식을 낳았다. 그는 최소 8명의 여인들로부터 최소 19명의 자식을 보았고, 그 여인들 중에 5명은 정식 부인이었다. 그 정식 부인들에 대해서 알려진 사실은 극히 적다. 사료들은 흔히 말이 없다. 당시 사회에서 결혼은 정치적인 일, 즉 동맹을 결성하거나 굳히는 수단이었고 그밖의 다른 것으로 여겨지는 경우는 극히 드물었다. 부부관계가 애정과 진정한 동반자 관계로 발전할 수도 있었음에도 말이다(카롤루스의 경우에는 실제로 발전하기도 했다). 이는 통치자의 변화무쌍한 필요에 따라서, 그리고 그럴 때에는 확실히 교회의 개입 없이 아내가 생겼다가 없어지기도 했다는 뜻이기도 하다. 그러니 카롤루스가 아니라 그의 아버지 단신왕 피피누스 3세의 죽음부터 시작해서 카롤루스 가문의 꼬리에 꼬리를 문 결혼과 줄줄이 태어난 자식들을 얼른 살펴보자. 프랑크 상류층의 골칫거리는 왕 옆자리는 정해져 있으나 그곳을 차지하려는 사람이 너무 많다는 사실이었다. 이 책의 드라마에서 배역을 맡은 사람들은 나중에 다시 살펴볼 테지만, 지금은 극단 전체의 크기가 어느 정도인지, 심지어 뒤쪽의 코러스까지 훑어보자.

카롤루스 마그누스는 아버지 단신왕 피피누스 3세가 768년에 죽자 집권했다. 그런데 그 혼자 왕위를 물려받은 것은 아니었다. 죽기 직전에 단신왕 피피누스는 서둘러 왕국을 두 아들에게 분할하고 둘 다 정혼시켰다. 차남인 카를로마누스는 주로 남쪽에 있는 영토를 받았고 게르베르가라는 프랑크 여인과 정혼했다. 장남인 카롤루스는 프랑크 심장부(현대의 저지대 국가 주변)와 더불어 대서양 연안에 붙어 있는 영토를 물려받았다. 그의 아내는 이밀트뤼드라는 프랑크 귀족 여인이었다. 피피누스는 그해에 죽었고, 피피누스의 아내이자 두 왕자의 어머니인 베르트라다는 카롤루스와 함께 살기로 하면서 그에 대한 호의를 드러냈다. 한편 이밀트뤼드는 769년에 아들을 낳았는데, 앞에서 꼽추 피피누스로 만난 아들이다. 만사가 카롤루스에게 좋은 듯했고 그는 맏아들에게 아버지의 이름을 따서 피피누스라고 이름을 붙였는데, 이는 그 아이가 적어도 카롤루스의 칭호 일부를 물려받으리라는 신호였다.

그런데 왕비 베르트라다는 그녀의 맏아들에 대해서 다른 계획을 가지고 있었던 듯하다. 770년에 그녀는 이탈리아로 가서 랑고바르드 왕 데시데리우스를 설득하여 그의 딸을 카롤루스 마그누스와 혼인시켰고, 이 혼인동맹을 통해서 프랑크 권력을 이탈리아 북부까지 확대했다. 카롤루스는 이밀트뤼드를 인정사정없이 내치고 수녀원으로 보내버렸다. 그런데 사랑, 아니 적어도 결혼은 변덕스러운 법이다. 이 결혼은 1년이나 갔을까? 카를로마누스가 갑자기 죽고 그의 아내와 아이들이 카롤루스로부터 도망쳐 랑고바르드 왕국에서 피난처를 구하면서 이 결혼은 완전히 뒤집혔다.

그들은 도망칠 만했다. 카롤투스 마그누스는 발 빠르고 무자비하게 움직여서 동생의 왕국을 차지했다. 랑고바르드인 아내—우리는 그녀의 이름도 모른다—를 랑고바르드 왕국의 수도 파비아로 돌려보냈고, 772년 초에는 힐데가르트라는 프랑크 여인과 결혼했다. 힐데가르트는 라인 강 동쪽 지역으로서 카를로마누스의 이전 영토에서 중요한 곳이었던 알레만니아의 힘 있는 가문 출신이었다. 카롤루스의 아내 바꾸기의 목적은 두 가지였다. 첫째, 이 혼인동맹은 카를로마누스의 영토를 장악했을 때 카롤루스가 라인란트를 재통일된 왕국의 중심부로 유지하면서 그 지역 귀족 가문들의 이해 관계를 우선시할 것이라고 안심시키는 수단이었다. 그러므로 그 귀족들은 카를로마누스의 아들들이 아버지의 유산을 상속할 권리를 옹호할 필요가 없었다. 둘째, 랑고바르드족이 조카들을 비호해주고 있었으므로 카롤루스는 그들을 공격하여 자신의 제위에 잠재적 위협을 제거할 구실이 필요했다. 랑고바르드 왕의 딸을 쫓아내며 혼인의 연을 끊은 것이 그 일을 해냈다. 그리고 그 수는 먹혀들었다. 동생의 이전 왕국의 거의 모든 귀족들이 카롤루스에게 충성을 맹세했고, 그로부터 고작 1년 뒤인 773-774년어 그는 연합군을 이끌고 이탈리아를 침공하여 랑고바르드 왕국을 제압해 차지했다. 카를로마누스의 아내와 두 어린 아들은 "기록

에서 사라진다." 십중팔구 그들은 카롤루스의 명령으로 살해되었을 것이다

랑고바르드 왕국의 수도 파비아를 정복한 직후, 카롤루스 마그누스는 힐데가르트에게 두 아들, 즉 앞에서 언급한 피피누스(당시 너덧 살이었을 것이다)와 힐데가르트의 첫아이(대략 두 살)인 카롤루스 이우니오르를 데리고 이탈리아로 건너오게 했다. 이것은 공개적 전시, 다시 말해서 카롤루스 마그누스가 동생의 왕조를 끝장낸 바로 그 순간에 자신의 왕조 개창을 과시할 기회였다. 그후 왕조는 더욱 커졌다. 힐데가르트는 적어도 8명의 자식을 더 낳았다. 물론 그중 5명만이 유아기에 죽지 않고 살아남았다. 775년에 딸 로트루드가 태어났고, 그다음 777년에 카를로마누스(나중에 피피누스로 개명), 778년에 루도비쿠스, 779년에 베르타, 781년에 기셀라가 태어났다. 다시금 자식들의 이름이 무엇보다 중요했다.

여성에게 이름이란 다른 상류층 가문과의 연결을 외부로 드러내는 수단, 즉 왕국을 하나로 유지하는, 아니 적어도 하나로 유지해야 하는 프랑크 대귀족들 사이에서 결연의 그물을 보여주는 가시적인 상징이었다. 로트루드는 힐데가르트의 할머니 이름을 땄고, 베르타는 카롤루스 마그누스의 어머니 이름을 땄으며, 기셀라는 힐데가르트 가문과 또다른 연결고리를 만들었다. 남성에게 이름이란 왕조를 나타냈다. 처음에 피피누스라는 이름은 이미 쓰이고 있었으므로, 카롤루스 마그누스의 둘째 아들에게는 카를로마누스라는 이름이 선택되었다. 카를로마누스는 카롤루스의 동생의 유산을 가리켰다. 적어도 당분간은

말이다. 루도비쿠스, 즉 루이(Louis)라는 이름은 한층 더 야심찼는데, 프랑크 왕국의 이전 왕조에서 가장 유명한 왕 클로도베쿠스, 즉 "클로비스(Clcvis)"를 변형한 것("u"와 "v"는 라틴어에서 같은 글자였다)이었기 때문이다. 부부의 막내인 힐데가르트는 782년 말에 태어났고, 아이를 낳은 직후에 스물다섯 살의 나이로 사망한 어머니의 이름을 땄다. 힐데가르트는 어머니를 기리는 감동적인 이름이었고 그 딸이 고작 한 달 뒤에 어머니를 따라가면서 더욱 가슴 뭉클한 이름이 되었다.

중세 유럽인이 자식을 아끼지 않았다는 통념이 있지만, 이는 사료를 통해서 사실이 아님이 거듭 입증된다. 왕과 힐데가르트 사이에는 진정한 애정이 존재했으며, 딸을 잃고 진심으로 슬퍼한 것은 분명해 보인다.[6] 이름 짓기에서도 이를 짐작할 수 있고, 힐데가르트가 종종 남편과 함께 여행했다는 사실도 진지하게 고려해야 하는데—카롤루스 마그누스의 어머니는 자신의 남편과 하지 않았던 일이다—이는 어쩌면 두 사람의 관계가 정치적긴 의례 행위 이상이었음을 가리키는지도 모른다. 그 행위는 힐데가르트가 죽은 뒤 카롤루스와 그다음 아내와의 사이에서도 되풀이된다.

783년에 카롤루스 마그누스와 결혼한 파스트라다는 라인 강변에 있는 도시 마인츠와 연고가 있는, 또다른 이름난 동프랑크 가문 출신이었다. 그녀는 아인하르트의 기록에서 잔인하다는 불미스러운 평판을 얻었다. 사실일 수도 있고 아닐 수도 있지만, 어쨌거나 그녀는 분명히 기민한 정치가였다. 힐데가르트의 아들을 편애하여 꼽추 피피누스에게서 바이에른을 박탈하도록 일을 꾸민 사람이 그녀일 가능성이 크며, 이는 792년 피피누스의 반란으로 이어졌다. 그녀는 의붓아들 몇몇을 분명하게 편애했는데, 이는 프랑크 귀족층 일부 인사들의 반감을 샀고, 커다란 분란을 야기했다. 그러나 그와 동시에 파스트라다에 관한 아인하르트의 이러한 해석은 꼽추 피피누스를 주변적 존재로 전락시키겠다는 결정에 대한 카롤루스의 책임을 전가하려는 시도였을 수도 있다. 아인하르트의 평가는 또한 궁정에서 여성들의 권력이 커지도록 방치하면 무슨 일이 생길 수 있는지에 관해서 다른 황제들에게 건네는, 그다지 은근하지 않은 경고이기도 했다. 실제로 새로운 왕비의 출현은 권력 작동 방식의 재편을 의미했다. 새로운 고문관들이 궁정으로 들어와 그들 주변으로 새로운 권력 중추가 생겨났으며, 이는 기존의 역학 관계에 위협이 될 수도 있었다(그리고 흔히 위협이 되었다). 때로는 이러한 권력 재편으로 사람들이 죽기도 했다.

　파스트라다는 열여덟 살의 나이에 재빨리 지체 있는 부인 역할을 떠맡았고, 거의 즉시 임신을 했다. 그런데 어쩌면 그보다 더 중요한 것은 대략 열세 살부터 두 살에 이르는 여러 아이들의 의붓어머니가 되었다는 사실이다. 여러 어머니들에게서 난 그 자식들은 모두 왕과 궁정에 접근하는 길로부터 밀려나지는 않을지 노심초사하는 막강한 대가문들과 연결되어 있었다. 그러므로 정말이지 파스트라다의 빈틈없는 외교적 수완에 감탄할 수밖에 없다. 그녀는 왕비로 지낸 11년 동안 프랑크 제국이 커짐에 비례하여 파벌들이 늘어날 때에도 상황이 더 나빠지는 것을 확실히 막았다. 그녀는 궁정 안에서 일종의 중재자로서 어느 정도 활동할 수 있었는데, 결코 아들을 낳지 않았기 때문이다(대신 딸을 둘 낳았다). 그러나 그녀의 의붓맏아들인 꼽추 피피누스가 792년에 반란을 일으키자 카롤루스 세계는 흔들렸고, 파스트라다가 아끼는 힐데가르트의 아들들이 아버지의 애정에서 1순위를 차지할 길이 열렸다. 상황이 나쁘기는 했지만, 바이에른이나 꼽추 피피누스의 어머니 가문에서 카롤루스 마그누스에 대한 더 장기적인 저항이 일어나는 등 훨씬 더 나빠질 수도 있었다는 것을 우리는 인식해야 한다. 그러나 그런 일은 일어나지 않았다. 그리고 지름이 21밀리미터(1인치도 되지 않는다)인 아주 특별한 주화는 파스트라다가 반란 이후 제국의 안정화에 어느 정도 기여했을 가능성을 보여주는 자그마한 증거이다.

793년경에 주조된 이 주화의 앞면에는 "프랑크족의 왕, 카롤루스"라는 이름이, 그리고 뒷면에는 "파스트라다 왕비"라는 이름이 새겨져 있다.9 중세 초기의 주화는 교환 체계인 만큼이나 권력 표현의 수단이기도 했다. 화폐 주조소를 통제하는 권한은 일정한 수준의 권위자에게만 주어졌고 따라서 빈틈없이 보호되는 권한이었으며, 화폐에는 통치 정책들을 보완하기 위한 매우 의도적인 이미지들이 이용되었다. 주화에 왕비의 이름을 새기는 일은 카롤루스 왕조에 전례가 없었으며 마침 그 시점이 피피누스의 반란 바로 다음 해이므로 온갖 흥미로운 질문을 불러일으킨다. 바로 전해에 일어난 반란의 책임을 전가하려는 동시대의 시도였을까? 어머니이자 대립하는 파벌들을 중재하는 외교가로서 어쩌면 그때까지는 궁정에서 더 비공식적이었던 그녀의 정치적 역할에 대한 인정이었을까? 여러 측면에서 후자의 추정이 더 그럴듯하다. 그때까지 파스트라다가 매우 존경받았음을 인정하는 행위로 보이지만 묘한 타이밍이다.

791년 카롤루스 마그누스가 파스트라다에게 보낸 편지를 보면, 부인이 편지를 더 자주 쓰기를 바라면서 그녀를 "매우 사랑스럽고 사랑받는 아내"라고 부르고, 그가 군사 원정을 떠나 있는 동안 연도(連禱: 군대를 위한 기도)를 드리는 일이 그녀의 책임임을 분명히 한다. 언뜻 보아서는 별 내용이 없는 것 같지만, 근대 이전의 유럽에서 편지는 결코 사적이지 않았다. 편지는 대단히 양식화된, 공적인 수행이었다. 이 편지는 파스트라다뿐 아니라 그녀의 주변 사람들을 수신인으로 의도한 것으로, 카롤루스는 이상한 순환적 표현("사랑스럽고 사랑받는")을 이용해 파스트라다에 대한 애정을 드러내고, 자신이 떠나 있는 동안에는 왕비가 자신의 화신이며 하찮은 일이 아니라 중요한 임무를 맡고 있다는 신호를 궁정 전체에 보냈다. 연도, 즉 전장에서 신의 은총을 구하는 양식화된 기도에 대한 언급은 카롤루스가 왕비에게 최고의 책무를 맡겼음을 분명히 한다.

파스트라다는 주화가 찍힌 지 얼마 지나지 않은 794년에 사망했고 마인츠에 묻혔다. 그후 카롤루스 마그누스는 798년경 한 번 더 결혼했는데, 상대는 류트가르드라는 여인이었다. 그녀는 자식을 낳지 못했지만, 800년에 죽었을 때(대관식 전이다) 힐데가르트와 파스트라다도 보여주던 정치적 수완 덕에 시에서 기려졌다. 류트가르드가 죽은 후에 카롤루스는 다양한 여인들과의 사이에서 자식 5명을 더 보았지만 누구와도 결혼하지는 않았다. 다섯 자식 가운데 셋은 아들이었다. 그들에게는 프랑크식이지만 왕의 이름은 아닌 이름(드로고, 위그, 테오도리크)을 주었다. 그 아들들에게는 왕국을 물려주지 않을 것이며 더 나이가 많고 왕위 후계자인 아들들, 즉 힐데가르트의 아들들인 카롤루스 이우니오르와 이탈리아왕 피피누스, 그리고 경건왕 루도비쿠스에게 그들이 결코 위협이 되지 않을 것임을 분명히 한 것이었다.

• ◆ ✛ ◆ •

꼽추 피피누스가 아버지에 맞서 반란을 일으킨 792년 이후에 힐데가르트의 세 자식은 궁정에서 최고의 지위를 차지했고 왕좌에 가장 가까이 있었을 것이다. 그러나 아버지가 늙어가고 소년들이 점차 성년이 되면서 형제들 사이의 사정이 좀더 복잡해졌다. 카롤루스 마그누스가 황제로 대관할 무렵, 예를 들어 아들 카롤루스 이우니오르는 스물여덟, (카를로마누스였던) 이탈리아왕 피피누스는 스물셋, 경건왕 루도비쿠스는 스물둘이었다. 더욱이 피피누스와 루도비쿠스는 저마다 가정을 꾸려 아내와 자식들이 여럿 있었고, 제국의 주변부 지역에서 어엿한 왕으로서 더 공식적인 책무를 맡고 있었다. 피피누스는 이탈리아를, 루도비쿠스는 아키텐을 관리하는 임무를 맡았다. 그렇다면 카롤루스 이우니오르는 무엇을 맡고 있었을까?

사료들은 속 터질 만큼 카롤루스 이우니오르에 대해서 침묵한다. 그는 주로 아버지 곁에 머물렀고 결혼하지 않았으며 (우리가 아는 한) 자식도 없었다. 그 시대에 나온 시 한 편은 비난조가 아니라 그가 후계자를 낳지 않은 이유를 설명하는 의미로 동성애를 암시한다. 또다른 당대의 기록은 그가 이전에 스스로 혼인동맹을 결성하려고 일을 꾸미다가 아버지의 노여움을 샀다고 시사한다. 우리에게 알려진 사실은 그가 원정에 적극 참가했지만 공식적으로 어느 영토에 배치된 적은 없고, 그의 동생들보다 한참 후에도 왕의 칭호를 받지 않았다는 것이다. 790년경에 네우스트리아의 영토를 받았을 수도 있으며 교황 쪽의 한 기록—다만 프랑크 쪽의 기록은 없다는 점이 눈에 띈다—은 그의 아버지가 황제가 된 직후인 800년 성탄절에 로마에서 왕으로 대관했다고 말한다. 이것 역시 궁금증을 자아내는데, 그가 어느 곳의 왕이 되었는지는 불분명하기 때문이다. 설령 그가 왕이 되었더라도 800년 이후의 어느 기록에도 그를 "왕"으로 지칭하는 경우는 드물다.

이에 관해서 좀더 알게 되는 것은 806년에 이르러서이다. 바로 이해에 모든 아들들의 미래에 대한 공식적 계획이 『디비시오 레그노룸 (*Divisio regnorum*)』(왕국 분할령)이라는 문서로 작성되었다. 이 문서는 어떤 면에서는 독특하지만, 다른 면에서는 퍽 일반적이다. 다시 말해, 통치자의 아들들 사이에 왕국을 분할하는 것은 클로도베쿠스 1세까지 거슬러가는 프랑크 전통을 따른 것이지만, 그것이 문서로 작성되어 공식화되었고 성직자들이 엄숙하게 증인으로 서명했으며 그 조항들이 증인으로 입회한 모든 이들에 의해서 구속력을 얻었다(그렇게 기대되었다)는 점은 새로웠다. 그럼 이 문서는 무엇을 이야기했을까? 아주 단순하게 문서는 카롤루스 마그누스의 세 아들을 서로의 공동 통치자로 만들고, 각자에게 왕국을 배정했다. 루도비쿠스는 주로 아키텐을, 피피누스는 이탈리아(그리고 바이에른)를, 그리고 카롤루스 이우니오르는 프랑크 제국의 심장부를 받았다. 세 사람 모두 왕으로 지칭되었지만, 누구도 황제는 아니었다. 그 칭호는 여전히 카롤루스 마그누스가 보유했다.[10]

자연스럽게도, 9세기 초를 카롤루스 마그누스와 프랑크족의 전성기로 보고 싶을 것 같기도 하다. 제국의 경계는 최대에 도달했다. 여러 왕관이 카롤루스의 머리 위에 편안히 놓여 있었다. 조공과 선물이 동서남북에서 아헨으로 흘러들어왔다. 아헨은 유럽 최고 지성인들을 끌어당기는 자석이었다. 카롤루스는 딸들에게 둘러싸여 있었고, 딸들은 궁정의 운영을 도왔다. 각자 다스릴 영토가 있으며 건강하고 튼튼한 (그리고 충성스러운) 세 아들도 있었다.

그러나 그후 황제의 자식들이 죽기 시작했다. 이탈리아왕 피피누스는 810년 여름에 죽었고, 누이인 로트루드도 같은 해에 죽었으며, 카롤루스 이우니오르는 811년 12월에 사망했고, 역시 811년에 꼽추 피피누스도 프륌의 수도원에서 급사했다. 이 죽음들이 한 기간에 몰려 있다는 사실에 주목할 만하다. 809–810년에 거대한 가축 역병이 유럽을 휩쓸었고 적어도 한 가지 기록은 역병이 동물과 사람 간에 전파되었다고 시사하는데, 그렇다면 그 질병 때문에 황제의 자식들이 잇따라 세상을 떴을 수도 있다. 그러나 또다른 가능성도 있다. 우리는 카롤루스 이우니오르의 죽음에 대해서 아는 것이 거의 없다. 어떻게 어디에서 죽었는지 또는 어디에 묻혔는지 전혀 모른다. 이상한 누락이다. 카롤루스 이우니오르에 바짝 뒤이어 꼽추 피피누스도 죽었으므로 의구심이 들 수밖에 없다. 꼽추 피피누스가 갇혀 지냈던 프륌에서 나온 9세기 한참 말의 어느 문헌은 카롤루스 이우니오르와 꼽추 피피누스가 적어도 쿠데타 시도가 있을 때까지는 꽤 가까웠다고 설명한다. 그 정보원을 확실히 알 수 없으므로 이 후대의 기록을 크게 신뢰할 수는 없지만, 꼽추 피피누스가 수도원에 갇혀 있었더라도 여전히 적법한 잠재적 후계자였다고 인정해야 한다. 그리고 그는 다소 갑자기 죽었다. 812년 초에 이르자 편리하게도 경건왕 루도비쿠스만이 적자로서 유일하게 살아 있었고, 제국을 물려받을 참이었다. 당연히 의심의 눈썹을 치켜뜨게 된다.[11]

그렇다고는 해도 유일한 후계자로서 경건왕 루도비쿠스의 지위를 격상하는 일은 서서히 진행되었다. 812년 내내 별다른 조치가 없었고, 813년 가을에야 루도비쿠스는 귀족 회의에 참석하도록 아키텐에서 아헨으로 호출되었다. 이렇다고 할 만한 움직임이 없었다는 사실은 심지어 그 막판까지도 아버지의 후계자로서 루도비쿠스의 지위에 대해 양가적인 입장이 있었음을 보여준다. 그런 입장은 카롤루스 마그누스 본인에게서 나왔을까, 주변 사람들에게서 나왔을까? 아니면 그 둘 다에서 나왔을까? 확실히는 알 수 없다. 다만 알 수 있는 것은 이 시기에 수십 년에 걸친 귀족 간 자리다툼이 있었으며, 그전에 다른 아들들을 중심으로 돌아가던 지지의 접점들이 이제 루도비쿠스를 향해서 방향을 틀고 있었다는 점이다. 다음 제3장에서 보게 되는 것처럼 일부는 자리를 다시 잡지 못했다.

그럼에도 813년 말에 주사위는 던져졌다. 카롤루스 마그누스가 경건왕 루도비쿠스의 머리에 손수 왕관을 씌우고 그를 공동황제로 지명한 한편, 루도비쿠스의 조카인 베르나르두스(이탈리아왕 피피누스의 성년 아들이자 카롤루스의 손자)가 이탈리아의 왕으로 지명되었다. 모든 사료는 당시 카롤루스가 건강이 좋지 않았다고 입을 모은다. 그는 교회가 질서를 유지하도록 넓은 제국 전역에 걸쳐 다섯 차례의 교무총회 개최를 지시하여 813년 끄박 한 해 동안 자신의 죽음에 대비했던 듯하다. 그런데 이상하게도 루도비쿠스는 아헨에 오래 머물지 않고 거의 즉시 아키텐으로 돌려보내졌다. 그는 고작 수개월 뒤인 814년 1월에 카롤루스가 아헨의 왕궁에서 죽었을 때 궁정에 있지 않았다.

애도 기간은 없었다. 황제는 죽은 그날 왕궁 예배당에 묻혔다. 거의 틀림없이 왕의 서거는 예견되어 있었고, 장례 절차는 꼼꼼하게 준비되었다가 그날이 오자 신속하게 실행되었다. 그동안 궁정에서 곁을 지킨 딸들이 카롤루스 마그누스의 가장 최근 연인들과 그가 가장 신뢰한 고문관들인 쾰른 대주교 힐데볼트와 카롤루스의 사촌 왈라와 함께 절차를 주관했을 것이다. 그러나 새로운 황제 루도비쿠스는 역시 어디에서도 보이지 않는다. 그는 아버지의 서거 소식을 들었을 때 투르 지역에 있었고, 아헨으로 발걸음을 재촉하기보다는 천천히 이동했다. 그는 아헨에 도착했을 때 무엇이 기다리고 있을지 전혀 몰랐을 것이다.

3

누이와
조카들

814–823년

812년 무렵 한 매잡이가 아헨의 카롤루스 마그누스 궁정에 도착했다. 카롤루스의 아들이자 아키텐의 왕인 경건왕 루도비쿠스가 황제에게 보낸 특사였다. 매잡이가 "긴급한 사안들"에 대해서 루도비쿠스에게 가져갈 응답을 기다리는 동안, 카롤루스 궁정의 인사들이 그에게 몰려와 조속히 돌아가서 루도비쿠스를 아헨으로 데려오라고 촉구했다. 카롤루스는 몸이 좋지 않았다.

매잡이는 돌아오자마자 왕에게 이 모든 사실을 간략히 전달했다. 루도비쿠스는 이 소식을 듣고 크게 걱정했다. 루도비쿠스의 고문관들은 곧장 아헨으로 가야 한다고 했지만, 그는 신의 인도를 구하는 기도를 드리고는 "아버지가 의심할 구실을 주지 않도록" 지체하기로 했다. 무엇을 의심한다는 것인가? 분명하지 않다. 궁극적으로 루도비쿠스는 늙어가는 아버지를 찾아갈 때까지 2년을 기다리면 충분하다고 결정했고, 아헨 방문을 준비하는 그 기간에 아키텐의 반항적인 귀족들을 평정했다. 결과적으로 루도비쿠스는 그렇게 오래 기다리지 않아도 되었다. 카롤루스 마그누스는 자신의 건강이 좋지 않음을 알고서, 유일하게 생존한 (적법한) 아들을 궁정으로 호출했다. 813년 여름에 아버지는 제국 전체를 어떻게 다스려야 할지 가르친 후 직접 아들에게 왕관을 씌워준 다음 아키텐으로 돌려보냈다. 루도비쿠스는 813년 11월에 프랑크 제국의 공동황제로 집에 돌아왔다.

카롤루스 마그누스는 불과 수개월 후인 814년 1월 말에 죽었다. 황제가 아헨 대성당에 신속히 묻힌 뒤, 무슨 일이 일어났는지 루도비쿠스에게 알리기 위해 궁정에서 사자가 파견되었다. 물론 루도비쿠스가 황제의 유일한 생존(그리고 다시 말하지만 적법한!) 아들인 것은 맞지만, 아헨은 루도비쿠스에게 완전히 다른 세상이었다. 카롤루스 궁정의 사람들은 황제 말년에 왕좌의 막후세력이었고, 메로베우스 왕조 치하의 카롤루스 궁재들과 다르지 않았다. 그들이 앞으로 나와 스스로 왕좌를 차지하기로 했을까?

루도비쿠스는 빠르게도 느리게도 움직여야 했다. 자신의 권리를 발빠르게 주장하면서도, 알고 보던 불충할 수도 있는 자들의 수중에 떨어지지 않도록 느리게도 움직여야 했다. 아헨을 향해서 북동쪽으로 이동하는 길에 그는 도시 오를레앙에 먼저 들러서 그곳의 주교를 찾아갔다. 테오둘프는 카롤루스 마그누스의 측근의 핵심 일원으로서 8세기 말부터 궁정에서 존경받는 지식인이었으며, 루도비쿠스에게로의 권력 이전 과정을 원활하게 해줄 막강한 인맥을 거느리고 있었다.

이전 과정에서 어떤 분란이 실제 발생한다면 말이다. 적어도 오를레앙에서는 아무 분란도 없었다. 테오둘프는 경의의 표시로 성벽 바깥에서 새로운 황제를 영접하여 시내로 반갑게 맞아들였고, 새로운 프랑크 왕을 모시고는 그를 위한 미사를 올렸다. 지금까지는 순조로웠다.

루도비쿠스가 아헨에 가까워지면서, 즉 그의 아버지 아래에서 궁정을 운영했던 남녀들에게 가까워지면서 충성심을 가늠해보는 더 큰 시험이 찾아올 터였다. 그런데 루도비쿠스에게는 분란을 알아낼 단순하지만 효과적인 계획이 있었다. 그는 여정을 중단하고 그저 기다렸다. 공식적으로는 아무 말도 하지 않았지만, 그가 궁정으로 가는 대신 유력 귀족들이 그에게 와야 한다고 요구하는 행동이었다. 황제가 자신들의 안마당으로 올 때까지 기다림으로써 권력의 역학 관계가 바뀌기를 궁정의 누군가가 기대했다면, 그 전략은 실패했다. 그 대신 궁정은 황제의 말 없는 요구에 순순히 굴복한 듯하다. 그들은 기꺼이 루도비쿠스에게 갔다. 작고한 황제 카롤루스 마그누스의 사촌이자 종종 그의 심복 역할을 했던 왈라가 앞장섰다. 루도비쿠스는 궁정 전반을 자기편으로 삼는 데에 왈라가 핵심 인물이라고 생각했다. 뭐니 뭐니 해도 왈라 본인이 카롤루스 왕조 사람으로서, 카롤루스 마르텔루스의 직계 후손이었다. 그러므로 그가 재빨리 루도비쿠스에게 가서 충성을 맹세하자 권력 이전이 마무리되고 왕위에 오르는 길이 활짝 열린 듯했다.

몇 가지 예외만 뺀다면 말이다.

왕궁에 도착하기 전 어느 시점에 루도비쿠스는 누이들의 행태를 알고 나서 경악했다고 하는데, 누이들은 결혼을 하지 않았지만 연인이 있었고 자식도 낳았다. 사실 루도비쿠스가 그들의 행위에 대해서 그 때 막 알았을 가능성은 거의 없다. 그것은 구실, 즉 새로운 제왕적 권력을 과시할 기회였다. 그리고 그는 실제로 그렇게 했다. 그는 왈라와 주요 귀족들을 아헨으로 돌려보내서 그의 도착에 앞서 질서를 잡게 하고, "특히 타락하거나 그 오만방자함이 반역적인 몇몇 사람들"을 체포하게 했다.[1] 루도비쿠스는 남아 있는 아버지의 수행단 일부 세력을 아버지의 측근들 중에서 최고위 인사를 이용해 해체함으로써 새롭게 얻은 강권을 과시했다. 그는 궁정을 자신의 것으로 만들고 있었다.

사료들은 누이들의 부도덕함에 대한 루도비쿠스의 연극적인 공분에 대해서, 그리고 누이들을 타락시킨 남자들에 대한 그의 가식적인 분노에 얼마나 많은 사람들이 휘말렸는지에 대해서 말을 아낀다. 그러나 그것은 피바람을 몰고 왔다. 오도인이라는 남자는 왕의 처벌을 피하려다가 루도비쿠스의 충성스러운 측근 한 명을 죽이고 또다른 백작에게는 중상을 입혔다. 오도인은 붙잡혔고 도망치려고 하다가 칼에 찔렸는데, 루도비쿠스는 그의 도망 시도를 공개적인 거역 행위로, 불충이 뿌리가 깊다는 신호로 보았다. 아헨에 도착한 루도비쿠스는 징벌로서 툴리우스라는 또다른 조수의 눈을 멀게 만들기로 결정했다. 그러나 이렇게 철권을 보여준 후에는 그 주먹을 부드러운 벨벳 장갑으로 감쌌다. 그는 체포된 다른 사람들은 사면했다. 누이들을 궁정에서 내쫓았지만, 아버지가 그들에게 유산으로 물려준 영지로 보냈다. 왕은 무자비한 동시에 자비로워야 하며, 루도비쿠스는 통치의 기조를 세우고 있었다.

정의를 집행한 후—분란을 일으킬 수 있는 궁정의 일부 사람들을 적지 않은 살인을 통해서 제거한 후—황제는 마침내 왕궁에 입성했다. 대가족을 포함해 정말로 모든 프랑크인이 그를 기쁘게 맞아들였다고 한다. 그는 아헨의 권력자들과 전 세계에서 온 권력자들을 한자리로 초대하여 대규모 회합을 주재했다. 이 자리에서 그는 친지들과 제국 전역의 교회에 큰 자선을 베풀었다. 비잔티움 제국의 황제가 보낸 사절단을 영접하고 동방으로 외교관들을 파견했으며, 이탈리아왕으로서 루도비쿠스에게 충성을 다짐하러 북쪽으로 온 조카인 베르나르두스(형 피피누스의 아들)도 맞이했다. 루도비쿠스는 조카를 반갑게 맞이했고 그를 왕으로 승인한 후에 돌려보냈는데, 그가 자신의 영토에서는 독자적인 통치자이지만 궁극적으로는 황제에게 종속된다는 뜻이었다. 루도비쿠스는 선왕 치하에서 자행되던 잘못을 바로잡고 법이 적절히 집행되도록 제국 전역의 부하들의 권한을 강화하고자 그해 말에 대규모 귀족 회의를 소집함으로써 권력 이전에 따르는 대회합을 마무리했다.

권력 이전이 완료되었다. 루도비쿠스는 프랑크족의 유일한 통치자였다.

• ◆ ✛ ◆ •

이 사건들에 대해서 우리가 아는 모든 내용은 한참 사후에 쓰인 사료들에서 나왔다. 기억하다시피 프랑크의 역사는 단순히 사실적이기보다는 **진실하도록** 쓰였다. 앞에 서술된 설명은 840년에 루도비쿠스가 사망한 지 얼마 지나지 않아 쓰인 『황제 루도비쿠스의 생애(*Vita Hludovici Imperatoris*)』라는 문헌에 나온다. 실제 사건의 발생 시점과 서술 시점 사이의 시간적 간극에 대해서, "천문가"라고 알려진 익명의 전기 작가가 사후적으로 루도비쿠스의 치세 전체를 회고하며 얻은 통찰을 바탕으로 서술했다고 이해할 수 있다. 또다른 방식도 있다. 작가가 어떤 원한을 갖고 싶어했다고 보는 것이다.

이 책에서는 이 작가를 "천문가"라고 부르는데, 그가 전기에서 서술한 것처럼 한 번은 황제 루도비쿠스가 그에게 830년대 말에 출현한 혜성의 배후에 신성한 징조가 있느냐고 물었기 때문이다(이 혜성에 관해서는 곧 다룰 것이다). 또한 루도비쿠스가 천문가에게 이 천체 현상에 대해서 물었다는 사실로 미루어 보건대 작가는 궁정에 머무는 사람이었을 것이며 따라서 궁정에서 돌아가는 일을 잘 알았을 것이다. 덕분에 814년 권력 이전에 대한 작가의 서술은 특히 설득력을 띠며, 어쩌면 심지어 현장 목격자의 보고일 수도 있다. 그렇지만 그 이야기를 들어볼 때 알 수 있듯이, 루도비쿠스의 즉위를 재해석하는 천문가의 방식에는 몇 가지 이상한 점이 있다. 주의 깊게 읽어보면 작가는 마음을 정하지 못한 것 같다. 권력 이전은 천천히, 또 신속하게 진행되었다. 그것은 순조롭게 진행되었고, 피로 물들었다. 모두가 잠자코 따랐고, 일부 사람들이 저항했다. 이 서사는 루도비쿠스가 적극적으로 움직여서 아버지를 승계하고자 한 것처럼 만드는 동시에 승계가 줄곧 카롤루스 마그누스가 계획한 것이었다고 시사한다. 그러므로 입체파 회화처럼 천문가는 사건의 다양한 판본을 동시에 보여주고자 했다. 천문가는 루도비쿠스가 아헨에 두 번 도착했다고 말한다. 첫 방문은 오도인과 툴리우스의 반역이 있기 직전이고, 그다음 방문은 그들이 처벌된 직후, 황제가 (이제는) 그의 가족에게 만장일치로 인정받았을 때이다. 이러한 모순점은 권력 이전이 얼마나 순조롭게 진행되었는지를 둘러싸고 이 글이 다소 신중하게 쓰였음을 드러낸다.

또한 루도비쿠스가 아픈 아버지를 보러 아헨으로 가기까지 2년을 기다리기로 했다는 주장에 대해서 생각하면, 우리는 질문할 수밖에 없다. 813년 겨울에 카롤루스 마그누스가 유일하게 생존한 그의 (적법한) 아들을 불렀다는 것이 정말일까? 카롤루스 마그누스, 더 구체적으로는 그의 궁정, 다시 말해서 우리가 기억하다시피 애초에 루도비쿠스의 매잡이를 통해 전언을 보냈다는 이들에게는 황제가 죽은 뒤에도 루도비쿠스가 아키텐에 머무는 편이 낫다는 것이 더 말이 되지 않을까? 경건왕 루도비쿠스가 아헨을 향해 신중하고도 느린 행보를 보인 것은 모든 일을 필연적인 것으로 그리는 천문가의 형식적인 서술 이면을 꿰뚫어보면 훨씬 더 말이 된다. 솔직히 말해 외부자가 권력을 넘겨받고, 자기 사람들을 데려와 오랫동안 자리 잡아온 사람들을 쫓아내고, 기존의 안정적인 후원과 권력의 연결망을 뒤엎는 일을 궁정의 일부 귀족들이 좋아하지 않았다는 천문가의 생각은 아마 맞았을 것이다. 그리고 그들의 걱정은 틀리지 않았다. 루도비쿠스는 궁정을 역이용하여 왈라와 여타 귀족들을 아헨에 미리 보내서 비협조적이라고 보이는 인물들을 잡아들이게 했는데, 그중에는 그의 누이들 및 그 여인들과 필시 관련이 있었을 일부 귀족들도 포함되었다(오도인과 툴리우스가 누이들의 연인이었을 가능성이 있으며, 애초에 그들이 루도비쿠스가 도착한 뒤에도 살아남았을 가능성은 희박해 보인다).

천문가 판본의 권력 이전이 전달하고자 하는 "진실"은 중세 유럽의 많은 기록들과 마찬가지로, 루도비쿠스에게는 통치할 권리가 있고 궁정 최고 유력자들은 당연하다는 듯이 동의했으며 루도비쿠스는 자선을 베풀고 외국 사절을 상대하면서 아버지의 역할을 무난히 떠맡았다는 것이었다. 그러나 천문가의 서술에서 질서정연하고 올바르다고 묘사된 카롤루스 마그누스 사후의 권력 이전은 다툼이 분분하고 위태로워서, 그의 수사적 외양 아래에 감추어진 균열이 역력히 드러나며 계속되는 새로운 가족적, 정치적 긴장을 노출한다. 한 황제에서 차기 황제로의 이전의 순간에 우리는 거짓말들로 쌓은 토대를 다시금 보게 된다.

아버지와 달리 루도비쿠스는 프랑크 제국을 물려받았을 때 유일한 생존 적자였지만, 유일한 아들도 유일한 적자도 아니었다. 그의 누이들은 평생 궁정에서 지냈고 정무에 긴밀하게 관여해왔다. 또한 아버지와 달리 루도비쿠스에게는 794년 이르멘가르트 하스바니아와의 결혼으로 얻은 장성한 아들들이 있었다. 가장 나이가 많은 로타리우스와 피피누스는 814년에 각각 열아홉 살과 열일곱 살이었고 가장 어린 루도비쿠스 2세는 여덟 살이었다. 경건왕 루도비쿠스 1세는 카롤루스 마그누스의 총아였던 적이 없었고 루도비쿠스 없이도 수십 년간 아버지의 통치를 도운 회의적인 지배층을 마주하고 있었지만, 그럼에도 유일한 통치자였으며 자신의 길을 개척해야 했다.

◆ ◆ ✛ ◆ ◆

권력을 과시하는 것 외에, 그는 왜 누이들을 궁정에서 몰아내야 한다고 느꼈을까? 그는 올바른 질서와 예법, 성적으로 정결한 공간을 창출해야 한다는 점을 근거로 숙청을 정당화했다. 그러나 진짜 이유는 그 여인들이 후계자로서 자신의 위태로운 지위에 중대한 위협이 되었기 때문이다.

그의 근거가 진정한 목적에 반드시 반하는 것은 아니었다. "정화"는 거의 언제나 권력과 관련된다. 그런데 아이러니하게도 불결하다는 혐의에 근거하여 숙청되는 것은 바로 중세 초에 여성이 최상층부에서 핵심 일원이 될 수도 있었으며 경쟁자들이 권력을 가진 여성을 상대로 중세의 여성 혐오적 관념들을 이용할 수도 있었다는 사실을 드러낸다. 우리는 카롤루스 마그누스의 어머니가 아들을 위해서 동맹의 그물을 짜는 것을 보았고, 카롤루스의 치세 내내 여성들이 그의 궁정을 가득 채웠음을 알고 있다. 그와 잇따라 결혼한 다섯 왕비들은 각자 재위하는 동안 궁내 질서를 유지하는 책임을 졌고, 귀족과 성직자들에게 선물을 나누어주는 일을 도왔으며, 올바른 종교 의례로 왕과 제국 전체를 안전히 지키는 임무를 맡았다. 일례로 파스트라다는 791년 편지에서 그 중대한 임무를 명시적으로 맡았다. 마지막 아내인 류트가르드가 800년에 죽은 뒤로는 카롤루스의 딸들이 제국 정치의 심장부를 차지했다. 카롤루스는 딸들에게 간접적인 권력을 맡겼지만 (최소 8명에 달한) 딸들에게 결코 결혼을 허락하지는 않았는데, 아마도 그가 카롤루스 혈통에 대한 권리를 주장하는 잠재적 경쟁 상대들을 걱정했기 때문이었을 것이다.

8세기 말에 오를레앙의 주교 티오둘프가 지은 시 한 편은 그 여인들이 카롤루스 마그누스의 궁정에 얼마나 중요했는지 단서를 제공한다. 테오둘프는 딸들이 무수한 의례와 궁정 활동—연회와 가내 행사만이 아니라 왕이 일반적으로 고문관들과 함께 나가는 사냥처럼 전통적으로 남자에게 해당되는 활동까지—에 참여했다고 묘사했다. 딸 여러 명이 카롤루스의 로마 황제 대관식에 동행하기까지 했다.

그리고 아버지는 어느 딸에게도 결혼을 허락하지 않았지만, 딸들이 순결하지는 않았다는 점은 분명하다. 일례로 손위 딸들 중에 베르타는 왕의 가까운 고문관인 앙길베르트—카롤루스 마그누스의 전리품을 로마로 전달한 그 앙길베르트이며, 수십 년 후에 퐁트누아 전투에 관해서 시를 쓴 앙젤베르와는 다른 사람이다—와 오랫동안 관계를 맺어서 자식 셋을 낳았는데, 그 자식들 중에는 840년대에 중요한 연대기 작가가 되는 귀족 니타르두스도 있었다. 두 사람의 관계는 추문을 불러일으키지 않았고, 앙길베르트가 카롤루스의 측근으로 출세하는 것을 사실상 도왔을 것이다. 9세기 초에 대단히 존경받는 궁정의 일원이자 카롤루스의 심복이었던 그는 생-리키에르 수도원의 속인(俗人) 수도원장이 되었는데, 많은 재물과 영향력이 따라오는 직위였다.

다른 자매들도 아버지에게 자신이 총애하는 사람들을 밀고, 후원망과 왕에 대한 접근권을 약속하는 방식으로 자신들의 계획을 밀어붙이는 데에 적극적이었다는 것은 분명한 듯하다. 다시 말해서 카롤루스 마그누스 치세 마지막 10여 년 동안 딸들은 성역과도 같은 왕의 사적 공간의 관리자들이었고, 자신만의 후원망과 정보망을 구축하면서 그들 스스로 권력의 중심이 되었다. 꼽추 피피누스의 반란 당시 카롤루스가 잠을 자고 있을 때 여자들이 왕 주변을 지키고 있었다는 노트케르의 이야기는 많은 이들의 생각보다 진실에 더욱 가까웠다. 실제로 800년 초 카롤루스가 점점 나이가 들고 승계가 시급한 사안이 되어감에 따라, 딸들이 자기가 편애하는 형제에게 아버지의 마음을 기울일 수 있으리라고 기대하며 아직 살아 있는 형제들(카롤루스 이우니오르, 이탈리아왕 피피누스, 경건왕 루도비쿠스) 사이에서 한쪽 편을 들었다는 암시가 존재한다. 오도인과 툴리우스를 파멸시킨 것은 루도비쿠스를 상대로 누이들이 벌인 공작의 후유증이었을 가능성이 크다.

814년의 경건왕 루도비쿠스에게 누이들의 입지와 그들 각자가 아버지의 궁정 상류층 사이에서 구축한 후원망 및 권력망은 매우 위협적이었다. 그는 그 궁정에서 소외된 채 인생을 보냈고, 어쩌면 궁정의 주요 인물들과는 전반적으로 친숙했을 수도 있지만 궁정을 장악하지는 못했으며, 궁정 주변에서 돌아가는 권력 중심부 어디와도 딱히 연결되어 있지 않았다. 그것은 누이들이 좌지우지했다. 그가 아버지의 사망 소식을 듣고 조심스레 아헨으로 향하기 시작했을 때, 누이들이 그가 국고에 접근하지 못하게 막거나 심지어 경쟁자를 내세우거나 그를 죽이려고 하지는 않을지 상황은 틀림없이 불투명했을 것이다.

그러나 순결성, 아니 적어도 궁정의 순결성에 대한 인식은 정치적 숙청의 정당화 근거 이상으로 그 자체가 중요했다. 당대 대다수 프랑크인들과 마찬가지로 루도비쿠스에게 궁정의 순결성은 제국 전체의 상태에 대한 인식을 반영했다. 중심부의 해이함과 타락—성적이든 경제적이든 정치적이든—은 모든 것에 만연해지고 모든 영역을 건드릴 것이었다. 프랑크족은 자신들을 새로운 이스라엘 민족이라고 보았고 너무도 세속적인 현재에 올바른 행동의 전범들을 찾아서 거룩한 과거를 바라보았다. 프랑크족은 제국을 확대하고 적을 정복하면서, 신은 틀림없이 자신들의 편이라고 스스로에게 말했다. 그러나 그런 확신에는 책임도 따랐으며, 그러한 책임을 위배하면 엄혹한 결과가 따랐다. 여호수아에게 하느님의 일을 바로잡아야 한다는 책임이 있었듯이 루도비쿠스는 당대에 자신이 그 역할을 맡았다고 믿었다.

이러한 인식—성적 순결성을 둘러싼 우려가 정치적인 무기로 동원될 때 작동하는 힘—은 훗날 투도비쿠스의 적들 역시 그를 상대로 그 무기를 휘두를 수 있다는 것을 깨달으면서 되돌아와 그를 괴롭히게 되는데, 그 부분에 대한 이야기는 곧 다룰 것이다. 당분간은 루도비쿠스가 새로운 통치자로서 수중에 있는 도구라면 무엇이든 동원해야 한다고 생각했던 듯하다는 점만 알아두자. 아헨에 도착했을 때 궁정의 도덕적 해이를 공격하는 것은 누이들, 더 나아가 그들이 후원하고 총애하는 자들을 소외시키는 편리한 수법이었다. 루도비쿠스는 의로운 왕권에 대한 자신의 관념이 자기 사람들을 데려와 아버지의 사

람들을 교체하는 데에 비난할 여지가 없는 이유를 제공해준다고 생각
했다. 비록 그 혐의들이 사실이라기보다는 중상모략이라고 이해한다
고 해도 말이다. 루도비쿠스가 생각하기에 아버지의 궁정을 운영해온
여성들은 그가 정당한 자리를 차지하기 전에 왕궁에서 제거되어야 했
고, 순결에 대한 공적인 우려(비록 진심일지라도!) 덕분에 그는 그들을
제거할 수 있었다.

그래서 누이들은 수도원으로 보내졌고, 남겨진 궁정인 및 귀족들과
애정관계로 얽힐 잠재적인 가능성도 사실상 제거되었다. 그리고 숙청
은 누이들과 그 측근들에만 국한되지 않았다. 그다음으로 루도비쿠
스는 카롤루스 마그누스 치세 마지막 몇 년 사이에 카롤루스의 측근
이었던 여러 대주교들은 물론이고 새로운 황제에게 복종한 궁정의 핵
심 인물들, 즉 앞에서 언급한 왈라 그리고 왈라의 형제 아달하르트마
저도 궁정에서 쫓아냈다. 그러면서 그는 자신의 고문관들로 이루어진
측근 집단을 위한 새로운 공간을 창출했다.

다만 놀랍지도 않게, 이 요란한 권력 전시는 문제를 영구적으로 해
결해주지는 못했다. 제국의 일부 지역들에 대해서 권리를 주장할 수
있는 카롤루스 사람들이 여전히 있었다. 왈라는 카롤루스 마르텔루스
의 후손이었고, 카롤루스 마그누스 아래에서는 거의 "궁재"처럼 행세
했다. 이탈리아의 베르나르두스는 카롤루스 마그누스의 손자였고 이
탈리아의 왕으로 즉위했으며, 그 지위를 카롤루스 마그누스와 경건왕
루도비쿠스에게 잇따라 승인받았다. 역시 육친인 아달하르트는 베르
나르두스의 가까운 고문관이었으며, 베르나르두스의 아버지(루도비

쿠스의 형)에게도 동일한 역할을 했다.

게다가 카롤루스 사람이 아직 더 있었다. 경건왕 루도비쿠스 1세의 두 아들은 성인이었고 그들의 앞날도 대비해야 했다. 그러나 이 두 사람에 대한 해답은 간단해 보였으니, 루도비쿠스는 두 아들을 각각 제국의 양 끝에 위치한 지역으로 보냈다. 맏이인 로타리우스는 바이에른으로, 피피누스는 아키텐으로 브내졌다. 독일왕 루도비쿠스 2세(막내로 당시 고작 여덟 살이었다)는 궁정에 남았는데, 모두 카롤루스 마그누스가 세운 선례를 따른 것이었다.

카롤루스 집안 사람이 너무 많았으므로 경건왕 루도비쿠스는 자신의 왕위에 얼마간 안전 장치를 추가해야 했고, 이때도 선례를 따랐다. 816년에 그는 다시 한번 프랑크 제국과 교황좌와의 관계를 지렛대로 삼았다. 그는 신임 교황 스테파누스 4세를 랭스로 불러서, 813년에 카롤루스 마그누스가 루도비쿠스를 공동황제로 지명했을 때 카롤루스가 쓴 왕관을 대체하는 새로운 관을 자신에게 씌우게 했다. 이번에는 교황이 프랑크 제국의 랭스로 와서 유일한 황제로서 루도비쿠스의 머리에 관을 씌워주었다.

그런데도 아직 끝난 것이 아니었다. 그때까지 가족 구성원이 제기한 위협을 몰아내기 위해서 그가 한 일은 전부 어떤 면에서는 비공식적이었다. 그 조치들의 이면에 행정적인 효력이 없었다는 뜻이다. 이런 사정은 817년에 그가 제국을 아들들 사이에 더 공식적으로 분할하는 조치를 취하면서 바뀌었는데, 이번에도 그는 806년에 카롤루스 마그누스가 『디비시오 레그노룸』에서 세운 선례를 따랐다. 표면적으로 보면

817년의 이 사건은 루도비쿠스가 아헨에서 겪은 고약한 사고에 자극을 받은 결과였다. 루도비쿠스와 수행원들이 미사를 드린 후에 자리를 뜨려고 할 때 갑자기 목조 회랑이 무너졌던 것이다. 『프랑크인 열왕편년사』에 따르면, 그는 다행히 경미한 부상만 입었으나 주변의 많은 사람들은 훨씬 더 심하게 다쳤다. 어쩌면 이 근사체험으로 그는 자신도 언젠가 죽을 수밖에 없음을 절감하고 자신이 세상을 뜬 후에 제국이 어떻게 될지 걱정했을 것이다. 어쩌면 말이다. 그가 중대한 의사결정들에 직면하여 아주 신중한 행보를 보였음을 고려하면 이와 같은 조치를 물론 얼마간 생각해왔을 것이다.

그가 집권하고 사고를 당할 때까지의 수년 사이에 상황은 루도비쿠스에게 꽤 잘 돌아가고 있었다. 제국 접경지에서는 전쟁이 계속되고 있었지만, 군사적인 기량으로 자신의 존재를 규정하는 귀족 계급에는 오히려 좋은 일이었다. 프랑크족은 데인족의 승계 분쟁에 끼어들었고 이슬람교도에 맞서 이베리아 반도로 더 침투했으며, 남서부의 바스크족 반란과 동유럽의 소르브족 반란을 대대적으로 진압했다. 루도비쿠스는 또한 로마와의 우호 관계를 유지했는데, 그의 조카인 이탈리아의 베르나르두스는 충성스러운 신하처럼 황제의 명령을 실행하여 로마와 로마의 남쪽에서 비잔티움인들에게 맞서 프랑크 권력을 증대했다. 교황 스테파누스 4세와 파스칼리스 1세는 교황좌에 오르자마자 루도비쿠스의 비호를 보장받도록 황제에게 선물을 보내던 전임자들의 정책을 이어갔다. 바로 앞에서 언급한 대로 스테파누스 4세는 로마에서 랭스로 허겁지겁 달려와서는 루도비쿠스의 머리에 아주 흔쾌히

관을 씌우며 그를 로마 황제로 승인시켜주었다. 제국의 이 모든 것이 평소와 매우 다름없어 보였다.

제국을 공식적으로 분할한 817년의 아헨 귀족 회의는 성급한 결정이나 사고에 대한 반응이라기보다는 전략적 움직임이었다. 경건왕 루도비쿠스 1세는 프랑크 영토의 국경 지역을 유지하는 데에 아들들의 도움이 필요했지만, 그들이 성인이며 독자적으로 나라를 이끌 준비가 되었다는 사실을 깨달았다. 공식적으로 승계 구도를 정하는 과정과 그로부터 나온 『오르디나티오 임페리(*Ordinatio Imperri*)』(제국 권력의 정리[조정])로 알려진 문서를 통해서, 현재의 세 아들들은 공식적인 지위를 부여받았다. 가장 어린 독일왕 루도비쿠스 2세는 바이에른을 중심으로 한 제국 동부의 왕이 되었고, 차남인 피피누스는 아키텐을 중심으로 한 서부의 왕이 되었다. 닫아들인 로타리우스는 황제 칭호와 더불어 북유럽 라인 강 양안의 프랑크 제국 중심부와 이탈리아를 받았다.

어떤 면에서 왕국 분할은 현상 유지를 공고히 하는 것이었다. 로타리우스와 피피누스는 물론 이미 왕이었다. 그러나 『오르디나티오 임페리』는 동부에 루도비쿠스 1세의 막내아들을 위한 공간을 내주기 위해서 로타리우스를 제국의 심장부로 옮겨오면서 영토를 재편했다. 게다가 이론상으로는 그가 전적으로 신뢰할 수 있는 아들들을 근래에 말썽을 겪은 지역들에 배치했다. 피피누스는 바스크족과 이슬람교도를, 로타리우스는 비잔티움인과 로마인을 상대하고, 루도비쿠스 2세는 소르브족과 슬라브족을 상대할 터였다.

모든 참석자는 승계에 대해서 귀족 회의의 결정을 따르겠다고 맹세했다. 여기에는 루도비쿠스 1세의 아들들, 기도와 의례로 귀족 회의 과정에 부정(不淨)한 것이 끼어들지 못하게 하려는 주교들, 그리고 고위 귀족들도 있었다. 이 마지막 집단은 누구든 간에 그들이 편승하려고 하는 루도비쿠스의 아들을 위해서(그리고 자신들의 이해 관계를 옹호하기 위해서) 귀족 회의에 나왔다. 귀족들의 의견과 태도는 대단히 중요했다. 카롤루스 왕조와 마찬가지로 우리 역시, 적법한 통치 왕가였던 메로베우스에 대항하는 쿠데타를 벌인 고위 귀족들로서 그들이 집권했다는 사실을 잊지 말아야 한다. 그러므로 루도비쿠스가 적어도 처음에는 『오르디나티오 임페리』를 매우 진지하게 취급하여 귀족들에게 그 조항을 지키도록 두 차례 더(둘 다 812년이다) 맹세하게끔 시켰다는 사실이 놀랍지는 않을 것이다. 양피지 문서와 귀족들의 칼날은 별개였다. 그 두 가지는 신의 명령과 황제의 명령의 주요 집행자로 여겨졌다.

아들들이 왕국을 가문 내에 유지하는 데에 경건왕 루도비쿠스가 집중했던 것처럼 보일 수도 있지만, 『오르디나티오 임페리』를 더욱 자세히 들여다보면 황제의 주된 관심사는 아들들의 지위가 아니라 신과의 일을 "바로잡는" 것이었음을 알 수 있다.[2] 이 문서가 806년에 카롤루스 마그누스가 정했던 것과는 꽤 다르게 돌아가는 분명한 위계질서를 제시한다는 점은 시사하는 바가 크다. 카롤루스의 문서에서는 모든 아들들이 각자의 왕국에서 왕이 될 예정이었다. 경건왕 루도비쿠스의 형제들의 죽음으로 의미가 없어지기는 했지만 말이다. 어쩌면 카롤루스 이우니오르가 동생들보다 더 '좋은' 몫을 받았을 수도 있지만, 이후로도 단일하게 남아 있을 통일 제국을 암시하는 내용은 없었다.

그러나 817년의 문서에서 황제는 형제들보다 위에 있었다. 로타리우스는 아버지와 함께 공동황제가 되고(경건왕 루도비쿠스의 아버지가 그랬던 것처럼 루도비쿠스가 직접 관을 씌웠다) 동생들보다 상석을 차지하여, 프랑크족은 외적들에 맞서 통일전선을 유지할 수 있게 되었다. 중요한 결정은 궁극적으로 황제의 몫이었다. 그런 식으로 『오르디나티오 임페리』는 제국의 질서만 바로잡는 것이 아니라 한 가족을 규정하고 있었다. 정통성과 비정통성 간에 더 명확한 선을 긋는 한편, 그 정통성이 흘러나오는 원천의 주변으로 경계선을 세우고자 했다. 왕이자 황제인 루도비쿠스가 합법적인 결혼으로 얻은 아들들만이 왕국을 물려받을 것이었다. 그리고 문서가 작성된 귀족 회의에 참석한 성직자들의 금식과 기도는 이것이 비단 통치 왕조가 원하는 모습일 뿐 아니라 신의 뜻이기도 하다는 것을 분명하게 보여주려는 의도였다.

그러나 신의 뜻은 이탈리아의 베르나르두스를 단 한 번도 언급하지 않았다.

경건왕 루도비쿠스 1세가 813년 여름에 아버지와 함께 공동황제가 되었을 때 카롤루스 마그누스는 손자인 베르나르두스의 지위를 이탈리아의 왕으로 승인해주었다. 그다음 루도비쿠스가 814년에 집권했을 때 알다시피 그는 베르나르두스에게 그 지위를 다시금 승인해주었다. 베르나르두스는 815년 초에 루도비쿠스와 함께 작센 원정에 참가

한 다음, 로마에서 일어난 봉기를 처리하러 파견되었다고 언급된다. 그는 임무를 나무랄 데 없이 수행하고 교황좌를 안전히 지켰다. 그러나 베르나르두스의 운수는 이후로 빠르게 변했다. 카롤루스 마그누스의 치세 말년에 아헨에서 그의 최대 지지자들은 왈라와 아달하르트였는데, 우리가 아는 바와 같이 그들은 814년에 루도비쿠스가 집권한 즉시 쫓겨났다. 이 같은 사실은 베르나르두스에게 의혹의 그림자를 드리웠다. 베르나르두스에게 더욱 불리하게도, 815년에 그는 아들을 얻어서 피피누스라고 이름을 지었다. 아마도 아버지(루도비쿠스의 형제)의 이름을 땄을 것이다.

그 이름이 카롤루스 왕의 이름이며 여러 세대로까지 거슬러가는 중요성을 띤다는 사실은 만인이 아는 바였다. 그런 상징적 이름은 새로운 황제에게 위협으로 느껴질 수도 있었다. 그리고 실제로 그랬다. 베르나르두스는 삭제되었다. 그것도 재빨리 말이다. 루도비쿠스의 치세를 기록한 주요 문헌들 어디에도 816-817년에는 베르나르두스에 대한 언급이 없다. 그 두 해에 교황 2명이 연달아 죽었고 베르나르두스는 이탈리아에 있는 루도비쿠스의 사람이었음에도 말이다. 『오르디나티오 임페리』에서 베르나르두스는 영영 빠졌다. 그는 귀족 회의 자체에서 배제되었을 뿐 아니라 이탈리아가 이제부터 로타리우스 관할이 될 것이라고 문서에 명시되었다. 베르나르두스는 그 무시를 도발로 해석할 수밖에 없었을 것이다. 나중에 일어난 사건들이 입증하듯이, 루도비쿠스도 도발을 의도한 것이 거의 틀림없다.

베르나르두스는 실제로 발끈했고 신속히 행동에 나섰다. 다만 당대에 나온 대다수의 이야기들이 그렇듯이 상반된 서사들 때문에 실제로 어떤 행동이 취해졌는지는 모호하다.

루도비쿠스와 베르나르두스 간의 갈등을 설명하는 이야기에는 네 가지 판본이 있다. 가장 극적인 것은 테간이라는 경건왕 루도비쿠스의 전기 작가의 이야기로, 그는 베르나르두스가 황제를 몰아내고 스스로 제위를 차지하고 싶어했다고 언급했다. 이탈리아에서 더 나중에 나온 또다른 기록은 베르나르두스가 아무 잘못도 하지 않은 훌륭한 통치자였으며 모든 일은 베르나르두스를 미워한 루도비쿠스의 아내 이르멘가르트 하스바니아가 짜고 꾸민 일이었다고 말한다. 그런데 이 두 가지 주장은 곧장 무시할 수 있다. 베르나르두스가 817년에 반란에 일으켰다면, 정신이 나갔던 것이 틀림없다. 그가 대체 이탈리아에서 구엇을 이룰 수 있으리라고 생각했다는 말인가? 이탈리아에서 나온 그 반대의 이야기 역시 살펴보자. 이 이야기처럼 왕의 결정을 두고 아내에게 책임을 전가하는 일은 잘 자리 잡힌 수법이었다. 아닌 게 아니라 두 주장 모두 792년 꼽추 피피누스의 반란을 둘러싼 주장들과 닮은꼴이다.

그러나 사건이 실제로 일어나기는 했고, 베르나르두스가 어떤 식으로든 싸워보지도 않고 순순히 굴복하지는 않았다고 말할 수 있다.

아무래도 실제에 더 가까운 듯한 이야기를 보자. 『프랑크인 열왕편년사』와 천문가 둘 다 817년 『오르디나티오 임페리』 직후에 베르나르두스가 이탈리아로 넘어오는 달프스 산맥의 고갯길을 모두 차단하고 반도의 모든 도시국가들로부터 자신을 향한 충성함을 확인했다고 언급한다. 두 사료 모두 베르나르두스가 악한 자들의 권고에 휘둘려서 이탈리아에 독립 왕국을 세우려고 했다고 말한다. 그런데 두 사료는 그다음에 곧장 본래의 진술을 뒤집는다. 『프랑크인 열왕편년사』는 아헨의 황제에게 전달된 베르나르두스의 행동과 의도에 대한 끔찍한 보고가 “부분적으로는 진실이고 부분적으로 거짓”이라고 말하면서 원래의 논점을 흐린다.3 그러므로 아마도 두 기록 모두 구체적인 실제 사실을 전하지만, 그 배후의 이유에 대해서는 얼버무린 것이다(혹은 날조한 것이다). 베르나르두스가 실제로 고갯길들을 폐쇄했다면, 그것은 황제의 의도가 명확해질 때까지 반도에서 자신의 지지를 안전히 확보하기 위한 예방적 조치였을 가능성이 크다.

그래도 한 발 물러서서 중세의 그 온갖 “진실들” 틈에서 사실을 조금 찾아보자. 지금 우리 앞에 있는 것은 승계의 청사진에서 배제된 막강한 카롤루스 왕족이다. 최소한 그는 수치스러워질지도 모르는 운명에 굴복하지 않으려고 저항하고 있지만, 과격한 조치를 고려하지는 않은 것이 거의 확실하다. 그런데 또 사료들은 그다음에 일어난 일에 대해서는 하나의 이야기로 수렴된다. 베르나르두스가 반란을 일으키기라도 한 것처럼 반응하여 루도비쿠스가 군대를 모아 남쪽으로 향했다는 것이다. 베르나르두스는 겁을 먹은 한편으로 틀림없이 낙관했을 것이다. 이러니저러니 해도 그는 대관(戴冠)하여 왕으로서 지위를 확인받았고, 불과 2년 전에 삼촌 곁을 지키며 로마의 혼란상을 처리하여 교황을 보호하도록 믿음직한 부관으로 파견되지 않았던가? 그에게는 모든 오해가 금방 풀리리라고 기대할 만한 이유가 있었다. 817년이 저물기 전에 그는 삼촌인 황제를 만나러 갔다. 혹시라도 괜한 걱정을 사지 않도록 베르나르두스는 군대 대신에 근위대만 대동하여 북쪽으로 갔다.

삼촌과 조카는 디종 남쪽의 샬롱-쉬르-손에서 만났다. 그는 그곳에서 항복하고 자신의 죄를 시인했을까, 아니면 그저 삼촌을 만나 그들의 새로운 관계를 명확히 하려고 했을까? 결국에는 이유가 중요하지 않았다. 베르나르두스는 제대로 된 대화를 나누기도 전에 반란 주모자들로 지목된 사람들과 함께 붙잡혀 아헨으로 끌려갔다. 818년 초에 그들은 모두 사형에 처해졌다. 자비심이 동한 루도비쿠스는 베르나르두스를 죽이는 대신 눈만 멀게 하기로 결정했으나, 일이 잘못되어 베르나르두스는 사흘 뒤에 고통 속에 죽었다. 천문가는 루도비쿠스가 그러한 결과에 상심했다고 건조하게 언급했다. 그는 정말로 상심했을까, 아니면 이것 역시 치세 훨씬 이후에 작가가 과거를 돌이켜 보며 선택적 기억력을 발휘한 순간일까? 어쨌거나 우리가 아는 바는 베르나르두스의 이른바 무모함에 루도비쿠스가 보인 분노가 널리 퍼졌다는 점이다. 베르나르두스에게 충성한 여러 주요 귀족들이 동일한 운명을 맞았고, 루도비쿠스의 사생 이복형제들(나중에 매우 중요해질 생-캉탱의 위그와 메스의 드로고 등)은 궁정에서 쫓겨나 수도원으로 보내졌고, 일부 중요 주교들(814년에 루도비쿠스를 자신의 도시로 맞이하고 그가 즉위하는 길을 평탄하게 닦아준 오를레앙의 테오둘프 등)은 자리에 쫓겨나 유배당했다.

이제 우리는 정말로 무슨 일이 벌어지고 있었는지 알 수 있다. 『오르디나티오 임페리」는 프랑크인들의 신성한 맹세로 보장되는 승계를 공식적으로 확실히 했을 뿐 아니라 경기장에 남아 있는 카롤루스 사람들을 치우기 위한 구실도 제공했다. 그래도 베르나르두스가 죽을 필요까지는 없었다는 것은 분명하다. 카롤루스 사람들이 일가를 반드시 죽이려고 하지는 않았다는 뜻이 아니다. 카롤루스 마그누스는 십중팔구 조카들을 죽였을 것이고, 경건왕 루도비쿠스의 형 꼽추 피피누스의 갑작스럽고 편리한 죽음은 아무리 보아도 약간 수상쩍다. 그런데 눈을 멀게 하는 것은 원래는 폭군의 불의와 분노를 상징하는 오래된 로마식 처벌이었다가 중세 초 유럽에서는 통치자의 자비―경쟁자를 기꺼이 살려주는 태도―를 상징하는 행위로 변모했다. 그것이 경건왕 루도비쿠스가 따르던 모범이었고, 그는 명시적으로 그렇게 지시했다. 처음으로 그 처벌이 카롤루스 사람에게 적용되었다. 그것은 자비로운 처벌이어야 했다. 루도비쿠스는 경건왕이었으니까 말이다.

그러나 두 가지 중요한 사실에 주목하자. 첫째, 베르나르두스는 죽었다. 의도했든 의도하지 않았든 경건왕 루도비쿠스는 조카를 살해한 것이다. 게다가 둘째, 루도비쿠스는 맹세를 깨트렸다. 그는 813년에 이탈리아에서 베르나르두스의 통치를 인정하겠다고 약속했고 1년 뒤에는 이를 확인했다. 그러다가 817년에 통치권을 빼앗았다. 그리고 이제 베르나르두스는 루도비쿠스의 명령으로 죽었다.

당대인들도 그 사실을 놓치지 않았다. 820년 무렵에 쓰인 한 예지서는 베르나르두스에게 한 일을 두고 경건왕 루도비쿠스를 직접적으로 비난했다. "라옹의 가련한 여인의 환시"는 거의 틀림없이 현대 독일에 있는 라이헤나우 수도원의 한 수도사가 쓴 것이며, 어쩌면 심지어는 카롤루스 마그누스의 고문관이었던 그곳의 수도원장 하이토의 작품일 수도 있다. 정확한 작가가 느구든지 간에 이 환시는 "라옹 지방[현대 프랑스의 랭스 바로 북서쪽에 있다]에서 과거에 황홀경 상태에 빠졌던 어떤 가련한 여인"을 통해 전달된다.[4] 이런 유형의 문헌은 간접적인 비판 양식으로서 이 세대와 다음 몇 세대에 특히 중요해졌는데, 성직자들은 권력자에게 엄중한 경고를 내리기 위해서 자신들이 신성과 연결되어 있다는 믿음을 이용했다. 이런 글들은 궁정에서 오가는 주된 정치적 담론에 비해서는 보통 지엽적이지만, 군주들을 비추는 거울 역할을 했으며 신의 은총을 유지해야 한다고 진지하게 생각하는 지배 계급에는 중요한 의미를 지녔다. 사실도 허구도 아닌 그 글들은 제3의 공간에서 영향을 미쳤고—역사서와 다르지 않게—반드시 실제인 것은 아니지만 **진실한** 것을 말한다는 의도가 있었다.

수도복을 걸친 수도승의 손에 이끌려서 사후세계를 둘러보던 가련한 여인은 영면 중인 성자들만이 아니라 고통을 받고 있는 프랑크 최고 권력자들 일부도 본다.[5] 흥미롭게도 프랑크족의 황제가 아니라 이탈리아의 군주로 일컬어지는 카롤루스 마그누스는 명시되지 않은 고통을 당하고 있는데, 여인의 안내인은 경건왕 루도비쿠스가 바치는 기도 덕분에 카롤루스 마그누스가 곧 고통에서 풀려날 것이라고 안심시킨다. 이 정도면 카롤루스 사람들에게 꽤 긍정적인 것 같지만, 상황은 이내 암울해지며 환시의 나머지 부분은 경건왕 루도비쿠스에 대한 혹독한 고발로 이루어져 있다. 카롤루스 다음으로 가련한 여인은 악마들이 루도비쿠스의 최측근 고문관을 붙잡고 입안에 녹인 금을 부으며 그의 탐욕을 조롱하는 모습을 본다. 루도비쿠스의 아내인 이르멘가르트 하스바니아 왕비는 몸에 커다란 돌덩이 세 개가 달려서 나락으로 끌려들려가고 있다. 왕비는 가련한 여인에게 도와달라고, 루도비쿠스가 자신을 위해서도 기도를 바치게 해달라고 외친다. 그리고 안내인은 루도비쿠스가 이르멘가르트의 괴로움을 혹시라도 의심할지도 모르니, 가련한 여인에게 이르멘가르트가 죽기 얼마 전에 정원에서 남편과 단 둘이 나눈 대화를 언급하라고 말한다. 루도비쿠스는 그 대화를 기억할 테고 그러면 이해할 것이다.

다음으로 가련한 여인은 지나갈 수 없는 벽과 마주친다. 벽 건너편은 지상 낙원이며, 그 벽에서 그녀는 "한때 왕이었던 베르나르두스의 이름이 다른 누구보다 더 빛나는 글자로 새겨져 있는 것을 발견하고 그 이름을 읽었다." 계속해서 읽어나가던 그녀는 "루도비쿠스 왕의 이름이 아주 희미하고 지워지다시피 해서 거의 보이지 않음"을 발견한다. 충격을 받은 그녀는 이유를 묻는다. 안내인은 "베르나르두스를 살해하여 그 이름이 지워진 것"이라고 음산하게 말한다. 또한 그는 그녀가 이 환시에서 본 내용에 대해서 왕이 경고받아야 한다고 말하며, 그리하여 내키지 않지만 여인이 루도비쿠스를 알현하여 그에게 모든 것을 말하는 장면으로 환시가 끝난다.

이와 같은 꿈속의 환시는 왕에 대한 비판을 말 그대로 이 세계의 바깥에 위치시킴으로써 현 시국에 대해 논평할 제법 안전한 길을 카롤루스 왕조에 제공했다. 그러나 환시가 권력자들에게 좋은 소식을 전하는 경우는 거의 없었다. 누구도 지옥불을 돌아다니다가 돌아와서 만사가 좋다고 말하지는 않는 법이다. 특히 이 환시는 모든 부분이 818년에 루도비쿠스 1세가 조카를 살해한 일에 관한 것이다. 카롤루스 마그누스는 이탈리아의 군주로 지칭되어 환시의 독자에게 이탈리아를 베르나르두스에게 준 사람이 베르나르두스의 할아버지인 카롤루스임을 상기시킨다. 그러므로 그것은 루도비쿠스가 빼앗을 수 없는 칭호였다. 녹은 황금에 빠져 죽어가는 루도비쿠스의 고문관은 정당한 통치자로부터 이탈리아를 빼앗은 궁정의 탐욕 때문에 비참한 꼴을 당하고 있는 것이다. 베르나르두스에 대한 루도비쿠스의 행태가 탐욕이 아니라면 무엇이겠느냐고 작가가 묻고 있는 것 같다. 818년 사망 직전에 이루어진 이르멘가르트 하스바니아와 루도비쿠스 "둘만의" 만남에 대한 폭로는 그녀가 황제게 은밀한 말로 속삭이며 그녀의 아들들인 로타리우스, 피피누스, 루도비쿠스 2세를 위해 폭력을 행사하도록 그를 부추겼음을 강하게 암시한다. 그리고 그 세 아들을 위해서 왕비는 세 개의 바윗덩어리에 묶여 나락으로 끌려들어가고 있다. 마지막으로 베르나르두스는 순교자에 가깝게 등장한다. 그의 이름은 생명의 벽에 적힌 어느 이름보다도 더 밝게 빛난다.

환시는 물론 비판이지만 멀찍이서, 즉 왕의 직접적인 격노를 자아낼 가능성은 별로 없는 안전한 거리에서 나온 비판이다. 그러므로 그것을 루도비쿠스의 치세에 대한 대대적인 규탄이라기보다는 유용한 훈계로 이해하는 편이 나을 듯하다. 황제의 이름은 벽에서 거의 지워지기는 했지만 완전히 사라지지는 않았고, 황제로서 그는 지옥에 떨어진 사람들(일부), 즉 그의 아버지와 아내를 구원할 기도를 바칠 수 있다. 그는 잘못된 일을 바로잡을 수 있는 인물인데, 환시의 진짜 분노는 루도비쿠스를 잘못된 길로 이끈 탐욕스러운 고문관들을 향하고 있기 때문이다. 연구자인 폴 더턴이 재치 있게 요약했듯이 "힘 있는 친구 1명을 사귀는 것은 100명의 시기를 사는 길이었다."[6] 그것이 궁정 생활의 저주였다.

가련한 여인, 9세기 사회적 사다리에서 가장 낮은 곳에 위치한 사람이 황제에게 진실을 말해야 한다는 사실은 그 시대가 얼마나 어지러운 시대였는지, 세상이 얼마나 거꾸로 뒤집혔는지를 가리키는 증거이다. 그러나 환시는 신이 황제에게 구원으로 되돌아갈 길을 내려주셨다며 독자를 안심시켰다. 이제 문제는 그가 그 길을 가지고 어떻게 할 것인지였다. 그는 현명한 고문관을 찾게 될 것인가, 아니면 그의 이름이 천국의 벽에서 서서히 희미해질 것인가?

• ◆ ✛ ◆ •

818년에 상황을 해소하기는커녕 자신과 이르멘가르트 하스바니아의 아들들을 위해 카롤루스 왕조의 마지막 경쟁자들을 처치한, 조카—카롤루스 왕으로 공인된 자—에 대한 루도비쿠스의 행태는 힘 있는 성직자와 세속 귀족들이 항의의 목소리를 높이게 만들었다. 루도비쿠스는 속죄해야만 했다. 설상가상으로 세계에서 일어나는 일들 역시 그러한 질책들에 담긴 혐의를 확증시켜주는 듯했다. 신이 프랑크족에게 분노하셨다는 증거들이 넘쳐났다. 루도비쿠스의 아내 이르멘가르트는 818년 이탈리아의 베르나르두스가 죽은 뒤 여섯 달만에 죽었고, 황제는 바로 그 시기에 최측근 고문관을 많이 잃었다. 그중 일부는 그가 아버지 아래에서 아키텐의 왕이었을 때부터 그의 곁을 지킨 사람들이었다.

루도비쿠스는 기울어진 배를 바로 세우려고 애썼다. 첫 번째 조치는 재혼하는 것이었다. 그는 819년 마흔 살의 나이에 고문관들의 조언을 따라 두 번째 아내를 찾기로 했다. 기록들에 따르면 그해 초에 가장 고귀하고 아름답고 참한 규수들이 제국 곳곳에서 아헨으로 몰려왔고, 결국 황제는 바이에른의 유디트를 골라 결혼했다. 작가는 사실보다는 여전히 진실에 더 관심이 더 많으므로, 최소한 이 "미인 신부 선발 대회"에 대한 천문가의 서술은 「에스델」에 대한 의식적인 암시이다. 『성서』의 「에스델」에서 이스라엘 여인 에스델은 (선발 대회를 통해) 페르시아 왕의 신붓감으로 뽑힌다. 그다음 에스델은 왕의 사악한 신하의 간악한 음모를 폭로하고 이스라엘 민족을 구한다. 루도비쿠스의 치세 말에 편안한 자리에서 과거를 돌이켜보던 천문가는 당시에는 아무도 몰랐던 사실을 잘 알고 있었다. 앞날이 밝아 보이던 그 결혼이 그다음 10년 사이에 루도비쿠스의 일부 고문관들의 사악한 소행들을 폭로하게 되리라는 사실을 말이다.7 다만 테간은 유디트가 매우 아름다웠다고 동의하므로 어쩌면 이야기에서 그 부분은 실제로 사실일 수도 있다.

유디트의 가문은 라인 강 동쪽, 특히 알레만니아와 그 주변의 귀족들과 인맥이 돈독했다. 그녀의 아버지는 사실 예전에 꼽추 피피누스 때문에 카롤루스 마그누스에게 말썽을 일으킨 막강한 바이에른 귀족들 중 한 사람의 친척이었지만, 이제 그 가문은 다른 많은 가문들과 마찬가지로 재편입되어 카롤루스 권력의 중심부로 복귀했다. 계속해서 통합을 추구하고 제국을 위해서 과거의 빚을 청산하려고 하는 루도비쿠스에게 그곳 가문 사람들은 유용했다. 실제로 유디트의 부모의 주변 사람들은 서서히 황제의 측근 집단에 들어오기 시작해, 이탈리아의 베르나르두스가 죽은 직후 궁정을 중심으로 변화한 세력과 영향력에 또다른 층위를 추가했다. 새롭게 활기를 되찾은 궁정과 프랑크족 전체에 대한 본보기로 기능할 왕비와 같은 궁정의 이러한 재편이 어쩌면 제국을 돕지 않을까?

택도 없는 소리였다.

『프랑크인 열왕편년사』는 판노니아(대충 오늘날의 크로아티아 북부와 보스니아, 헤르체고비나)에서 반란이 일어나 끈질기게 이어졌고, 이베리아 반도에서는 이슬람교도와의 전쟁이 재개되었으며, 해적들이 이탈리아 해안을 유린하고 대역병이 돌아 사람과 가축을 휩쓸어 농사를 망쳤다고 전했다. 모두 820년에 일어난 일이었다. 루도비쿠스의 영적인 고문관인 수도사 아니아네의 베네딕트는 821년 초에 죽었다. 사정은 더 나빠질 뿐인 듯했다.

루도비쿠스는 재차 시도해보아야 했다.

821년 말에 프랑크인들의 대규모 귀족 회의가 현대 프랑스의 메스 바로 북쪽에 있는 티옹빌에서 열렸다. 모임의 표면상 이유는 루도비쿠스의 맏아들인 로타리우스의 결혼식이었다. 황제의 위용이 한껏 과시되었다. 교황의 특사들이 호화로운 선물을 전달했고 승승장구하는 프랑크 군대들에서 온 대표들이 승전을 알렸다. 그런데 이것이 끝이 아니었다. 『프랑크인 열왕편년사』에 따르면 "누구보다 경건한 황제는 조카인 베르나르두스와 이탈리아에서 음모를 꾸민 자들에게 매우 특별한 자비를 베풀었다."[8] 아달하르트와 왈라, 여타 궁정에서 쫓겨났던 자들을 말하는 것이었다. 황제는 그들의 충성을 다시금 받아들였을 뿐 아니라 몰수된 재산도 돌려주었다. 모두가 바로 수년 전에 작성된 『오르디나티오 임페리』를 따르겠다고 맹세해야(혹은 다시금 맹세해야) 했다. 그 문서가 갈가리 찢어놓았던 것을 루도비쿠스가 이제 다시 이어 붙이려고 하고 있었다.

화해 과정은 822년 들어서까지 이어졌고, 그해에 아르덴의 아티니에서 또다른 귀족 회의가 열렸을 때 루도비쿠스는 한 발 더 나갔다. 『프랑크인 열왕편년사』는 그곳에서 루도비쿠스가 주교 및 세속 귀족들과 귀족 회의를 열었다고 전한다. 베르나르두스의 죽음이라는 쟁점이 다시금 불거졌고, 그래서 황제는 죄를 공개적으로 고백하고 참회하기로 했다. 하느님께서 "그가 형제인 피피누스의 아들 베르나르두스와 수도원장 아달하르트, 아달하르트의 형제 왈라에게 한 짓"을 용서해주시도록 말이다. 루도비쿠스는 형제들과도 화해하기를 바랐는데, 그들은 우리가 기억하다시피 루도비쿠스가 814년에 집권한 뒤 유배당했다. 여기에서 어떤 사람들이 언급되고 있는지에 주목하라. 이것은 제국의 일이었지만 또한—어쩌면 그보다 더—가족의 일이었다.

그 점을 역설하기라도 하듯이 루도비쿠스는 아들 피피누스의 혼례를 주재함으로써 회합을 마무리했다. 피피누스와 그의 아내는 아키텐에 있는 왕국으로 보내졌고 로타리우스는 이탈리아의 왕국으로 되돌아갔는데, 이번에는 막 복권된 왈라가 고문관으로 함께 갔다.

819년부터 모든 것─루도비쿠스의 재혼, 821-822년의 두 귀족 회의─이 제국 내 통치자의 역할뿐 아니라 통치 가문 자체에 대한 것이었다. 천문가는 (다시 말하지만 수십 년 뒤에 글을 쓰면서) 루도비쿠스를 압도적으로 자비로웠던 사람─끊임없이 모든 책임을 자신에게 지우고 제국을 재결합하기 위해 기꺼이 용서하는 사람─으로 그리고자 했다.9 두 번의 귀족 회의는 루도비쿠스가 사람들을 다시 "집으로", 다시 말해 궁정으로 불러들이고 있음을 보여준다. 아달하르트와 왈라는 친족이자 카롤루스 마그누스의 최측근이었고, 루도비쿠스의 형제들 역시 추방당하기 전에는 궁정에 상존했다. 그러나 황제가 왈라와 아달하르트 같은 사람들을 자비롭게 용서했음에도 불구하고, 루도비쿠스의 누이들은 황제의 은총에서 벗어나 언급조차 되지 않았다.

구체적으로 아티니에서의 공개 참회를 논의하면서 천문가는 자신의 서술에 한 가지 중요한 편집상의 해설을 덧붙이는데, 루도비쿠스의 행위가 로마의 황제 테오도시우스 1세의 본보기에 영감을 받았다는 점이었다. 430년도 더 전인 390년, 로마 병사들이 테살로니카에서 시민 수천 명을 학살했다. 모종의 폭동이 벌어져서 로마 관리 한 명이 죽었는데, 그로 인한 이 학살은 원래의 의도보다 도가 지나친 보복이었던 것으로 보인다. 성직자들 사이에 학살에 대한 격렬한 항의가 터져나왔다. 테오도시우스 1세가 황제로서 보복 조치를 명령했을 수도 있고 하지 않았을 수도 있지만, 어쨌거나 그는 책임을 떠안았고 기꺼이 공개 참회에 나서서 테살로니카의 주교와 공식적으로 화해하기 전까지는 미사에 참석할 때 황제의 어의를 입지 않았다. 사실상 스스로를 비하한 셈이었다. 십중팔구 그러한 사건들에 대한 기억—역사적 연구가 풍부한 공통 교육을 공유하는 카롤루스 상류층에게 유의미한 기억—때문에 천문가는 아티니에서 일어난 사건들에 대한 서술을 다음과 같이 마무리했을 것이다. "각자 법적으로 당한 그 일들이 사실은 그 자신의 잔인함으로 일어난 일이라는 듯이 루도비쿠스는 신의 은총을 받는 상태로 돌아가기를 바랐다."

이런 논리에 의거하여 만일 베르나르두스가 반란을 일으켰다면 법에 따라 그는 죽어야 했다. 루도비쿠스는 그것을 원하지 않았고 사형을 실명으로 감형하여 이를 막고자 했지만, 베르나르두스는 어쨌든 죽었다. 4세기에는 최종 책임을 황제가 졌고, 이제 다시 한번 황제가 책임을 졌다. 모든 참석자는 하느님이 루도비쿠스의 진심 어린 소망에 응답하고 프랑크족 전체를 호의적으로 보아주기를 바랐다.

루도비쿠스와 그의 고문관들은 818-820년의 사건들을 바라보며 실의에 빠졌다. 재앙에 재앙이 꼬리를 물었다. 특히 왕과 고문관들은 아티니에서의 회합으로 그 모든 일에 마침표를 찍고, 프랑크족에게 밀려드는 신의 진노를 막아보려고 애쓰고 있었다. 최근에 발굴된 한 필사본은 아티니 회합에 참석한 주교들의 기록으로 보이는데, 그들이 참회에 대한 책임과 더불어 프랑크족과 신과의 관계를 바로잡으려는 시도가 황제만이 아니라 참석자 모두의 일이라고 생각했음을 분명히 한다.[10] 모든 귀족과 주교들 그리고 황제 본인이 제국에 책임이 있었다. 그들은 모두 자비를 구하고 속죄하는 데에 힘써야 했다. 루도비쿠스의 경우에 이것은 카롤루스 가족을 궁정으로 다시 불러들이는 기회이기도 했는데, 특히나 그가 두 아들 로타리우스와 피피누스를 결혼시키고 각자 왕국을 맡도록 준비시키고 있었기 때문이다. 이 의례들이 통한다면 경건왕 루도비쿠스는 한번에 노련한 고참들을 자신의 측근으로 다시 불러들이고, 제국에 자신의 권력과 관대함을 과시하고, 그와 아들들에게 믿음직한 고문관들을 얻을 수 있었다.

그런데 그는 일석이조의 효과도 거둘 수 있었다. 베르나르두스와 연루되었던 귀족들을 용서하는 일은 마침 기민한 정치적 한 수였다. 제국의 동쪽 변경은 가장 다급한 사안이 되었는데, 대체로 하(下)판노니아에서 일어난 슬라브족의 반란 때문이었다. 부분적으로는 아버지(루도비쿠스의 형)에게서 물려받은 베르나르두스의 지지 세력 상당 부분은 이탈리아나 알레만니아를 기반으로 했는데, 알레만니아는 현재의 스위스와 독일 남서부 접경지를 중심으로 하는 핵심 지역이었다. 그 자체는 변경지가 아니었지만, 판노니아에서 진행되는 싸움에 가까이 있었으며 병력과 물자의 중요 원천이자 동부 방면으로 더 팽창하기 위한 기반이 되었다.

또한 알레만니아는 새로 얻은 아내 때문에 819년부터 루도비쿠스에게 매우 중요해진 곳이었다. 카롤루스 마그누스의 경우에서 본 것처럼(그리고 재혼으로 구성된 모든 가족에게 항상 해당하겠지만) 두 번째 아내는 전처의 자식들에게 문제가 될 수 있다. 처음에 유디트는 궁정 생활에 잘 녹아들고 대체로 자상한 존재감을 발휘했던 것 같다. 그녀는 분명 궁정에 존재했다. 다만 거의 언급되지 않는다. 루도비쿠스와의 사이에서 820년에 딸 기셀라가 태어났지만, 단 하나의 문헌도 언급하지 않았다. 이런 상황은 아티니에서, 혹은 적어도 822년 귀족 회의가 열린 지 얼마 지나지 않아 유디트가 다시 임신하면서 바뀐다. 어쩌면 아티니에서의 참회로 가족을 집으로 불러들인 것이 제국을 실제로 더 나은 경로에 올려두었을까?

823년 6월, 유디트 황후는 아들을 낳았다. 묘하게도 『프랑크인 열왕편년사』와 테간 어느 쪽도 그 사실을 언급하지 않지만, 천문가는 (한참 사후에 모든 것을 알고 글을 쓰면서) 속이 빤히 보이게 그 순간을 회고했다.

그 무렵에 이상한 징조와 조짐이 황제의 영혼을 어지럽혔으니, 아헨 왕궁에 일어난 지진과 밤중에 들려오는 기이한 소리, 사실상 모든 음식을 멀리하며 열두 달 동안 금식한 어느 소녀, 빈번하고 특이한 벼락, 우박과 같이 쏟아지는 돌멩이, 사람과 짐승 사이에 퍼진 질병 등이 특히 그런 조짐이었다. 이러한 놀라운 일들이 일어났으므로 경건한 황제는 하느님의 진노를 진정시키도록 자주 금식하고 끊임없이 기도하며 성직자를 통해서 넉넉한 구호금을 바치도록 촉구했고, 이러한 이적(異跡)들 때문에 장래에 인류에게 엄청난 파국이 닥칠 것이라고 스스로 말했다. 같은 해 6월에 유디트 왕비가 그에게 아들을 낳아주었다.[11]

천문가의 연대기에는 기록되지 않았지만 또다른 기록에서 인정되는 사실이 있다. 로타리우스가 동생의 출생 당시 아버지, 의붓어머니와 함께 있었다는 것이다. 그는 그로부터 6년 전인 817년에 경건왕 루도비쿠스와 함께 공동황제가 되었고, 동생이 태어나기 수개월 전에 교황 파스칼리스 2세가 로마에서 그에게 다시 한번 관을 씌워주었다. 로마 대관식은 분명, 로타리우스와 이제 곧 다시 아버지가 될 경건왕 양쪽이 동의한 보험 정책이었을 것이다.

그래도 로타리우스는 아버지가 갓 태어난 막내아들에게 카롤루스라는 이름을 붙이기로 했을 때 틀림없이 오싹했을—어쩌면 헉 하고 숨을 들이켰을—것이다. 그것은 카롤루스 마그누스, 다시 말해 경건왕 루도비쿠스의 아버지 이후에 어느 아들에게도 붙지 않은 이름이었다. 갓난아기는 불가항력으로 순식간에 형제들에게 위협이 되었다. "황제의 영혼을 어지럽혔던" 징조들, 모든 독자가 분명히 루도비쿠스의 새 아들의 출생과 관련이 있다고 여겼을 조짐들은 신이 아니라 악마의 소행이었을지도 모른다.

제2막
집안 싸움

4

섹스, 마법,
성난 귀족들

828-831년

악마는 자신을 위고라고 했다.[1] 828년 말에 열여섯 살쯤 된 소녀가 이상한 행동을 하기 시작했고, 절망한 부모에게는 결국 푸닥거리를 하는 것 말고는 다른 도리가 없었다. 필사적으로 도움을 구하던 그들은 근래에 로마에서 성유물이 도착하여 축성된 교회로 딸을 데려갔다. 그곳에서 사제는 소녀의 몸 안에 살고 있는 악마에게 말을 걸었으나 악마는 처음에 말이 없었다. 그러다가 갑자기 아이가 미소를 지었고 라틴어로 대답이 흘러나왔는데, 라틴어는 소녀가 모르는 언어였다. 그제서야 위고는 정체를 밝히고 자신이 하고 있는 일을 거리낌없이 인정했다.

자신은 사탄의 문지기라고 위고는 밝혔다. 그는 지난 2-3년 동안 11명의 친구들과 함께 프랑크족의 땅을 떠돌고 있었다. 악마는 말을 이었다. "우리는 지시를 따라서 곡식과 포도, 인간에게 쓸모 있는 대지의 모든 산물을 파괴했다. 우리는 역병으로 가축을 떼죽음으로 몰아넣고 역병과 돌림병을 사람에게까지 옮겼다.” “어떻게?” 사제가 물었다. 무엇이 악마에게 그런 힘을 주었는가? 소리 없이 씨익 웃으면서 악마가 대답했다. “너희가.”

프랑크족과 그 통치자들의 죄악이 위고와 그의 친구들이 그 땅에서 활개 치게 만들었다. 위고가 말하기를 이곳은 정의가 없는 땅이요, 탐욕이 판치는 곳이다. 힘 있는 자들이 “백성을 정의롭게 다스리도록 받은 높은 지위를 남용하고, 교만과 허영에 빠졌다. 그들은 멀리 떨어진 자들만이 아니라 가까운 이웃과 그들의 한편에게도 증오와 악의를 보였다. 친구가 친구를 불신하고 형제가 형제를 미워하며 아버지가 아들을 사랑하지 않는다.” 앞 세대들과 달리 누구도 하느님께 영광을 바치지 않는다고 위고는 말을 맺었다. 말을 마치자 할 일을 다한 듯이 악마는 순교자들의 힘에 꼼짝 못하고 소녀의 몸을 떠났다.

성스럽거나 초자연적인 것들—악마, 천사, 성자, 성유물, 기적, 환시—에 대한 중세 이야기는 자연적인 것과 초자연적인 것 사이의 경계가 희미하거나 존재하지 않는 세상에서 생겨난다. 이런 이야기들에는 흔히 교훈적 목적이 있다. 가르치거나 계시하거나 특히 세상의 질서가 어떻게 무너졌는지에 대해서 주장을 펼치기 위한 이야기였다는 뜻이다. 이야기를 말하는 주체가 이 세상을 초월한 존재이므로 이런 문헌들은 말할 수 없는 것을 말할 수 있으며 권력에게 진실을 말하는 하나의 형식이다. 현존하는 개별 문헌들이 널리 읽혔는지는 때로 알기 어렵지만, 이것만은 절대적으로 확실하게 말할 수 있다. 성인전, 즉 성인과 그들이 생전과 사후에 일으킨 기적 및 거룩한 행적에 대한 이야기는 오랫동안 광범위한 청중을 보유했고, 글과 말, 이미지를 통해서 중세 유럽 사회 곳곳을 파고들었다.

위고의 이야기는 성 마르켈리누스와 성 베드로의 유물을 얻어 의례과 함께 새로운 교회에 안치한 일화를 전하는 어느 성인전에서 가져온 것인데, 아마도 830년 말이나 831년 초에 아인하르트가 썼을 가능성이 크다. 친숙한 이름인 아인하르트는 카롤루스 마그누스의 궁정인이자 전기 작가였다. 그는 또한 경건왕 루도비쿠스와 가까운 지인이었으며 실은 궁정에서 매우 중요한 인사로서 경건왕 루도비쿠스의 장남인 로타리우스의 어린 시절 스승 역할까지 했다. 악마의 비난 그 자체도 다소 친숙하게 들릴 텐데, 기전 장에 나왔던 "라옹의 가련한 여인의 환시"와 비슷하기 때문이다. 그 환시 역시 제국의 상황에 대해서 심각한 경고를 외쳤다. 그러나 환시의 경고는 제국이 진로를 바꿀 만큼 진지하게 받아들여지지 않았거나, 혹은 올바른 사람의 귀에 도달하지 못했던 모양이다. 그래서 초자연적인 경고는 사후세계에 대한 환시에서 지옥의 하수인들이 이승을 찾아왔다는 설정으로 규모가 더 커져서 되풀이되었다.

820년 초에 그토록 창창해 보였던 앞날은 820년대 말에 이르자 재앙으로 변했다. 아니, 그 환상들을 기록한 두 작가들의 주장에 따르면 그랬다. 루도비쿠스는 앞선 초자연적인 훈계에서 아무것도 배우지 못했고, 제국 전역에서 선량한 기돈교인을 약탈하는 탐욕스러운 남녀들에게 여전히 둘러싸여 있었다. 귀신 들림 이야기에는 상황이 아주아주

나쁠 뿐 아니라 사실은 "라옹의 가련한 여인의 환시" 이후로 더 나빠
졌다는 의미를 담고 있었다. 앞의 환시에서 타락은 궁정에 국한되어
있었다. 이제는 악마들이 지상을 돌아다니고 있었다. 악마들은 역병
과 기근에 책임이 있으나 인간의 죄악에는 책임이 없다는 점에 주목해
야 한다. 그 죄악들, 아버지가 아들과 대립하고 친구가 친구를 배신하
고 형제들이 서로에게 악심을 품는 것은 인간 결점의 징후이지, 지상
을 전복하려는 악마의 소행이 아니었다.

프랑크 제국의 상황이 하도 나빠져서 이제는 불쌍하고 배우지 못한
소녀만이 악마의 입 노릇을 하며 시대의 악에 대해서 진실을 이야기하
고자 했다. 프랑크족은 실상을 제대로 보지 못하며, 이 이야기는 그것
을 입증하는 실례(實例)이다. 설상가상으로 820년 무렵 라옹의 가련한
여인은 신성한 뜻을 전달하는 매개체였던 반면, 이제 여성은 (저도 모
르게) 프랑크족을 파괴하는 대리인이 되었다. 앞의 환시에서 신이 여
인을 이용하여 신성한 진실을 전달한 것과 달리, 악마는 이제 파괴하
는 데에 여성을 이용하고 있었다. 그런데 왜? 어떤 끔찍한 행위가 그
무시무시한 역병과 기근, 죽음의 이야기를 자아냈을까? 혹시 반란이
었을까? 아니면 쿠데타? 살인? 이 경우에는 그 어느 것도 아니었다.
세상은 어느 결혼 때문에 뒤집혔다.

"아, 가련한지고! 우리 시대는 참으로 거대한 참상에 빠져들었구나.
선량한 사람이 아닌 사악한 악마가 스승이고, 악덕의 지지자와 범죄
의 선동자가 우리를 바로잡겠다며 꾸짖는 시대로구나." 아인하르트
는 한탄하면서 글을 마무리했다. 그는 위기―지옥문을 연 자들의 행

태—가 눈앞에 펼쳐지는 것을 목격했다. 그래서 그는 왕에게 경고를 담아 글을 썼다. 신이 정하신 왕권의 투사 아래 언제나 깨지기 쉽던 정치적 동의는 닳기 시작했고, 통치자와 왕비의 입지는 앞 세대들과 마찬가지로 귀족층의 책동에 취약했다. 그들은 제국의 화신이었고, 따라서 사정이 악화된다면 아인하르트와 제국을 개선하고자 하는(혹은 적어도 제국에서 자신의 지위를 높이고자 하는) 모든 귀족들은 변화가 꼭대기에서부터 시작되어야 한다고 생각했다.

• ◆ ⁑ ◆ •

819년 경건왕 루도비쿠스는 두 번째 아내로 바이에른의 유디트와 결혼했고, 안정과 번영이 이루어질 듯했다. 그런데 828년에 이르자 위고 같은 악마들이 지상을 떠돌며 어린 소녀들의 입을 빌려서 라틴어로 경고하고 있었다. 유디트에서 우고로 이르는 길 도중에는 거쳐야 하는 다양한 기착지가 있었고, 다양한 원인들이 있었다. 820년대에는 프랑크 세계를 뒤흔든 새로운 사건이 하나 있었다. 바로 살아 있는 사람들이 기억하는 한 최초로, 외적을 상대로 한 프랑크족의 전쟁이 나쁘게 돌아가기 시작했다는 것이었다.

더 젊었을 적에 루도비쿠스는 피레네 산맥 바로 남쪽에서 카롤루스 마그누스를 대신하여 중요한 승전들을 거두었다. 루도비쿠스는 아버지 아래에서 아키텐의 왕이었고, 카탈루냐를 중심으로 한 이른바 에스파냐 변경(히스파니아 변경)은 그의 관할의 일부였다. 일례로 801년에 그는 바르셀로나를 정복하고 프랑크의 경계를 남방으로 확대했다. 카롤루스의 원로 집단의 일원인 베라라는 이름의 현지인 백작이 도시를 방어하는 임무를 맡았으나 820년 무렵에 권좌에서 쫓겨난 것으로 보이는데, 아마도 조카 베르나르두스가 일으킨 반란의 여파로 루도비쿠스가 실시한 대숙청의 일환이었을 것이다. 이후 수년간 바르셀로나에서 무슨 일이 벌어졌는지는 정확히 알 수 없지만, 826년 무렵에 도시는 셉티마니아의 베르나르두스라는 사람(이번에도 베르나르두스이다. 악마 이름과 달리 사람 이름을 지을 때 프랑크족은 엄청나게 창의적이지는 않았다)의 수중에 들어갔다.

또다른 베르나르두스는 카롤루스 집안 사람이자 툴루즈 백작의 아들이었는데, 그보다 더 중요한 것은 카롤루스 마르텔루스의 후손이며 따라서 경건왕 루도비쿠스의 (살짝) 먼 친족이라는 사실이었다(두 사람은 우리 식으로 재종, 즉 6촌이었다/역주). 그는 황제의 대자(代子)이기도 했다. 베르나르두스가 임명된 시기가 중요하다. 826년 베르나르두스가 바르셀로나를 접수할 바로 그 무렵에 아이조라는 사람이 아헨 궁정에서 도망쳐 에스파냐 변경으로 돌아가서는 현지 이슬람 세력들로부터 군사적 지원을 끌어모아서 루도비쿠스에 맞선 반란을 일으켰기 때문이다. 그 지역의 여러 통치자들과 베라의 아들도 그에게 합세했다.

여기에서 두 가지에 주목해야 한다. 첫째, 종교적 전통들 간의 구분선에는 구멍이 숭숭 뚫려 있었다(그리고 이후로도 계속 그랬다). 구미에 맞다면 이슬람교도는 기독교 통치자를 도왔고, 그 반대도 가능했다.

둘째, 아이조가 누군지 전혀 알 길이 없다. 그나마 최선을 다해 짐작해 보자면 그는 기독교도 고트족으로 추정되며, 거의 틀림없이 이베리아 반도 출신일 것이고, 바르셀로나 쾌작이었던 베라와 아마도 어떤 식으로든 접점이 있었을 것이다. 아이조는 심지어 루도비쿠스의 궁정에서 볼모였을 수도 있는데, 그렇다면 그가 아헨에 머물렀으며 이베리아 반도로 탈출했고 셉티마니아의 베르나르두스 임명 직후에 반란을 일으킨 이유가 설명된다. 중세 초에 볼모란 흔히 패자들 또는 베라의 경우처럼 숙청당한 자들이 얌전히 처신하겠다는 보장으로서 정복자의 궁정에 보내는 사람이었다. 볼모는 철창에 갇히지 않았으며 오히려 통치자를 모시는 수행단의 일브가 되었다. 물론 통치자는 볼모를 살릴지 죽일지를 여전히 결정할 수 있었다. 이 경우에 아이조가 만일 베라와 관련이 있었다면, 그는 베르나르두스를 바르셀로나 백작으로 임명한 것을 배신으로 보았을 것이며 그래서 그 영토를 스스로 차지하고자 남쪽으로 달아났을 것이다. 볼모가 바르셀로나로 가서 카롤루스 통치자에 맞서서 군대를 일으키는 경우는 드물지만, 만약 그런 일이 일어날 때마다 동전을 하나씩 받는다면 이 책이 끝날 때 동전 두 개를 얻게 될 것이다. 많은 돈은 아니지만, 두 번이나 일어났다는 점은 묘하다.

아이조의 반란에 루도비쿠스는 격노했다. 프랑크족의 역사는 이런 유형의 반란으로 점철되어 있다. 지방 귀족들이 결국에는 황제가 인정해주리라고 내심 기대하며 군대를 일으켜 영토나 작위를 차지하려던 것도 무리는 아니었다. 아이조의 반란은 그러므로 루도비쿠스의 실제 권력에 위협은 되지 않았으나 반역 행위였고, 바르셀로나는 루도비쿠스가 직접 정복한 대상, 즉 그의 전리품이었으므로 다른 누구도 그곳을 지배하게 둘 수는 없었다. 그러니까 루도비쿠스는 그렇기를 바랐다.

황제는 재빨리 대군을 소집하여 압도적 무력으로 적군을 휩쓸어버리라는 명령을 내렸다. 그러나 그런 일은 일어나지 않았다. 827년 루도비쿠스는 이 반란을 진압하도록 에스파냐 변경으로 두 차례 군대를 보냈다. 루도비쿠스의 전직 재상이 이끈 첫 번째 군대는 매우 한정된 성공만 거두었지만, 적어도 반란군을 수세로 몰아넣기는 했다. 그러나 황제의 군대의 원정이 마무리될 즈음 아이조의 군대는 사라고사의 이슬람 군주가 보낸 군대로 증강되었고, 잠시 숨 돌릴 기회를 이용해 잃었던 땅을 되찾았다.

그다음 루도비쿠스는 또다른, 훨씬 더 큰 대군을 보냈는데 그의 아들인 아키텐의 피피누스와 더불어서 권세가 대단한 두 백작, 오를레앙의 마트프리드와 투르의 위그가 군대를 이끌었다. 그러나 군대는 남쪽으로 아주 천천히 움직이며 어영부영했다. 바르셀로나는 아이조의 압박을 받고 있었고, 사료들의 보고에 따르면 오로지 셉티마니아의 베르나르두스의 영웅적 노력 덕분에 무사할 수 있었다. 두 번째 군대가 그곳에 도착했을 때 아이조는 잠적한 상태였다. 황제의 군대는 아무것도 이루지 못하고 봄눈 녹듯 흩어졌다.

바로 이 지점부터 일이 개인적으로 흐르기 시작한 듯한데, 루도비쿠스가 이 문제를 그냥 두려고 하지 않았기 때문이다. 그는 828년 여름에 세 번째 군대를 파견했다. 이번에도 아키텐의 피피누스가 이끌었고 피피누스의 형이자 공동황제인 로타리우스도 함께 갔다. 형제는 더 남쪽으로 진군하기 전에 리옹에서 만났는데, 위협이 더는 엄중하지 않다고 판단해서 군대를 해산했다. 그리고 아마도 그 판단이 맞았을 것이다. 그 이후로 반란에 대해서 더는 아무런 이야기도 들을 수 없으니 말이다. 바르셀로나는 베르나르두스의 수중에 있었고 그러므로 제국의 일부로 남았으며 여전히 경건왕 루도비쿠스에게 충성했다.

그러나 위협의 진정한 수준에 대해서 맞았든 틀렸든 간에 바르셀로나 전역에 영광스러운 승전이 없었다. 외적을 상대로 진군할 때 프랑크 군대는 당연히 승리할 것으로 여겨졌다.

누군가가 실패에 대한 책임을 져야 했다. 아들들에게 책임을 물을 수는 없으니 루도비쿠스는 마트프리드와 위그를 선택했다. 828년 초에 아헨에서 열린 귀족 회의에서 두 사람은 지위(즉, 그들의 명예[honores])를 박탈당하여 말 그대로 명예를 잃고 사형을 선고받았다. 다시금 루도비쿠스는 자비를 베풀어 감형했다. 이는 장기적으로 보았을 때 심각한 오판이었으니, 마트프리드와 위그의 명예 박탈은 수십 년간 파장이 이어질 정치적 지각 변동을 불러일으켰기 때문이다.

위그의 딸은 로타리우스의 아내였고 위그는 과거 카롤루스 마그누스가 콘스탄티노폴리스에 파견한 특사로서 황제를 섬겼다. 위그는 브르타뉴 원정에도 참가하여 아키텐의 피피누스와도 가까웠던 듯하다. 마트프리드는 어쩌면 위그보다도 더 막강했을 것이다. 그는 카롤루스 마그누스의 후계자 곁에서 최고위급 프랑크 귀족으로 출세한, 루도비쿠스의 최측근이었던 것 같다. 마트프리드는 중요 사건들의 현장에, 즉 817년 『오르디나티오 임페리』를 작성할 때, 822년 아티니 귀족 회의에, 그리고 브르타뉴 원정 당시 독일왕 루도비쿠스 2세의 군대에 있었다. 그리고 적어도 한 통의 편지는 마트프리드를 황제에 대한 접근을 좌지우지하는 사람으로서 그 지위를 이용해 자신만의 후원망을 구축하고 경건왕 루도비쿠스 1세의 눈길을 피해서 탐욕과 부패를 저지른 사람으로 묘사한다. 두 사람은 권력을 누렸지만, 이는 그들에게 적도 있었다는 뜻이었다. 그리고 권좌에서 밀려날 때 그들은 조용히 물러서지 않았다.

주변의 대대적인 권력 재편을 통해서 자신감이 붙고 권력이 커졌다고 느낀 경건왕 루도비쿠스는 새로운 권력 핵심들을 반영하는 방식으로 재빨리 궁정의 역학 관계를 재편하기 시작했다. 구파(舊派)—마트프리드와 위그—가 버려지고 새로운 피—바르셀로나의 영웅인 셉티마니아의 베르나르두스—가 수혈되었다. 루도비쿠스는 영웅적 공로에 대한 보상으로 베르나르두스를 궁내관으로 승진시켰는데, 한편으로는 베르나르두스가 제국 궁정 내에서 최고의 지위로 출세하는 일이 순전히 루도비쿠스 손에 달려 있었기 때문이다. 루도비쿠스는 베르나르두스가 믿을 수 있는 사람이라고 생각했다. 아이고, 저런.

궁정의 직위가 왕정의 일상적인 운영 측면에서 무엇을 의미하는지 항상 정확히 알 수는 없지만, 궁내관은 황후와 협력하여 궁정인과 방문객들에게 선물을 하사하는 일을 맡았던 것으로 보인다. 금전을 관리하고 황제의 침소에 직접 드나드는 등 궁내관의 권한에는 상당한 권력이 있었을 것이다.2 이러한 권력과 구체적인 책무의 결합은 궁내 관이 왕보다는 왕비의 신하에 더 가깝게 활동했음을 시사한다.

상류 사회의 재편은 왕과 아주 가까운 궁정의 바깥으로도 이어졌지 만, 지위가 상승한 이들은 혈연으로 엮여 있었다. 루도비쿠스는 마트 프리드의 영지 일부를 베르나르두스의 두 사촌인 외드와 기욤에게 주었다. 또한 베르나르두스는 보름스에서 어린 대머리왕 카롤루스를 보살피는 일도 맡았다. 이는 특히 의미심장한데, 같은 시기에 카롤루스 가 알레만니아(기억하다시피 카롤루스의 어머니는 그곳에 강력한 지지 기반이 있는 가문 출신이었다)의 통치권과 알자스 지방을 일부 하사받 았기 때문이다. 로타리우스 그리고 827년에 유디트의 여동생(!)과 막 결혼한 독일왕 루도비쿠스는 카롤루스의 지위를 승격하는 자리에 있 었고, 이런 조치를 지지했던 것 같다. 다만 모든 형제가 재편 방안을 좋아하지는 않았다. 앞선 군대의 실패에 대한 책임이 자신에게 돌려 진 데에 여전히 기분이 상한 아키텐의 피피누스는 참석을 거부했다. 아니면 유디트 진영의 승격이 피피누스 진영에게는 좋지 않을 수도 있 다는 점을 막 깨달았을 수도 있다.

상황을 요약해보자. 예전에 경건왕 루도비쿠스는 코르도바 에미르 국으로부터 바르셀로나를 정복했고, 이는 아버지 아래에서 거둔 그의 최대 승전이었다. 수십 년 후에 아이조가 이끄는 반란이 그 도시를 위 협하자 루도비쿠스는 황제로서 그 문제를 처리하려고 군대를 세 차례 파견했는데, 모두 정도의 차이는 있지만 원정에 실패했다. 그러나 셉 티마니아의 베르나르두스는 바르셀로나의 통치자로서 성공적으로 도시를 방어했다. 그에 따라 황제는 가장 막강하고 인맥이 좋은 귀족 두 사람을 축출하고 그들을 베르나르두스와 그의 일파로 교체하는 한편, 베르나르두스를 그의 어린 아들 카롤루스와도 연결시켜주었는데, 카롤루스는 더 나이 많은 왕자들의 배다른 동생이자 황제의 이름이 붙은 왕자였다. 『오르디나티오 임페리』가 제국을 조직하고 가문을 정의했다면, 베르나르두스와 유디트 왕비, 아직 어린 카롤루스의 지위 승격과 권력 부상은 잠재적으로 제국과 가문을 재조직하고 재정의했다. 그것은 격변이었다. 그것은 재앙을 불러오는 지름길이었다.

그리고 상황은 급변했다. 베르나르두스는 새로운 지위를 이용해 곧장 궁정을 재편했다. 단단히 자리를 잡고서 자신만의 후원망을 구축하고 자신의 가문 사람들을 등용했고, 권력과 특권에 접근할 수 있는 기존의 통로를 막았다. 10년 전에 공동황제로 승격되었던 로타리우스는 그후의 공식 문서에서 언제나 그 칭호로 언급되었으나, 베르나르두스의 지위가 상승한 후로는 공식 문서들에서 로타리우스의 이름이 빠지기 시작했다.

로타리우스는 상황이 이렇게 흘러가는 내내 이탈리아 있었고, 멀리에서 사태를 지켜보며 기분이 좋았을 리 없다. 아키텐의 피피누스는 827년 원정 실패에 대한 비난에 적어도 부분적으로는 상처를 받았으며 따라서 화가 나 있었다. 한편, 마트프리드와 위그가 완전히 무력화되지는 않았다. 궁정에서 쫓겨나 있는 동안에도 두 사람은 일생에 거쳐 구축한 정치적, 사회적 연결망을 유지했는데 여기에는 경건왕 루도비쿠스의 가장 나이 많은 아들 둘(위그의 사위인 로타리우스와 불명

예를 안은 군대의 사령관 피피누스)도 포함되어 있었다. 베르나르두스
가 출세가도를 달리자 구파들은 대우, 매우 화가 났다.

◆ ◆ ✢ ◆ ◆

금방 반란이 일어났다.

베르나르두스가 권력자로 부상한 보름스 회합이 끝나고 1년도 지
나지 않은 830년 초에 황제는 브르타뉴 원정을 위해서 오를레앙에서
멀지 않은 곳에 프랑크 군대를 집결시켰다. 브르타뉴는 카롤루스 왕
조가 전통적으로 많은 성공을 거두어온 여러 접경지들 가운데 하나였
다. 경건왕 루도비쿠스가 정찰을 하려고 소규모 병력을 이끌고 선두
에서 말을 달렸다. 운명적인 결정기었다.

황제가 없는 군대가 납치당했다. 본진 뒤편에 뜻밖에도 위그와 마
트프리드가 나타나 군대를 장악했고, 구파—대부분 유디트와 베르나
르두스를 좋아하지 않았다—와의 오랜 연줄을 이용하여 그들의 분
노를 표출했다. 위그와 마트프리드에게 다른 고위 귀족들이 합세했는
데, 이들은 경건왕 루도비쿠스만이 아니라 전에 카롤루스 마그누스와
도 가까웠던 조신들이었다. 그들은 프랑크 권력의 최고위층을 대변했
으므로, 베르나르두스의 출세에 대한 불만이 광범위했음을 알 수 있
다. 그들은 브르타뉴로 향하는 대신에 다른 방향인 오를레앙으로 진
군했다. 그곳에서 위그와 마트프리드는 베르나르두스의 사촌인 외드
를 몰아내고 마트프리드를 다시 앉힌 다음, 아키텐의 피피누스에게

전갈을 보내 자신들에게 합류하라고 요청했다. 피피누스는 아주 신속히—어쩌면 너무 신속히!—도착해 반란자들에게 가담했고 그들은 다 함께 파리로 진군했다.

군대 안에서 반란이 일어났다는 소식을 들었을 때 루도비쿠스는 충격을 받았지만 당장 혼란에 빠지지는 않았다. 위그와 마트프리드의 존재는 이 분쟁이 반드시 황제의 지배에 대한 직접적인 위협이라기보다는 궁정 내의 권력 다툼이라는 점을 분명히 하는 것 같았다. 루도비쿠스는 여전히 그들을 겁박하여 굴복시킬 수 있다고 생각했고, 그 방법이 통하지 않는다면 시간을 끌며 협상할 생각이었다. 그의 생각으로는 817년에 이탈리아의 베르나르두스에게도 딱 그렇게 했다. 이번에는 그 방법이 통하지 않으리라고 생각할 이유가 없었다.

경건왕 루도비쿠스는 반란군을 가로막을 수 있게 파리 북쪽의 콩피에뉴에 있는 왕궁으로 자신을 만나러 오라고 유디트를 불렀다. 틀림없이 바로 이때쯤 루도비쿠스는 장남이자 공동황제인 로타리우스가 지지자 군대를 이끌고 이탈리아에서 북쪽으로 향하고 있다는 소식을 들었을 것이다. 아버지에 맞서 동생 피피누스와 불만에 찬 귀족들을 지원하려는 움직임으로 추정되었다. 루도비쿠스는 이제 곤경에 빠졌고 그도 그 사실을 알고 있었다. 로타리우스는 그동안 내내 음모에 발을 담고 있었던 것일까? 대담해진 마트프리드와 위그(그리고 피피누스)는 계획을 밝혔다. 계획은 간단했다. 황제를 약화시키고(폐위시킬지 그저 굴욕만 안길지는 분명하지 않다), 유디트를 제거하고, 셉티마니아의 베르나르두스를 죽이는 것이었다.

반란자들의 관점에서는 사건 전체가 비극이었다. 비록 자신들이 유리한 고지에 있는 것처럼 보일지라도, 그들은 황제가 나쁜 고문관들(주로 베르나르두스)에 이끌려 탈선했고 공동선을 등한시했기 때문에 어쩔 수 없이 이런 수단을 들고나올 수밖에 없다고 믿었다. 프랑크 군대들이 변경지 곳곳의 전투에서 지고 있었으므로, 프랑크족이 전체적으로 마음에 들지 않는다는 뜻을 신이 분명히 한 것 같았다.

세계에서 일어나는 사건들, 시류가 프랑크족에게 등을 돌리는 방식은 신이 언짢아한다는 증거로 충분했을지도 모른다. 그런데 9세기 초의 프랑크 사회는 엄청난 식자능력을 갖춘 문화였다. 그들은 열심히 읽고 글을 썼다. 반란 지지자들은 자신들의 이야기를 들어줄 청중이 있다는 것을 알고 설교문, 이야기, 기타 형태의 의사소통으로 이루어진 일종의 문서들을 펴냈는데, 대부분은 현존하지 않지만 프랑크족의 불운의 책임은 황제에게, 적어도 황제의 침소에 있음을 보여주는 내용이었다. 반란자와 그 지지자들은 반란을 뒷받침하는 도구로서 어쩌면 아이러니하게도 프랑크족을 선민, 즉 신의 은총의 수혜자로 보는 프랑크의 이데올로기를 이용할 수 있었다. 바로 그 이데올로기가 제국을 건설한 강력한 토대였던 듯한데, 특히나 프랑크 지도자들이 전투에서의 승리와 그들의 강대한 제국을 가리키면서 그 믿음을 정당화했기 때문이다. 그러나 이제 프랑크족은 후퇴하고 있었다. 제국은 곤경에 처했다.

이데올로기적 주춧돌에 금이 가자 반란자들은 그곳에 끌을 박았다. 피와 불 대신에 잉크와 양피지, 말과 설교로 적을 꺾는 것은 어떤가?

반란자들은 자신들이 제국의 향방에 대해서 엄혹한 진실을 말함으로
써 제국의 일을 하고 있다고 믿었다. 그들은 패전을 가리키면서, 황제
가 부분적으로 책임이 있기는 하지만 사실은 베르나르두스와 새로운
왕비가 그를 잘못된 길로 이끌었기 때문이라고 주장했다.

　그리고 그런 고발들은 엄청났고, 초자연적이라고 할 만큼 터무니없
는 내용이라는 점에서 위고의 고발에 버금갔다. 역사가 테간은 반란
자들이 제기한 혐의가 너무 "추잡하여 차마 말하거나 믿을 수 없다"고
이야기하면서도, 전하는 말에 따르면 유디트가 "요술"을 부려 루도비
쿠스를 속이고 베르나르두스와 동침했다고 기록했다. 천문가도 마찬
가지였다. 다만 베르나르두스 역시 여인네의 마법의 희생양에 그치는
것이 아니라 그 범죄의 공범자였다. 베르나르두스는 루도비쿠스의 대
자였으므로 유디트와의 성관계는 간통이자 근친상간으로 간주되었
을 것이다. 리옹의 대주교 아고바르드는 마치 유령의 집 거울처럼 유
디트의 미모가 그녀 침소의 타락상을 반영하는 법이라고 썼다.[3] 그녀
가 황제 몰래 수시로 바람을 피운다는 뜻이었다.

　더 나중인 850년대에 글을 쓰면서 수도사 파스카시우스 라드베르
투스(경건왕 루도비쿠스 아래에서 가장 먼저 실권한 왈라와 관련이 있는
수도사이며, 따라서 오랜 원한을 품은 사람)는 더 나아가 그 문제에 관
한 추잡한 세부 사항을 덧붙이기까지 했다.[4] 파스카시우스는 유디트
를 가차없이 비난하며 그녀를 "유스티나"라고 부른다. 바로 이 지점
에서 현대 독자들은 잠시 멈추어, 9세기 식자층이 이해하는 방법으로
비판을 독해하는 법을 배워야 한다. 820년대 말에는 지금 무엇인가가

나쁘다고 말하는 것만으로는 충분하지 않았다. 그 대신 현 시국을 역사, 이상적으로는 신성한 역사에 정해져 있는 규칙 안에 위치시킬 필요가 있었다. 이런 식으로 유디트를 "유스티나"라고 일컫는 것은 유식한 집단 내에서 아주 강력한 이중의 순환적 비판으로 기능했다. 파스카시우스가 가리키는 유스티나는 한편으로는 초기 교부들 중의 한 사람인 밀라노의 암브로시우스를 박해하여 로마 제국을 파멸로 이끌다시피 한 4세기의 황후였다. 그런데 그 이름은 또한 당대인의 머릿속에 고대 이스라엘 왕국에 똑같은 짓을 한 『구약 성서』의 이세벨을 연상시켰다. 이세벨은 이스라엘의 왕 아합의 아내로서 이스라엘의 신이 아닌 바알신을 숭배하게 부추겼고, 심지어 우상숭배를 하지 말라고 경고한 많은 선지자들을 살해하기까지 했다.

그러한 주장을 통해서 반란자 편 지식인들은 유디트를 이세벨, 유스티나와 수사학적으로 엮음으로써 충성 맹세를 깬 행위를 정당화하는 근거를 제공했다. 그 여성 혐오적인 역사관 속에서 그런 여인들은 왕국에 재앙을 가져왔다고 해석되었으며, 그뿐 아니라 갑작스럽다고 할 수 있는 유디트의 권력 부상이 흑마법을 사용한 덕분이라고 설명될 수도 있었다. 실제로 일부 반란자들은 유디트가 마녀라고 주장했고, 파스카시우스는 베르나르드스 역시 마법사이며 나라를 지배하려고 한 폭군이라고 주장했다. 유디트는 "유스티나"로서 베르나르두스와 손잡고 경건왕 루도비쿠스를 독살한 다음 그의 아들들과 제국의 주요 귀족들을 죽이려는 음모를 꾸민 창녀였다. 베르나르두스와 유디트는 그 잿더미에서 함께 나라를 지배할 작정이라는 것이었다. 파스카시우스가 말하길, 궁정은 "마법사들의 점술과 기만"에 넘어갔으며 "마치 적그리스도가 마법과 함께 출현하듯이 그 모든 것은 사방에서 왕궁으로 수렴되었다." 그러므로 이 논리에 따르면 황제의 자식들과 제국의 가장 신실한 귀족들이 행동에 나서는 것은 필요할 뿐 아니라 거룩하기까지 한 일로 정당화되었다.

황후에 대해서 성적 방종을 암시하는 험담은 거의 틀림없이 거짓이며 싫어하는 왕비의 평판을 떨어트리려는 남자들이 활용하는 이례적이지 않은 수법이었으나 이 악의적인 소문 아래에 진짜 문제가 깔려 있었으니, 바로 유디트와 베르나르두스가 협력하기 시작했고 황제에 대한 접근, 재물과 총애에 대한 접근을 좌지우지했다는 점이었다. (최상의 사료에 따르면) 궁내관은 왕비와 더불어 왕실 재정을 책임졌고, 황제의 주변 사람과 방문객들에게 선물을 나누어주며 은전(恩典)을 내리는 일을 맡았다. 어디에서나 신이 역사함을 보던 세상에서, 악마와 천사가 궁정의 타락에 대해 진실을 말할 수 있는 곳에서, 섹스와 마법에 대한 고발은 프랑크족이 정치적 총애의 그런 갑작스러운 변화를 이해할 수 있도록 도와주었다.

• ◆ ✛ ◆ •

그것이 루도비쿠스가 콩피에뉴의 왕궁에서 반란자들과 만났을 때 직면했던 분노였다. 거의 어김없이 다층의 웅장한 건물인 카롤루스 왕궁들은 왕궁을 둘러싼 주변에 권력을 과시하도록 지어졌다. 여러 채의 건물들이 지붕을 씌운 통로로 연결되어 있었고, 실내는 천과 그림으로 장식되어 있었다. 820년대의 한 시는 잉겔하임에 있는 왕궁의 벽화를 묘사한 것으로 유명한데, 그 벽화는 『성서』에 나오는 고대부터 시작하여 로마 기독교 황제들을 거쳐 카롤루스 마그누스의 작센족 정복에서 절정에 달하는 기독교 지배의 역사를 설명하는 그림이었다. 콩피에뉴의 왕궁도 틀림없이 그와 유사했을 것이다.

루도비쿠스는 분명히 중앙 홀에서 아들과 반란자들을 대면했을 텐데, 그 드넓은 공간 정면의 높은 단상에 앉아서 화려하게 전시된 권력의 상징들에 둘러싸여 있었을 것이다. 그러나 피피누스와 그의 지지자들은 주눅들지 않고 당당하게 걸어 들어와, 모인 귀족들 앞에서 부패에 대한 비난을 쏟아냈다. 공기 중에는 향내가 가득했고 권력의 상징들은 이제 통치자에게 불리하게 바뀌어, 궁정은 일종의 법정이 되고 말았다. 귀족과 성직자들이 큰소리로 맞장구를 치는 가운데 피피누스가 앞으로 나가 아버지를 방에 가두고 부하들을 보내 유디트와 베르나르두스를 데려오게 했다. 루도비쿠스는 현명하게도, 콩피에뉴에서 만남이 이루어지기 전에 베르나르두스에게 도망치라고 했다. 바보가 아닌 베르나르두스는 황제와 반란군이 대치할 무렵 바르셀로나로 돌아가 있었지만, 유디트는 그렇기 운이 좋지 못했다.

루도비쿠스는 자기 딴에는 콩피에뉴에서 동쪽으로 65킬로미터가량 떨어진 수도원에 유디트를 안전하게 두고 왔다고 생각했다. 그러나 피피누스, 마트프리드, 위그가 이끄는 반란자들은 백작들을 보내 왕비를 데려오게 했다. 그들은 수도원 대성당에서 왕비를 발견했는데,

교회법에 따르면 그곳은 최악의 범죄자에게도 피난처가 되어야 할 성역이었다. 그러나 칼을 빼든 피피누스의 부하들은 수도원장의 간청에도 아랑곳없이 수도사들을 밀치며 대성당에 난입했다. 반란자들은 쩌렁쩌렁한 목소리로 마법 행위와 간통을 저질렀다는 그들 시각의 혐의를 제기했다. 그런 다음 유디트를 붙잡고는 말 그대로 교회 밖으로 끌어냈다. 그들은 남편에게 끌고 가는 길에 아마 그녀를 고문하고 생명을 위협했을 것이며, 왕비는 오로지 즉시 수녀원에 들어가겠다고(그리고 루도비쿠스 역시 수도원에 들어가도록 설득하겠다고) 동의한 덕분에 목숨을 건졌을지도 모른다.

반란자들이 이기고 쿠데타에 성공한 것처럼 보였다. 유디트는 피피누스 치하의 아키텐 영토에 있는 푸아티에의 생트-라드공드 수녀원으로 보내졌다. 유디트의 형제들도 붙잡혀서 수도사가 되기를 강요받아 아키텐에 있는 여러 수도원으로 보내졌다. 베르나르두스는 사라졌다. 갇힌 몸은 아니었지만 더 이상 권좌에 있지 않았다. 아내는 고문당하고 유배되었으며 주요 귀족들은 삭발을 당하거나(수도사들이 정수리 모발을 둥그렇게 미는 것을 말한다/역주) 쫓겨났으니, 황제의 체면이 땅에 떨어졌다. 공공연한 전투는 없었으나 군대가 전장에 집결했었다. 피피누스, 위그, 마트프리드와 그들의 지지자들은 프랑크 제국을 내전의 벼랑 끝으로 몰고가면서 폭력이라는 위협으로 뜻을 관철했다. 황제와 황후는 감금되었고, 귀족들이 제국을 장악했으며, 루도비쿠스의 차남 아키텐의 피피누스는 이에 소극적으로 가담했다.

그다음 상황이 바뀌었다. 830년 5월에 경건왕 루도비쿠스의 장남 로타리우스가 마침내 도착하여 정권을 장악했다. 그가 도착한다는 소문, 그가 반란과 관련이 있다는 소문이 루도비쿠스가 왕궁에서 적들과 만나는 데에 중요한 역할을 했었다. 그러나 오늘날에도 로타리우스가 반란에 가담할 생각이었는지, 반란을 진압할 생각이었는지는 알 수 없다. 어쩌면 반란은 828년 피피누스와 로타리우스 두 형제가 에스파냐 변경으로 가는 길에 만났다가 아버지의 명령에 반해 갑자기 군대를 해산했을 때부터 계획되었을지도 모른다.[5] 그 만남을 이런 식으로 해석하는 것은 아버지가 아키텐의 일에 간섭하여 한동안 불만이 많았고 그전 해에는 위그와 마트프리드가 처벌당해 실각한 데에 감정이 상했던 피피누스의 경우라면 말이 되지만, 그 시점에 로타리우스가 불만을 품었다고 생각할 만한 근거는 전혀 없다. 로타리우스의 스승이었던 아인하르트—맞다, 위고에 관한 이야기(그리고 더 유명한 카롤루스 마그누스 전기)의 작가이며, 만물의 올바른 질서를 유지하는 데에 관심이 많은 사람 말이다—는 830년 초에 로타리우스에게 편지를 써서 아버지를 향한 음모에 대해서 경고하고, 꼬임에 넘어가 음모에 가담하지 말고 올바르고 경건한 효심을 보이라고 일렀다. 심지어 천문가 역시 이 사건에서 로타리으스의 역할에 대해서는 모호한 태도를 보이며(나중에 로타리우스의 행위들에 딱히 찬동하지 않았다), 로타리우스가 도착하여 반란자들을 만났을 때 그가 "당시 그의 아버지에게 수치를 안기지는 않은 듯하지만, 일어난 일을 승인했다"라고 언급한다.[6] 어쩌면 로타리우스는 피피누스와 함께 공모했을지도 모르고, 아니면 왕궁에 도착하여 매우 성난 대규모 반란군과 맞닥뜨리자 눈앞의 현실을 따랐을지도 모른다. 적어도 당장은 말이다.

어쨌거나 공동황제인 로타리우스의 존재감 덕분에 정치의 방향은 총체적인 격변에서 829년 이전, 즉 셉티마니아의 베르나르두스가 부상하기 이전 상태로 복귀했다. 마트프리드가 복권되었고 베르나르두스의 형제는 눈이 멀고 유배당했다. 로타리우스는 공동황제로서의 지위를 되찾았지만, 누구도 경건왕 루도비쿠스를 몰아내려고 하지는 않았다. 아버지와 아들은 전과 똑같이 다스렸고, 제국의 공식 문서에도 두 사람의 이름이 서명자로 등장했다. 반란자들은 고무되어 승리를 선언하고 흩어졌지만, 더 이상의 변화를 추구하지는 않았다. 모두가 참고 기다리는 분위기였다. 아니면 로타리우스는 베르나르두스가 궁정에서 제거되도록 허용하거나 심지어는 제거되게 했지만, 그것을 제외하면 아버지를 보호하면서 시간을 끌고 있었던 것일까?

그랬던 것 같다. 루도비쿠스는 초가을에 네이메헌(현재 네덜란드의 지역)에서 또다른 귀족 회의를 열어 자신의 운명을 둘러싼 문제를 결정해달라고 요청했고, 로타리우스는 이에 동의했다. 이는 루도비쿠스에게—로타리우스가 허용했으므로 아마 로타리우스에게도—탁월한 정치적 선택이었다.

먼저, 그리고 가장 중요하게도, 이로써 상황의 중심이 반란자들과 아버지의 근거지에서 벗어나 동부로 이동했다. 그 덕분에 루도비쿠스의 아들 독일왕 루도비쿠스 2세(유디트 황후의 여동생과 여전히 결혼한 상태였으며 아직까지 어느 음모에도 가담하지 않았다)가 아버지 편에서 싸움에 개입할 수 있게 되었다. 둘째로, 경건왕 루도비쿠스 1세는 참석자를 제한하기 위해서 귀족 회의의 구성을 성공적으로 조작했다. 일례로 핵심 반란자인, 경건왕 투도비쿠스의 주임 사제는 그가 "적대감을 가지고"(무장 수행단을 이끌고 왔다는 의미일 것이다) 참석했기 때문에 만장일치로 귀족 회의에서 퇴출되었다. 루도비쿠스의 오랜 숙적이자 로타리우스의 핵심 고문관인 왈라도 그가 수도원장으로서의 책임을 유기했다는 이유로 쫓겨나서는 수도원으로 돌려보내졌다. 강력한 지지자 인맥을 거느린 반란의 두 핵심 일원이 이렇게 탁자에서 영리하게 치워졌다.

그러나 여전히 혼돈과 폭력이 덮칠 기미였다. 귀족 회의가 열리자 반란파는 그들이 허를 찔렸음을 빠르게 깨달았다. 그들은 로타리우스에게 가서, 전쟁을 벌여 아버지를 제위로부터 영영 몰아내라고 필사적으로 촉구했다. 반란자들에게는 모든 것이 불확실한 상태였다. 그들은 반드시 이겨야 했고, 그렇지 않으면 다 목 매달릴 것이다. 로타리우스가 고민하는—어쩌면 고민하는 척하는—사이 귀족 회의에 참석한 귀족들은 천문가에 따르면 "거의 미친 듯이 분노하여 서로에게" 달려들었다. 왕궁의 중앙 홀은 시끄러운 괴성으로 가득했다. 너도나도 칼을 빼들었다. 분노에 찬 고성이 난무했다.

귀족들이 화려한 장관에 둘러싸여 중앙 홀에서 아우성치고 있을 때 로타리우스는 홀에 연결된 여러 방들 가운데 하나에 있는 아버지에게 가서 단 둘이 대화를 나누었다. 무슨 이야기가 오갔는지는 알 수 없지만 결정이 내려졌다. 그 직후, 그리고 유혈이 발생하기 전, 네이메헌 왕궁의 중앙 홀은 다시 한번 변신했다. 화려한 예복에 왕권의 각종 상징물을 들고서 두 공동황제가 다툼의 한복판에 성큼성큼 들어와 좌중에 황위의 위용을 맘껏 드러냈다. 단결한 두 황제. 잦아드는 소란. 경외심. 장남의 동의를 받아 루도비쿠스는 반란 선동자들을 잡아들이라고 명령했고 그들은 붙잡혔다. 반란은 황제들이 폭발적으로 과시한 위엄에 기죽은 귀족들이 깨갱 꼬리를 내리며 끝났다.

반란자들이 참고 기다리면 사태가 자신들에게 유리하게 풀리리라고 기대했다면 착각이었다. 황제라는 칭호에는 여전히 특별한 의미가 있었고, 이는 루도비쿠스의 아들에게는 물론 반란자들에게도 해당되는 이야기였다.

루도비쿠스는 즉시 질서를 회복하고자 했다. 그가 가장 먼저 할 일은 아내인 황후를 구하는 일이었다. 그는 수도원에 갇힌 유디트를 불러들였고, 유디트는 자신에게 제기된 혐의—섹스 마법과 간통—가 거짓이라고 맹세한 뒤 궁정으로 복귀했다. 비록 궁정으로 돌아오는 것은 허락되지 않았지만 그해 말에 베르나르두스 역시 명예를 되찾을 수 있었다. 그로부터 1년도 채 지나지 않아 루도비쿠스는 새로운 귀족 회의를 열기 위해서 굴욕에 가까운 경험을 한 현장인 콩피에뉴와 네이메헌을 다시 찾았다. 그곳에서 황제는 가장 나이 많은 세 아들(이 사건과 관련한 모든 설명에서 대머리왕 카롤루스가 전혀 언급되지 않는다는 점은 주목할 만한데, 물론 그는 당시에 일곱 살에 불과했다)과 나란히 재판을 주재했다.

모든 음모자들—그러니까 아들들 본인들은 뺀 모두—은 세 아들에 의해서 사형 선고를 받았지만, 경건왕 루도비쿠스 1세에 의해서 재빨리 수도원 유폐와 유배로 감형되었다. 그는 변함없이 경건왕이었다. 그야말로 급반전이었다. 세 형제, 즉 반란자(피피누스), 반란자일지도 모르는 사람(로타리우스), 반란자가 아닌 사람(루도비쿠스 2세)이다 함께 음모자들에게 유죄 판결을 내렸다. 다른 한편 경건왕 루도비쿠스는 자비를 베풀었다. 실제로 831년 말에 이르면 루도비쿠스는 거의 모든 음모자들을 완전히 사면했고(여전히 추방 중인 왈라는 예외였다. 루도비쿠스는 여전히 그를 좋아하지 않았다) 그들이 풀려나게 허락했다.

이 결정은 훗날 크나큰 패착으로 드러나게 된다.

◦ ◆ ✥ ◆ ◦

네이메헌 귀족 회의는 문제를 평화롭게 해소했으나 봉인은 깨졌다. 쿠데타 시도는 물론 전례가 많았고 그것이 문제였다. 792년 바이에른에서 꼽추 피피누스에게 일어난 일과 유사하게, 힘 있는 귀족들은 불만에 찬 통치자의 아들을 구심점으로 삼아서 자신들의 불만을 결집시켜왔다. 830년에 그 아들은 아키텐의 피피누스였다. 그러나 792년과 달리 이번에는 반란자들이 이길 뻔했고, 그들의 쿠데타 시도는 루도비쿠스의 왕궁이 이미 군대로 포위된 후에야 드러났다. 루도비쿠스는 억류되었고, 아내는 고문을 강하고 투옥되었다. 장남이 잠깐 정권을 잡았다. 그런데 어쩌면 더욱 중요한 점은, 또한 792년 사건과는 다르며 어쩌면 750년 사건—카롤루스 가문을 왕좌에 앉힌 또다른 피피누스의 또다른 쿠데타—과 더 비슷한 점은 프랑크 귀족들이 통치자를 상대로 한 전쟁을 논의했다는 사실이다. 무혈은 유혈로 번질 뻔했다. 그것도 아주 순식간에 말이다.

지금까지 일어난 세 차례 쿠데타는 피피누스 세 사람의 소행이었다. 그리고 세 사람의 이름이 모두 피피누스인 것은 우연의 일치이기는 하지만, 엄청난 우연은 아니다. 이름과 상징에는 힘이 있었다. 유디트, 유스티나, 이세벨의 행위처럼 역사의 렌즈를 거쳐 해석될 수 있다면, 사건들은 더 강한 힘을 발휘했다. 831년에 이르러 프랑크 제국의 모든 상류층은 적어도 한 아들이 공공연한 반란을 일으켰고 아버지를 폐위하려고 했다고 이해했다. 더 나아가 모든 금기가 깨지면서, 앞으로 동일한 장면이 다시 나타나리고 상상하기가 이제 훨씬 쉬워졌다.

경건왕 루도비쿠스는 아헨에서 권좌에 복귀한 듯했지만 정말로 그랬을까? 위그와 마트프리드는 풀려났다. 왈라는 코르비의 수도원에 유배되어 혼자 분을 삭이고 있었다. 피피누스는 여전히 매우 화가 나 있었다. 독일왕 루도비쿠스 2세는 아버지를 구해준 보답을 받기를 기다리다가 지치고 말았다. 로타리우스의 상황은 불확실했고, 그는 권력의 중심부에서 멀리, 알프스 산맥 너머 이탈리아로 돌려보내졌다. 그래도 당분간은 그들 누구도 적극적으로 다른 사람들을 죽이거나 가두려고 하지 않았다. 830년의 충격파가 제국을 거쳐 바깥으로 퍼져나가는 순간에도 모두가 얌전히 처신했다면, 어쩌면 제국은 다시금 평화를 찾았을지도 모른다.

5

폐위

833–834년

778년 장래의 황제인 경건왕 루도비쿠스가 태어났을 때 이밀트뤼드라는 유모가 붙었다. 그녀가 노예가 된 것 같다는 점, 그리고 원래 제국 동부, 어쩌면 작센에서 온 것 같다는 점 말고는 알려진 것이 별로 없다. 그녀가 그 지역에서 카롤루스 마그누스가 수행한 잔혹한 원정 중에 노예로 잡혔을 가능성은 충분하다. 이밀트뤼드는 바로 몇 년 전에 에보(775년경 출생)라는 아들을 낳았기 때문에 갓 태어난 왕자를 돌볼 수 있었다. 노예의 아들인(그러므로 역시 노예인) 에보와 어린 왕자 루도비쿠스는 아기일 때 이밀트뤼드의 젖을 같이 먹었고, 나중에는 교육도 함께 받으며 자랐다. 연대기 작가인 랭스의 플로도아르는 900년대에 글을 쓰면서 루도비쿠스와 에보를 두고 "어머니의 젖과 교육으로 결합된(collactaneus et conscholasticus)"이라고 표현했다.[1]

루도비쿠스는 물론 장성하여 황제가 되었고, 사실상 루도비쿠스의 수양 형제였던 에보도 꽤 잘 나갔다. 사람들은 학자로서 에보의 천재성과 잠재성을 비교적 일찌감치 알아보았고, 그는 카롤루스 마그누스에 의해 자유민이 된 다음 루도비쿠스가 왕이 되자 그를 따라 아키텐으로 가서 고문관 역할을 했다. 두 사람은 카롤루스 마그누스가 죽은 뒤 814년에 아헨으로 돌아왔고, 에보는 루도비쿠스의 왕궁 도서관 사서가 되었다가 나중에는 랭스 대주교라는 막강한 지위에 올랐다. 당대에 잘 교육받은 프랑크인답게 그는 작가이자 프랑크 귀족층에게 아주 중요한 상류층 문예 문화의 참여자 및 예술의 후원자로도 명성이 높았다. 그는 아헨 궁정의 많은 서기들을 랭스로 데려가서는 자신의 대주교구에 속한 교회들의 성직에 임명하고 특정 독자들을 위한 작품을 의뢰하며 그들을 지원했다. 820년대에 그렇게 제작된 필사본들 가운데 하나는 그의 젖형제인 경건왕 루도비쿠스 황제를 위한 작품이었던 듯하다. 필사본에는 무서운 경고가 담겨 있었다. 무질서, 혼란, 폭력은 신을 섬기지 않는 통치자의 책임으로 돌려진다는 경고였다. 에보는 친구인 황제에게 통치 방식을 바꾸어야 한다고 말하고 있었다.

　문제의 이 책은 시편집이다(유명한 필사본으로, 소장된 도시 이름을 따서 지금은 『위트레흐트 시편집[*Utrechter Psalter*]』으로 알려져 있다). 『성서』의 「시편」 구절을 모은 시편집은 당시 흔한 책이었다. 어딜 가나 시편집이 존재했던 까닭은 시편집이 만들어진 종교 공동체에 그 글들이 엄청나게 중요한 역할을 했기 때문이다. 「시편」의 내용은—당시에는 고대 이스라엘의 왕 다윗이 지었다고 여겨졌다—중세 유럽인의 생활의 일부였다. 프랑크 궁정 안팎의 모든 인물들—실제로 이 책의 주요 인물들은 빠짐없이—은 세계를 이해하기 위한 틀로서 『성서』, 특히 「시편」을 이용했을 것이다.

에보가 루도비쿠스를 위해서 의뢰한 이 특정한 필사본의 한 쪽은 당대의 사건들을 해석하는 데에 「시편」을 이용하던 사람들이 프랑크 제국 세계의 끔찍한 정세에 대해서 근심하고 있었음을 시사한다. 「시편」 13편은 충격적인 글귀로 시작한다. "어리석은 자 마음속으로 '하느님은 없다'고 말하네. 모두가 타락하여 악행을 일삼고, 선행을 행하는 이가 없구나." 나머지 부분은 모두가 선을 외면하고 탐욕과 기만, 폭력을 끌어안았다는 한탄이다. 그러나 희망이 있다. 시는 하느님께서 그분의 백성을 올바른 길로 다시 인도하시리라는 약속으로 마무리된다.

이 시행들, 이 내용과 에보의 시대를 도상(圖像)이 연결한다. 시편집에 실린 삽화들은 기독교 『구약 성서』에 나오는 장면들을 묘사하지만, 그림 속 인물들은 모두 9세기 프랑크인처럼 차려입고 있다. 예수의 그림 아래로는 언덕 위에서 여자와 아이들이 창과 방패를 든 한 병사에게 애원하고 있고, 그들 뒤로는 프랑크 기병대가 초조히 기다리고 있다. 히힝 하는 말 울음소리와 말발굽 소리가 들리는 듯하다. 그 다음으로는 무시무시한 폭력의 현장이 나타난다. 병사들이 싸우며 죽어가고 두 승자가 한 여인을 끌고 가려고 하는데, 성폭력이 일어날 것임을 분명히 암시한다. 이 아수라장 위로 한 통치자가 둥근 캐노피 아래 보좌에 앉아 있으며 그의 무릎에는 칼이 놓여 있다. 군주는 희생자들의 잘린 머리를 바치는 두 병사에게 시선을 돌리고 있다. 통치자

뒤로, 옆에 시신이 누워 있는 빈 무덤 근처에는 관을 쓴 여인(그 군주의 왕비)이 겁에 질린 네 아이를 보호하고 있다. 천사들 바로 아래로는 「시편」의 작가가 군주를 가리키며 한 손을 펼치고 있는데, 마치 신이 개입해주기를 간청하는 듯하다.

만약 경건왕 루도비쿠스 1세가 가장 신뢰하는 고문관이자 가장 오랜 친구인 사람에게 이 책을 선물받았다면 그는 어떤 교훈을 얻었을까? 친구는 왕을 옛 시대의 불경한 군주들, 파라오와 사울 왕, 심지어 적그리스도에 비유했을까?[2] 경건왕 루도비쿠스에 대한 의미는 "라옹의 가련한 여인의 환시"나 악마 위고가 말한 것과 그다지 다르지 않다. 루도비쿠스는 칼을 든 군주이고 유디트 황후는 네 자식(로타리우스, 피피누스, 루도비쿠스 2세, 카롤루스)을 보호하고 있는 여인일까?

과거의 수양 형제에게서 이 책을 받았을 때 경건왕 루도비쿠스가 어떻게 느꼈을지는 알 수 없다. 그러나 830년을 넘어가면 제국의 모든 사람―충성파와 반란자 모두―이 프랑크 세계를 어긋난 것처럼 느꼈다는 점은 알 수 있다. 황제는 왕궁의 질서를 다시 세우려고 하다가 혁명적인 결과를 가져왔다. 실패한 쿠데타의 여파에 그는 어떻게 반응했을까? 마법과 간통이라는 혐의는 여전히 걷히지 않았고, 주요 음모자 전원이 여전히 무대를 떠나지 않고 활동 중이었다. 경건왕 루도비쿠스는 가련한 여인이 꿈에서 본 환시로 경고를 받았고, 그의 가까운 고문관인 아인하르트의 악마 위고 이야기로 다시금 경고를 받았으며, 어쩌면 그의 가장 오랜 친구로부터 (일단의 수도원 예술가들에게 의뢰한 작품을 통해서) 또 한 번 경고받고 있었는지도 모른다. 그 친구는 어머니 젖을 함께 먹고 대주교라는 높은 지위에 그가 손수 앉힌 사람이 아니던가? 심지어 에보도 그 많은 프랑크 귀족들처럼 자신의 충성을 최종적으로 어디에 바쳐야 할지를 결정해야 할 것이다. 황제에게 바쳐야 할 것인가, 제국에 바쳐야 할 것인가?

◆ ◆ ✥ ◆ ◆

루도비쿠스가 네이메헌에서 복귀한 뒤 즉시 대면해야 했던 가장 중요한 일은 아들들의 문제였다. 누구를 벌하고 누구에게 상을 내릴 것인가? 피피누스는 처음부터 음모에 관여해왔지만, 로타리우스의 역할은 그보다는 불분명했다. 어쩌면 로타리우스에게도 죄가 있을지 모르지만, 루도비쿠스가 복귀할 길을 그가 터준 것도 사실이었다. 독일왕 루도비쿠스 2세는 시기적절한 지원과 함께 도착했으니 경건왕 루도비쿠스는 최소한 성인 아들 한 명은 신뢰할 수 있겠다고 기대했을 것이다. 그러나 그 직후에 독일왕 루도비쿠스는 군대를 일으켜 알레만니아를 차지하려고 했다. 자신의 동생 카롤루스가 알레만니아에 대한 권리를 주장하는 것, 그리고 830년에 제국을 구해준 데에 아버지로부터 적절한 보상을 받지 못한 것에 기분이 상했기 때문이다. 아들 루도비쿠스의 움직임은 아버지가 이끄는 군대 앞에서 금방 와해되었다. 그런데 독일왕 루도비쿠스는 어째서인지 물론 용서받았고(사내아이들이란 다 그렇지 않은가?) 바이에른으로 돌아갔다. 830년 쿠데타 시도는 끝났지만, 곧장 다음 위기가 기다리고 있었다.

경건왕 루도비쿠스 1세가 마침내 자신감을 회복하고는 830년 반란에서의 아키텐의 피피누스의 역할에 관해 정면으로 따질 수 있겠다고 느끼던 순간에 그다음 쿠데타가 모습을 갖추어가고 있었던 것이다. 여전히 불만에 차 있었으며 이유는 알 수 없지만 이제는 (하고 많은 사람 중에서!) 셉티마니아의 베르나르두스와 긴밀히 손잡고 있던 피피누스는 경건왕 루도비쿠스가 복귀한 후에도 공공연히 아버지를 거역해왔다. 결국 진절머리가 난 루도비쿠스는 말을 영 듣지 않는 아들을 붙잡아 트리에로 보냈다. 그런데 카롤루스 왕족을 가두어두기는 쉬운 일이 아닌 모양이다. 피피누스는 일부 추종자들의 도움을 받아 대담한 야간 탈옥을 감행했다.

황제는 피피누스에게서 왕국을 박탈하여 동생인 카롤루스에게 주는 것으로, 다시 말해 한 사람에게서 통치권을 빼앗아 다른 사람에게 넘기는 것으로 대응했다. 아이조와 비슷한 일이 재연되고 있었다. 그런데 이번에 반란을 일으키고 있는 자는 먼 곳의 어느 귀족들이 아니라 바로 그의 아들이었다. 피피누스의 불만에다가 알레만니아에서 겪은 굴욕에 상처받은 독일왕 루도비쿠스 2세의 감정까지 합쳐지자, 과연 분란이 일어날 조짐이 보이고 있었다. 그다음 로타리우스가 왔다. 변함없이 핵심 인물인 그는 형제들 사이의 불만을 알고서 아버지를 만나러 와서, 아마도 계속해서 중재자 역할을 하며 현 상태를 유지하려고 했던 것 같다. 왜 아니겠는가? 그에게는 현상 유지가 좋은 일이었다. 그에게는 이탈리아가 있었으며 공동황제라는 칭호가 있었고, 또 그는 장남이었으니까 말이다.

다른 한편으로, 로타리우스는 내심 카롤루스을 편애하는 루도비쿠스의 (아니면 로타리우스가 의심한 대로 유디트의) 태도가 우려스러웠다. 물론 아버지는 언젠가 카롤루스에게도 통치할 왕국을 찾아주어야 할 것이다. 그렇다면 그 영토는 누구에게서 가져올까? 예를 들면 유디트의 인맥은 로타리우스와 오랜 연고가 있는 지역인 알레만니아에 있었다. 게다가 로타리우스의 최측근 심복들은 구파들, 첫 번째 쿠데타 막후의 사람들, 카롤루스 마그누스의 옛 고문관들이었다. 그들과 로타리우스가 이전 갈등에서 경건왕 루도비쿠스를 어떻게 처리할지를 둘러싸고 의견이 갈렸다고 해도, 833년이 시작되면서 압박이 심해지기 시작했다. 어쩌면 로타리우스는 선택의 여지를 무기한 열어두고 싶어했을 수도 있지만, 피피누스와 독일왕 루도비쿠스 2세가 833년 초에 군대를 집결함에 따라서 한쪽을 선택해야 했다.

그리고 그는 그렇게 했다. 아버지와 만난 후 이탈리아로 돌아온 로타리우스는 어느 것도 정해지지 않았지만 모든 것이 결정되었다고 느꼈다. 그는 원하던 확약을 받지 못했고 그래서 결정을 강요하기로 했다. 그는 군사를 일으켰다. 북쪽으로 가서 동생들인 피피누스와 독일왕 루도비쿠스 2세를 만났다. 경건왕 루도비쿠스도 군사를 일으켰다. 전장에서 아들들과 대적할 태세였다. 아니, 필요하다면 기꺼이 싸울 것임을 적어도 분명히 했다. 그러나 싸움이 불가피하지는 않다고 모두가 생각했을 것이다. 카롤루스 사람들은 언제나 벼랑 끝까지 갔다가 멈추어서 빠져나올 구멍을 협상했으니까 말이다.

그런데 이번에는 로타리우스가 판을 키웠다. 새로운 참가자, 바로 교황 그레고리우스 4세를 끌어들인 것이다. 이탈리아 왕으로서 로타리우스는 물론 살아 있는 카롤루스 사람들 가운데 교황좌와 가장 직접적인 연결고리가 있었고, 카롤루스 마그누스 생전에는 경건왕 루도비쿠스가 이탈리아 반도와 아무런 연고가 없었기 때문에 더욱 그랬다. 로타리우스가 정확히 어떤 유인책으로 그레고리우스 4세를 끌어들였는지는 알 수 없지만, 애초에 미끼 따위가 많이 필요하지 않았을지도 모른다. 제국은 혼란에 빠졌다. 교황은 성속(聖俗) 양쪽의 카롤루스 상류층에 충분한 영향력을 행사하여 그가 미는 사람에게로 권력 균형을 기울게 할 수 있는 극소수의 사람들 중 한 명이었다.

이번 개전 사유도 이전 반란의 사유와 아주 비슷했지만, 수사(修辭)는 오히려 더 날카로워졌다. 833년 6월에 형제들이 재회했을 때 아버지의 군대는 너른 전장 바로 맞은편에서 기다리고 있었고, 반란자들은 이번에도 황후를 탓했다. 황제의 아들들은 성유물에 대고 하느님의 이름으로 교황 앞에서, 자신들은 제국에 평화와 조화를 다시 가져오기를 바랄 뿐이라고 맹세했다. 유디트가 결백을 강변했음에도 불구하고 그들은 그녀의 죄악이 계속되고 있다고 공언했다. 황후의 거짓말이 또다시 아버지를 타락시켰고 아버지가 (아들로서의) 그들과 제국 전체에 정의를 행하지 못하게 막고 있다며 목소리를 높였다. 아들들은 각자의 영토에 대한 보증 및 아버지와 궁정에 대한 영향력을 원했다. 교황은 혼란에 빠진 제국에 직면하여 개입할 수밖에 없었고, 반란을 정당한 분쟁으로 지지했던 것으로 보인다.

반란자들과 황제는 라인 강 유역의 콜마르 바로 외곽에서 만났는데, 알프스 산맥 바로 북쪽에 있는 이곳은 각자 영토를 보유한 세 형제와 북쪽 아헨에 있는 아버지가 만나기 편리한, 사방으로 통하는 교차점이었다. 6월 하순이면 틀림없이 녹음이 무성하고 야생화가 만발했을 평탄하고 비옥한 농경 지역인 알자스에 있는 곳이다. 그러나 그들이 떠난 지 단 며칠 만에 그 만남의 장소에는 "거짓말의 들판"이라는 새로운 이름이 붙게 된다.

제국 사방에서 끌어모은 무장 병사들과 함께 그 들판에 도착하려면 일련의 엄청난 사건들이 일어나야 했을 것이다. 카롤루스 귀족들은 상시 복무하며 잘 훈련된 소규모 사병 무리를 거느렸지만, 군대를 일으키는 것은 달랐다. 대귀족들은 자신의 영지에 병사들을 징집한 다음, (이 경우에는) 그들이 선택한 군주나 황제의 휘하로 집결시킨 후에 동맹군을 만나기 위해서 진군해야 했다. 이 시기에는 꼭대기부터 밑바닥까지 통일된 지휘 체계를 갖춘 대군이라는 것이 없었다. 그 대신 모든 군사력은 기량과 훈련 정도가 제각각인 무수한 반(半)독립적인 징집 군대로 이루어져 있었고, 지도자들의 동기도 제각각이었다.

더욱이 군대 동원은 복잡하고 시끄러운 일이었다. 병사들을 먹여야 하고, 그렇지 않으면 그들은 고장을 약탈한다. 자기 영토를 가로질러 진군시켜야 할 때 딱히 바람직한 일은 아니다. 결국 자기 백성들에게서 빼앗는 일이니 말이다. 게다가 카롤루스의 군 지도자들은 군대의 필요를 챙기는 것 말고도, 잘 훈련받고 잘 무장한 대귀족의 병사들부터 소규모이지만 자유 토지 보유자들과 그들의 지역사회에서 소집된 민병대에 이르기까지 수많은 개별적 군사 집단들의 행동을 조율해야 했다. 그들은 기병과 수레를 위한 말, 보급품을 끌 역축, 비바람을 막아줄 적절한 천막 등을 구해야 했다.

그것이 833년 봄 서유럽의 모습이었다. 제국 전역의 귀족들이 읍락에서 병사들을 소집하고, 물자를 모으고, 수백에서 수천 명의 병사들을 집결지로 행군시키는 모습 말이다. 그런 대규모의 동원은 대형 교회와 권력의 전당부터 작은 마을에 이르기까지 제국 전역에서 감지되었을 것이다. 거의 모든 사람이 전쟁에 불려나간 병사를 한 명쯤은 알았을 것이다. 농업에 종사하는 사람들은 비축하던 식량과 가축이 징발되는 모습을 보았을 것이다. 주요 군대 넷(각 왕자들이 일으킨 군대 셋과 루도비쿠스가 일으킨 군대)이 "거짓말의 들판"으로 향하는 동안, 길가나 강가에 사는 사람이라면 누구든지 병사들이 행군하는 모습을 보았을 것이다. 끝없는 호기심과 흥분, 두려움, 폭력, 희망이 제국 전역으로 퍼져나갔을 것이다. 그러나 우리는 사료가 말해주는 것만 알 수 있을 뿐이며, 지식을 바탕으로 한 추측도 가장자리를 둘러싸는 액자와 이따금씩 정보가 있어야 더 온전한 그림을 그릴 수 있다. 그러나 이 부분에서 사료들은 또다시 침묵한다. 긴장이 고조되다가 다짜고짜 군대가 전장에 나타나는 광경으로 비약한다. 군대들이 모두 모여 서로 마주보고 선 뒤에야 우리는 이야기를 이어갈 수 있다.

• • ✛ • •

너른 들판 양끝에서 두 군대는 진을 쳤고 긴장이 서서히 격화되었지만, 그 어느 쪽도 전투를 하려는 움직임은 보이지 않았다. 그 대신 양측―아버지와 아들들―은 여러 날 동안 서로를 노려보았다. 경건왕 루도비쿠스가 말 안 듣는 아들들과 협상을 하는 사이 교황 그레고리우스 4세는 양측 간에 전갈을 전달했다. 양측은 저마다 평화의 사명을 띠고 있다고 주장했다. 두 쪽 다 아버지와 아들들이 싸우는 것을, 친족끼리 서로 피를 흘리게 하는 것을 막고 싶다고 주장했다. 그러나 협상은 평화로운 화해로 이어지는 길을 찾는 데에 실패했다.

　다만 화해를 위한 협상이 실패했더라도 다른 전언들은 분명히 의도한 목표 지점에 도달했다. 어느 밤에 교황이 들판을 가로질러서 황제와 대화를 나눈 다음, 아들들의 진지로 돌아와 아버지의 말을 전달했다. 그 전언 일부는 황제의 추종자들에게 타격을 입혔다. 이튿날 아침 경건왕 루도비쿠스는 거의 버려진 진지에서 잠이 깼다. 텅 빈 막사 옆에 화톳불이 여전히 타고 있었지만, 그의 군대 거의 전부가 맹세를 깨고 달아난 것이었다. 추종자 일부는 병사를 데리고 그냥 집으로 가버렸고, 일부는 땅과 작위, 재산을 약속하는 아들들의 말에 넘어가거나 그들 자신과 가족을 향한 폭력적인 협박에 겁을 먹거나 혹은 신이 정말로 아들들의 편이라고 확신했다. 맹세를 깬 자들로서 스스로 어떻게 정당화했든지 간에 귀족들은 간밤에 편을 바꾸어 반란에 가담했고, 이제 적대감을 품고는 이전 주군을 노려보았다.

　그것은 경건왕 루도비쿠스의 기를 거의 꺾어놓았을 것이다. 말 울음소리가 아니라 어쩌면 귀뚜라기 울음소리에, 혹은 설상가상으로 거룩하게 기름 부음을 받은 황제를 깨우러 어찌할 바를 모른 채 달려오는 수행원의 숨넘어가는 소리에 잠에서 깨는 상황 말이다. 루도비쿠스 앞에 선택지는 거의 없었다. 그는 달아날 수 있었다. 그러나 어디로 간다는 말인가? 제국의 전사들은 그의 아들들과 같이 있었다. 남은 것은 자비를 구하는 것뿐이었고 그는 그렇게 했다. 루도비쿠스는 싸우지 않고 항복했고, 테간에 따르면 동트기 전 자포자기하듯이 열린 귀족 회의에서 얼마 남지 않은 신하들에게 이렇게 말했다. "짐의 아들들에게 가라. 누구도 짐 때문에 목숨이나 팔다리를 잃는 것을 원하지 않는다."3

거의 홀로 버려져 체면을 잃은 루도비쿠스는 말을 달려 나와 전선 사이에서 아들들을 만났다. 그의 유일한 요구는 유디트와 그들의 어린 아들 카롤루스(반란자들의 이복형제)를 건드리지 않는 것이었다. 아들들은 동의했고, 아버지를 자신들의 막사로 데려가 가두었다. 그들의 의붓어머니와 이복형제도 붙잡혔다. 이번에 유디트는 로타리우스의 감시의 눈초리 아래에 이탈리아 북부로 보내졌다. 대략 열 살인 카롤루스는 꼽추 피피누스가 마지막 나날을 보냈던 프륌의 수도원으로 보내졌고, 역시 수도사가 되라는 말을 들었다.

반란, 즉 두 번째 쿠데타는 승리했고 무엇보다도 (승자의 관점에서 볼 때) 폭력 없이 이루어졌다는 점이 가장 좋았다. 이전의 궁정 정치에서 으레 볼 수 있던 실명형과 처형, 유배는 없었다. 오히려 아버지와 아들들 그리고 그들의 추종자들은 유혈 사태를 초래할 의사가 여전히 없음을 드러냈다. 그들은 확실히 싸울 태세인 것처럼 굴었지만— 시골 전역에서 병사와 식량을 집결시키고 일종의 무력 과시로 군영을 차렸다—양측 군대는 감히 싸움까지는 가지 않았다. 루도비쿠스의 추종자들이 싸울 명분을 포기했다. 그리고 심지어 루도비쿠스가 항복한 뒤에도, 제국을 위협한 유력한 인물들에 대한 길고 익숙한 폭력의 역사에도 불구하고 유디트도 카롤루스도 해를 입지 않았다. 프랑크족은 다시금 내전을 벌일 듯했지만, 벼랑 끝에서 물러났다. 양측 모두 한 가지 교훈을 얻었다. 군사를 일으키고 폭력으로 위협하는 것은 긴장을 야기할 수 있지만, 제국의 보전을 위협하지는 않는다는 점을 말이다.

· ◆ ✣ ◆ ·

정말로 사태는 정리된 것 같았고, 제국은 처음에는 새롭고 더 안정적인 상태로 복귀했다. 소집한 군대를 해산하는 것은 불러모으는 것보다 수월했고, 모든 병사는 자기 땅이나 마을, 도시로 돌아갔다. 왕자들은 집으로 갔다. 독일왕 루도비쿠스 2세는 바이에른으로, 피피누스는 아키텐으로 돌아갔다. 각자 자기 지역에 대한 지배권과 거의 독립적인 군주로서의 지위를 확실히 다졌다. 즉, 이론적으로는 황제에게 종속되지만, 실제로는 외부 세력에 견제받지 않고 다스릴 수 있었다. 교황은 로마로 돌아갔다. 로타리우스는 감시하에 아버지를 북쪽으로 데려가서 수아송의 생-메다르 수도원에 가두었다. 딱 한 가지 문제만 남아 있었다. 그들의 아버지, 황제의 운명을 결정하는 일이었다.

　루도비쿠스가 항복한 지 얼마 지나지 않아 로타리우스는 귀족 회의를 개최한 듯하다. 가을 초에 카롤루스 제국의 권력자들이 이번에는 로타리우스가 주재하는 가운데 콩피에뉴에 모였다. 비잔티움 제국에서 파견된 대사들은 루도비쿠스를 찾아 왔다가 그 대신 제위에서 그의 아들을 발견했다. 9세기 비잔티움인들은 그런 격변에도 충격받지 않았으리라. 그들 역시 나름대로 정권 교체를 볼 만큼 본 사람들이었다. 모든 것이 계획대로 돌아가는 듯했으니, 특히나 로타리우스 주변으로 주교들을 모은 사람이 다름 아닌 루도비쿠스의 친구이자 젖형제, 랭스의 대주교 에보였기 때문이다. 에보는 830년에는 경건왕 루도비쿠스를 꿋꿋하게 지지했지만, 833년에는 프랑크족에게 사정이 너무 나쁘게 돌아가고 있으므로 제국에 새로운 지도자가 필요하다고 확신하고는 편을 바꾸어서 로타리우스에게 충성했다. 틀림없이 루도비쿠스에게 특히 뼈아픈 배신이었을 것이다.

그러나 그것은 제2차 쿠데타 배후의 근거가 단지 타산적인 권력 다툼을 가리는 구실에 불과하지는 않았다는 신호이기도 했다. 죄악, 불순함, 제국을 활보하는 악마들을 들먹이는 것은 프랑크 사상가들이 자신들의 어지러운 시대를 해석하는 방식이었음을 보여준다. 파벌은 단지 사리사욕에 기반한 분열이 아니었다. 에보에게는 루도비쿠스를 지지하는 것이 이익이었을 것이다. 그런 그가 로타리우스와 손잡았다는 것은 프랑크족의 운명이라는 위대한 이야기가 위험에 처해 있음에 대해서 훨씬 폭넓고 진실되게 근심했다는 증거였다. 프랑크 제국을 구할 해법은 비단 정치적이거나 법률적인 조치가 아니며, 진로를 바로 잡기 위해서는 더 영적인 것이 필요하다는 의미이기도 했다.

833년 10월 콩피에뉴에서 로타리우스가 아버지를 대신해 귀족 회의를 주재하는 동안, 경건왕 루도비쿠스는 수아송에 갇힌 채 제국의 죄가 곧 그의 죄임을 시인하는 공개 참회를 해야 한다고 채근하는 성직자와 귀족들의 공세에 시달렸고 늙은 황제는 마지못해 동의했다. 그것은 어떻게 보면 822년에 황제가 이탈리아의 베르나르두스의 눈을 멀게 한 것에 대해서 영적인 용서를 구하며 아티니에서 행했던 참회와도 유사했다. 다만 이번에는 루도비쿠스 자신이 선택한 의례가 아니라 그에게 강요된 의례였다.

· ◆ ✤ ◆ ·

경건왕 루도비쿠스는 갇힌 곳에서 천천히 걸어나와 아마도 자신의 소관을 벗어난 암담한 앞날을 곰곰 생각하면서, 수아송의 생-메다르 수도원의 대성당으로 들어갔다. 아침 햇살이 교회의 남쪽 창으로 들어오는 가운데 다시금 향내가 진동했다. 본당은 로타리우스와 많은 성직자들, 일반 서민을 비롯해 구경꾼으로 가득했고(반면 로타리우스의 형제들의 빈자리는 눈에 띄었다). 이들의 구성은 프랑크 민족 전체를 상징적으로 대변했다. 제국 전체, 아니 그보다는 제국 전체의 대표들이 앞으로 벌어질 일에 증인이 되어야 했다.

루도비쿠스는 십중팔구 흰 아마포를 걸치고 허리에는 칼을 찬 채 교회로 들어와 높은 제단 앞에 연극적으로 놓인 헤어 셔츠—입으면 살갗이 까쓸까쓸 쓸리는 의복—위에 무릎을 꿇었으리라. 그곳에서

그는 "자발적으로"(자발적이지 않았다) 참석자 모두에게 과실을 고백
했다. 자신이 제위에 걸맞지 않는 사람이고, 통치자로서의 책무를 등
한시했으며, 프랑크족은 그의 죄 때문에 무질서에 빠졌다는 내용이었
다. 그는 속죄가 가능한지, 구원의 희망이 있는지 주교들에게 물었다.
반란자들이 그에게 제기한 혐의 내용이 루도비쿠스의 고백에 거의 그
대로 반영된 것은 놀랄 일이 아니다.

이는 구경꾼들에게 전언을 보내기 위한 의례, 반란자들의 행위를 정
당화하기 위한 의례였다. 루도비쿠스는 그의 잘못에 대한 판결을 인
정하고 그에 따르고 있었다. 그렇다면 잘못이 있었던 것이 틀림없다.
반란은 불가피했다. 불가피했던 것이 틀림없다. 반란자들이 이긴 것
처럼 보이니까 말이다! 그러므로 그것은 철저하게 각본이 짜인 연기,
사전에 세심하게 준비된 공연이었다. 그러나 한편으로는 즉흥 연기이
기도 했다. 전에 없었던 일이었으니 말이다. 정치적 의례가 믿음직하
려면, 반복과 일관성, 전통이 필요하다. 행위가 의미를 만들어내려면,
모두가 그 의미를 이해해야 한다. 그러나 그 행위가 830년에 있었던
분노와 화해의 공연과 마찬가지로 새로웠기 때문에, 그 자리에 모인
주교와 귀족들이 그 의미가 받아들여지도록 애를 쓰던 순간에도 그렇
게 될지는 불분명했다.

이 공연은 오늘날의 우리라면 교회와 국가라고 부를 만한 것들 사
이를 유연하게 오가면서 양자의 경계가 얼마나 흐릿한지를 드러냈다.
루도비쿠스는 신이 정하고, 로마 주교가 왕관을 씌운 황제였다. 그런
그가 귀족들 앞에서 궁극적으로는 그의 장남, 앞으로 그의 자리를 차

지할 공동황제의 명령에 따라서 공개적으로 고해를 행하고 있었다. 그러나 그는 궁극적으로 보면 교회 안에서 자신의 개인적인 죄에 대해서 종교적 회개를 행하며 그 자리에 모인 주교와 성직자들로부터 도움을 구하고 있었다. 실제로—귀족들이 아니라—주교들이 의례 절차를 관장했다는 것은 분명하다. 그들은 고해가 끝난 뒤 소리 높여 황제를 질책하면서, 경건왕 루도비쿠스를 신뢰할 수 없으며 818년 이탈리아의 베르나르두스의 죽음에 대해서 참회했을 때 그리고 830년 첫 번째 쿠데타 직후 자신의 결백을 입증할 때 모두 거짓말을 했다고 열변을 토했다. 루도비쿠스는 다시금 "자발적으로"(자발적이지 않았다) 유죄를 시인했고, 그의 치세를 파멸에 빠트린 엄중한 죄들을 낱낱이 밝힌 문서가 제시되었다. 로타리우스는 줄곧 말없이 지켜보았다.

이후에 반란 진영 주교들이 조성한 한 문서에는 루도비쿠스의 아버지의 사망 직후부터 루도비쿠스에게 제기된 모든 불만 사항이 열거되어 있었다.4 주교들은 거의 20년간 쌓인 황제의 죄의 무게가 제국을 침몰시켰다고 느꼈다. 꿈속의 모든 비판들—"라옹의 가련한 여인의 환시", 악마 위고의 악다구니 등 수많은 비판들—이 수면 위로 다시 떠올랐지만, 이번에는 우화적인 글 안에 묻혀 있지 않았다. 주교들은 분명한 말로 진술하며, 그 자리에서 굴욕를 당하면서 자각하고 있는 황제에게 비난을 쏟아냈다. 고발자들은 교회 맨바닥에 무력하게 무릎을 꿇은 황제를 에워싸고는 그가 조카를 살해했으며 형제자매와 기타 친족들에게 폭력을 행사했다는 사실을 기억하고 다시 끄집어냈다. 그 과정에서 루도비쿠스는 813년에 아버지에게 한 엄숙하고 거룩한 맹

세도 깨트렸다. "거짓말의 들판"에서의 행위로 맹세를 깬 자들은 루도
비쿠스의 아들들 혹은 신하들이 아니라며 그 고발장은 주장했다. 루
도비쿠스가 진짜 맹세 위반자였다. 새로 얻은 아들 카롤루스에게 자
리를 내어주려고 817년의 『오르디나티오 임페리』를 뒤집었을 때 그는
다른 아들들의 권리를 침해했다. 그 죄와 또다른 많은 죄가 있으므로
지금 루도비쿠스의 처지―갇히고 힐난받고 홀로이다―는 분명히 신
의 심판이 내려진 결과였다. 아니, 그렇다고 주교들은 주장했다.

수아송 생-메다르 수도원 대성당에 홀로 서서, 루도비쿠스는 귀족
으로서의 지위를 상징하는 칼을 벗고, 발치에 놓인 헤어 셔츠를 입고,
참회자의 모습을 취했다. 주교들은 "로타리우스 황제 치하에서" 그
문서에 서명했다. 루도비쿠스의 이름은 어디에도 보이지 않았다. 그는
사실상 폐위되었다.

· ◆ ✛ ◆ ·

그런데 그것은 영구적이었는가? 참회는 한시적이다. 원래 참회자는
충분히 속죄한 후에 공동체에 다시 받아들여져야 한다. 아마도 종교
적 제재를 받는 동안에는 복위할 수 없겠지만, 경건왕 루도비쿠스가
제재에서 빠져나올 때에는(혹은 빠져나온다면) 무슨 일이 벌어질까?
속죄한 후에도 계속해서 재위를 금지할 것이라고 가정할 만한 이유
가 없었다. 로타리우스와 지지자들도 그렇게 이해했던 것 같고, 그래
서 로타리우스는 그다음 달에 아버지를 볼모로 삼아 아헨으로 데려와

서는 자진해서 수도서원을 하도록 압박했다. 792년에 형인 꼽추 피피누스가 그랬던 것처럼 루도비쿠스가 수도사가 된다면 그 약속은 번복 불가능할 것이다. 한번 수도사가 된 사람이 다시 수도사가 아닌 사람이 될 수는 없으니까 말이다.

그런데 경건왕 루도비쿠스가 이를 거부했다. 그는 자기 의사에 반해 억류된 상태에서 그런 엄숙한 맹세를 할 수 없었다. 그는 법적 의제로서의 자발적 행위와 실제의 자발적인 행위 사이의 차이점을 분명히 이해했다. 그는 전에도 난국에서 빠져나온 적이 있었고, 자신의 정치적 수완을 자신했다. 그리고 중요하게도, 그는 여전히 황제이고 싶어 했다. 아니, 여전히 **황제여야** 한다고 생각했다. 그는 카롤루스 마그누스의 유일한 생존 적자였고, 그러므로 신의 새로운 선민의 유일한 화신이었다. 루도비쿠스가 무엇인가를 믿었다고 한다면, 그것은 프랑크 제국에서 종교와 정치가 분리 불가능하다는 사실이었다.

수도서원을 하지 않겠다는 루도비쿠스의 한결같은 공개적 거부는 그 자체로 형제들 간의 동맹에 압력을 만들어냈다. 로타리우스는 황제로서 행동하고 있었고(물론 공식적으로 황제였다) 아버지를 이리저리 끌고 다니고 있었다. 그러나 그의 형제들은 폭군 같은 한 가족 구성원을 다른 가족 구성원으로 고체하는 데에 그다지 열성적이지 않았다. 경건왕 루도비쿠스 1세가 피위된 지 고작 2개월 만인 833년 12월에 이르자, 여러 기록들에 따르면 아키텐의 피피누스와 독일왕 루도비쿠스 2세가 아버지를 더 친절하게 대해달라고 형에게 요청했다고 한다. 로타리우스는 형제들의 요청을 무시했다. 또다른 대실수였다.

사정을 잘 아는 한 수도사의 연대기에 따르면, 그때부터 독일왕 루도비쿠스 2세는 "부하들과 함께, 수인이 된 아버지를 구출할 방법을 줄곧 고민했다."5

카롤루스 마그누스의 손자들은 문제를 해결하는 가장 좋은 방법이 군대를 소집하여 진군하는 것이라고 다시금 판단했다. 그들은 말로 해결하는 방법에 반대하지는 않았지만, 무장한 프랑크 병사 수천 명을 거느리고 있으면 설득이 훨씬 더 잘 통하는 법이다. 그래서 독일왕 루도비쿠스 2세는 형인 피피누스에게 사신을 보냈고, 두 사람은 아버지를 석방시키도록 로타리우스에게 강요하기 위해서 군대를 소집하여 아헨으로 진군했다.

로타리우스는 달아났다. 834년 2월에 그는 아헨에서 남서쪽에 있는 파리로 향하는 길에 파리 바로 북쪽에 있는 생-드니 수도원에 들렀다. 그러나 센 강 맞은편에서 피피누스가 군대를 데리고 기다리고 있었다. 피피누스가 강을 건너지 못한 것은 오로지 폭우가 내려 여러 다리가 휩쓸려갔기 때문이었다. 독일왕 루도비쿠스 2세는 동쪽에서 다가오고 있었다. 약 1주일간 양측 사이에 사신이 오가면서, 현실적으로 폭력이 발생할 가능성이 있음을 분명히 했다. 이번에 용기를 잃은 쪽은 로타리우스였다. 그는 아버지를 생-드니에 둔 채 남쪽으로 달아나, 그의 지지자인 리옹 대주교의 안전한 지배 아래에 있는 비엔으로 향했다. 형제들이 좁혀들어오는 것을 보면서 로타리우스는 이탈리아에서 근처 알프스 산맥을 넘어올 더 많은 지지자들과 접촉하기를 바랐을지도 모른다. 현명한 전술적 후퇴였든 겁쟁이처럼 용기를 상실했든 간에 그는 독일왕 루도비쿠스와 아키텐의 피피누스가 그저 허세를 부린다고는 생각하지 않았고, 그래서 달아났다.

그 사이 경건왕 루도비쿠스 1세는 피피누스, 독일왕 루도비쿠스 2세와 재회했고 두 아들은 아버지를 아헨으로 다시 모셔 갔다. 그러나 쿠데타는 아직 끝난 것이 아니었다. 다시 말하지만 의례에는 힘이 있으며 의미를 전달하기 때문이다. 황제는 주교들이 작성한 글로 규탄받았고 제국의 전 백성 앞에서 공개 참회를 거행했다. 로타리우스는 단독 황제로서 칙령을 발효했다. 경건왕 루도비쿠스의 지위는 다소간 불확실한 상태였다. 그러나 의례로 이루어진 일은 같은 방식으로 무효화할 수 있다.

그래서 834년 3월 1일 경건왕 루도비쿠스 1세는 (이제 충심을 보이는) 두 아들과 함께 폐위 의례를 뒤집었다. 제국 전역에서 모인 주교와 귀족들이 경건왕 루도비쿠스의 허리에 다시 한번 엄숙하게 칼을 채우고 머리에는 왕관을 얹어 기독고 공동체로 다시 받아들였다. 어쩌면 독일왕 루도비쿠스 2세가 직접 데려왔을 어린 카롤루스는 아버지와 재회했다. 충성파가 이탈리아에서 대담하게 구조한 유디트가 아헨으로 돌아왔고, 그 구조 과정은 훗날 강을 건너고 탑을 오르는 등 대담무쌍한 활약상이 포함된 (과장된) 서사시로 기려졌다. 그토록 무수한 비판의 초점이었던 유디트가 황제 곁으로 귀환했다.

일단 아헨으로 귀환하자 경건왕 루도비쿠스 1세는 아키텐의 피피누스, 독일왕 루도비쿠스 2세와 졍식으로 화해했고, 수개월 전에 두 아들이 자신에게 맞서 무기를 들었다는 사실은 무시한 채 로타리우스에 맞서 무기를 들어준 데에 감사했다. 복위한 황제는 연루된 (거의) 모든 귀족들을 다시 한번 용서했다.

그러나 에보는 용서하지 않았다. 그는 자신의 젖형제를 절대 용서할 수 없었다.

테간은 가차없고 충격적이다시피 한 세 장짜리 장광설로 에보에 대한 충성파의 분노를 어느 정도 포착했다.6 해방된 노예인 에보는 그를 해방시켜준 자를 배반했다. "은혜를 그렇게 갚다니! 그는 너를 자유롭게 해주었다. 그러나 고귀하게 해줄 수는 없었다. 그가 너에게 자유의 옷을 입힌 후에……너는 그를 회개자처럼 입혔다.……너는 그릇된 판결로 그를 그의 선조들의 왕좌에서 쫓아내려고 했다. 아, 잔인한 자여. '종이 주인보다 높을 수 없다'는 주님의 가르침을 왜 이해하지 못했느냐?" 폭정과 신의 징벌과 관련한 『성서』의 구절들을 실컷 암시하고 그를 고대의 고전 시에 나오는 가장 가증스러운 인물들과 비교하면서 테간은 마침내 "나에게 무쇠로 된 혀와 청동으로 된 입술이 있다고 해도 너의 사악한 행위를 모두 설명하거나 헤아릴 수 없을 것"이라는 말로 글을 마무리한다. 테간에 따르면 에보는 올바른 질서를 뒤집었다. 루도비쿠스는 에보에게서 직위를 박탈하고 그를 수도원에 유폐시켜서 질서를 바로잡고 있었다.

딱 한 가지 문제가 풀리지 않고 남아 있었는데, 가장 커다란 문제이기도 한 그 문제는 로타리우스였다. 모든 사료는 루도비쿠스가 장남과 화해하려고 했다고 말한다. 물론 그가 얼마나 기꺼워했는지는 의심스럽지만 말이다. 장남의 배신은 에보의 배신처럼 틀림없이 심한 상처가 되었을 것이다. 로타리우스가 830년 첫 번째 쿠데타에서 최소한 수동적으로라도 아버지를 도운 것이 사실이라면 특히 더 그랬을 것이다. 그러나 경건왕 루도비쿠스의 의사 타진은 중요하지 않았다. 화해를 하려면 두 사람이 필요한데, 로타리우스가 아직 준비되지 않았던 탓이다. 로타리우스는 반란이 무효가 되지 않으리라는 희망을 여전히 버리지 않았다. 어쩌면 지난 소중한 수개월 간 단독 황제로 지낸 것이 좋아서였을 수도 있고, 어쩌면 루도비쿠스가 죄를 저질렀고 유디트가 궁정을 타락시켰으며 그 자신이 여전히 제국을 구해내야만 한다고 진심으로 믿어서였을 수도 있다. 그는 아버지에게 돌아가기를 거부했다. 그가 복종하는 한 안전하게 돌아갈 수 있었을 텐데 말이다. 경건왕 루도비쿠스 1세가 아키텐의 피피누스와 독일왕 루도비쿠스 2세를 (거듭) 용서했다는 증거가 있으므로 충분히 그렇게 생각할 수 있다. 그러나 로타리우스는 다른 길을 택했고, 용서를 비는 대신 부르군트에서 세력을 모았다.

화해를 기다리는 사이 루도비쿠스는 장남의 지지자들을 쳐냄으로써 로타리우스를 구석으로 몰며 사태를 재촉하기로 했다.7 명예가 박탈된 뒤 830년에 첫 번째 쿠데타를 일으켰으며 833년에 다시금 주도적 역할을 했던 귀족 위그와 마트프리드는 부르군트 근처에서 진을 치고 있었고, 로타리우스에게 계속 충성하며 여전히 경건왕 루도비쿠스의 철천지원수였다. 그곳 제국의 변두리에서, 아직 포기할 생각이 없는 그들은 세력을 모으고 로타리우스를 향해 진군하여 반란을 이어갈 태세로 기다리고 있었다.

외드와 기욤 백작, 다시 말해 829년에 위그와 마트프리드가 실권한 후에 두 사람의 영지 상당 부분을 얻은 셉티마니아의 베르나르두스의 두 사촌은 위그와 마트프리드에 맞서 루도비쿠스의 군대를 이끌었고, 황제도 남쪽으로 아들을 뒤쫓았다. 834년 초에 위그와 마트프리드는 전장에서 외드와 기욤과 마주했다. 이번에도 사료들은 완전히 침묵하지는 않지만, 설명이 모호하다. 난감한 무엇인가를 감추는 것이다. 황제의 군대는 대규모였지만 조직력이 형편없었고, 어쩌면 진군하면서 적군의 동태를 제대로 정찰하지 않았는지도 모른다. 그다음 매복에 당했고 허겁지겁 후퇴했으나, 달아나던 황제 군대의 병사들은 적의 칼에 쓰러졌다. 나중에 더 큰 규모로 보겠지만, 중세 초기의 전장에서 대부분의 살육은 승리한 뒤 추격 과정에서 벌어졌다. 외드와 기욤은 전사했고 투르의 생-마르탱 수도원장(이자 경건왕 루도비쿠스의 대재상)과 중요 귀족들도 전사했다. 경건왕 루도비쿠스에게 좋지 않은 상황이며, 그래서 사료들은 그에 관해 자세히 말하기를 꺼리는 것이다.

용기를 얻은 로타리우스는 동맹군과 만나고 여세를 몰아가려고 북쪽으로 향했다.[8] 디종과 리옹 사이 샬롱-쉬르-손에서 저항 세력과 맞닥뜨린 그들은 그 도시에 공성전을 개시했다. 사흘 뒤 도시가 항복하자 그는 그곳을 깡그리 불태웠다. 로타리우스는 도시의 수비대장으로 하여금 자신에게 충성 맹세를 하게 했고, 세 명의 포로를 꼭 집어서 처형했다. 딱 세 명이었다. 그중 두 사람은 가우젤름 백작과 사닐로 백작이었다. 가우젤름 백작은 셉티마니아의 베르나르두스의 형제였다. 그리고 사닐로 백작은 지난 820년에 바르셀로나 백작 베라를 고발한 귀족으로, 그때 일로 인해서 셉티마니아의 베르나르두스가 권력자로 부상했다. 로타리우스는 복수를 하려고 그들을 처형했는데, 그 자신만이 아니라 유디트 및 베르나르두스의 지위 격상과 두 사람이 황제의 궁정 내 권력으로 통하는 길을 찬탈한 데에 무시당했다고 느낀 모든 귀족을 위한 것이었다.

그 폭력의 순환 중심에 자리한 뜻이 확연하지 않다는 듯이 로타리우스가 샬롱-쉬르-손에서 한 마지막 일은 그곳의 수녀원에서 한 수녀, 바로 셉티마니아의 베르나르두스의 누이인 게르베르가를 끌어낸 것이었다. 테간은 "그의 불경한 고문관들의 아내들의 판단에 따라서" 여러 사람 중에 그녀 한 사람만 지목되어 고문을 받았다고 시사했다. 사실일 수도 있지만, 테간이 다음에 일어난 일에 대한 책임을 전가하는 수법이었을 가능성이 더 크다. 누가 그에게 조언했든지 간에 정식 혐의를 제기한 사람은 로타리우스였다. 친숙한 이야기, 바로 마법을 행했다는 혐의였다. 게르베르가는 유죄 판결을 받고 사형에 처해졌다. 로타리우스는 그녀를 통에 넣고 손 강에 내던지게 했다. 그 일이 벌어질 때 로타리우스의 전군은 환호성을 질렀다.

게르베르가에 대한 혐의는 유디트 황후에게 제기된 혐의 내용과 똑같았고, 이는 우연이 아니었다. 반란자들이 베르나르두스의 친족들을 집요하게 추적했고 특별히 그의 누이를 공격한 것은 그들이 정말로 혐의 내용을 믿었음을 시사한다.9 혐의들은 무슨 문헌상의 구실이나 "더 실제적인" 어떤 정치적 불만을 가리는 위장막이 아니었다. 이는 물론 베르나르두스 집안의 갑작스러운 몰살, 게르베르가에게 선고

된 참혹한 형벌, 그녀가 눈앞에서 익사하는 동안 사람들이 신이 나서 소리치는 광경을 완화하지는 않는다. 그러나 이로부터 단명한 두 반란을 시작했던 자들의 마음속 갈등의 무게를 이해해야 한다. 셉티마니아의 베르나르두스의 권력 부상으로 그의 가문이 부상할 수 있었지만, 그들의 적들—경건왕 루도비쿠스의 아들들을 비롯한 구파—이 보기에 베르나르두스의 부상 때문에 궁정이 확실히 "마법사들의 점술과 기만"에 넘어간 것이었다. 어쩌면 루도비쿠스는 「시편」의 싯구들이 『성서』에서 그대로 튀어나온 듯한, 정말로 불경한 통치자였을지도 모른다. 신진 세력은 근절되어야 할 악으로 인식되었다. 정치와 종교는 끔찍한 결과를 초래하며 얽혀 있었다.

그 요란하고도 죄 많으며 또 성스러운 폭력 행위는 반란자들의 마지막 환호였다. 경건왕 루도비쿠스 1세와 그의 다른 아들들은 로타리우스가 마트프리드, 위그와 손을 잡기 전에 그의 앞길을 가로막았다. 로타리우스는 다시금 전투를 벌일 태세인 듯했으나 이번에는 물러서서 용서를 구했고, 아버지는 용서했다. 로타리우스는 이탈리아로 추방되어 두 번 다시 알프스 산맥을 넘지 말라는 말을 들었다. 테간은 마트프리드가 도중에 열병으로 죽었다고 신이 나서 전한다. 피피누스는 아키텐으로 돌아갔다. 독일왕 루도비쿠스 2세는 라인 강 건너편으로 돌아갔다. 제위와 궁정을 되찾은 경건왕 루도비쿠스는 아헨에서 겨울을 보내며 지난 수년간을 되돌아보고 밤하늘의 별을 살피며 미래를 점쳐줄 성스러운 징조를 찾았다. 그것은 혜성의 꼬리에 달려 도착할 예정이었다.

6

왕이 죽었다.
왕들이여, 만세!*

835–840년

835년 경건왕 루도비쿠스가 프랑크족의 황제로 복위한 지 1년밖에 지나지 않았을 때, 한창 부활절을 기리던 아헨에서 밝은 빛이 밤하늘에 선을 그리며 지나갔다.[1] 정말 굉장한 광경이었을 것이다. 전깃불이 등장하기 전의 세상에서 밤하늘은 광끝부터 땅끝까지 수많은 별들이 총총히 박힌 둥근 천장이었을 것이다. 이제 한 찬란한 나그네 별이 별자리들 사이로 꼬리를 그렸다.

그 엄청난 장관에 루도비쿠스는 명상적인 감상에 빠졌던 모양이다. 밤하늘에서 혜성이 사라진 후에 하루는 잠자리 물러가기 전에 황제 루도비쿠스가—천문가의 말에 따르면—"어떤 사람을……즉 나"를

---

* 새로운 왕이 즉위할 때 외치는 전통적인 구호로, 언뜻 모순적으로 들리지만 선왕의 서거를 알림과 동시에 새로운 왕어 의한 연속성을 강조하는 말이다. 원래 표현은 "왕이 죽었다. 왕이여, 만세(The King is dead, long live the King)"이지만, 여기에서는 "왕"이 "왕들", 즉 복수형으로 변형되었다(역주).

불렀다. 루도비쿠스는 혜성이 "제국에서의 거대한 변화와 한 군주의 죽음"을 의미하는 것은 아닌지 걱정했다. 천문가는 군주의 마음을 달래주려고 했지만 루도비쿠스는 위로의 말에 속지 않았다. 그는 천상의 이변이 징조임을 알고 있었다. 루도비쿠스는 그것이 반드시 재앙의 예고는 아니더라도 "우리가 할 수 있고 할 줄 아는 모든 일을 하라. 그렇지 않으면 이미 간구한 자비를 받을 자격이 없으리라"라는 경고이기를 바랐다. 그는 제국을 정상으로 되돌려놓는 일을 마무리하고, 다음 세대를 위해서 준비할 때라고 생각했던 듯하다.

그날밤 경건왕 루도비쿠스 1세는 "약간의 포도주를 마시고" 더 많은 징조를 찾아 밤하늘을 바라보며 발코니에서 밤을 지샜다. 동틀 무렵에는 열렬히 기도한 다음, 빈자와 불우한 자들에게 구호금을 나누어주었다. 그는 자신과 모든 프랑크족의 안녕을 위해서 미사를 올리라고 지시했다. 그리고 만사가 잘 되었다. 직후에 나간 사냥에서 사냥감이 풍성히 잡혔고 "당시 그를 기쁘게 한 모든 것이 행복한 결말을 맺었다." 사냥을 다녀오고 얼마 지나지 않아 그는 또다른 대규모 귀족회의를 개최할 준비에 들어갔는데, 이때 막내아들 카롤루스에게 남성의 무기이자 성인 지위의 상징인 칼을 채워주고 제국의 넓은 부분, 북서쪽의 네우스트리아를 하사할 작정이었다. 그 순간에 루도비쿠스는 천문 고문관보다 자신이 신의 뜻을 더 잘 읽는다고 생각했던 것이 틀림없다. 황제는 천상이 전조를 보내온 작업, 즉 일을 바로잡는 작업에 착수했다.

이런 사건들을 기록하면서 천문가는 연도들을 약간 뒤죽박죽으로

섞는데 이는 실수가 아니다. 핼리 혜성은 835년이 아니라 837년에 돌아왔다. 카롤루스는 837년 9월어 성인이 되었다. 그러나 천문가는 혜성을 833-834년의 반란의 대단원에 배치하여, 혜성이 경건왕 루도비쿠스의 생애 마지막 5년으로의 확실한 전환점을 알리는 신호임을 시사하고자 했다. 천문가는 이야기의 결말을 알고 난 후에야 역사서를 썼으며, 상관관계와 인과관계를 보여주고 싶어한다는 점을 잊어서는 안 된다. 현대의 역사 용어로 이는 목적론적 관점이다. 즉, 모종의 예정된 결말로 향해 나아가는 것처럼 과거를 그리며, 사태가 **필연적으로** 그렇게 될 수밖에 없었음을 보여주는 서술 방식이다. 우리는 역사가 실제로는 이렇게 돌아가지 않는다는 사실을 안다. 과거는 언제나 엉망진창이고 인간적이며 어떤 선택을 내렸지만 다른 선택을 내릴 수도 있었던 사람들로 넘쳐나지만, 천문가 같은 작가들은 때로 완전히 다른 이야기를 들려주려고 애썼다. 그들은 실제 일어난 일보다는 그들이 보는 대로의 진실에 관한 이야기를 들려주고자 했다.

루도비쿠스의 복위와 834년과 835년 동안 질서정연하던 제국에 대한 이야기를 다시 들려주면서, 천문가는 사태가 예정된 특정 결말을 향해서 달려가고 있다고 보았다. 특히 그 시절에 대한 그의 서술을 보면, 카롤루스 마그누스의 아들에게 잘못한 자들에게 신의 복수에 가까운 일이 닥치듯이 사태가 흘러간다는 느낌이 든다. 천문가는 로타리우스의 수행단이 알프스 산맥 너머 남쪽으로 이동하는 동안 역병이 그들을 덮쳤다고 언급했다. 다음 1년여 동안 지난 10년간의 분쟁 유발자들 거의 모두가 다양한 원인으로 죽음을 맞이한다. 마트프리드,

위그, 왈라 및 여러 반란 주교들은 모두 저세상으로 갔다. 천문가는 자못 의기양양하게 그들의 죽음을 사악한 자들에 대한 신의 심판이자 프랑크족에게 신의 은총이 돌아온다는 징조로 여겼다. 그러나 루도비쿠스는 적수들의 몰락에 기뻐하지 않았다. 오히려 그는 그 소식을 듣고 눈물을 흘리고 그들의 영혼을 위해서 기도했다.

천문가는 다시 찾아온 신의 은총의 증거를 경건왕 루도비쿠스 1세의 복위 이후에 일어난 사건들에서 더 찾아냈다. 프랑크 군대들이 다른 프랑크 군대들을 위협하거나 바르셀로나 인근에서 패전을 겪는 대신, 이제 부르군트인들이 프랑크 제국을 침략했고 그들은 신속히 격퇴되었다. 국내 전선에서 루도비쿠스는 대형 귀족 회의를 소집하여 잇따른 반란으로 발생한 변란을 조사하고 상황을 바로잡았다. 피피누스는 루도비쿠스에게서 자신과 추종자들이 830년대 초에 약탈했던 교회들을 원상 복구하라는 훈계를 들었다. 아버지와 아들 간의 파란만장한 내력을 고려할 때 어쩌면 놀랍게도, 그는 아버지의 말대로 했다. 그다음 피피누스와 독일왕 루도비쿠스 2세(로타리우스는 아파서 참석하지 못한 모양인데 그야 물론 당시에 아버지의 총애를 받는 자식도 아니었다)는 루도비쿠스 1세를 도와 셉티마니아의 베르나르두스를 처리하게 되었는데, 베르나르두스는 다시금 바르셀로나와 그 일대에서 문제를 야기하고 있었다. 다시 한번 똘똘 뭉친 한 가족으로 활동하게 된 아버지와 아들들은 상황을 더 잘 이해하도록 사절들을 파견했다. 카롤루스 왕조는 (대체로) 단합했다. 전쟁에서, 종교에서, 정치에서, 가족 간의 역학 관계에서, 제국의 정상 운영이 대체로 재개된 듯했다.

과거 수년에 걸친 무질서와 반란은 마법과 간통, 죄, 배신에 대한 충격적인 고발, 그리고 황제의 아들들과 제국 최고위 세력가들의 한층 더 충격적인 소행으로 절정에 달했고, 프랑크 군대들은 거듭 유혈 충돌 직전까지 갔다. 그러나 이제는 두 번째 쿠데타가 끝났고, 신속하게 진행된 천문가의 서사, 즉 때로는 몇 년의 세월을 단 몇 줄에 압축하는 방식은 일종의 변론—반란자들이 철저히 틀렸다는 것을 보여주려는 설명—이었다. 경건왕 루도비쿠스는 항상 경계심이 강한 올바른 군주였고, 관대하고 정의로우며 혜성과 같은 하늘의 징조를 통해서 신의 뜻을 민감하게 읽어내는 사람이자 프랑크족을 위한 신의 계획을 적절히 실행하는 사람이었다. 그가 한 군주의 죽음을 피하고자 한다면, 하느님이 그에게 원하는 바를 하리라. 모든 것이 행복하게 마무리된 것 같았다.

그러나 그 행복한 결말은 **행복한 결말**이 아니었고, 심지어는 진짜 결말도 아니었다. 그 혜성이 예고한 군주의 죽음이 결국 찾아왔다. 838년 12월에 아키텐의 피피누스, 즉 루도비쿠스의 둘째 아들이 마흔한 살의 나이에 이 세상을 떴다.

같은 해에 경건왕 루도비쿠스 1세는 예순 살이 되었다. 피피누스를 애도하고, 점점 나이의 무게를 실감하며 루도비쿠스는 자신의 아버지처럼 가족과 프랑크 제국 전체의 미래를 위해서 사태를 정리하려고 했다. 그런데 앞으로 보겠지만 그의 남은 아들들은 관리받는 것을 원하지 않았다. 오래된 상처 위에 반창고를 붙였으나 속에서는 여전히 곪아갔다. 독일왕 루도비쿠스 2세는 자신의 권리라고 생각하는 것,

즉 제국의 동쪽 절반에 대한 지배권을 확보하고 아버지를 두 번이나 구해준 것에 대한 보상을 받으려고 계속해서 반기를 들었다. 더욱이 독일왕 루도비쿠스는 아버지뿐 아니라 형인 로타리우스가 황제가 되어 자신의 대권을 제한하려고 하면 어떻게 해야 할지 걱정이 이만저만이 아니었다. 로타리우스는 아버지와 화해하려고 했다가 형제들에 대한 자신의 권위를 주장했다가 하며 왔다 갔다 했다. 그는 두 번째 반란을 이끌었을 때 자신이 신의 뜻을 실행하고 있다고 진심으로 생각했던 것 같고, 경건왕 루도비쿠스가 복위했을 때에는 배신의 아픔을 느꼈다. 어쩌면 그는 아버지가 세상을 뜨는 대로 먹음직한 사과를 다시 한번 베어 먹어볼 기회—혹은 아예 사과나무를 통째로 차지할 기회—를 노리고 있었을지도 모른다. 아키텐의 피피누스의 아들인 아키텐의 피피누스 2세는 아버지의 왕국을 물려받을 참이었다. 그리고 마침내 성년이 된 카롤루스가 있었다.

경건왕 루도비쿠스는 천문가가 보기에 신의 뜻에 잘 조응했을지도 모르지만, 많은 관찰자들의 눈에 나머지 프랑크인들—탐욕스럽게 대립각을 세우며, 항상 권모술수를 벌이는 귀족과 성직자들 모두—은 언제나 전면전에 뛰어들기 직전인 것 같았다.

◆ ◆ ✤ ◆ ◆

9세기에 프랑크족은 정치를 조직하는 방법에 대한 본보기를 찾기 위해서 『성서』 속의 과거에 의지했다. 카롤루스 마그누스 치하에서 시작되었지만 경건왕 루도비쿠스 치하에서 본격적으로 발전한 방법이었다. 프랑크족은 스스로를 새로운 선민이라고 생각했고 그래서 고대 이스라엘을 길잡이로 삼았다. 그 시대의 성직자들은, 특히 역병과 반란의 시절이나 군대가 제국을 진군할 때나 황제가 늙어감에 따라 불확실한 미래를 응시할 때에, 사악한 왕 아합을 꾸짖는 선지자 엘리야로부터, 의로운 왕 요시아를 지지하는 예레미야로부터, 그리고 막강한 바빌론 왕 느부갓네살(네부카드네자르) 2세에게 진실을 말하는 다니엘로부터 예를 따랐다. 그것이 왕과 백성 간의 올바른 관계였다. 왕은 신의 은총으로 다스리지만, 주교와 수도원장들은 『성서』 속의 과거에 제시된 신의 율법을 감독하고 시행해야 했다. 그렇게 하지 않는다면 더한 재앙―신의 진노―이 기다리고 있었다.

830년대 초에 많은 이들이 머릿속에서는 다윗 왕과 그의 아들 압살롬의 이야기가 떠나지 않았던 듯하다. 압살롬의 누이가 이복형제에게 강간당했지만 아버지가 그를 벌하기를 거부하자, 압살롬은 그 이복형제를 살해하여 복수하고 왕국어서 도망쳤다. 다윗 왕이 계속해서 정의를 실현하려고 하지 않자, 참다못한 압살롬은 결국 반란을 일으켜서 다윗을 예루살렘에서 도망치게 만들고 스스로 왕좌를 차지했다. 최후의 결정적 전투에서 다윗의 군대는 압살롬의 군대를 쳐부수었고, 압살롬은 도망치던 중에 다윗의 명시적인 명령에도 불구하고 살해당했다. 다윗은 그 소식을 듣고서 왕좌에 다시 복귀했음에도 서럽게 울었다.

이 이야기에서 프랑크족은 반항적인 아들에 관한 교훈뿐 아니라 아버지의 비탄, 용서의 필요성, 그리고 진정한 속죄의 필요성에 대한 교훈도 읽어냈다. 압살롬의 분노는 정당했을지도 모르지만 도를 넘어버렸다. 다윗은 정의를 실현하는 데에 실패했지만, 폐위된 뒤 그가 보여준 행동은 신성한 화해와 그의 대(代)가 영원히 끊기지 않으리라는 약속(기독교식 이해에서는 예수에서 절정에 달한다)으로 이어졌다. 이쯤이면 프랑크족의 생각이 어디로 향하고 있는지 짐작이 갈 것이다.

이런 『성서』 속의 전범들은—글이나 설교, 회화 어떤 형태로든—읽고 듣고 볼 수 있었고, 루도비쿠스와 아들들 간의 갈등에 적용될 수 있었다. 식자력이 굉장이 뛰어난 그 상류 사회에서 다윗과 압살롬, 엘리야와 아합, 예레미야와 요시아, 다니엘과 느부갓네살의 이야기들은 앞으로의 올바른 행위에 대한 성스러운 지침과 더불어 따르지 않는다면 프랑크족 전체에 끔찍한 파장을 낳을 가르침을 주었다. 그리고 여기에 걸린 것은 카롤루스 가문의 개인적 구원을 훨씬 넘어섰다. 신이 세상사에 관여하는 것으로 여겨지고 올바른 행위가 믿음을 표현하는 말보다 훨씬 더 중요한 시대에, 통치자의 행위는 사건의 귀추를 결정하고 그들이 신의 뜻을 충실히 따르는지를 보여주었다. 루도비쿠스가 신의 뜻을 올바르게 이해하지 못한다면, 프랑크족 전체가 고통받을 것이다.

셉티마니아의 베르나르두스의 지위를 높이고 변덕스럽게 구파를 제거한 일을 반란파와 충성파 모두가 820년대 재앙의 원인으로 이해했다. 지금도 마찬가지였다. 공통의 정치적, 사회적, 종교적 문화가 황제의 궁정 주변에 존재했다. 고대의 종교적 사례를 현재로 소환한 것

은 성직자들이었을지 모르지만 모두—귀족과 성직자 둘 다—그 비
유를 이해했다. 가족과 그리하여 제국 전체가 다시 제자리를 찾지 못
한다면 신의 진노가 닥치리라.

그렇게 하려면 많은 노력이 필요할 터었다.

830년대 초의 사건들은 프랑크 제국이 명목상으로는 통합되어 있
으나 카롤루스 가문의 다양한 구성원 치하에서 지역적으로 분열되어
돌아가고 있다는 점을 이전과는 달리 분명하게 드러냈다. 그 구성원
들은 모두 강력한 귀족과 신흥 세력을 끌어당기는 중력원이었다. 아
키텐은 자연히 피피누스에게 이끌렸고, 바이에른은 독일왕 루도비쿠
스 2세에게, 이탈리아와 프랑크 제국의 핵심인 북부 지역은 로타리
우스에게(이러니저러니 해도 그는 공동황제였다) 이끌렸다. 경건왕 루
도비쿠스 1세는 황제로서 이론적으로는 어디에서든지 세력을 이끌
수 있지만, 물론 루도비쿠스 역시 상대적으로 강세인 지역들이 있었
다. 그런데 그 이상으로 중요한 점이 있다. 그 시기의 사건들이 입증하
듯이 귀족들이 독자적으로 행동할 수 있는 힘을 잃지 않았다는 점이
다. 귀족들—루도비쿠스와 그의 직계가족보다는 궁정의 상류층—이
830년 쿠데타 시도의 주동자들이었다. 그들은 833년에 다시금 아들
들이 운을 시험해보도록 부추겼다. 그리고 비록 830년대 말에 여러 사
람들이 사망하면서 그들의 대오가 줄어들었다고는 해도, 그 실패들이
그들이 다시 시도하지 않을 것이라는 의미는 아니었다. 실제로 그들
은 다시 시도했다.

경건왕 루도비쿠스는 특히 두 차례의 쿠데타(그것도 반쯤은 성공했

던 쿠데타들이다!) 이후에 불만에 찬 귀족들이 제기할 수도 있는 위험을 충분히 의식했고, 그래서 과거의 경쟁자와 도전자들을 회유하는 한편으로 주변에 충성이 입증된 남녀를 두는 이중 전략을 추구했다. 그는 자기 사람들을 끌어모아 방어 태세를 취하고 있었다.

그것은 꼭 나쁜 전략은 아니었지만, 제국의 미래에 대한 어려운 문제들을 다루지 않고 통치자를 고립시킬 위험이 있었다. 루도비쿠스는 이복형제인 드로고와 위그, 다시 말해 그가 치세 초에는 잠재적 경쟁자로 두려워해서 교회에 집어넣었던 사람들을 궁정으로 다시 불러들였다. 수십 년이 흐른 이제 그는 형제들이 의지할 수 있는 사람들이기를 바랐다. 메스의 주교가 된 드로고는 루도비쿠스의 주임 사제가 되었고, 여러 수도원의 수도원장인 위그는 대재상이 되었다. 이전에 마트프리드와 위그가 맡았고 나중에는 셉티마니아의 베르나르두스의 친족이 맡았던 직책을 비롯한 다른 중요 직책들은 루도비쿠스에게 줄곧 충성했던 사람들에게 돌아갔다. 그리고 루도비쿠스가 주교 임명권을 보유했고 당시 주교들은 (영주로서) 제국에 군역을 제공해야 했으므로, 그는 엄선한 지지자들로 주교직을 채울 수 있었다. 이런 식으로 그는 자신이 신뢰하는 사람들로 교회를 채우고는 유사시에 그들이 병사를 제공하도록 했다. 그러나 여전히 에보에게는 배신감을 느꼈다.

주교들은 833년 수아송에서 벌어진 폐위에 앞장섰다. 두 번째 쿠데타 당시 그 극적인 현장에서 황제는 무수한 죄를 저질렀다고 공개적으로 비난받고 억지로 참회자의 역할을 연기해야 했다. 그러나 대다수 주교들의 충성심이란 풍향처럼 쉽게 바뀌었다. 로타리우스가 몰락하고 루도비쿠스가 복위한 뒤 어보를 제외한 대다수의 주교들은 용서받았고 주교좌로 복귀했다. 심지어 "거짓말의 들판"에서 유디트의 사악함과 패륜, 그녀의 남편의 무기력함에 대해서 불같은 설교를 했을 만한 리옹의 아고바르드 역시 황제의 품에 다시 받아들여졌고, 충성스러운 신하로서 830년대 말에 황제 곁에서 종군했다.

주교단에서의 이러한 일관성은 부분적으로는 프랑크 세계의 최고 위층이 매우 폐쇄적이고 배타적이었음을 보여주는 신호로 보아야 한다. 이 사람들은 서로 광범위하게 얽혀 있었고 또 왕과 연결되어 있었다. 그런데 한편으로 이러한 일관성은 자신들의 소유라고 생각하는 것을 계속 붙들고 있으려는 사람들의 집요함, 즉 자기 보호 본능을 입증한다. 경건왕 루도비쿠스는 귀족층에 대한 자신의 넓은 아량이 신과의 관계를 바로잡는 작업의 본보기라고 생각했을지도 모르지만, 많은 측면에서 보면 그런 행동은 일부 귀족들에게 그들이 아슬아슬하게 반란의 줄타기를 할 수 있다고, 어쩌면 선동적인 설교를 하더라도 결과와 상관없이 자리를 계속 보전할 수 있다고 신호를 보내는 격이었다. 그들이 승리한다면 그들은 처음부터 승자들 편이었다. 그리고 (830년대에 그랬던 것처럼) 패한다면 강요를 받았다고 주장하며 황제의 아량에 의지할 수 있었다. 그러나 자비가 군주가 과시해야 할 중요한 미덕일지라도, 상류 계급이 쿠데타를 시도했다가 실패한 후에 별다른 대가를 치르지 않는다면 사회는 불안정해진다. 그 선례는 쓰라린 후과를 낳게 된다.

　　　　　· ◆ ✥ ◆ ·

830년대의 끝자락에 다다르자 경건왕 루도비쿠스 1세의 아들들에게
는 저마다 사연이 생겼다. 그 사연들은 서로 맞물리고 상호 작용하면
서도 종종 각자의 세력권으로 퍼져나가는 듯하다가, 결국에는 다시
이 모든 드라마의 중심에 있는 집안 문제로 수렴되었다.

　　로타리우스는 두 번째 쿠데타 이후 기가 죽은 듯했고 적어도 839년
까지는 알프스 산맥 이북으로 다시 넘어오지 않았다가 아버지의 초대
를 받고서야 찾아왔다. 자신의 이탈리아 왕국에 틀어박혀 토라져 있
었던 것은 반항이었을 수도 있지만, 두 번째 쿠데타가 끝났을 때 자신
이 목숨을 잃기 일보 직전—혹은 어쩌면 수도원으로 쫓겨나기 일보
직전—까지 갔다는 점을 인식해서였을 수도 있다. 그는 반란의 경계
선을 전면전 코앞까지 밀어붙였지만, 보기 좋게 실패했고 권력을 유
지하지 못했다. 더욱이 로타리우스는 구파(마트프리드와 위그, 왈라
등)의 죽음으로 지지 기반을 많이 잃었고, 그러므로 이제 다시 한번 아
버지의 수중에 단단히 들어가 재정렬된 제국의 진노를 두려워했다.
그러나 로타리우스는 아버지가 늙었으며 장남으로서 자신이 여전히
이론적으로는 제국의 후계자임을 알고 있었다.

　　그러나 이론상으로만—오로지 817년의 『오르디나티오 임페리』에
따라서만—계승자였다. 독일왕 루도비쿠스 2세는 두 차례의 쿠데타
를 거치며 아버지의 분명한 총아로 떠올랐다. 그는 830년에 아버지에
대한 충성을 지켰고, 834년에는 아버지를 구조했다. 비록 그가 “거짓

말의 들판"에서 형제들과 같은 편에 있었다고는 해도, 그의 지지자들이라면 사람은 실수하는 법이고 누구도 완벽하지는 않다고 말하지 않을까? 830년대 중반에 아버지는 그에게 마음이 기우는 것 같았고, 일부 사람들은 현 상태를 고려할 때 그가 제국 전체를 물려받을 수도 있다고 생각했다. 주요 사료 중의 하나인 테간의 루도비쿠스 전기—에보 주교에 대한 불호령 같은 맹비난이 담긴 문헌—가 836~837년에 쓰인 것은 우연이 아니다.

그 문헌은 사건들의 기록이 물론 맞지만, 더 중요하게는 미래를 위한 안내서였다. 테간은 프랑크족의 안전을 지키는 데에 셋째의 특별한 역할을 조명하면서 독일왕 루도비쿠스 2세의 미덕을 강조했고, 아버지와 아들이 이름이 같다는 사실을 독자에게 종종 상기시켰다. 그는 독일왕 루도비쿠스가 (이르멘가르트 하스바니아와의 사이에서 얻은) 경건왕 루도비쿠스 1세의 아들들 중에 가장 어리지만 가장 위대하다고 묘사했다. 경건왕 루도비쿠스가 카롤루스 마그누스의 아들들 가운데 가장 어리지만 가장 위대한 것처럼 말이다. 테간은 837년에 성년이 되려면 아직도 1년이 남았으며 실제로는 가장 어린 아들인 카롤루스의 불편한 존재를 무시해버렸다. 아들 루도비쿠스가 아버지를 두 번이나 구한 직후에 급부상하고 있을 때 다른 많은 프랑크인과 마찬가지로 테간에게는 독일왕 루도비쿠스를 다른 형제들보다 치켜세우는 것이 이치에 맞았다. 837년의 관점에서 보았을 때 루도비쿠스와 루도비쿠스, 경건왕과 독일왕은 프랑크족의 찬란한 현재와 미래였다.

다만 테간이 아무리 간절히 소망한들, 독일왕 루도비쿠스 2세는 아버지의 막내자식도, 가장 총애하는 자식도 아니었다. 837년 말에 유디트 황후는 남편에게 그녀의 유일한 아들인 카롤루스의 미래를 챙겨달라고 호소하기 시작했다. 경건왕 루도비쿠스 1세는 동의했고, 카롤루스에게 제국의 중심부 근처에 위치한 북부 영토의 일부를 하사했다. 결코 작은 일이 아니었다. 그곳은 부유한 지방이었고 화폐 주조소와 힘 있는 귀족들이 이끄는, 인구가 밀집한 백작령이 많았다. 피피누스와 독일왕 루도비쿠스는 이에 동의했지만 로타리우스는 불만스러웠다. 그 땅은 817년 『오르디나티오 임페리』에서 그에게 약속된 영토였고, 그러므로 그는 당연히 이를 두 번째 쿠데타에 대한 처벌로 해석했다. 그는 아버지에게 정면으로 대들만큼 어리석지 않았고―다시는 안 된다―그래서 카롤루스에게 영토를 하사하기로 했다는 소식을 듣자마자 독일왕 루도비쿠스와의 만남을 요청했다. 그저 동생에게 아헨에서 자신에 대해 좋게 말해달라고 부탁했을까? 그럴 수도 있다. 아니면 그때쯤이면 자신의 독성을 잘 알고는 우물에 독을 타려고 했을까? 다시 말해 (아마도 근거 있는) 아버지의 편집증을 이용하여, 아버지가 독일왕 루도비쿠스 2세의 충성심에 대해서 의심하게끔 만들려고 했을까? 이 역시 가능한 이야기이다.

두 형제는 실제로 잠깐 만났지만 그들이 무엇을 논의했는지는 알수 없다. 당시에는 아무 일도 없었고, 그래서 사료들도 침묵한다. 다만 로타리우스가 루도비쿠스와 루도비쿠스 사이에 불화의 씨앗을 뿌리려고 실제로 수작을 부리고 있었다면, 이 수작은 효과가 있었다.

아들 루도비쿠스는 곧장 아버지에게 불려갔고, 형과 만나 흉악한 음모를 꾸미지 않았다고 맹세해야 했다. 아버지와 아들은 화기애애한 분위기에서 헤어졌고 만사가 괜찮은 것 같았다. 그러나 아니었다.

838년 6월 네이메헌에서 열린 귀족 회의에서 두 루도비쿠스는 사납게 언쟁을 벌였다. 사료에서는 이 일을 "예상과 매우 다르게 커다란 언쟁이 있었다"라고만 언급할 뿐이다.[2] 네이메헌에서의 회합이 끝나갈 때, 지난 거의 10년간 아버지가 보기에는 이르멘가르트의 아들들 중에 가장 착하고, 어쩌면 로타리우스를 밀어내고는 제국의 상속자 지위에 다가가고 있었을지도 모르는 독일왕 루도비쿠스는 라인 강 동쪽의 영토 상당 부분을 박탈당했다. 그해 말에는 아버지에 맞서 공공연하게 반란을 일으킨 상태였다. 2년 후 심지어 아버지가 죽어가고 있을 때에도 사료들에는 상호간 적의가 진동한다. 이 경우에 그의 급작스러운 전략은 형제들 간의 갈등 때문이 아니라, 암투를 벌이는 프랑크 귀족층이 그러한 갈등을 이용했기 때문임을 알 수 있다.

838년 6월 귀족 회의, 독일왕 루도비쿠스 2세와 아버지 사이에 언쟁이 벌어진 그 현장은 거의 확실히 사전에 잘 계획된 행사였다. 그 배경과 시기가 대단히 중요했기 때문에 귀족 회의에서는 성대하고 화려한 의례가 펼쳐질 예정이었다. 바로 그달에 대머리왕 카롤루스의 열다섯 번째 생일이 있었다. 카롤루스는 그날에 그가 이제 적어도 이론적으로는 전쟁에서 싸울 수 있다는 으미로 허리에 칼을 차는 의례를 치를 예정이었고, 이제 개인교사의 품에서 벗어나 자체적인 궁정을 차릴 수 있었다. 경건왕 루도비쿠스 1세으 가장 충직한 아들로서 독일왕 루도비쿠스 2세는 당연히 이 의례에서 어린 카롤루스 곁에 서리라고 예상했고, 이복동생의 후원자이자 수호자가 되기를 기대하고 있었다. 두 차례 실패한 반란이 일어나지 않은 이상적 세계에서라면 로타리우스가 여러 해 전에 그에게 주어진 대부의 역할을 수행하면서 막내동생 곁에 서 있었을 것이다. 그러나 그런 일은 불가능했다. 독일왕 루도비쿠스가 아버지와 카롤루스의 옆, 즉 로타리우스의 자리에 섰다면, 그는 형제들의 위계에서 맨 윗자리를 차지한 셈이었을 것이다. 서열이 가장 낮은 아들이 최고의 지위로 격상되는 것이다.

적어도 처음에는 경건왕 루도비쿠스가 이에 동의했던 듯하다. 그전해에 그는 카롤루스에게 영토를 하사함으로써 새로운 현 상태를 확정했다. 카롤루스는 프랑크 제국 심장부에, 피피누스는 아키텐에, 독일왕 루도비쿠스는 라인 강 동부에 배정되었고, 로타리우스는 이탈리아에 박혀 있었다. 게다가 카롤루스의 생일에 네이메헌에서 귀족 회의가 열린 것은 분명히 우연이 아니었다. 기억하다시피 그곳은 830년에 독일왕 루도비쿠스와 라인 강 동부의 프랑크 귀족들이 황제를 구조했던 그 왕궁이었다. 독일왕 루도비쿠스와 동프랑크인들에게 의도적으로 가까운 장소였다는 뜻이다. 귀족 회의가 열리자 모든 조짐이 독일왕 루도비쿠스가 그곳에서 후계자로 낙점될 것임을 가리켰다.[3]

그러나 귀족들이 끼어들어 자신에게 유리하도록 왕의 귀에 대고 속삭였고, 벌판을 피로 물들일 적개심을 촉발했다. 주동자는 마인츠의 대주교 오트가르와 메스 백작 아달베르트였던 듯하다. 아달베르트는 816년에 경건왕 루도비쿠스 1세의 최고 행정관이었고 반란들이 끝난 후에 빠르게 출세하면서 830년대 내내 왕에게 충성했던 것 같다. 오트가르는 833년에 로타리우스 편이었고 경건왕 루도비쿠스를 가두는 일을 실제로 감독했다. 그러나 835년에 그의 이전 공모자였던 에보를 단죄하는 일을 도우며 루도비쿠스의 신임을 금방 되찾았다. 아달베르트나 오트가르 모두 독일왕 루도비쿠스를 별로 좋아하지 않았다.

독일왕 루도비쿠스의 부상에 따르는 두 사람의 문제란 간단했다. 아달베르트와 오트가르의 권력 기반은 라인 강 서쪽에 있었지만, 두 사람 모두 동부에 광범위한 영지를 보유했던 것이다. 과거 817년에 제시된 제국의 원래 분할 방안에 따르면 로타리우스가 영토의 태반을 차지하고 독일왕 루도비쿠스는 바이에른에 국한되었으므로, 그들의 영지를 한군데로 유지하고자 하는 그들에게는 안성맞춤이었을 것이다. 그들은 한 사람의 주인만 섬기면 되었다. 독일왕 루도비쿠스가 제국 전역에 걸쳐 더 많은 권력을 차지하면 문제가 복잡해진다. 막아야 했다.

그래서 오트가르와 아달베르트는 837년과 838년 내내 수군거렸고 간사하게 혓바닥을 놀리며 황제의 마음속에 썩은 씨앗을 뿌렸다. 독일왕 루도비쿠스 2세가 바이에른에서 왕국을 다스리는 동안 네이메헌에서의 운명적인 귀족 회의가 점차 가까워지자 오트가르와 아달베르트는 아헨에서 계략을 꾸몄다. 두 사람은 비밀리에 로타리우스에게 다시 연락을 취해서 아들 루도비쿠스의 전망을 약화시킬 방도를 모색했다. 838년 봄에 그들은 기회를 얻었다. 그들은 카롤루스에게 영토가 하사된 후 로타리우스와 루도비쿠스 2세가 만났다는 것이 아주 수상쩍어 보인다고 속닥거렸다. 혹시 반역이 아니겠는가? 두 사람은 의심을 입 밖에 내어 말했다. 그들은 물었다. 독일왕 루도비쿠스 2세에게 아버지의 지위를 약화시킬 무슨 권리가 있는가? 로타리우스가 계속 공동황제여야 한다. 이러니저러니 해도 그는 장남이자 대머리왕 카롤루스의 대부라고 그들은 황제에게 상기시켰다.

아버지와 아들 사이의 유대를 끊어버린 "커다란 언쟁"에 무엇이 불을 붙였는지는 알 수 없지만 단서는 있다. 귀족 회의에서 나왔으며, 아달베르트와 오트가르가 증인으로 서명한 한 칙령은 일종의 대리전이 있었으며, 결국 공모자들이 승리했음을 보여준다. 교회 소유의 토지를 둘러싼 다툼에서 경건왕 루도비쿠스는 니데랄타이히 수도원장(독일왕 루도비쿠스의 조신)에 맞서서 풀다 수도원장(로타리우스의 지지자)의 편을 들었다. 궁정의 모든 사람들은 이를 독일왕 루도비쿠스가 총애를 잃었으며 로타리우스의 파벌—궁정에서 아달베르트와 오트가르, 그리고 그들의 패거리로 체현되는 파벌—이 떠오르고 있다는 하나의 상징으로 이해했을 것이다. 열심히 수군거린 것이 효과를 발휘했다.

이는 독일왕 루도비쿠스 2세의 쓰라린 상처였다. 그는 성인 아들들 중에 가장 충성스러웠는데 이제 배신당한 것이다. 바보가 아니니 그도 무슨 일이 벌어지고 있는지를 알아차렸고 흥분하며 소란이 벌어졌다. 그가 진심으로 충격을 받아서 난리를 피웠을 수도 있지만, 미리 연습된 분노였을지도 모른다. 통치자가 분노를 표현하는 것은 군주가 활용할 수 있는 무기 중의 하나였으며, 통치자는 수사적인 대립을 통해서 폭력이 일어나기 직전까지 상황을 몰아붙일 수 있었고, 그러면서 누군가가 나서서 관계를 원래로 되돌리도록 만들 수 있었다. 그 소란은 그러므로 공개적인 소동, 프랑크족이 경건왕 루도비쿠스를 상대로 10년 동안 이용하려고 해온 드다른 수모의 의례였을 것이다. 사람들은 배은망덕한 아버지와 오랫동안 고통받아온 아들이라는, 『성서』와의 유사성을 상기했을 것이다. 압살롬아! 압살롬아!

그러나 의례는 실패했다. 어쩌건 황제는 배은망덕한 아들들에게 질려버렸는지도 모른다. 830년과 833년에 치른 의례들이 자신을 파멸시킬 뻔했다는 교훈을 얻은 경건왕 루도비쿠스는 그의 아들, 그것도 자신과 이름이 같은 아들에 의해 므든 궁정이 보는 앞에서 창피를 당하지는 않으려고 했다. 황제도 본인의 분노를 드러냈다. 그는 갑자기 카롤루스의 성인식을 연기해버렸다. 그러고는 충격에 빠진 귀족과 성직자들에게 물러가라고 하기 전에 독일왕 루도비쿠스에게서 그의 왕국 거의 전체를 박탈하고 바이에른으로 쫓아내버렸다. 오트가르와 아달베르트는 황제 곁에서 미소를 지었다. 그들이 이긴 것이다.

다만 카롤루스는 여전히 성인 남성이 되어야 했다. 그해 여름 끄트머리에 서둘러 새로운 귀족 회의가 소집되어, 카롤루스의 영토인 프랑스 북부의 퀴에르지라는 마을에 있는 왕궁에서 열렸다.4 그곳은 네우스트리아 지방의 중심이자 카롤루스 왕조에 엄청난 의전상의 힘을 발휘하는 장소였다. 바로 이곳에서 카롤루스 마르텔루스가 죽었고, 단신왕 피피누스 3세가 교황 스테파누스 2세를 이곳에서 만났으며, 다름 아닌 카롤루스 마그누스도 이곳에서 태어났을 수도 있다. 단신왕 피피누스는 네우스트리아를 그의 아들, 즉 장래의 카롤루스 마그누스에게 주었다. 카롤루스 마그누스는 그 땅을 아들 카롤루스에게 주었다. 그 뜻—카롤루스 왕들이 탄생한 장소에서 대머리왕 카롤루스가 성인이 된다—은 전혀 미묘하지 않았다.

마침내 프랑크인들은 카롤루스가 의례를 통해서 성인이 된 것을 축하했다. 이번 행사는 순탄하게 진행되었다. 카롤루스의 허리춤에 칼이 채워졌다. 독일왕 루도비쿠스 2세는 멀리 있었고 로타리우스는 이탈리아에 있었으므로, 아키텐의 피피누스가 루도비쿠스 황제의 첫 번째 부인인 이르멘가르트 하스바니아에게서 난 자식들 중에 의례에 참석한 유일한 아들이었다. 참석한 주교와 귀족들은 이제 카롤루스가 성년이 되었으므로 권력을 그의 수중으로 더 완전하게 이전하는 데에 동의했다. 그다음 경건왕 루도비쿠스 1세의 계속되는 분노(그 시점에서는 의례화된 것이 아니라 진심이었다)를 더 분명히 하도록 아달베르트의 형제가 카롤루스의 후견인으로 임명되었다. 원래 독일왕 루도비쿠스 2세가 서 있어야 할 바로 그 자리였다.

회합이 끝난 뒤 카롤루스는 아마도 어머니인 황후를 비롯한 수행단과 함께 새로운 왕국을 순회하며 새로운 백성들의 신종(臣從)을 받았을 것이다. 경건왕 루도비쿠스 1세는 아헨으로 돌아가서는 독일왕 루도비쿠스 2세의 상속권을 빼앗고 남은 영토를 로타리우스와 피피누스, 카롤루스에게 나누어주어 제국을 재편할 방안을 짜기 시작했다. 그러나 독일왕 루도비쿠스는 그런 일이 일어나게 둘 생각이 없었고 빼앗긴 것을 되찾아올 계획을 세웠다. 그는 바이에른에서 군사를 일으켰다. 그는 다시 한번 내전의 벼랑 끝에서 협상할 생각으로 프랑크푸르트로 진군했다. 거듭되는 아들의 반란에 지친 경건왕 루도비쿠스 역시 군사를 일으켜 동부로 진군했다. 그러나 두 군대가 대적하기 전에 그의 모든 계획이 무너졌다. 그의 아들 피피누스가 죽었다는 소식이 전해진 것이다.

아키텐 국왕의 급사는 모든 것을 혼란에 빠트렸다. 그러나 붙잡을 준비가 된 자들에게 혼란은 기회인 법이기도 하다. 우선, 반란을 처리해야 했다. 아들 루도비쿠스는 라인 강을 방벽으로 삼아 아버지를 저지하면서, 강을 따라 들어선 주요 도시들을 장악해나갔다. 그는 바이에른 귀족들과 그들이 소집한 군사를 호출했고 그에 더해 라인 강 동쪽의 다른 곳에서도 최대한 병사를 끌어모았다. 강 근처의 모든 도강 지점에 수비대를 배치하고, 정면 전투를 추구하기보다는 핵심 길목을 통제하여 아버지를 가로막기 위해서였다. 그러나 한겨울인 839년 1월 중순에 경건왕 루도비쿠스 1세는 군대를 프랑크푸르트 북쪽으로 이동시켜 강을 건너갈 방법을 찾아냈다. 그곳에서 황제는 메스의 아달베르트가 이끌고 온 작센 군대르 전력이 강화되었다. 황제의 합동 군대가 프랑크푸르트에 있는 작은아들을 향해 진격함에 따라, 아들 루도비쿠스의 지지자들은 생각을 고쳐먹고 야반도주했다. 두 번째로 굴욕을 당한 독일왕 루도비쿠스는 바이에른으로 퇴각했다.

그 사이 839년 5월에 로타리우스는 이탈리아의 유배 상태에서 풀려나 아버지 곁으로 다시 불려왔다. 로타리우스와 경건왕 루도비쿠스는 라인 강변의 보름스에서 열린 귀족 회의에서 만났다. 그들이 마지막으로 만났을 때 아버지는 아들의 포로였다. 그러나 이번에는 아들이 공개적으로 콧대가 꺾였다.

　정교하게 연출된 복종과 화해의 의례, 각본이 짜였음에도 불구하고 그만큼이나 진짜인 의례에서 로타리우스는 아버지의 발치에 엎드려 용서를 빌었다. 어쩌면 창으로 한 줄기 햇살이 들어오고 바깥에서는 새들이 지저귀는 가운데, 궁정은 숨죽인 채 기다렸다. 맏이인 왕자의 성공을 예상하면서도 계획은 언제나 어긋날 수 있다는 사실을 의식하면서 말이다. 불과 1년 전만 해도 이와 다른 의례가 황제 그리고 그와 이름이 같은 아들 간의 다툼으로 어그러지지 않았던가? 그러나 이번 행사는 계획대로 진행되었다. 경건왕 루도비쿠스 1세는 탕아를 용서했다. 카롤루스는 아직 열여섯 살이 되지 않았고, 독일왕 루도비쿠스 2세는 반란 중이고, 피피누스는 성당 지하 묘실에 누워 있으니, 그에게는 로타리우스가 필요했다. 로타리우스에게도 루도비쿠스가 필요했다. 아버지가 죽은 뒤에 무슨 일이 생기든 간에 자신의 정당한 지분을 챙기겠다는 희망이 있었다면 말이다. 그래서 로타리우스는 경건왕 루도비쿠스만이 아니라 궁정 전체를 상대로 한 공연으로 아버지의 권위를 정식 인정했다.

　그다음 일은 일사천리로 진행되었다. 루도비쿠스는 맏이와 막내 사이에 상호 원조의 끈끈한 유대관계가 만들어지도록 로타리우스를 카롤루스의 수호자로 지명했다. 본질적으로는 관료제적 성격을 띠었지만 엄청난 이해 관계가 걸린 또다른 의례에서, 그는 제국을 똑같이 나누고는 로타리우스에게 어느 쪽을 물려받을지 선택하게 했다. 로타리우스는 동쪽을 선택해 카롤루스에게 서쪽 절반이 갔고, 서로 축하하고 아버지와 아들들 사이에 선물이 오간 뒤 로타리우스는 행복하게 이탈리아로 돌아갔다.

새로운 제국 분할안과 아버지와 장남 간의 관계 회복은 대체로 루도비쿠스의 고문관들의 공작과 남편에게 지속적으로 미친 유디트 황후의 영향력 덕분에 가능했다. 궁정은 로타리우스와 수행단이 남쪽으로 향하는 모습을 매우 만족스럽게 지켜보았을 것이다(물론 유디트는 여전히 경계심을 떨치지 못했을지라도 말이다). 보름스에서의 회합을 묘사하는 사료들에 따르면 프랑크족은 행복한 결말을 맞는 동화를 스스로에게 들려주었다. 기우뚱하던 배는 다시 균형을 잡은 것처럼 보였다. 그들은 눈앞에 떠오르는 거대한 빙산에 눈길을 주지 않았다.

그 빙산이란 다른 카롤루스 왕족, 바로 독일왕 루도비쿠스 2세와 아키텐의 피피누스 2세, 즉 죽은 둘째 왕자의 아들이었다. 보름스에서 황제가 제시한 프랑크 제국 분할 방안은 바이에른을 배제하여 독일왕 루도비쿠스에게 남겨두었다. 비록 그가 공공연한 반란 상태이기는 했지만, 그 시점에 완전한 상속권 박탈은 생각할 수 없는 일이었다. 그래서 루도비쿠스는 차선책으로 그 아들을 작게 남은 왕국에 국한시키기로 했다. 그런데 한편으로 이론상 아키텐은 과거 817년에 작성된 『오르디나티오 임페리』에 따라서 피피누스의 두 아들에게 물려줄 수도 있었다(물려주었어야 했다). 두 아들은 왕의 이름—피피누스와 카롤루스—을 받았으므로 모두 왕국의 후계자로서 자격이 있었다.

그러나 제국을 로타리우스와 대머리왕 카롤루스에게 분할할 때, 황제는 바이에른을 떼놓았으나 아키텐을 따로 떼놓지는 않았다. 그 대신에 로타리우스와 화해한 뒤 아버지와 어린 카롤루스는 서쪽 아키텐으로 향해서, 기대하고 있던 그 지역의 귀족과 성직자들에게 피피누스 1세의 아들 대신 대머리왕 카롤루스에게 지배권을 넘길 것이라고 밝혔다. 아키텐의 프랑크 귀족 대다수는 황제의 결정에 이의가 없었고 기꺼이 그 계획에 동조했는데, 황제 루도비쿠스의 아들을 따르는 것이 그 손자를 따르는 것보다 더 유리할 듯했기 때문이었다. 어쨌거나 대다수의 귀족에게 황제를 거역하는 것은 해볼 만한 일이 아니었다.

반면 피피누스 2세는 황제의 뜻에 거역해볼 만했다. 그는 할아버지가 자신의 타고난 권리를 빼앗아가는 것을 순순히 지켜보지 않을 작정이었다. 더욱이 그 역시도 그 지역에서 지지를 이끌어낼 수 있었다. 결국에 피피누스 2세도 카롤루스 피를 타고난 왕족이었고, 아키텐이 자기 것이라고 주장할 강력한 권리가 있었다. 여러 사람들 중에서 특히 우리의 오랜 친구 셉티마니아의 베르나르두스가―경건왕 루도비쿠스에게 복수할 기회를 계속 엿보고 있었다는 듯이―대머리왕 카롤루스에 맞서 피피누스 2세와 손을 잡고 중요한 군사적 지원을 제공했다. 향후 수십 년간 여파를 낳을 카롤루스와 피피누스 2세 간 원한 싸움의 시작이었다.

경건왕 루도비쿠스의 관점에서 보자면 그는 생존한 자식을 우선시하고 있었다. 피피누스 2세의 관점에서는 루도비쿠스가 또 한 번 맹세를 깬 자, 기회가 생길 때마다 가문의 차세대 일원들보다 자신의 아들을 특권시하는 사람이었다. 아키텐은 전쟁 지역이 되었다. 루도비쿠스는 817−818년 이탈리아의 베르나르두스의 참사를 재연하는 것 같았다. 루도비쿠스는 고집스러운 청년 세대 카롤루스 왕족을 탄압하려고 군사를 일으켰다가 그 탄압이 원한만 낳았음을 깨닫게 되었다. 그 다음 그 원한을 누그러뜨리기를 바라며 자비를 보였지만, 기대와 달리 억울함을 느끼는 왕위 주장자들이 완전히 준비를 갖추고 다시금 그를 배신할 기회만 주었을 뿐이었다. 다만 적어도 지금까지는 카롤루스 사람들은 공공연한 정면 전투를 회피해왔다. 지도자가 전장에 적수보다 더 많은 병사를 배치하여 반대편 지도자들이 변절하게 만들고 도강 지점이나 산길 같은 지리적 관문을 지나갈 수 있다면, 무력 사용보다 이러한 위협으로도 승리를 달성할 수 있었다.

경건왕 루도비쿠스와 유디트, 카롤루스는 강력하고 일치단결한 무력을 과시하면서 839년 가을을 아키텐 원정에 보냈다. 황제는 화려한 의전과 종교적 의례를 비롯해 존재감 그 자체로 현지 귀족층을 위압했다. 과거에 카롤루스 마그누스가 그에게 아키텐 왕국을 맡겼으므로 당연히 그 지역에 익숙하던 그는 현지 귀족들과의 오래된 가족적 인맥들에 의지하려고 했다. 그리고 실제로 원정은 그에게 잘 굴러가고 있었다.

새해에는 새로운 분쟁들이 일어났다. 경건왕 루도비쿠스 1세와 유디트, 카롤루스는 주요 왕궁이자 830년에 유디트가 감금당한 현장인 푸아티에에서 성탄절을 보냈다. 그들의 성탄 축연과 휴식은 심상치 않은 소식으로 중단되었다. 독일왕 루도비쿠스 2세가 자신의 몰락을 조용히 받아들이지 않고 다시금 군사를 일으켜 라인 강을 향해서 진군 중이라는 소식이었다. 독일왕 루도비쿠스는 자신이 10년 넘게 보유해왔던 왕국―라인 강 양안의 프랑크족 영토―을 차지할 희망을 아직 버리지 않았다. 라인 강 서안 지역은 메스의 아달베르트가 보유하고 있었지만, 아달베르트는 더 많은 지원이 없다면 강을 건널 수 없었다. 아달베르트만으로는 강 건너편의 독일왕 루도비쿠스를 몰아낼 수가 없었다. 괴롭지만 경건왕 루도비쿠스는 피피누스 2세와 계속 싸우기 위해서 카롤루스와 유디트를 아키텐에 남겨두고 떠났다. 이제 병들고 예순한 살이 된 황제는 라인란트로 돌아가야 했다.

• ◆ ⬥ ◆ •

늙은 황제는 푸아티에에서 북동쪽으로 서둘러 달려갔지만, 제국은 컸고 겨울 여행은 힘들었으며 루도비쿠스는 더 이상 팔팔하지 않았다. 그는 봄이 막 찾아오고 있을 때 아헨에 도착해 840년의 부활절을 그곳에서 기렸다. 사료들에 나오는 부활절과 성탄절이 군사사적 측면에서는 별로 중요하지 않지만, 시기를 알려주기 때문에 거의 빠지지 않고 언급된다. 그 축일들은 앞에서 본대로 통치자와 궁정에 공적인 대규모 행사였으며 그래서 문헌의 작가들이 주요 인물들의 움직임을 추적하는 수단이 되었다. 예를 들어 노쇠해가는 황제는 단 수개월 만에 (걷거나 말을 타고) 790킬로미터가량을 이동하여 (피피누스 2세의 반란을 처리하기 위해서) 푸아티에에서 성탄절을 보내다가 (독일왕 루도비쿠스의 반란을 처리하기 위해서) 아헨으로 가서 부활절을 맞았는데, 이 모든 일이 눈 내리는 겨울에 이루어졌다.

부활절이 끝나자 경건왕 루도비쿠스 1세는 다시 전력을 끌어모아 아달베르트에게 합세하려고 진군했다. 독일왕 루도비쿠스 2세가 무슨 일이 일어나리라고 생각했는지, 왜 840년의 반란이 838년의 시도와는 다르게 진행되리라고 생각했는지는 분명하지 않다. 어쩌면 그저 황제가 아키텐에 있으니, 주요 강변 도시들을 장악하고 방비를 강화하여 아버지가 기정사실을 받아들이도록 할 수 있겠다고 생각했을 수도 있다. 그랬다면 안타깝게도 초각한 것이었다.

황제가 겨울에 서유럽의 너른 지역을 가로지르며 꿋꿋한 모습을 보여주자 바이에른 군대는 사기가 꺾였고 봄눈 녹듯 사라져버렸다. 독일왕 루도비쿠스 2세는 다시금 도망쳤지만 이번에는 바이에른에 곧바로 닿을 수 없었고, 그 대신에 다신교를 믿는 동쪽의 슬라브족에게 뇌물을 먹이고 나서야 더 우회하여 바이에른으로 안전하게 귀환할 수 있었다. 경건왕 루도비쿠스 1세가 슬라브족 땅으로 군대를 이끌고 갔다면 위험했을 것이다. 그리고 두 차례의 쿠데타와 수차례의 반란, 한 아들의 죽음, 그리고 다른 두 아들의 거의 끊임없는 배신에서 살아남은 노인에게는 휴식이 필요했으므로, 경건왕 루도비쿠스는 국경선에서 멈추어 프랑크푸르트로 귀환했다.

그러나 제국을 다스리는 일이란 결코 끝이 없다. 840년 5월 프랑크푸르트로 돌아오자마자 그는 또다른 회합을 위해서 배에 올라 라인 강을 거슬러 보름스로 가야 했다. 장남 로타리우스를 다시 만나 그를 프랑크 제국의 구조로 재편입시키는 작업을 계속하기 위해서였다.

하늘이 불꽃놀이를 하듯이 환히 빛난 것은 바로 이때였다.

역사가들은 하늘이 남동쪽과 북서쪽부터 붉게 물들다가 마침내 "원뿔 모양으로 만나서 하늘 꼭대기에 핏덩어리가 맺힌 모습[이 되었다]"이라고 말한다.5 뒤이어 일식이 일어났고 대낮이 밤처럼 어두워졌다. 하늘에는 피가 흘렀고, 낮에 어둠이 찾아왔다. 사서와 연대기 작가들은 그들의 시대를 거꾸로 거슬러가며 하늘의 징조와 이곳 지상의 사건 사이에 연관성을 이끌어내고 있었는데, 프랑크족이 그 징조가 무엇을 예고하는지 해석하기는 쉬웠다. 이번 전조는 또다른 군주의 죽음, 혹은 이번에는 황제의 죽음을 뜻했다. 그리고 실제로 당시에 경건왕 루도비쿠스는 갑자기 병색이 매우 짙어졌다. 그는 숨 쉬기가 점점 힘들어졌다. 메스꺼움 때문에 먹거나 마실 수가 없었다. 말을 하려고 하면 기침이 나고 숨이 차서 캑캑거렸다.

경건왕 루도비쿠스는 로타리우스를 만나러 보름스까지 갈 수 없었다. 그와 수행단은 뱃길 이동을 포기하고 잉겔하임 왕궁과 마인츠 근처 라인 강의 어느 하중도에 진을 차렸다. 그곳에서 그들은 황제의 최후를 대비했다. 황제의 전속사제이자 경건왕 루도비쿠스의 이복형제이기도 한 메스의 주교 드로고가 황제의 곁을 지키며 고해를 들어주었다. 다른 조신과 주교들도 그의 막사 주변으로 몰려들었다. 천상과 지상의 징조들 모두가 황제의 임박한 죽음을 가리켰을 뿐 아니라 프랑크 세계의 미래에 관한 질문들을 제기했다. 십중팔구 로타리우스는 이미 이탈리아를 떠나 보름스로 오는 중이었겠지만 아직 도착하지 않았다. 게다가 그와 황제와의 화해는 아주 최근의 일이라 그 화해가 과연 오래갈지는 알 수가 없었다. 대머리왕 카롤루스는 유디트 황후와 함께 아키텐에서 피피누스 2세와 싸우고 있었다. 그들을 즉시 부른 다고 해도 제때 도착하지 못할 것이었다. 독일왕 루도비쿠스 2세와의 문제는 점잖게 표현해도 해결되지 않았다. 불안감이 궁정을 무겁게 짓눌렀다.

황제 루도비쿠스를 에워싼 많은 사람들, 833-834년 두 번째 반란 이후 그의 측근들은 814년에 카롤루스 마그누스가 죽은 뒤에 일어난 권력 이전을 잘 기억하고 있었을 것이다. 일례로 늙은 황제의 병상 곁에 나란히 앉아 있는 경건왕 루도비쿠스의 전속사제와 대재상은 그의 이복형제들이었다. 그들은 아헨에서 펼쳐진 파란을 직접 목격했고 둘 다 아헨 왕궁에서 수십 년간 쫓겨났다. 다른 귀족들도 같은 배에 타고 있었다. 이곳에 도착하면 로타리우스는 어떻게 할까? 아버지와 아들 루도비쿠스는 때맞추어 화해할 것인가?

마지막 질문은 적어도 드로고의 마음 앞자리를 차지하고 있었다. 사제로서 그는 죽어가는 경건왕 루도비쿠스가 그와 이름이 같은 아 들을 용서하게 하려고 애썼던 모양이다. 루도비쿠스는 사제의 권유대 로 했지만, 다소간 수동적이고 공격적인 방식으로 용서했다. 그는 조 신들에게 독일왕 루도비쿠스가 용서받았다고 말하라고 부탁했지만 "누가 아버지의 노년을 죽음으로 이끌었는지, 그리고 그렇게 하면서 우리 모두의 아버지 하느님의 가르침과 훈계를 무시했는지 잊지 말아 야 한다"는 말도 전하라고 했다 6 경건왕 루도비쿠스는 아들에게 네 가 아비의 죽음을 불러왔다고 말하고 있었다. 다시금 궁금해지지 않 을 수 없다. 독일왕 루도비쿠스는 2년 전 네이메헌에서 아버지에게 대체 무슨 말을 했기에 이런 악감정을 유발한 것일까?

이튿날인 840년 6월 20일, 경건왕 루도비쿠스는 드로고를 불러 축복을 받았다. 그는 왼쪽으로 눈길을 돌려 무엇인가를 쳐다보고 "썩 꺼져라!"라고 속삭였다. 경건왕 루도비쿠스, 카롤루스 마그누스의 막내아들이자 예상 밖의 황제는 눈을 들어 천당을 향해서 미소를 지은 다음—거의 웃고 있는 듯이—죽었다. 그의 시신은 모세가 홍해를 건너는 『성서』의 장면들이 조각된 기독교 로마식 석관에 안치되었고 메스의 대성당으로 운구되어 그의 어머니 근처에 묻혔다.

◆ ◆ ✛ ◆ ◆

경건왕 루도비쿠스 1세의 말년은 그의 아버지의 마지막 몇 년과는 천양지차였다. 그야 물론 그는 카롤루스 마그누스보다는 더 많은 아들들(그리고 손자들)과 관계를 맺기는 했지만, 그의 제국 처분 계획이 워낙 이랬다가 저랬다가 해서 어느 아들이든 아버지와의 관계에서 지금 자신이 어느 위치에 있는지 몰랐다고 해도 솔직히 무리가 아니었을 것이다. 두 번째 쿠데타가 경건왕 루도비쿠스의 복위로 종식된 후에는 상황이 정리된 것 같았다. 로타리우스는 이탈리아에 고립되었다. 피피누스는 만족하며 아키텐에 있었다. 독일왕 루도비쿠스 2세는 제국의 동쪽 절반과 더불어 아버지의 총애를 받았다. 카롤루스는 성년에 다가가고 있었고 네우스트리아에 있던 로타리우스의 땅을 가져갈 수 있었다. 그러한 안정적 상태 어느 것도 지속되지 못했다. 독일왕 루도비쿠스와 아버지는 838년에 격한 언쟁을 벌이며 사이가 틀어졌다. 유디트는 남편이 다른 형제들보다 카롤루스를 편애하도록 계속 닦달했다. 피피누스는 죽었다. 황제와 궁정은 839년에 로타리우스와 카롤루스 사이에 제국을 양분하는 방안으로 불가능에 가까운 이 지긋지긋한 난제를 해결하려고 했다. 이론적으로는 이 방안은 다른 형제들보다 로타리우스를 우위에 두기로 엄숙하고 신성하게 공인된 817년 『오르디나티오 임페리』 안에서 작동했다(그리고 경건왕 루도비쿠스는 『오르디나티오 임페리』를 따르도톡 이후에 여러 차례 귀족들에게 맹세시켰다).

임종 시 어쩌면 루도비쿠스는 일이 전부 잘 풀렸다고 생각했을지도 모른다. 그러나 그렇게 생각하지 않았을 수도 있다. 카롤루스 마그누스의 아들은 집안 문제를 어느 정도 정리한 뒤 좋게 죽었을 수도 있지만, 집안의 벽장에는 감추어둔 문제가 가득했다.

그 감추어둔 문제들은 금방 터져나왔다. 죽기 직전 잉겔하임 왕궁으로부터 그다지 멀지 않은 섬에서 자리보전을 하던 루도비쿠스는 그의 아버지가 814년 아헨에서 그랬던 것처럼 개인적인 유품들을 주의 깊게 분배했다. 그는 많은 것을 기부했다. 가장 중요한 품목들은 제왕의 표지, 특히 왕관과 검, 의복, 책이었다. 그것들은 통치자를 나타내는 상징물이었다. 그는 독일왕 루도비쿠스 2세에게는 아무것도 남기지 않았다. 뜻밖의 일은 아니었지만, 그래도 앞으로 수년간 독일왕 루도비쿠스의 분노에 기름을 부을 타격이었다. 카롤루스에게는 소소한 물건들을 몇 점 남겨서 서쪽으로 보냈다. 그리고 로타리우스에게는 그가 줄 수 있는 최고의 선물을 주었다. 보석이 장식된 황금 검과 왕관, 그리고 일부 사료들에 따르면 왕홀도 남겼다. 그러나 그 선물들에는 새로운 황제가 동의해야만 하는 조건이 딸려 있었다. 죽어가는 아버지는 장남이 카롤루스와 유디트를 보호하고 아키텐과 제국 서부에 카롤루스의 왕국을 보장해주기로 그들에게 한 맹세를 이행해야 한다고 강조했다. 황금 검을 집은 다음 막내 동생을 보호하지 않는다면 로타리우스는 맹세를 깬 자가 되고 루도비쿠스 자신의 질서정연한 승계 계획을 망칠 것이라는 점을 죽어가는 왕은 똑똑히 하려고 애썼다.

로타리우스에게는 다행스럽게도 아버지의 별세 소식을 들었을 때 그는 이미 북쪽 보름스로 오고 있었다. 한 달 만인 840년 8월에 그는 자신의 조신들―이제는 환호하고 있었다―과 아버지의 최측근이었던 자들―이제는 퍽 불안해하고 있었다―을 불러모아 귀족 회의를 열었다. 한 가지는 분명했다. 로타리우스는 이제 유일한 황제이며, 신망을 되찾고 프랑크 권력의 중심으로 복귀했다는 사실이었다.

그러나 그 사실이 대머리왕 카롤루스와 독일왕 루도비쿠스 2세에게 무엇을 의미하는지는 아직 불분명했다. 로타리우스는 루도비쿠스 2세의 반란에 맞서 아버지의 전쟁을 이어갈 것인가? 로타리우스와 카롤루스를 묶었던 맹세는 유효할 것인가? 경건왕 루도비쿠스가 죽었을 때 세 형제는 각자 대군을 거느리고 장차 상대방이 먼저 움직이기를 기대하며 기다리고 있었다.

가짜 공격과
도발

840년 6월-841년 6월

870년 무렵 마인츠 출신의 익명의 성직자가 예지몽 이야기를 받아 적었다. 그런데 그 꿈 이야기는 가련한 여인이나 악마의 입을 거치지 않았는데, 원래 다름 아닌 카롤루스 마그누스가 꾸고 해석한 것이었기 때문이다. 황제는 자신의 꿈을 왕성하게 기록하는 사람이었고, 계시를 받을 경우를 대비하여 밤마다 침대 맡에 밀랍 서판을 두고 잤다고 한다(이는 물론 그 꿈을 기록한 작가에게 자신이 황제의 꿈을 어떻게 알게 되었는지 그 배경에 대해서 그럴듯하게 설명해준다). 어느 밤에 미지의 인물이 칼을 빼 들고 대제에게 접근했는데, 공격하려는 것이 아니라 신이 내린 선물을 건네기 위해서였다. 칼날에는 9세기 말 마인츠에서 쓰던 토착 방언인 고대 고지독일어로 네 단어가 쓰여 있었다. 칼자루부터 칼끝까지 이어진 단어들은 다음과 같았다. 라흐트(RAHT), 라돌레이바(RADOLEIBA), 나스그(NASG), 엔티(ENTI).[1]

  잠에서 깨자마자 카롤루스 마그누스는 고문관들에게 자신이 꾼 꿈을 들려주었지만 그들은 해몽에 애를 먹었다. 아인하르트는 시간이 지나면 대제에게 꿈의 의미가 분명해질 것이라고 조심스럽게 의견을 제시했다. 그런 상황에서 할 수 있는 안전한 분석이었다. 그의 아들이 나중에 밤하늘에 환하게 꼬리를 그으며 지나가는 혜성의 의미를 해석한 것처럼, 카롤루스는 스스로 환시를 해석하여 검과 그것에 새겨진 말이 「다니엘」에 대한 암시임을 간파했다. 「다니엘」에서 바빌론의 왕은 손이 유령같이 나타나 벽에 네 단어를 쓰는 무시무시한 환시를 보았지만, 왕이나 점쟁이들 누구도 꿈의 의미를 해석할 수 없었다. 기독교 『구약 성서』에서 바빌론의 멸망이 다가오고 있음을 황제가 깨닫도록 돕는 임무는 이스라엘인 다니엘에게 떨어졌다.

  마인츠 출신의 작가는 이 꿈 이야기의 카롤루스 마그누스가 왕인 동시에 예언자라고 이야기했다. 카롤루스는 환영 같은 글자를 보고 해석하여 그 의미를 신하들에게 알려주었다. 그것은 대대로 전해지는 카롤루스 왕조에 대한 이야기였다. 라흐트는 하느님의 명령에 따라 휘두른 폭력을 통해서 이룬 풍요를 뜻했다. 다시 말해 카롤루스 마그누스 본인에 의한 이민족 정복이었다. 라돌레이바는 그 풍요의 쇠퇴, 다시 말해 아들의 치세의 특징이 될 물질적 부의 상실과 제국 변두리의 이민족들에 대한 지배력의 상실을 의미했다. 그다음 사정은 더 나빠졌다. 나스그는 로타리우스 1세와 아키텐의 피피누스, 독일왕 루도비쿠스 2세, 대머리왕 카롤루스 2세, 즉 카롤루스 마그누스의 손자들의 세계를 가리켰는데, 그들은 탐욕 때문에 백성을 억압하고 교회의 토지를 빼앗으리라. 마지막으로 엔티는 "종말"이라는 뜻이었다. 카롤루스 혈통의 종말을 뜻할 수도, 세상의 종말을 뜻할 수도 있었다. 두 선택지 모두 가능했다. 세 번째 선택지는 없었다.

9세기 말의 예지서는 그다음 그 일들이 실제로 실현되었다고 상기시킨다. 프랑크족은 이미 라흐트와 라돌레이바를 목격했고 경건왕 루도비쿠스가 죽은 후 "그의 아들들인 로타리우스와 피피누스, 루도비쿠스는 방치된 제국 전역으로 스스로 나스그를 뻗치기 시작했다." 피피누스와 로타리우스는 성직자와 수도사들에게서 땅과 재물을 훔치고 수도원을 약탈했다. 이 글을 쓴 마인츠의 익명의 성직자는 무려 로마의 주교가 독일왕 루도비쿠스에게 편지를 써서 평화를, 그가 개입하여 로마 교회를 수호해줄 것을 간청했다고 말한다. 그렇게 하지 않는다면 엔티, 칼끝, 세상의 멸망(아니면 적어도 프랑크족의 멸망)이 눈앞에 기다리고 있으리라.

늙은 독일왕 루도비쿠스 2세(당시 60대였다)의 주의를 끌기 위해서 계산된, 교회를 더 적극적으로 보호하도록 그를 압박하고 그가 그렇게 하지 않을 경우 심각한 결과를 경고하려는 이 환시를 그가 어떻게 생각했는지는 알 수 없다. 이런 식의 그 환시는 결국 가련한 여인이나 악마 위고의 환시와 비슷하다. 사방으로 시달리는 왕을 향해 권력의 주변부에서 보내는 경고, 그 왕에게—제발—진로를 바로잡으라는 요청 말이다. 차이점이 있다면, 카롤루스 마그누스의 이 환시는 더 전반적인 쇠망의 감각, 세대가 바뀔 때마다 상황이 점점 더 나빠지는 듯하다는 인식을 드러낸다. 870년개에 이르러 프랑크족은 과거를 돌이켜 보며 대체 어디에서부터 이 모든 것이 그토록 잘못되었는지 의아해할 수밖에 없었다.

• ◆ ✛ ◆ •

경건왕 루도비쿠스가 죽자 제국이 흔들렸다. 적어도 그의 연대기 작가들에 따르면, 그의 말년은 파멸을 예고하는 천상의 징조들로 가득했다. 단신왕 피피누스와 카롤루스 마그누스 치하에서 첫 세대와 두 번째 세대를 똘똘 뭉치게 한 프랑크족의 계획은 제4대째에서 산산조각 나기 시작했다. 비록 자잘한 카롤루스 왕들 주위로 몰려든 많은 사람들은 여전히 갈등의 해소와 화해를 기대했으나, 모두가 다가오고 있는 것을 보았지만 믿지는 않았던 전쟁이 곧 고개를 쳐들 것이었다. 형제끼리 싸울 것인가? 정말로?

지금까지의 이야기에서 많은 프랑크족이(그리고 심지어 일부 카롤루스 왕족도) 물론 목숨을 잃었지만, 전장에서가 아니라 처형이나 고문, 암살, 매복을 통해서였다. 그 같은 사실은 샬롱에서 로타리우스 군대의 환호성 때문에 자신의 비명은 손 강의 강물에 잠긴 게르베르가에게, 눈알이 도려내어져 고통 속에서 죽어가던 이탈리아의 베르나르두스에게, 혹은 처형당한 꼽추 피피누스의 공모자들에게는 딱히 위안이 되지 못했으리라. 그러나 이 시점까지 위기에 위기가 꼬리를 무는 내내 피가 거의 흐르지 않았음에는 주목해볼 만하다. 군주와 대귀족들은 군대를 일으키고 서로를 향해 진군하고 위협하고 허세를 부리고 전장에 병력을 배치하고는 평화적 해법을 찾아냈다. 누군가는 머뭇거렸다. 지금까지는 머뭇거리는 사람이 꼭 있었다. 카롤루스 마그누스의 후손들은 일이 언제나 그런 식으로 흘러간다고 생각할 만도 했다. 그리고 십중팔구 그렇게 생각했을 것이다. "거짓말의 들판"은 아마도 우스꽝스러운 소극이었을 수도 있지만, 잠재적으로 한없이 되풀이될 수 있는 일이었다. 위험 부담이 치명적이지 않다고 생각한다면, 권력을 좇거나 편을 바꾸거나 맹세를 깨지 말아야 할 이유가 없다.

그들은 아주 잘못 짚었다. 계속해서 군대를 전장에 배치하고, 표적 처형과 살인을 획책하고, 공동선보다 권력 추구를 중시하고, 쿠데타를 저지른 자들이 심각한 대가를 치르지 않은 채 계속 활보하게 내버려둔다면, 결국 살육이 시작되는 법이다.

· ◆ ⬥ ◆ ·

경건왕 루도비쿠스는 840년 6월 20일에 죽었다. 그로부터 1년 만에 수천 명이, 아마도 수만 명의 사람들이 상쾌한 어느 봄날 아침에 야생화로 뒤덮인 들판에서 형제와 삼촌의 손에 죽게 된다. 그러나 우리는 그 암흑 속으로 향하면서, 역사의 행위자들이 선택을 했다는 사실을 기억해야 한다. 물론 때로 그 선택들에 한계가 있기는 했지만, 결과는 그 선택들에 따라서 달라질 수 있었으며 필연적이지 않았다. 언제든 형제들 누구라도 노선을 바꾸고 자신의 권력을 극대화하는 것보다 평화가 더 중요하다고 결단할 수 있었을 것이다. 고문관들 한 사람이 그를 붙잡고 좀 이야기했더라면, 그를 벼랑 끝에서 끌어낼 수도 있었을 것이다. 아니면 많은 경우에, 어느 형제든 한쪽이 좀더 발 빠르거나 좀더 결단력이 있거나 더 잔혹할 수도 있었고, 그랬다면 다가오는 내전을 더 빠르게 종식시킬 수 있었으리라. 그러나 그것은 경건왕 루도비쿠스의 방식이 아니었고 그의 아들들의 방식도 아니었다. 공정하게 말하자면, 카롤루스 왕조 역사에 걸쳐 그런 방식은 결코 일반적이지 않았다. 일반적인 방식은 의례적인 분노, 유배 그리고 세심히 관리된 유혈 사태였지, 학살이 아니었다.

형제들과 추종자들이 서로서로 대치하면서 직면한 주요 문제들 가운데 하나는 그들 모두가 함께 교육받은 탓에 상대방의 다음 움직임을 우려스러울 만큼 정확하게 예측할 수 있었다는 점이다. 군사적 측면에서 모든 카롤루스 사람들은 베게티우스가 쓴 로마 군사 교본에 따라 훈련받았다. 그 전술은 프랑크족에 맞추어 수정되었고, 그들이 외적을 상대로 군대를 이끌 때 아주 효과적이었다. 프랑크족은 승승장구했고, 제국의 범위를 수 세기 동안 본 적 없는 수준까지 확대했다. 그러나 830년대와 840년대에 이르러 프랑크 군대가 서로 대치할 때에는 각 지도자가 서로의 생각을 꿰뚫고 있었다. 그러므로 프랑크 군사의 전통이 향후 전쟁을 형성하는 구조와 배경에서 큰 부분을 차지했다는 것이 놀랄 만한 일은 아니다. 모든 군사 지도자들은 거의 동일한 훈련을 받았고, 동일한 군사 교본에서 영감을 받았으며, 주의 깊게 관리해야 하는 세 가지 병력 편성 체제 안에서 움직였다.[2]

첫째는 일반 징집군이었다. 프랑크 제국 내 신체가 멀쩡한 자유민

남성은 누구든지 방어적인 민병대에 소집될 수 있었지만, 병력 총동원
은 대단히 지장을 초래하기 때문에 직접적인 외침의 경우에만 이용되
었으며 제국 전역에서 한꺼번에 동원된 적은 한 번도 없었다.3 그보다
는 특정 지역에 구체적인 위협이 있을 때 오로지 그 지역에서만 일반
징집군이 소집되었다. 신체 건장한 모든 남성이 싸워야 했으므로, 잘
무장하고 훈련도 잘 받은 병사들이 일부 있었으나 대체로는 훈련을
받지 않고 무장도 변변치 않은 일반 대중으로 구성되었다. 전반적으
로 이 방어적인 징집군은 다루기도 어렵고 상당한 기간과 거리에 걸쳐
서 보급하기도 어려웠으므로 내전에서 중대한 역할을 하지 않았다.

둘째는 원정 징집군이었다. 840년대 내전에서의 원정이든 그보다
더 이른 시기에 외적을 상대로 한 원정이든 공세적인 전쟁을 위해서
프랑크 지도자들은 원정군을 소집할 수 있었다. 예를 들어 820년대
말에 바르셀로나에 세 차례 파견된 군대와 같이, 지금까지 보아왔던
소집 군대는 모두 지금 말하는 원정군이다. 그 대군들은 적어도 최소
한의 무장─무기, 방패, 어쩌면 활과 약간의 갑옷─은 할 수 있을 만
큼 재산이 넉넉한 사람들로 구성되었을 것이다. 재산이 늘어날수록
무장에 대한 기대치와 데려올 병사의 숫자도 늘어났다. 예를 들어 말
을 가지고 있다면 높은 지위를 상징했다. 카롤루스 마그누스와 그의
후계자들을 비롯해 프랑크 왕들은 군마를 사육하는 데에 크게 투자
했다. 왕들은 가장 부유한 성속 가문들에 연례 "선물"(즉, 세금)을 요
구했는데, 이는 흔히 말의 형태로 납부되었다. 더욱이 기마병은 어렸
을 때부터 훈련을 시작해야만 숙련될 수 있다는 것이 프랑크 사회의

상식이었다. 기마 전투는 시간과 물자 측면에서 비용이 많이 들었고, 프랑크 상류층의 정체성과 군사 관행에 불가결했다.

마지막으로, 모든 프랑크 유력자들은 가내 호위병을 보유했다. 훈련과 무장이 뛰어난 이들로, 단순한 문지기가 아니라 직업 군인에 가까웠다. 내전 말에 역사가 니타르두스는 대머리왕 카롤루스와 루도비쿠스 2세의 정예 병사들이 공개적으로 모의 전투를 벌이는 모습을 묘사했다. "동일한 수의 [두] 진영이 양쪽에서 뛰쳐나와 공격할 것처럼 전속력으로 상대방을 향해 내달렸다. 그러다가 한쪽이 몸을 돌리고는 추격자들을 피해서, 방패로 몸을 보호하고 있는 동료들 쪽으로 도망치는 척했다. 그러다가 그들은 다시 몸을 돌리고 지금까지 피해서 도망치고 있던 자들을 다시 추격하려고 했고, 그러다가 마침내 양쪽의 왕과 모든 젊은이들이 엄청난 함성과 함께 창을 휘두르고 말에 박차를 가해 앞으로 달려나왔다. 어느 쪽이든 도망칠 때마다 번갈아 추격했다."[4] 이 묘사는 물론 눈앞에 생생한 광경을 그려보이는데, 그보다 더 중요한 것은 니타르두스가 병사들의 연대감을 드러내려고 했다는 점이다. 제국 곳곳에서 온 병사들은 서로 다른 왕을 섬기고 있어도 상대방을 해치지 않으면서 모의 전투를 벌일 수 있었다고 말이다. 이 점은 나중에 중요해진다. 다만 일단은 그저 머릿속에 기마 전사들, 방패를 든 보병들, 대형의 형성, 질서 정연한 돌격과 진짜 혹은 가짜 후퇴 등 프랑크 전사를 구성하는 모든 관행들을 상상해보자. 그러고는 그 사람들이 본격적으로 싸울 때 상대방에게 가할 수 있는 폭력을 상상해야 한다.

그 폭력의 대부분은 일반 사병인 보병에게 일어났다. 그들은 천차 만별의 수준과 규모로 무장하고 갑옷을 갖추고 경험을 쌓은 사람들의 집단이었다. 제국 전체에 걸쳐 10만 명 정도가 전장에서 싸울 수 있었겠지만, 그만한 수가 절대 한꺼번에 소집되지는 않았을 것이다.[5] 그 대신 대귀족—왕과 황제뿐 아니라 그들 휘하의 가장 막강한 유력자들도 포함해—주변으로 고도로 훈련된 전사를 중핵으로 하여, 주로 보병인 수천 명의 병사로 구성된 군대를 상상해볼 수 있다. 무력 분쟁이 계속되는 동안 기병을 제공하고 중대한 순간에 전투에 배치될 수도 있으며 근위대로서 분쟁의 주역들을 지키는 사람들은 귀족이었다. 왕과 황제 본인이 전투에 직접 뛰어드는 경우는 별로 없었다. 비록 그들도 전사로서 훈련을 받고, 833년 경건왕 루도비쿠스의 몸으로부터 칼을 떼어낸 의례와 838년 카롤루스에게 칼을 채워준 의례, 그리고 840년에 황제가 로타리우스에게 검을 남긴 의례 등 앞에서 보았듯이 칼을 차는 것이 중요한 지위적 상징이기는 했지만 말이다.

그런데 군대는 싸우기만 하는 것이 아니다. 군대는 먹기도 한다. 대규모 군대가 소집되는 경우는 거의 없었지만—다만 841년과 그 이후의 전투들에서는 수만 명이 수 킬로미터의 전선에 걸쳐 서로 대치하는 일이 일어났다—수천 명으로 이루어진 작은 군대들도 대단히 파괴적인 세력이었고, 무장시키고 이동시키고 병사와 말을 먹이려면 상당한 병참 지원이 필요했다. 그들을 전장에 유지하는 일은 어렵고 비용이 많이 들었다. 보급품을 찾아다니는, 다시 말해 주민을 쉽게 약탈하는 군대는 현지 주민들의 마음을 얻지 못한다. 이 사실은 다수의 별개 군대가 전투를 피하면서도 힘을 투사하면서 같은 지역을, 다시 말해 군 지도자들이 정당한 주권자로서 다스리고자 하는 바로 그 영토와 주민들을 포섭하고자 할 때 특히 두드러졌다.

더욱이 제국의 지리는 형제 살해 전쟁이 일어나는 데에, 그리고 그 무력 분쟁의 해소가 지연되는 데에 결정적인 역할을 했다. 시야를 넓혀보면 830년대 태반 동안 로타리우스는 이탈리아, 다시 말해 알프스 산맥 이남에 있었음을 알 수 있다. 알프스 산맥으로 인해서 연중 대략 반년간은 이동이 어려웠다. 눈 덮인 고갯길은 당연히 병력 이동을 불가능하게 만들었고, 아헨에 있는 권력 중심과의 연락도 거의 불가능할 지경이었다. 이런 상황은 황제가 죽자 바뀌었고, 이제 알프스 산맥 이북에 있는 로타리우스는 프랑크 심장부를 더 쉽게 통제하도록 자연스럽게 통치의 중심지를 아헨으로 옮겼다. 그런데 그 시기에도 그의 인력과 지지 세력의 상당 부분은 여전히 이탈리아에 있었고, 그러므로 그의 권력 기반을 둘로 나눈 그 알프스 산맥 때문에 로타리우스는 이탈리아의 동맹 세력이 없으면 조심스럽고 어정쩡한 태도를 보이기도 했다. 반대로 독일왕 루도비쿠스와 대머리왕 카롤루스는 가장 취약한 순간에도 언제나 강을 건너서, 세력이 부족한 로타리우스가 따라올 수 없는 지역으로 퇴각할 수 있다.

서부의 센 강과 동부의 라인 강 모두 폭이 넓고 유속이 느리며 평상시에는 충분히 건널 만하다. 그러므로 두 강은 매복하기에 훌륭한 기회를 제공했다. 프랑크 장군들은 정직하게 정면 전투를 추구하기보다는 적이 강을 건너는 동안 불시에 덮치거나 적이 병력을 투입하기 전에 기습하는 전략의 이점을 이용하도록 훈련받았다. 실제로 우리는 830년대 초 반란 당시 군대들이 강을 사이에 두고 서로 기싸움을 벌이며 신중하게 참사를 피하는 모습을 거듭 목격했다.

특히 남북 방향으로 유럽을 관통해 흘러가는 거대한 장벽인 라인 강은 지금까지의 이야기에서 결정적 역할을 해왔다. 경건왕 루도비쿠스 1세가 자신과 같은 이름의 아들에게 라인 강 동쪽에 있는 바이에른의 지배권을 주기로 했을 때, 강은 아들 루도비쿠스에게 물러갈 수 있는 근거지, 확실히 적이 쉽게 진군해올 수 없는 근거지를 선사했다. 황제가 생을 마감하기 직전에 수행한 원정의 경우에서 보았듯이 바이에른은 황제가 독일왕 루도비쿠스의 야심을 억누르고, 그를 몰아내 봉쇄할 수 있는 장소가 되기도 했다. 경건왕 루도비쿠스와 독일왕 루도비쿠스 간 위기의 순간에 아들은 퇴각해야만 했는데, 어느 정도는 그가 고작 자신의 근위대만으로 아버지를 라인 강 서쪽에 붙잡아두어야 했기 때문이다.[6] 반면에 황제는 훨씬 더 큰 원정군을 이끌고 도착했다. 강 건너편에 붙잡아두기어 는 크고, 맞서 싸우기에는 더더욱 큰 군대였다. 아들은 신속히 바이어른으로 퇴각했다(아들은 어쩌면, 아버지가 늙고 병들었으나 잘하면 계속 살아서 다음을 기약할 수 있다는 것을 깨달았을지도 모른다). 달리 달해 강은 사람들을 접근하지 못하게 저지하는 동시에 안에 가두기도 하는, 투과성을 띤 장벽이었다. 경건왕 루도비쿠스가 죽은 직후에 이 강들은 형제들이 서로 잡아먹을 듯이 싸우지 못하게 막았다.

로타리우스는 아버지의 임종을 지키지 못했지만 근처에 있었고 그곳으로 가는 길이었다. 게다가 839년에 아버지와 화해하고 제왕의 상징물과 황제 칭호를 부여받았으므로 그는 신속하게 움직여 자신의 권위를 더 폭넓게 주장할 수단이 있었고, 이후에 일어날 사건의 촉매 역할을 했다. 그는 제국의 계승자로서 아버지의 측근들의 지지를 재빨리 쓸어담았다. 그러나 형제들은 어떻게 할 것인가?

단신왕 피피누스, 카롤루스 마그누스, 경건왕 루도비쿠스는 모두 처음에 프랑크족의 왕으로서, 그다음에는 황제로서 최고의 지위를 홀로 차지했다. 물론 그들 모두는 통치의 일정한 권리와 책임을 가족이나 다른 프랑크 지배층에게 위임했다. 로타리우스는 이것이 유일하게 올바른 통치 방식이라고 이해했다. 혹은 그렇게 이해했다고 주장했다. 동생들에게 제국의 넓은 지역에 대한 권한을 허용할 용의가 그에게 있었다는 것은 거의 확실하다. 그것 역시 전통, 아버지가 세상을 뜨기 오래 전에 로타리우스를 승격시켰던 817년의 『오르디나티오 임페리』에 곱게 모셔진 전통의 일부였다.

그럼에도 불구하고 그 문서가 규정한 것처럼, 또 그의 아버지가 하려고 애쓴 것처럼, 황제는 심지어 왕들 사이에서도 통치의 중심이 되어야 했다. 황제는 모두가 신종을 바치는 사람이자 권력을 어떻게 위임할 것인지를 결정하는 사람이었다. 황제의 역할에는 일종의 관성이 있었고 심지어 이전에 로타리우스가 아버지에게 반기를 들어 긴장이 높아졌을 때에도 권력은 (로타리으스로서는 매우 불만스럽겠지만) 불가항력적으로 제위로 되돌아갔다. 아버지가 사라졌고, 로타리우스가 다르게 행동할 때라고 생각할 만한 이유는 없었지만, 이제는 그가 책임자였다. 그렇게 보았을 때 그의 입지는 썩 괜찮았다. 문제는 로타리우스가 그의 아버지가 아니라는 점이었다. 그는 제국이 돌아가게 만드는 강력한 대귀족들과 과거를 공유하지 않았고, 통치를 위해서 아버지로서의 권위에 의존할 수도 없었다. 그는 맏형에 불과했고, 맏형이 동생들에게 항상 존경을 받는 것은 아니다.

형제들은 독립을 원했고 그와 더불어 합당한 지위를, 그것도 그들이 처음부터 고수해왔던 지위를 원했다. 프랑크 전통은 아들들 사이에 공평한 분할을 요구하며, 자기 자신을 단독 통치자로 치켜세우려는 로타리우스의 시도는 그 전통을 위배한다고 형제들은 따졌다. 게다가 독일왕 루도비쿠스 2세는 (알다시피) 838–839년에 일어난 일과 당연히 자기 몫이라고 생각한 영토를 박탈당한 일에 매우 매우 억울해하고 있었다. 그가 수모를 당하는 데에 관여한 인물들인 메스 백작 아달베르트와 마인츠 대주교 오트가르가 곧장 로타리우스 편에 붙은 것도 상황에 도움이 되지 않았다. 같은 시기에 대머리왕 카롤루스도 물론 광대한 영토를 약속받았으며—840년 아버지가 세상을 떴을 때 열일곱 살로서—자신의 독립성을 주장하고자 애쓰고 있었다. 그는 형들의 손에 감금당한 경험(두 번이나!)도 분명 기억하고 있었을 테고, 어머니인 유디트가 고문당하고 갇히고 마녀로 비난받은 일에도 아마 여전히 분노하고 있었을 것이다.

개인적 불화와 동일한 영토에 대한 상충하는 권리 주장, 권력에 대한 야망 그 모든 것이 합쳐져 해소할 길 없는 핵심적인 긴장을 조장했다. 로타리우스는 권력이 자신을 통해서 흘러야 한다고 생각한 반면, 카롤루스와 루도비쿠스는 그들이 제국이라는 구조 안에 유지되는 독립적인 왕국을 수여받았다고 믿었다. 그런 세계관의 차이를 고려하고 또 사후적으로 보자면 형제 대 형제의 싸움은 불가피했던 것으로 보인다.

그렇지만 분쟁은 다른 식으로 진행될 수도 있었다. 로타리우스와 카롤루스가 따로 화평을 맺고 기분 좋게 안정적인 합의에 도달하여 독일왕 루도비쿠스를 바이에른에 가두어둘 것처럼 보이던 때가 있었다. 심지어 루도비쿠스와 카롤루스가 함께 로타리우스에게 저항할 때에도, 그들이 각자도생하면서 서로 보조를 맞출 수 없거나 맞출 생각이 없어보이기는 했지만, 처음부터 협력하면서 로타리우스를 꼼짝 못하게 포위할 수도 있었을 것이다. 아니면 로타리우스가 카롤루스든 루도비쿠스든 그냥 어느 한 동생과의 전투에 좀더 일찍, 좀더 발 빠르게, 좀더 영리하게 뛰어들 수도 있었을 것이다. 무엇보다도, 막강한 귀족인 메스의 아달베르트가 해야 할 일을 해서 독일왕 루도비쿠스를 라인 강 동쪽에 묶어둘 수도 있었을 것이다. 아달베르트가 오만과 루도비쿠스에 대한 증오에 사로잡히는 바람에 군대를 이끌고 강을 건너 고대 운석구 위쪽의 언덕과 시내로 들어갔다가 다시 돌아오지 못한 일은 일어나지 않았을 수도 있었다.

840년 늦여름 아버지가 죽은 이후 사태가 그저 굴러가는 사이, 카롤루스는 서부에 머물고 있었고 루도비쿠스 2세와 로타리우스는 라인 강을 따라서 충돌했다. 로타리우스는 새로운 단독 황제로서, 마인츠 근처에서 귀족 회의를 개최하여 주요 주교와 수도원장들의 지지를 누리고 판결을 내리고 공문서를 발행하는 등 여타 절대적인 통치권의 업무를 수행했다. 귀족 회의는 언제나 공개 전시의 순간, 합의를 만들어내고 통치자의 권력을 과시하는 수단이었다. 경건왕 루도비쿠스는 바로 그렇게 하기 위해서 귀족 회의에 의존했다. 그와 유사하게 이후 수년에 걸쳐 독일왕 루도비쿠스와 대머리왕 카롤루스가 경쟁적으로 각자 귀족 회의를 개최함에 따라, 경건왕 루도비쿠스 치세 때의 그 무대 작품들과 유사한 정치적 공연의 기회가 이제는 경쟁자에 맞서 권리를 주장하는 수단으로 동원되는 모습을 보게 될 것이다. 군대와 칼만이 아니라 의례와 선언문을 통해서도 전투에서 승리할 수 있다. 그 의례가 더 많은 귀족들을 설득시켜서 우리 편이 그 귀족들의 병사들에게 접근할 수 있다면 더욱 그렇다.

황제 역할을 만족스럽게 수행한 뒤 로타리우스는 아버지 치세의 마지막 수개월 동안 아직 마무리되지 않은 일로 눈길을 돌렸다. 그는 여전히 반란 상태이며 잃어버린 왕국 때문에 화가 난 동생인 독일왕 루도비쿠스 2세를 처리해야 했다. 루도비쿠스는 보름스에 소규모 수비대를 남겨두었는데, 라인 강 서안에 있는 보름스는 마인츠에서 남쪽으로 대략 50킬로미터 떨어져 있었다. 로타리우스가 그곳으로 진군하자 수비대는 재빨리 달아났으며, 그러자 황제는 다시 방향을 돌려서 50킬로미터가량을 이동하여 주요 도강 지점인 북쪽의 마인츠로 되돌아갔다. 그곳에서 그는 프랑크푸르트를 향해 진격할 생각으로 군대를 라인 강 동안으로 이끌었는데, 프랑크푸르트는 카롤루스 왕조의 중요한 집결지이자 독일왕 루도비쿠스의 야심에 핵심적인 장소였다. 로타리우스의 목표는 무력과 강력한 의지를 과시하고, 라인 강을 따라 있는 동요하는 귀족들을 자기편으로 끌어들이는 것이었으며—최소한 사후적으로 판단했을 때는—바이에른을 침공하는 것은 아니었다.

한편 독일왕 루도비쿠스 2세는 바이에른과 작센의 동맹들로부터 군대를 끌어모았고 마침 마인츠를 향해서 서쪽으로 귀환하고 있었다. 아마도 그는 재빨리 도강 지점을 손에 넣고 라인 강을 자신과 형 사이의 완충 지대로 확보하여 마찬가지로 그 지역의 귀족들의 충성을 얻어내거나 최소한 그 지역에 있는 로타리우스 편 귀족들의 땅과 재산을 장악하기를 기대했을 것이다.

경건왕 루도비쿠스 1세가 무덤에 묻힌 지 두 달도 지나지 않았는데, 가장 나이 많은 두 아들이 각자 군대를 이끌고는 라인 강의 지류인 마인 강을 사이에 두고 대치 중이었다. 집결 병력의 규모에 대한 사료의 설명은 불분명하지만, 두 형제 모두 원정군을 소집했다. 로타리우스는 제국의 심장부에서, 루도비쿠스 2세는 바이에른과 작센에서 군사를 일으켰다. 두 군대는 비교적 기운이 남아 있고 보급을 잘 받고 무장을 잘 갖춘 상태였지만 어느 쪽도 난투에 뛰어들 태세까지는 아니었다. 전투 대신에 두 군주는 재빨리 휴전을 협상했다. 그다음 양측은 "딱히 우애롭지는 않게 진을 쳤다."[7] 당시 아직은 누구도 완전히 깨닫지 못했을지라도, 내전이 실질적으로 시작된 것이었다.

독일왕 루도비쿠스에게는 약간 기시감이 느껴질 상황이었다. 그는 이 지점에서 두 차례 아버지의 군대를 저지하려고 했고 두 번 다 실패했다. 그는 같은 일이 반복되지 않게 하려고 마음을 단단히 먹었다. 루도비쿠스는 싸울 준비가 되었으며 사실 싸워야 한다고 느꼈는지도 모르는데, 그들 둘만의 싸움이라면 시간과 자원이 로타리우스의 편일 것이기 때문이다. 한편, 로타리우스로서는 그가 더 강한 전력을 보유했을지라도 정면 전투를 무릅쓸 이유가 없었고, 정치 공작이 그에게 유리하게 돌아가는 것처럼 보인다면 더더욱 그랬다. 그는 제위의 상징물을 손에 넣었다. 주교들도 손에 넣었다. 전투에는 위험이 따를 것이다. 무슨 일이든 일어날 수 있었다. 게다가 그에게는 상대해야 할 동생이 또 있었다.

로타리우스는 싸우는 대신 각자 갈 길을 가다가 11월 11에 같은 장소로 돌아와서 의견 차이를 평화적으로 해소하도록 노력해보고, 그래도 타협이 불가능하다면 싸워서 결판을 내자고 제안했다. 루도비쿠스는 안도하며 동의했다. 로타리우스는 군대를 이끌고 다시 라인 강을 건너서 서쪽으로 향했다. 루도비쿠스는 동부에서 힘을 쌓는 작업에 착수했다.

두 군대가 그때 맞붙었다면 어떻게 되었을지는 아무도 모르지만, 무르익어가던 내전이 841년 8월에 바로 그곳, 독일의 두 강의 합류 지점에서 끝났을 수도 있다. 로타리우스는 사료에서 형편없게 나오는데, 물론 그의 적들은 그를 겁쟁이처럼 묘사했다. 지금까지 전해지는 서사들은 대체로 독일왕 루도비쿠스 2세나 대머리왕 카롤루스 2세의 관점을 반영한다. 그러나 로타리우스는 자신의 자원—병력, 무기, 재원—이 우월하다는 점을 똑똑히 보여주면, 루도비쿠스도 결국에는 현실을 직시하고 굴복할 것이라고 바라고 있었다. 로타리우스의 관점에서 보면 그는 지난 10년간 일어난 모든 위기의 규칙에 부합하게 행동하고 있었다. 군대를 소집하고, 통치자의 역할을 연기하고, 싸울 용의와 능력을 보여주되 프랑크인 간의 정면 대결은 피하는 것 말이다. 이번이라고 왜 달라야 하겠는가? 왜 싸우겠는가? 로타리우스는 모름지기 일이 굴러가는 법을 안다고 자부하며, 그의 입장을 정당화할 선례도 있는 세계 안에서 활동하고 있었다. 두 프랑크 군대 간 전투는 그가 이길 수 있다고 하더라도 바람직하지 않았다.

싸우는 대신 그는 대머리왕 카롤루스를 처리하러 갔다.[8] 그는 유사한 전략을 이용하여, 카롤루스의 지지자들을 자기편으로 끌어들이려고 했고 여봐란듯이 자신의 더 큰 군대를 과시했으며 위협과 약속으로 회유했다. 그러는 동안 카롤루스는 아키텐의 피피누스 2세의 위협을 처리하기 위해서(그리고 로타리우스를 피하기 위해서) 점점 더 서쪽으로 가고 있었다. 그러다가 카롤루스와 카롤루스의 대부이자 (그전 해부터) 그의 수호자로 맹세한 로타리우스 간의 만남이 미루어졌다. 840년 11월, 로타리우스가 독일왕 루도비쿠스 2세를 만나러 마인 강으로 돌아갔어야 하는 바로 그때에 로타리우스와 카롤루스는 오를레앙 근처에서 마침내 만났다.

로타리우스의 군대는 컸지만, 카롤루스의 핵심 지지층은 카롤루스를 버리려고 하지 않았다. 로타리우스로서는 크게 실망스럽게도 이번에는 또다른 "거짓말의 들판"이 재연되지 않을 것이었다. 다시금 로타리우스는 전투보다는 협상을 택했고, 수중의 정치적 지렛대(황제라는 칭호, 아헨의 장악, 더 큰 군대)를 이용하여 카롤루스와 그의 지지자들에게 휴전을 강요하며 지배력을 제한된 영역으로 축소시킬 것과 다음 5월까지 제자리를 유지할 것을 요구했다. 마지막 조건은 중요한데, 그 조건으로 카롤루스가 지지자들을 규합하는 일과 피피누스 2세를 상대하는 일 모두를 이론적으로 각을 수 있기 때문이다.

로타리우스는 다음 5월에 프랑스 북동부 아티니에서 둘이 만나 의견 차이를 해소하자고 제안했다. 카롤루스와 신하들은 이러한 휴전 조건을 지킬 것을 맹세하며 동의했는데, 단 "로타리우스가 모름지기 형제로서 카롤루스에게 성실한 친구인 한"이었다. 이러한 휴전 조건은 역사가(이자 카롤루스 곁의 귀족)인 니타르두스에 따르면, "이를 맹세한 자들이 아직 집을 떠나기도 전에 로타리우스가 그들 일부를 꾀어내려고 했을 때……[그리고] 동생에게 배정한 영토로 그들을 즉시 보내서 분란을 일으키려고 했을 때" 곧장 위반되었다. 달리 말해, 니타르두스에 따르면 카롤루스의 지지자들은 맹세를 깨트렸지만 맹세를 깨트린 자들이 아닌데 로타리우스가 먼저 맹세를 위반했기 때문이라는 것이다. 한사코 강변하는 모양새를 보니 오히려 진실은 그 반대가 아니었을까 싶기도 하다.

그후 현재 형제들 간의 관계처럼 차가운 겨울이 끼어들었다. 세 형제와 그들의 군대는 모두 눌러 앉아 봄이 오기를 기다렸다. 꽃이 활짝 피는 사이, 여기에서 잠시 멈추어 상황을 점검해보자.

경건왕 루도비쿠스 1세가 죽은 뒤 수개월 만에 사실상 현상(現狀)이 복구되었다. 로타리우스는 제위에 무리없이 안착했(던 것처럼 보이)고, 절대 다수의 카롤루스 사람들에게는 크게 변한 점이 없는 것 같았다. 심지어 그 시점에는 갈등을 하도 많이 겪어서 식상한 일이 되었다. 독일왕 루도비쿠스 2세는 (성과가 별로 없었지만) 여전히 권력을 바이에른 바깥과 라인 강 서안으로 확대하고자 했다. 대머리왕 카롤루스 2세는 아키텐을 평정하려고 필사적으로 애쓰면서 여전히 어머니와 함께 있었다.

카롤루스에게 필요한 것은 새로운 동맹, 즉 군대를 보유하고, 그 지역에 명성이 있으며, 카롤루스가 신뢰할 수 있는 사람이었다. 좋은 결정을 내리는 대신에 그는 셉티마니아의 베르나르두스에게 관심을 돌렸는데, 베르나르두스는 세 가지 자격 요건들 중에 두 가지(군대와 명성)를 갖춘 사람이었다(그리고 반갑지 않을 때 귀신같이 다시 나타났다). 베르나르두스는 829년 보름스에서 열린 운명적 귀족 회의에서 카롤루스의 “수호자”로 임명되었음에도 불구하고 경건왕 루도비쿠스와 카롤루스에 맞서 피피누스 2세 편을 들었다.

로타리우스가 권력을 얻어감에 따라, 카롤루스는 피피누스 2세의 가장 막강한 동맹 중에 한 명을 빼앗아 온다면 피피누스를 끝장낼 수도 있겠다고 판단했다. 베르나르두스는 전에도 편을 바꾸었으니 또 한 번 바꿀 수도 있지 않겠는가? 그리고 카롤루스의 판단이 완전히 틀린 것은 아니었다. 베르나르두스는 실제로 자신의 피후견인을 돕는 데에 마음이 열려 있다고 시사했지만, 끊임없이 약속을 했다가도

깼고 카롤루스의 지지자들을 공격했다가도 사죄하고 화해하기를 거듭하면서 입장을 확고하게 못 박지 않으려고 했다. 카롤루스가 실제로 해낸 일은 센 강을 건너는 데에 성공하여 어머니 유디트와 다시 접촉한 것이었고, 그다음 그는 그 기회를 이용해 파리를 장악했다. 그리하여 그는 841년 3월에 파리에서 자체 귀족 회의를 열어 로타리우스가 맹세를 깼다고 비난할 수 있었다. 카롤루스는 자신의 넓은 아량을 과시하며 어쨌든 황제를 만나러 아티니로 가겠다고 약속했다. 그러나 그것은 허세에 더 가까웠고, 카롤루스와 지지자들은 황제 쪽의 계속되는 부당한 적대에 직면해서도 오로지 평화와 정의를 추구하는 사람들로서 자신들을 내세우고 있었다.

한편 로타리우스는 고개를 돌려 다시 독일왕 루도비쿠스를 상대하려고, 니타르두스에 따르면 "엄청난 대군"을 끌어모아 841년 4월에 라인 강을 건넜다. 루도비쿠스도 시간을 헛되이 흘려보내고 있지 않았다. 로타리우스가 지난해 11월에 마인츠로 귀환하지 않기로 한 뒤에 루도비쿠스는 다시 한번 바이에른과 작센에서 지지를 다졌다. 카롤루스처럼 독일왕 루도비쿠스는 작센의 파데르보른에서 대형 귀족 회의를 개최했는데, 798년 교황 레오 3세가 카롤루스 마그누스를 찾아온 곳이며 그러므로 상징적 의미가 넘치는 장소였다. 사실 그것은 최소 25년 만에 카롤루스 지도자가 작센에서 처음 주재하는 회합이었다. 루도비쿠스는 영토를 하사하고, 성속 주요 관리들의 지지를 확보하고, 그의 권력 주장을 공개적으로 정당화하면서 자신의 존재감을 십분 활용했다. 그는 자신이 교회의 수호자이며 하느님은 그가 왕이 되도록 택하셨다고 주장했다. 그리고 아버지 경건왕 루도비쿠스는 그를 후계자로 지명했다. 다만 최근인 838년에 경건왕 루도비쿠스가 그와 이름이 같은 아들의 상속권을 박탈했으며, 앞에서 본대로 그를 바이에른으로 몰아넣어 도망치게 만들었다는 불편한 사실이 존재했다. 그러나 독일왕 루도비쿠스는 그 모든 사정을 아버지가 아니라 못된 고문관들 탓으로 돌렸는데, 그와 형제들이 이전의 위기들에서 황제 대신 베르나르두스와 유디트를 공격한 것과 똑같은 방식이었다. 이번에 황제가 아들에게 등을 돌리게 만든 자들은 오트가르와 아달베르트라고 루도비쿠스는 말했다.

공정하게 말하자면 독일왕 루도비쿠스는 틀리지 않았다. 그리고 마침 그는 곧 복수할 기회를 얻게 된다.

• ◆ ✦ ◆ •

그러나 아직은 아니었다. 지난해에 로타리우스와 루도비쿠스가 처음 만났을 때 싸울 태세였던 사람은 루도비쿠스였고 전투를 회피한 사람은 로타리우스였던 반면, 이번에는 기세가 로타리우스 쪽으로 기울었다. 로타리우스가 군대를 이끌고 도착하자마자 루도비쿠스 편의 일부가 로타리우스가 더 큰 군대를 보유하고 있으며 자원에 더욱 잘 접근할 수 있으므로 결국 승리할 것이라고 믿고, 루도비쿠스를 버리고는 반대편의 로타리우스에 합세했다. 게다가 달아난 이들도 있어서 루도비쿠스 곁에는 소규모 핵심 병력만이 남아 있었는데, 아마 그의 근위대보다 그다지 크지 않았을 것이다. 이번에는 833년 경건왕 루도비쿠스를 끝장낼 뻔한 "거짓말의 들판"이 재연될 것 같았다. 그러나 아들 루도비쿠스는 붙잡히지 않았다. 그 대신에 세 번째로 바이에른으로 도망쳤다.

전투를 회피하고 압도적인 군사력을 배치하고 그의 형제들 편에 가담한 사람에게 계속해서 관대한 처분과 특전을 베푸는 로타리우스의 전략이 통하는 듯했다. 로타리우스는 도하 지점을 경계하고 독일왕 루도비쿠스를 가두어두도록 메스의 아달베르트를 남겨두고 떠났다. 아달베르트는 전에 839년에도 경건왕 루도비쿠스를 위해서 그 임무를 수행했다. 그의 노고에 로타리우스는 아달베르트에게 아우스트라시아의 공작이라는 새로운 칭호를 내리고 승리를 선언한 다음, 내전을 끝내고자 서쪽의 카롤루스에게 눈을 돌렸다.

아달베르트에게 할 일이 한 가지 있었다는 것은 분명하다. 굴욕을 당한 루도비쿠스를 바이에른에 묶어두는 것이었다. 독일왕 루도비쿠스가 아달베르트를 미워했으며 그 감정이 피차일반이었다는 것도 분명하다. 개인적인 것이 정치적일 때가 있다. 때로 역사는 개인적 원한과 불만 때문에 바뀌기도 하는데, 이번이 그런 경우였던 것 같다.

군대는 도망칠 때만큼이나 빠르게 재정비될 수 있다. 운명은 순식간에 반전되기도 한다. 루도비쿠스에게 모든 것이 끝난 것처럼 보이던 그때, 그의 진영과 카롤루스 진영 간의 수개월에 걸친 외교가 갑자기 결실을 맺기 시작했다. 어느 쪽이 먼저 의사를 타진했는지는 알 수 없으며—각자의 지지자들은 상대편이 그랬다고 주장한다—그리 중요하지 않다. 두 사람의 독립성을 인정하도록 로타리우스를 압박하려는 그들의 싸움은 명확하게 두 편으로 나뉘는 하나의 싸움이며 한편에는 로타리우스가, 반대편에는 카롤루스와 루도비쿠스가 함께 있는 구도라는 양해(諒解)에 도달했다는 사실, 그것이 중요하다. 로타리우스가 1년째 시간을 끌어온 것은 사실이지만, 그는 황제 행세를 하고 틈만 나면 동생들의 지지자들을 채어가면서 갈수록 힘이 세지고 있었다. 이제 두 동생은 서로 만날 수 있다면 군대를 합치고 로타리우스에게 가서 그들의 독립적 지위를 인정하도록 강요하기로 했다. 카롤루스는 로타리우스를 우회하여 북쪽으로 기동할 수 있다고 자신했다. 다만 두 가지 (연관된) 장애물이 루도비쿠스와 동생 사이를 가로막고 있었는데 바로 라인 강과 메스의 아달베르트였다.

루도비쿠스는 바이에른에서 마지막으로 한 번 더 원정군을 소집했다. 아달베르트는 루도비쿠스가 틀림없이 도나우 강 남안을 따라 뻗은 옛 로마 가도로 이동할 것이라고 예상했고, 그래서 아달베르트는 십중팔구 지류인 레크 강변, 즉 도나우 강 남쪽 강변에 진을 차렸을 것이다. 루도비쿠스는 곧장 그곳을 지나가게 될 것이고, 아달베르트가 공격하면 루도비쿠스는 다시 도망치거나 싸워야 할 것이다. 그리고 루도비쿠스가 지면, 동부 전선의 내전은 끝나리라. 그런데 어느 시점에 루도비쿠스는 눈앞에서 자신을 기다리고 있는 것이 있음을 간파하고는 우회했고, 베게티우스의 금언을 이용해 적의 허를 찔렀다. 수년 전에 아달베르트가 뜻밖에도 강을 건너서 루도비쿠스의 허를 찌른 것처럼, 이제는 독일왕 루도비쿠스가 비슷한 일을 해냈다.[9]

루도비쿠스는 도나우 강의 북쪽으로 향했고 좀처럼 사람이 오가지 않는 경로를 이용했으므로 병사들이 강을 건너 몰래 빠져나갈 수 있겠다고 생각했을 것이다. 다만 딱 그가 계획한 대로 풀리지는 않았는데, 아달베르트가 상황을 파악하고 발 빠르게 대처했기 때문이다. 아달베르트로서는 당황할 이유가 없었다. 질서가 잡히고 보급도 잘 받는 대군을 거느렸으니 그는 루도비쿠스의 진군 경로를 똑같이 따르면서, 적이 라인 강을 건너 카롤루스를 찾기 위해 서쪽으로 방향을 틀 때마다 준비 태세를 갖추는 방식으로 안전한 전략을 펼 수도 있었을 것이다. 그는 싸울 필요가 없었다. 그냥 루도비쿠스를 계속 고립시키면 되었다. 그는 척후병을 내보내 루도비쿠스의 움직임을 추적하게 했다.[10] 가볍게 무장한 개별 병사들이나 소규모 병력이 시골 지역을 조용히 이동하며 군대의 이동 경로를 추적했다. 그러므로 루도비쿠스가 움직이면 아달베르트도 북쪽으로 진군했다. 여기에 또다른 강, 이번에는 뵈르니츠 강이 등장하는데, 북쪽 산간에서 흘러내려온 물이 합류하여 남쪽으로 흐르다가 도나우 강으로 빠지는 물길이었다. 아달베르트는 뵈르니츠 강의 서안을 따라, 루도비쿠스는 강의 동안을 따라 북쪽으로 진군했다. 아달베르트는 임무를 잘 수행하고 있었다.

그다음 두 군대는 바이에른 서부의 리스로 향했다. 리스는 지구 어디에서도 볼 수 없는 곳인데, 단지 이 책의 이야기에서 전환점이 되는 현장이기 때문만은 아니다. 대략 1,480만 년 전에 훗날 독일이 될 지방의 그 지점에 거대 운석이 충돌해서 대기 중으로 파편들이 뿌려졌다. 현대 과학자들은 "충격 석영", 다시 말해 강한 압력으로 미세하게

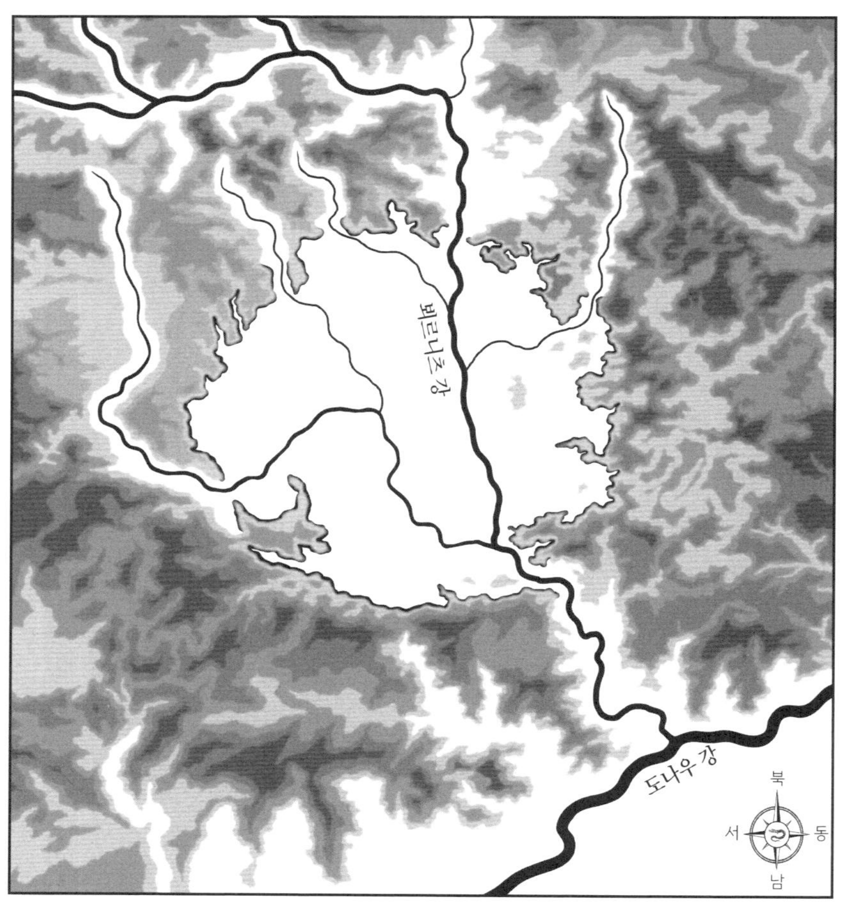

현대 독일의 바이에른 서부에 있는 리스 운석구(뇌르틀링겐 리스).

변성되어 현미경으로 보면 특이한 결정 구조가 드러나는 석영을 리스
에서부터 160킬로미터 이상 떨어진 스위스에서 찾아내기도 했다. 엄
청난 충격으로 낮은 언덕과 시내, 강물에 둘러싸인 구덩이가 생겼다.
뵈르니츠 강과 무수한 더 작은 지류와 시내가 지형학적으로 복잡한

지역을 관통하며 흐르는 탓에 대규모 무리가 이곳을 지나가기가 어렵다. 9세기의 이곳은 푸르르지만 너른 평야가 숲이 우거진 언덕들에 둘러싸여 있는 복잡한 풍경이었다. 다시 말해 병력의 이동을 가려줄 엄폐물이 풍부했다.

루도비쿠스는 아마도 그 지역을 잘 알고 있었거나 적어도 그 지역을 잘 아는 정찰병과 고문관들이 있었을 것이다. 그는 리스 운석구의 동쪽 가장자리에 계속 머물면서 자신의 공식적 움직임을 감추었다. 그곳은 그의 영토였고, 그는 그 사실을 자신에게 유리하게 이용했다. 아달베르트 역시 그 지역에 익숙했을지도 모르지만, 군대가 흉벽 운석구(rampart crater : 운석구 가장자리 바깥쪽으로 독특한 유동 산란물이 잎 모양으로 퍼져나가서 낮은 흉벽처럼 쌓인 운석구덩이의 일종으로, 화성 표면에서 많이 볼 수 있으나 지구에서는 리스 운석구가 유일하다/역주)의 가장자리로 다가가면서 그는 이 내전 최초의 파멸적 실수를 저질렀다. 841년 5월 13일 금요일에 그는 뵈르니츠 강을 건너기로 결정했던 것이다.

왜였을까? 우리는 알 수 없다. 그는 루도비쿠스보다 더 많은 군사를 거느렸고, 어쩌면 우세한 전력을 이용해 적에게 또 한 번 후퇴를 강요할 수 있다고 생각했을 것이다. 그는 바로 그런 상황에서 루도비쿠스에게 거듭 굴욕을 안겼고, 루도비쿠스가 또다른 후퇴를 전략적 후퇴라고 부를 수 있던 때는 진즉 지났다. 루도비쿠스가 도망치지 않는다면 더 좋았다. 아달베르트는 마침내 그 귀찮은 군주를 치워버리고 라인 강 중부 유역, 아니 어쩌면 프랑크 제국에서 가장 막강한 유력자로서의 지위를 확고히 주장할 기회가 왔다고 판단했을 수도 있다. 아니면 그저 루도비쿠스를 미워해서 그런 실수를 저질렀을 수도 있다.

아달베르트는 동쪽으로 진군하여 강을 건너려고 했다. 그는 평원을 가로질러 강을 건너, 여울목을 내려다보는 고지대에서 그를 기다리고 있는 군대로 향했다. 어쩌면 루도비쿠스는 아달베르트의 군대가 뵈르니츠 강 중간에 있을 때나 강을 막 건넜을 때, 아니면 그 지역의 다른 작은 시내들 중에 하나를 어렵사리 건너고 있을 때 공격했을 것이다. 그것은 알 수 없고, 중요하지 않다. 루도비쿠스의 궁수들이 화살을 날렸다. 그들은 혼란에 빠진 군대를 향해 돌격했다. 강을 등지고 있었으므로 아달베르트의 군대는 후퇴하여 전열을 재정비할 수도 없었다. 궤멸이었다.

메스의 아달베르트를 누가 죽였는지는 알 수 없다. 그를 베어 쓰러트린 병사가 자신의 칼에 묻은 피가 제국 최고의 귀족에게서 흘러온 것임을 알고 있었는지도 알 수 없다. 독일왕 루도비쿠스는 그곳에서 자신의 숙적이 죽는 모습을 지켜보았을까? 아니면 아달베르트는 말에서 떨어져 맹공격으로부터 도망치려고 안간힘을 쓰는 피와 진흙탕 속의 또다른 전투원에 불과했을까? 루도비쿠스는 그를 포로로 잡는 것을 더 원했을까? 그가 유감스러워했다고 생각할 만한 이유는 전혀 없다. 아달베르트는 수년 동안 루도비쿠스의 적이었으며, 개인적으로 그의 야심을 틀어막았고, 그의 지위, 나중에는 목숨도 위협했다.

그러나 일은 다른 식으로 흘러갈 수도 있었다. 아달베르트는 조심스럽게 움직일 수도 있었을 것이다. 임무를 해치울 수도 있었을 것이다. 그 대신 그는 결정을 내렸고, 그 결정 때문에 목숨을 잃은 데다가 내전에서 프랑크 군대들이 처음으로 맞붙어 싸우게 만들었다. 그들이 서로를 도륙한 것은 처음이었다.

그리고 이번이 마지막도 아닐 것이었다.

제3막

내전

IAM SOBAL · ET CONVERTIT

ET PERCYSSIT EDOM INVAL

8

퐁트누아

841년 6월 25일 토요일

841년 6월 25일 토요일 아침 태양이 떠올랐을 때쯤 경건왕 루도비쿠스 1세의 세 아들은 한 가지에는 생각이 일치했다. 그들이 싸울 준비가 되어 있다는 점에 말이다. 어깨에 힘만 주는 시간은 끝났다. 폭력만이 프랑크 제국의 운명을 결정하리라. 태양이 질 무렵에 로타리우스는 달아났고 두 동생이 승리했다. 그러나 대머리왕 카롤루스 2세와 독일왕 루도비쿠스 2세의 "승리"는 끔찍한 대가를 치렀다. 수천 명의 프랑크 전사들이 퐁트누아 벌판에 스러졌고 결정된 것은 없었다. 로타리우스가 실질적으로는 패배했을지도 모르지만, 그와 그의 군대는 전장을 빠져나갔고, 여전히 방어를 해낼 만큼 강했으며, 카롤루스와 루도비쿠스가 추격을 계속하기에는 너무 강했다. 게다가 그는 조카이자 동맹인 아키텐의 피피누스 2서와 여전히 손을 잡고 있었다. 모두가 예견했지만 누구도 일어나리라고 생각하지는 않았던 내전이 마침내

들이닥쳤다. 봉인이 깨지면서 수 세기 동안 프랑크족의 시신으로 유럽을 뒤덮을 복수의 악순환을 불러왔다.

양측은 10년 넘게 의도적으로 무력 분쟁을 피해왔다. 프랑크족은 대규모 전쟁 직전에 언제나 한 발 물러섰다. 그들은 (실제 존재하든 상상된 것이든) 음모자들을 처형했고, 군대는 유채꽃으로 가득한 노란 들판 너머로 서로를 노려보았지만, 그때마다 누군가가 전쟁 대신 항복이나 후퇴를 택했다. 그러나 메스의 아달베르트가 뵈르니츠 강을 건넜다가 독일왕 루도비쿠스 2세 군대의 칼과 화살에 학살당한 후에는 형세가 바뀌었다. 독일왕 루도비쿠스의 승리와 리스 운석구에서의 학살은 하나의 문을 열었고, 머지않아 피가 더 흐르리라는 점을 분명히 했다.

로타리우스는 자신의 겁박 시도가 더는 통하지 않을 것임을 알았다. 그러나 그는 여전히 크고 잘 무장한 군대를 보유했다. 독일왕 루도비쿠스와 대머리왕 카롤루스는 한 차례의 대규모 정면 전투가 승계 분쟁을 확실하게 해소할 수도 있다고 기대하며 기세등등해했다. 양측의 귀족들은 전리품을 열망하며 남자다움을 입증할 태세였다. 과연 옛 친구의 시신을 털게 될지―말없이―궁금해하고 있었을지라도 말이다. 양측은 대귀족과 유력자들의 변화무쌍한 합종연횡에서 지지를 유지하기 위해서 싸워야 했다. 그리고 자신들이 이길 수도 있다고 생각했다.

카롤루스와 로타리우스는 5월과 6월에 정면 충돌할 뻔했지만 어느 쪽도 딱히 싸울 마음은 없었다. 특히 카롤루스는 늪지와 숲을 활용해

지연 작전을 펴면서 로타리우스의 접근을 저지했다. 그런데 6월에 이르러 로타리우스가 동쪽으로 이동하면서 프랑크 제국 서부에 대한 압박이 어느 정도 완화되자, 카롤루스는 어머니 유디트 황후 및 그녀의 군대와 다시 접촉할 수 있었다. 황후와 함께 있는 군대 대다수는 아키텐에서 징집되었지만, 물론 전부가 그렇지는 않았다. 그녀는 물론 경건왕 루도비쿠스의 궁정의 중심에 있었고, 카롤루스는 838년 무렵까지 줄곧 아버지 곁에 있었다. 그러므로 그들은 경건왕 루도비쿠스 궁정의 안팎으로부터 상당한 지지를 이끌어낼 수 있었다.

한편 독일왕 루도비쿠스 2세는 로타리우스와의 임박한 대결에서 수적 열세를 만회하기 위해, 전투로 다져졌으나 상대적으로 소규모였던 군대를 690킬로미터 이상 강행군시켜 3주일 만에 동생인 카롤루스에게 합류함으로써 메스 백작 아달베르트에 대한 놀라운 승리를 자축했다. 그들은 탈진해 도착했고 말이 별로 없었다. 다른 한편으로 루도비쿠스가 데려온 모든 병사는 정예 기병부터 일반 징집병에 이르기까지 아달베르트의 전사자들에게서 무기와 갑옷을 벗겨내고 보급 수레를 약탈한 덕을 보았다. 루도비쿠스의 군대는 전쟁에 지쳤지만, 노련하고 무서울 만큼 장비를 잘 갖춘 전력이었고, 사기가 높아 또다른 전투 기회를 반기고 있었다.

그러나 로타리우스에게도 계획이 있었다. 그는 봄의 혼란을 이용하여 상당한 규모의 군대를 건설했다. 만남이 예정된 5월에 이르기까지의 카롤루스의 행동으로 보건대 그가 형이자 대부, 수호자에게 엎드리지 않을 것은 분명했다. 그리고 늦어도 6월 초까지는 루도비쿠스가

리스에서 이동해 라인 강을 건넜다는 보고가 로타리우스에게 틀림없이 닿았을 것이다. 로타리우스는 또다른 대결이 임박했음을 알았지만, 휴식을 충분히 취한 군대를 거느렸고 대규모 증원군도 오는 중이었으니 적어도 약간은 자신감을 느꼈을 것이다.

카롤루스가 항복하지 않으리라는 점이 분명해졌을 때 로타리우스는 조카인 아키텐의 피피누스 2세에게 접근해 아버지의 왕국에 대한 피피누스의 권리를 지지하겠다고 약속했다. 피피누스 2세는 군대를 이미 일으켰고, 카롤루스와 유디트가 이끄는 훨씬 더 강력한 군대에 맞서 아마도 지금의 상황이 가장 승산이 있을 것이라고 보고 기꺼이 돕고자 했다. 두 사람의 전략은 아주 이치에 맞았다. 로타리우스는 지금까지 해왔던 대로만 하면 되었다. 형제들을 계속 바쁘게 만들고 감시하며 피피누스가 도착할 때까지 정면 전투를 피하다가, 카롤루스 황제의 엄청난 위력 앞에서 두 형제가 허겁지겁 자기 영토로 도망치게 만드는 것이었다. 그는 전에 여러 번 그랬던 것처럼 형제들을 겁박할 수 있으리라고 기대했지만, 메스의 아달베르트의 패전 소식을 들은 후에는 그 역시 싸울 준비를 마쳤다.

도박사들이라면 로타리우스에게 돈을 걸었을 법하다. 전투 전날 라벤나의 대주교 게오르기우스는 승패를 매우 확신해서 로타리우스에게 이튿날이 저물 때까지 카롤루스는 머리를 깎고 수도사가 될 수밖에 없을 것이라고 말했다. 로타리우스와 마찬가지로 게오르기우스 대주교는 꼽추 피피누스처럼 왕이 되려고 한 다른 카롤루스 사람들의 운명을 분명히 기억하고 있었고, 구체적인 부분은 다를지라도 실질적으로는 그런 사건이 재연될 것을 의심할 이유가 없었다. 프랑크족은 로타리우스에게 결집했고 신은 황제에게 승리를 내리실 것이다. 전에 그토록 여러 차례 그의 아버지에게 그랬던 것처럼 말이다.

◆ ◆ ✛ ◆ ◆

퐁트누아 마을 주변 지역은 그때나 지금이나 푸릇푸릇한 초지이며, 군데군데 낮은 언덕과 울긋불긋한 야생화가 시골 일대를 수놓고 있다. 바로 동쪽으로는 작은 시내가 북쪽으로 구불구불 흘러간다. 퐁트누아 자체는 딱히 전략적 요충지가 아니다. 왕궁도 없고 근처에 커다란 마을이나 교회가 있지도 않았다. 남북 방향으로 뻗었으며 파리와 리옹을 연결하는 옛 로마의 도로 둘 사이에 위치한 곳인데, 세 형제의 중핵지대들 사이에 위치한 장소이기도 하다. 퐁트누아가 전장이 된 것은 어쩌면 로타리우스가 카롤루스와 루도비쿠스를 계속 떼어두려고 기동한 결과일 수도 있다. 로타리우스는 이탈리아에서 리옹을 거쳐 북쪽으로 군대를 이끌고 오는 데에 두 개의 로마 도로 중에 동쪽 구간을 이용할 수 있었을 것이다. 또한 오세르를 통해서 북동쪽의 프랑크 심장부로부터의 지지에도 의지할 수 있었을 텐데, 퐁트누아에서 30여 킬로미터밖에 떨어져 있지 않은 주교구인 오세르는 833년의 두 번째 반란 이래로 굳건히 그를 지지해온 사람이 지배하고 있었다. 게다가 이론상으로는 자신을 카롤루스와 루도비쿠스 사이에 위치시킴으로써 둘이 자신에 맞서 군대를 연합하지 못하게 막을 수 있었다.

이것이 로타리우스의 전략이었다면, 그의 도박은 실패했다. 카롤루스와 루도비쿠스는 이미 접촉했고, 자신들의 군대 일부를 근처 남쪽의 작은 언덕에 배치했다. 로타리우스도 비슷하게 몇 킬로미터 떨어진 또다른 낮은 언덕에 군대를 배치했지만, 정확히 어디인지는 다소 불분명하다. 다만 두 군대가 습지대로 분리되어 있었다는 것은 분명하다. 양측이 협상을 시도했지만 이견을 해소할 수 없었다는 것도 분명하다. 대머리왕 카롤루스와 독일왕 루도비쿠스 편에 가까운 기록들은 그들이 마지못해 전투에 나섰다고 말한다.

다른 한편으로 그것은 보여주기이자 변론이었다. 세 형제는 모두 지지자와 적, 그리고 권리 주장자들 사이에서 머뭇거리는 모든 이들에게 자신은 싸우고 싶지 않다는 것을 보여주어야 했다. 또다른 한편으로 앞에서 몇 번이나 본 것처럼 카롤루스 마그누스의 후손들은 항상 서로 대학살 직전까지 갔다가 협상을 해서 빠져나올 길을 찾아냈다. 그러나 악감정이 쌓이고 위협이 반복되다 보면 결국 현실이 된다.

그리고 경건왕 루도비쿠스 1세의 아들들의 경우도 마찬가지였다. 그들은 이튿날 제2시(오전 8시)에 싸우기로 합의했고, 실제로 전투는 바로 그렇게 벌어졌다. 그 상쾌한 6월 아침 날이 밝아오자 프랑크인들은 막사에서 나와 화톳불을 다시 피우고 말에 꼴을 먹였다. 한 제국의 운명이 결정될 참이었다. 최소한 알려진 바에 따르면, 어느 쪽도 상대방과 다른 전략을 들고 나오지 않았다. 들판 위에 낮게 낀 아침 안개가 적진을 가렸지만, 그들은 무엇이 기다리고 있는지 알고 있었다. 그들은 아주 오랫동안 함께 싸워왔다. 말에 오르고 방패의 가죽끈을 단단히 조이고 창끝이 날카로운지 살펴보면서 그들은 자신들이 다시 한번 프랑크 제국을 위해서 싸우고 있음을 알았다. 다만 이번에는 신께서 그들에게 승리를 내려주실 것을—안다기보다는—그저 바랄 뿐이었다.

돌격과 후퇴를 반복하는 보병과 기병의 움직임, 언덕이나 골짜기에 배치된 그들의 위치, 싸우는 그들 주변으로 흐르던 시냇물의 깊이 등 전황에 틀림없이 영향을 미쳤을 세부 사항들에 대해서 어느 사료도 믿음직하게 묘사하지 않을 때, 단 한 번의 전투, 심지어 단 하루에 대한 이야기를 어떻게 들려줄 것인가? 쉬운 일이 아니다. 다행스럽게도 적어도 2종의 목격담이 남아 있고, 목격자들에게 쉽게 접근할 수 있었던 다른 두 명의 작가도 알려져 있다. 그러나 행운은 거기까지이다. 그 네 가지 출처는 이 시점까지 이 책에서 참고해온 모든 사료와 마찬가지로 대단히 당파적이며 사실을 기록하기보다는 우주론적이거나 신학적인 의미의 더 큰 "진실"을 드러내는 데에 더 관심이 있었다. 그래도 궁정인과 권리 주장자들의 속셈에 휘둘리지 않도록 그 사료들을 서로 대조해가며 읽어보고 최대한 정보를 뽑아내보자.

　이야기체 사료는 동프랑크 왕국, 서프랑크 왕국, 이탈리아, 로타리우스의 궁정에서 나온 것인데 그중 어느 것도—그것들을 모두 합쳐도—군대의 위치를 지도상에 가리키기에, 또 기동과 돌격, 반격의 자세한 모습을 묘사하기에는 충분하지 않다. 다만 당시 전쟁이 일반적으로 어떻게 치러졌는지는 알 수 있으며, 그 군대들이 각각 수천 명의 병사로 구성된 대군이었다는 사실도 알려져 있다. 유일한 구체적 숫자는 4만 명인데, 이 숫자는 로타리우스 쪽의 전사자 숫자만을 가리킨다. 그러나 당대의 여러 제약들을 감안하고(프랑크 제국은 기껏해야 다해서 약 10만 명을 동원할 수 있었을 것이며, 사실 그만큼의 병사가 한꺼번에 한곳에 소집된 적은 없다) 제국 전역의 징집 구조와 규모를 고려할 때 그 수치는 현실적으로 불가능하고, 따라서 "많은 사람이 죽었다"는 뜻에 더 가깝다. 사실, 사료에 이름이 언급되는 귀족은 모두 살아남은 자들이기 때문에 그 피비린내 나는 전투에서의 사상자는 단 한 명도 자신 있게 거론할 수가 없다. 이는 이상하게 보일 수도 있지만, 앙젤베르의 고뇌에 찬 시, 그의 잊으려는 시도, 그 시도를 야기한 트라우마를 기억해보라. 우리가 알 수 있는 이들은 생존자들, 즉 그 여파에서 살아가야 했던 사람들, 다른 사람들에게 자신의 이야기를 들려준 사람들뿐이다.

퐁트누아 전투의 결과는 명백하다. 비록 6월의 그 토요일 아침에 현장에서 무슨 일이 벌어졌는지는 불분명하지만 말이다. 사료들과 이후 수 세기에 걸친 연구로부터 짜맞춘 한 가지 판본을 제시해보겠다.

5월에 카롤루스는 어머니 유디트 그리고 어머니의 군대와 샬롱-쉬르-마른에서 만났고, 역시 그곳 혹은 그 근처에서 지쳤지만 전투로 단련된 독일왕 루도비쿠스의 병사들이 도착하기를 기다렸을 것이다. 그들은 북서쪽으로 이동하는 중에, 니타르두스에 따르면 6월 21일 화요

일에 로타리우스의 본진과 느닷없이 맞닥뜨렸다. 양측은 전투 태세를 갖추었으나 금방 밤이 찾아와 휴전이 성립되었다.

이튿날 양 군대는 북쪽으로 기동했다. 로타리우스는 퐁트누아 마을로 향했는데, 피피누스 2세와 그의 병사들이 도우러 오고 있었지만 아직 도착하기 전이었다. 대머리왕 카롤루스와 독일왕 루도비쿠스는 남쪽으로 대략 8킬로미터 떨어진 튀리에 진을 쳤다. 형제들은 그날과 그 다음 날인 6월 23일 목요일에 첫 사절들을 교환했다. 믿을 수 있는 그 고문관들은 두 군대 사이의 숲과 늪지를 조심스레 오갔다. 양측은 다시금 평화를 원할 뿐이라고 주장했다. 카롤루스와 루도비쿠스는 로타리우스가 그의(그리고 그들의 아버지의) 이전 약속대로 자신들의 활동상의 독립성을 존중해준다면, 넓은 영토를 양보하겠다고 제안했다고 한다. 그러나 다시금 말하지만 이 부분에 대한 사료들은 모두 카롤루스와 루도비쿠스에 편파적이었고 자기편의 온당함과 로타리우스편의 비타협적 태도를 강조하는 사후에 쓰인 글이었다. 그래도 협상으로 달성된 것이 아무것도 없었다는 데에는 모두가 동의한다. 전투 날짜를 연기(延期)한 것만 뺀다면 말이다. 이는 확실히 적어도 로타리우스에게는 유리했는데, 아키텐의 피피누스 2세와 그의 군대가 그날 저녁에 도착했기 때문이다.

이튿날인 6월 24일에도 사절들이 오갔다. 그런데 대화를 하려는 의사가 있었는지, 혹은 그보다는 양측이 불가피한 무력 충돌을 준비하면서 다시 한번 그저 시간을 끌려고 했는지 궁금하지 않을 수 없다. 카롤루스와 루도비쿠스는 로타리우스 진영으로 더 가까이 이동해 양 군대의 사이에 있는 벌판의 작은 언덕 하나를 차지하고 진지를 재배치했다. 그날이 끝날 무렵, 양측은 대화를 끝내고 화평에 도달할 수 없다면 토요일 아침에 싸우기로 동의했다. 같은 날, 세례자 요한의 탄생을 기리는 축일에 양측은 각자 그 성스러운 전조—예수의 도래를 예고하는 세례자—의 날이 역시 전투에서의 좋은 결과를 예고하는 전조이기를 바라며 미사를 올렸다.

하느님은 대대로 프랑크족이 승승장구하게 만들었으니 전투의 결과를 정하신다고 여겨졌다. 다만 그것은 전에, 선민들이 외적과 싸웠을 경우였다. 새로운 이스라엘 민족이 자기들끼리 싸우는 경우에는 어떻게 될까? 그때는 하느님께서 어느 형제의 기도를 들어주실까? 형제들은 모두 자신의 기도를 들어주실 것이라고 (꽤나) 확신했다. 카롤루스와 루도비쿠스는 이런저런 시점에 성별(聖別)된 귀족 회의에서 왕국을 약속받았고 주교와 프랑크 귀족층 전체의 축복을 받았다. 로타리우스는 신이 정하신 황제였다. 그는 "거짓말의 들판"에서 아버지의 군대를 위압했다. 그가 가진 지위의 위엄은 지난해 대부분 동안 동생들의 기를 죽었다. 아무렴, 이제라도 전투는 일어나지 않을지도 모른다. 하느님께서 당신이 택하신 통치자를 대신하여 개입하시고, 상대편은 항복하거나 후퇴하리라.

◆ ◆ ✢ ◆ ◆

근대 이전의 전투, 시작되기 무섭게 아수라장이 펼쳐지는 사건에 질서

정연한 시작을 떠올리는 것은 이상하다. 이 책에서 지금까지 보아온 얼마 되지 않는 전투와 소규모 접전에서 무력 충돌은 흔히 한쪽이 상대편을 뜻밖에 발견하면서 일어났고, (퐁트누아 전투가 벌어질 때까지 지난 수개월간 로타리우스가 카롤루스를 거듭하여 추격했던 것처럼) 보통은 재빠른 퇴각으로 이어졌다. 반대로 두 대군의 위세당당한 집결은 사실 전투를 위한 것이 아니라, 만약에 전투가 벌어지면 누가 이길지 주장을 펼치기 위한 것이었다. "거짓말의 들판", 그리고 압도적 열세와 아군의 이탈에 직면한 경건왕 루도비쿠스의 항복은 대표적인 사례지만 유일한 사례는 아니다. 그러나 퐁트누아에서는 전투가 벌어졌고 누구도 꽁무니를 빼지 않았다.

양측은 군사를 집결시켰다. 멀리에서 보면 사람과 짐승이 잡다하게 뒤섞인 무리처럼 보였을 수도 있는데, 카롤루스 군대는 보병과 기병 둘 다로 구성되었기 때문이다. 기병은 최고위 귀족층의 수행단과 가신들에게서 나왔고, 말은 구하고 유지하는 데에 비용이 매우 많이 들었다. 군대의 태반인 보병은 지체가 높은 사람과 낮은 둘 다로 이루어져 있었다. 사료들은 가난하지만 자유민인 프랑크인—사료에서는 평민(plebs)으로 지칭될 때도 있고 빈민(pauperi)으로 지칭되기도 한다—을 자주 언급하는데, 이들은 원정군을 지원하는 통상적인 징집의 일환으로서 군역에 징발된 사람들이었다. 전형적인 군대에서 이 징병들은 기껏해야 가볍게 무장하고 보호구도 변변치 않지만, 승리를 거두면 변모하기도 한다. 루도비쿠스가 아달베르트 군대를 무찌른 것처럼 군대를 무찌르고 나면, 갑자기 모든 사람이 훌륭한 무기를 얻을 수도 있다. 일부는 심지어 말을 얻기도 했다.

게다가 규모가 중요했다. 그 군대들은 각각 1만 명을 너끈히 넘겼을 수도 있고 어쩌면 그 두 배에 달했을 수도 있다.[1] 형제들은 1년째 무력 분쟁을 빚고 있었으므로 동원될 수 있는 병력은 사실 모두 동원된 셈이었다. 6월은 초여름이라 병사들은 제국 어느 지역에서든 전장으로 충분히 이동할 수 있었다. 제국 전역을 통틀어 동원할 수 있는 군사가 약 10만 명이라면, 그 숫자의 절반은 전투 태세를 잘 갖추어 퐁트누아까지 올 수 있었다고 보아도 무방하다.

그리고 형제들은 적어도 이 한 번의 싸움을 위해서 최대한의 병사를 집결시킬 이유가 있었다(대군은 이동시키고 먹이기가 힘들기 때문에 군대의 크기를 극대화하는 것이 항상 실리적이지는 않았다). 전쟁을 이기는 한 가지 방법은 "거짓말의 들판"에서 보았듯이 자기 군대가 더 크다는 점을, 자신에게 맞설 경우 죽음이 확실하다는 점을 보여주는 것이었다. 달리 표현하면 이길 사람처럼 보이는 것만으로도 흔히 승리를 이끌어낼 수 있었다. 전장에 도착했을 때 패자처럼 보인다면, 이는 종종 자기 실현적 예언이 되었다.

841년 6월을 향해 느릿느릿 나아가면서 양측은 전장에 투입할 수 있는 최대의 병력을 소집했다. 동트기 직전 그 이슬 젖은 6월 아침에, 그 병사들이 전선에 길게 늘어선 모습이 그려진다. 양쪽 군대에서 3개씩 6개 사단이 싸우려고 나왔다. 퐁트누아 주변 지형은 대체로 평평하고, 그다지 울창하지 않은 숲과 들판으로 이루어져 있다. 들판 여기저기에 비탈이 완만하게 솟아 있고 말에게 물을 먹일 만하지만 얕아서

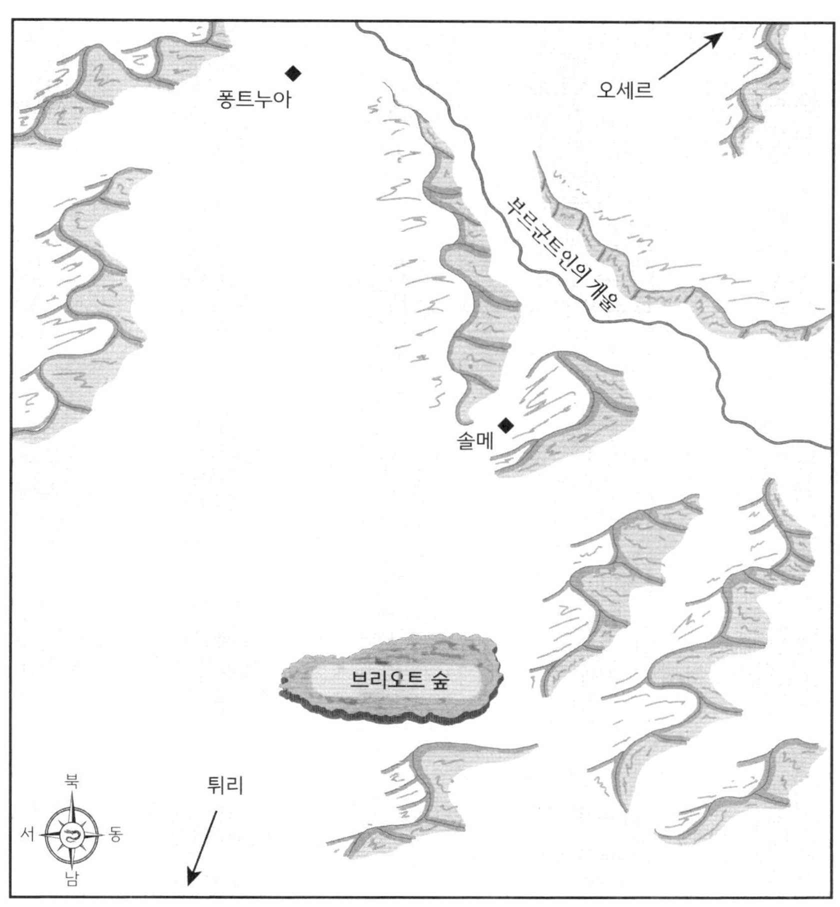

현대 프랑스의 부르고뉴(부르군트) 지방 퐁트누아.

양측에 딱히 장애물이 되지는 않는 시냇물이 흐른다. 각자 작은 언덕에서, 형제들과 조카는 전장 전체를 조망하고 전투의 흐름을 파악할 수 있었다. 5월과 6월에 흐드러지게 핀 야생화가 들판을 뒤덮으며 새벽빛에 아른거렸다. 꽃들은 곧 짓밟혔다.

전투 경험으로 다져진 루도비쿠스의 병력이 로타리우스가 진을 친 곳의 남쪽, 지금은 브리오트 숲이라고 하는 작은 숲 근처에서 로타리우스의 전위 부대와 먼저 맞부딪혔다. 돌격, 사람과 말의 땀과 비명, 금속과 금속이 부딪히는 충돌 소리, 창이 허공을 가르는 소리, 그다음에 이어졌을 잔혹한 근접전을 상상해보자. 단단한 방진(方陣)이 보일 것이다. 로타리우스의 지지자이자 시인인 앙젤베르도 포함된 방진이 최전방을 이루어 적의 타격을 받아낸다. 무기들이 웅웅거리고, 방패가 번쩍이며, 사람들이 비명을 지르고, 화살이 쉬익 허공을 가르며, 사람들이 서로의 몸에 칼을 쑤셔 넣고, 그다음 로타리우스가 곧장 싸움의 한복판으로 뛰어든다. 그는 점차 무리 속에서 고립되어 지지자들로부터 멀어지거나 심지어 포로로 잡힐 위험에 처했던 것 같다. 그러나 그는 간신히 뚫고 나온다. 비록 후퇴에 내몰리기는 했지만 말이다.

우리는 그곳에 있는 독일왕 루도비쿠스도 상상해볼 수 있다. 그는 불과 한 달 전 리스에서 거둔 승리에 뒤이어 두 번째 대승을 거두려고 한다. 동부에서 아달베르트를 상대로 한 그의 깜짝 승리와 경쟁자의 죽음, 즉 라인 강을 건너 퐁트누아의 들판으로 가는 길을 열어준 전투가 그토록 많은 것을 이룩했다면, 전장에서 로타리우스를 붙잡는 것은 무엇을 의미했을까? 과연 그는 시도할 것인가? 전장 너머로 형의 모습을 보았을까? 전쟁이 바로 그곳에서 끝날 수도 있었을까? 여기에서 전쟁의 안개(클라우제비츠가 『전쟁론』에서 처음 사용하여 일반화된 표현으로, 전쟁에서 불가피하게 발생하는 불확실성을 뜻한다/역주)가 우리를 감싼다. 로타리우스의 지지자들은 자신의 후원자의 영웅적 활약상을 개별적으로 전한다. 군사사가들은 과거에 왕들은 절대 싸우지 않았다고, 안전하게 물러나 싸움을 주시하기만 했다고 주장한다. 어느 쪽 설명이 맞든지 간에 로타리우스의 군대는 와해되기 시작했다. 왜였을까?

한 가지 답변으로 피피누스 2세 휘하의 아키텐의 군사를 꼽을 수도 있다. 퐁트누아에서 루도비쿠스와 로타리우스가 맞붙은 지점 바로 동쪽에서 카롤루스와 피피누스도 맞붙었다. 그들의 군대는 물론 지난 얼마간 간헐적으로 싸웠지만, 대체로 양동작전과 포위전이었을 뿐 직접 대결은 거의 없었다. 피피누스는 아키텐에서는 카롤루스와 정면으로 대결한 처지가 아니었지만, 옆에 로타리우스가 있으니 대담해졌다. 피피누스는 차가운 내전이 뜨거워져서 틀림없이 신이 났을 것이다. 그는 아버지가 자신에게 약속했으나 할아버지와 삼촌이 거부했던 것을 붙잡을 기회를 환영했다. 아키텐의 지배권이 오락가락하는 상황이었지만, 제국의 운명도 마찬가지였다.

카롤르스는 어머니 유디트가 글고 온 다른 아키텐 병력을 비롯하여 자신의 군대 절반가량을 거느리고 있었다. 이것은 동족상잔의 전투였고, 프랑크족만이 아니라 제국 산하의 왕국들에도 마찬가지였다. 그러나 양 군대가 맞붙기 무섭게 피피누스의 군대가 후퇴했다. 카롤루스의 부하들은 승리를 확신하고 환호성을 지르며 추격했다. 그러나 피피누스는 달아나는 대신 병사들을 로타리우스에게 재규합하여 전위를 강화한 다음, 성급하게 승티를 축하하는 적을 향해서 신속히 반격했다. 사실 피피누스는 애초에 계획적으로 퇴각하는 척하면서 프랑크 장군들이 애용하는 전략을 시도했을 수도 있다. 겁에 질러 후퇴하는 척했다가 적이 추격 과정에서 전열이 흐트러질 때 급습하는 전략이었다. 지나치게 자신만만한 대머리왕 카롤루스의 군대가 무너지기 시작했다. 전세가 뒤집히고 있었다.

약간 더 북쪽에 있는 작은 촌락인 솔메 근처에서 이날 전투의 제3의 날개가 전개되었는데, 이곳에는 왕이 되려는 자를 한 명도 찾아볼 수 없었다. 그 대신 카롤루스는 막강한 지지자로서 아버지의 가령(家令)이었고 장래에는 인척이 될 아달라르에게 군대를 배치하여 지휘하게 했다. 카롤루스 마그누스의 손자이며 대머리왕 카롤루스의 충실한 측근인 니타르두스는 자신이 그곳에서 싸웠다고 말했다. 반대편의 로타리우스가 누구에게 지휘를 맡겼는지는 모르지만, 그에게는 대귀족들이 충분했고 그들은 모두 대외 원정을 여러 차례 경험한 역전의 용사들이었다. 이 전투는 확실한 결판이 나지 않았다. 두 군대는 장시간 맞붙어서 잔혹한 근접전을 벌였으나 끝내 어느 쪽도 유의미하게 우세를 보이지 않고 무승부로 끝났다.

그날 모든 것을 바꾸었을 수도 있었던 군대가 하나 더 활동 중이었다. 절대 빠지지 않는, 주변 사람들에게 항상 골칫거리인 셉티마니아의 베르나르두스가 군대를 이끌고 불과 수 킬로미터 떨어진 곳에서 기다리고 있었다. 앞에서 본 대로 당시 그는 대머리왕 카롤루스에 맞서 피피누스와 로타리우스 편에 가담했고, 바르셀로나 일대와 아키텐 전역에서 카롤루스에게 끝없이 애를 먹이고 있었다. 그런데 퐁트누아 전투 직전에 베르나르두스는 의도적으로 미적거렸다. 그는 멀리에서 무기가 맞부딪히는 소리를 들었고 거의 틀림없이 정찰병을 보내 상황에 대한 최신 보고를 받았을 것이다. 로타리우스와 피피누스는 전투 와중에도 기다리고 또 기다렸겠지만 지원은 끝내 도착하지 않았다.

한편 주요 난투전으로 되돌아가면, 드디어 전세가 결정적으로 바뀌었다. 피피누스와 로타리우스는 영웅적으로 싸웠던 것 같지만 개인적인 영웅주의만으로 충분한 경우는 거의 없다. 피피누스는 로타리우스의 전위를 구하려고 애썼을 수도 있고, 이미 승리했다고 생각한 적군에게 심지어 상당한 피해를 안겼을 수도 있다. 그러나 방심한 카롤루스의 부하들에게는 위험했을지라도 혼란은 잠깐이었다. 루도비쿠스와 카롤루스 등의 지휘관들은 병사들을 규합하고 전열을 재정비한 다음 힘겹게 얻은 승기를 밀어붙쳤다. 로타리우스의 부하들은 피피누스가 도우러 오기 전에 이미 도망치고 있었고, 일단 패주하자 재집결시킬 수 없었다. 게다가 피피누스의 군대는 큰 희생을 무릅쓰고 교전을 중지하고는 북쪽으로 1.5킬로미터 이상 신속히 행군해야 했다. 그렇게 먼 거리는 아니지만 전투 와중이라면, 게다가 무거운 갑옷을 걸치고 주위에 적이 있는 상태라면 한층 어려운 일이었다. 그들은 전투의 흐름을 저지할 수 없었다. 어쩌면 그들은 로타리우스의 부하들이 도망치고, 황제가 사방에서 포위된 모습을 보았을 것이다. 곧 그들의 용기도 꺾였다. 만사가 틀린 것 같았다. 달아나는 병사들의 비명이나 전령 혹은 불길한 바람에 실려온 소문을 통해서였는지, 결국에 로타리우스 군대의 제3의 날개, 버티고 있던 유일한 병력도 무너졌다.

추격이 시작되었다.

중세 전투에 대한 현대의 시각은 피범벅과 떼죽음이라는 공포 액션 영화의 전형적인 표현 기법으로 물들어 있는 경우가 허다하다. 그러나 중세 초기 유럽에서 전투는 사람들이 일반적으로 상상하는 것보다 덜 치명적이었다. 병사들은 서로 공격하는 시늉을 하고는 했다. 갑옷은 치명타를 생존 가능한 부상으로 바꾸어주기도 한다. 말은 위험에서 쉽게 도망치도록 해주었다. 항생제가 없는 세계에서 개별 전투원들이 치명타를 맞거나 부상을 입기는 했어도, 그 시대 전투에서 대량 사상자가 발생하는 일은 드물었다. 흔히 승리 이후에 베푸는 자비의 선전 효과가 컸기 때문에 적을 학살할 필요가 없었다. 게다가 잔혹성은 선전 효과상 득보다 실이 커서 전쟁에 대한 정당화 근거 전체를 약화시킬 수도 있었다.

그러나 퐁트누아에서는 자비를 베풀거나 포로로 사로잡는 일반적 관행, 적이 후퇴하게 두는 규범이 사라졌다.[2] 루도비쿠스와 카롤루스의 군대는 우르르 적군을 추격해 붙잡힌 적을 죽이고 자비를 베풀지 않았으며, 포로도 거의 잡지 않았다. 카롤루스의 군대가 약탈품이 풍성할뿐더러 비전투원이 많은 로타리우스의 진지에 도달했을 때에야 지휘관들이 상황을 다시 통제했고, 전세는 학살에서 생포로 전환되었다. 그들 뒤편 퐁트누아의 들판과 숲, 언덕에는 죽은 자들과 죽어가는 자들이 널브러져 있었다. 부르군트인의 개울에 붉은 핏물이 흘렀다.

우리는 퐁트누아 폭력에 대한 이야기를 어떻게 아는가? 안타깝지만, 역사가들이 그 무력 충돌을 재구성할 수 있도록 세부 사항을 하나씩 설명한, 권위 있는 하나의 기록이 있어서가 아니다. 그 대신에 다양한 시각에서 그날 일어난 일을 설명하는 여러 서사가 있다. 덕분에 이를 합성해 전체적인 그림을 그릴 수 있으나, 다시 말하지만 이렇게 재구성한 전투는 지식에 기반을 둔 추측으로, 여러 세대에 걸친 학자들의 노고와 지금까지 남아 있는 그 사료들 덕분이다. 그러니 이제 그 사료들을 하나하나 분석해보자.

퐁트누아 전투에 가장 중요한 정보원은 친숙한 친구 니타르두스, 즉 카롤루스 마그누스의 혼외 손자이자 대머리왕 카롤루스의 충성파 겸 사촌이다. 내전으로 다가가는 시기와 마찬가지로 퐁트누아 전투에 가장 핵심적인 설명을 제공하는 것은 니타르두스의 서술인데, 그가 현장에 있었던 것이 컸다. 그는 "솔메에 있던 우리 군대 일부는 치열하게 싸웠고, 하느님이 보우하사 나도 열심히 힘을 보탰다. 싸움은 무승부였다"라고 썼다. 니타르두스가 전장에, 카롤루스의 군대의 제3의 날개에 있었다는 사실을 의심할 이유가 없다. 그의 이야기에는 트라우마가 뚝뚝 묻어난다. 글의 짜임새가 더 산만하며, 니타르두스는 흥미롭게도 전투를 묘사하는 도중에 사실상 아무 설명 없이 자신의 역사서가 여기에서 끝난다고 조용히 선언한다. 그는 제2권을 끝냈고 다시는 글을 쓸 계획이 없는 것 같았다.

그런데 제3권이 있다. 전투의 트라우마에 여전히 대처하면서 니타르두스는 제3권을 다음과 같은 말로 열었다. "우리 민족에 대해서 좋지 않은 말을 들으면 부끄러우나 내가 그것을 전해야 할 때에는 특히 괴롭다. 그러므로 나는……간절히 바란 제2권을 끝으로 작업이 마무리되었다고 생각했다. 그러나 나 자신도 참여한 사건들에 대해서 서술한 제3권을 추가하기로 동의했는데, 이는 다른 엉뚱한 사람들이 그것들을 부정확하게 기록하려고 드는 것을 막기 위함이다."

이것은 대단히 개인적이고 인간적인 고백이었다. 대머리왕 카롤루스가 자신의 치세에 대해서 서술하는 임무를 몸소 맡긴 사람이 퐁트누아 전투 이후로 특별한 이유 없이 작업을 그냥 중단한다는 것은 도저히 있음직하지 않은 일이다. 다음의 제9장에서 전투 이후의 프로파간다 전쟁을 살펴보겠지만, 지금으로서는 수개월 뒤에 니타르두스가 카롤루스의 진지에 앉아서, 특히 적을 추격하는 과정에서 보인 행태 때문에 사람들이 카롤루스의 군대를 비판하는 소리를 듣고 있는 모습이 상상이 간다. 그래서 그는 다음과 같이 쓰면서 전투 이후에 발생한 폭력을 가급적 보기 좋게 윤색하려고 애썼다.

루도비쿠스와 카롤루스는 뿔뿔이 흩어진 적을 어떻게 해야 할지 전장에서 토의했다. 어떤 이들은 분노에 사로잡혀 적을 추격하자고 건의했지만 일부, 특히 왕들은 형제와 백성에게 자비를 보였다. 늘 그렇듯이 카롤루스와 루도비쿠스는 적들이 사악한 탐욕에서 고개를 돌리고 신의 은총으로 자신들에게 합류하여, 진정한 정의 속에 한마음이 되기를 신실히 바랐다. 이제 적들이 신의 심판을 받아 이 전투에서 대패했으니 그들은 모든 것을 전능하신 하느님의 자비에 맡기자고 제안했다. 모두가 이에 동의했으므로 그들은 싸움과 약탈을 그만두고 정오경에 진지로 돌아와 이제 무엇을 해야 할지 논의했다. 전리품과 학살은 어마어마했고 진정으로 놀라웠으나 왕들과 모든 백성의 자비도 그만큼 놀라웠다.[3]

루도비쿠스와 카롤루스가 무슨 말을 했든 하지 않았든 간에 분노가 그날을 지배했다. 왕들의 자비는 적어도 그 추격전 초기에는 그다지 눈에 띄지 않았다. 이런 독해는 실제로 당대의 또다른 사료로도 뒷받침되는데, 역시 카롤루스에게 동조적인 『생-베르탱 연대기(*Annales Bertiniani*)』라는 문헌은 "도망치는 적에 대한 학살은 사방에서 계속되었고, 결국 관대한 감정에 사로잡힌 루도비쿠스와 카롤루스가 살육을 끝낼 것을 명했다"라고 전한다.[4]

니타르두스와 『생-베르탱 연대기』는 후퇴하는 로타리우스의 군대를 추격하는 동안 살육이 벌어졌다고 시인하면서도 무엇인가를 감추고 있었는지도 모른다. 이는 사료가 무엇인가를 마지못해 드러내는 순간들, 진실이 양피지에 비집고 들어오는 순간들의 하나일 수도 있다. 로타리우스와 피피누스의 군대가 도망칠 때 상황이 아주 끔찍했던 것은 틀림없다. 지난 수년에 걸쳐 카롤루스와 루도비쿠스의 지지자들이 느껴온 좌절과 굴욕감에 더불어 주체할 수 없는 분노가 사람들을 사로잡았다. 그 좌절과 굴욕은 독일왕 루도비쿠스가 아버지에게 무슨 말을 했다가 제국을 잃어버린, 838년 네이메헌에서 열린 그 운명적 귀족 회의까지 거슬러가거나 어쩌면 그보다 더 오래된 833년 "거짓말의 들판", 또는 830년 마트프리드와 위그의 반란으로 거슬러 갈지도 모른다. 어쩌면 퐁트누아 전투 뒤에 벌어진 학살은 그냥 복수였을 수도 있다.

니타르두스는 그러므로 통제 불능 상태로 빠질 것만 같은 서사를 구해내고자 수개월 뒤에 다시금 펜을 들어야만 했다.[5] 요컨대 니타르두스의 기록을 보면 병력의 징집, 군대의 원거리 이동, 프랑크의 전쟁 문화, 카롤루스가 이용한 전략 등에 대해서 정보를 얻는 데에 유용하다. 다만, 그는 분명히―그리고 명시적으로―그 전투의 여파에서 자신과 왕의 평판을 지키기 위해 글을 썼다. 이 사실은 최소한 그날의 처신 때문에 평판을 얼마간 회복해내야 할 필요가 있었으리라는 것을 보여준다.

『생-베르탱 연대기』의 작가는 아마도 수도사이고 싸움이 벌어지는 동안 전장이 아니라 후방 진지(어쩌면 튀리)에 있었기 때문에 니타르두스보다 일반적으로 전투 자체에 대해서는 덜 자세하다. 그런데 니타르두스처럼 그는 전투가 벌어지기 며칠 전 루도비쿠스가 도착한 것에 초점을 맞춘다. 『생-베르탱 연대기』에 따르면, 루도비쿠스와 카롤루스는 "형제애로 뭉쳤으며 심지어 진지도 함께 차려서 같이 지내고 서로 협의했다." 두 형제는 "평화와 조화, 모든 백성과 제국의 통치"를 위해서 로타리우스를 설득하려고 애썼지만, 로타리우스는 평화에 관심이 있는 척하면서 실제로는 피피누스 2세의 증원군이 오기를 기다리고 있었을 뿐이다.

『생-베르탱 연대기』를 보면 로타리우스는 전투를 원한다(놀라울 것
도 없이 이는 니타르두스의 서술과 일치한다). 다른 모든 수단이 수포로
돌아갔을 때에야 루도비쿠스와 카롤루스는 내키지 않은 채 로타리우
스가 원하는 대로 공격에 나선다. 『생-베르탱 연대기』는 "양측에서 많
은 이들이 목숨을 잃었고 그보다 더 많은 이들이 부상을 당했다. 로타
리우스는 치욕스러운 패배를 겪고 도망쳤다"라고 언급했다.6 이 문헌
은 승자가 된 카롤루스 형제들이 결국에는 살육을 중단시킨 다음 "기
독교의 기치를 세우고자, 도망치는 병사들을 적진 너머로 추격하는
일을 자제했다"고 말한다. 다시금 놀랍지 않게도 이 서술은 니타르두
스의 서술과 일치한다. 대머리왕 카롤루스 당파는 이야기를 바로잡았
다. 물론 두 작가 모두 추격이 한동안 걷잡을 수 없었고 대다수의 살
육이 벌어진 것은 그때이며 얼마 지나서야 왕들이 살육을 중단시키고
포로를 거두기 시작했다는 사실을 드러냈다.

　포로로 붙잡힌 사람들 중에 한 명은 라벤나의 대주교 게오르기우스
였다. 대머리왕 카롤루스가 그날이 저물기 전에 정수리 부위 머리카
락을 밀고 수도사가 될 것이라고 로타리우스에게 큰소리쳤다는 그 게
오르기우스 말이다. 아, 형세가 얼마나 역전되었던가! 그리고 게오르
기우스는 정말이지 상징적으로 가치 있는 포로였다. 라벤나의 대주교
는 교회 위계제에서 핵심 인물르서, 교황뿐 아니라 비잔티움 황제와
도 정기적으로 서신을 교환하고 협력하는 사람이었다. 그는 로마와
비잔티움 제국, 로타리우스가 더등한 세력으로서뿐 아니라 세계적인
세력으로서 진입하고자 했던 더 넓은 세계를 대표하는 상징이었다.

그러나 게오르기우스의 이야기는 또한 퐁트누아 전투와 그 여파를 들여다볼 수 있는 다른 창을 열어젖히는데, 그가 전장에 있었던 덕분에 라벤나 출신의 한 연대기 작가가 그 무력 분쟁에 대해서 자신의 생각을 개진할 수 있었던 것이었다. 그리고 아그넬루스라는 그 연대기 작가는 게오르기우스를 정말로 싫어했다.

이 라벤나 대주교는 이 갈등에 엮여 있던 여느 대귀족들과 본질적으로 다르지 않게, 다시 말해 어느 편에 가담해야 할지, 혹시라도 편을 바꾸어야 할지, 그리고 그냥 분쟁에 엮이지 않아야 할지를 열심히 계산하던 사람으로 이해해야 한다. 또한 그와 동시에 그의 성직자 신분과 이탈리아 교회 정치에서의 특수한 역할 덕분에, 그가 장남의 명분이 정당하다는 논지를 폄으로써 로타리우스에게 핵심 지지를 제공할 수 있었다는 점에 주목해야 한다. 로타리우스 본인이 "거짓말의 들판"에서 교황 그레고리우스 4세를 설득해 도움을 받았으므로 그 점을 예민하게 의식하고 있었을 것이다. 어쩌면 로마 주교[교황]의 축복—혹은 심지어 전장에서의 라벤나 주교의 직접적인 축복—은 그의 형제들에게 평화롭게 항복할 만한 충분한 이유가 되었을 것이다. 심지어 로타리우스가 신은 자기편이라고 주장하는 데에도 도움이 되었을 것이다. 다만 물론 궁정에 소속된 성직자라면 누구나 그렇게 공언할 테니, 그런 발언은 하나의 교리라기보다는 정치적, 신학적 계책에 가까웠다.

게오르기우스에게는 황제 편에 가담할 동기가 있었을 것이다. 아그넬루스의 서사에 따르면, 퐁트누아 전투가 점차 다가오던 시기에 게오르기우스는 교황 그레고리우스 4세를 설득하여 로타리우스에게 평화 사절로서 파견되었다. 그런데 게오르기우스의 계획은 전쟁을 막는 것이 아니라, 로타리우스에게 뇌물을 바쳐 교황좌로부터 실질적인 독립을 요구하는 라벤나의 입장을 지지하게 하는 것이었다(두 도시의 주교들은 수 세기를 거슬러가는 오래된 경쟁 관계였다). 야심과 희망에 고무된 그는 자기 관할 아래의 교회들에서 훔친 재물을 잔뜩 챙겨서 북쪽으로 향했다. 그것은 좋은 투자가 아니었다. 사후적으로 보면 전쟁 지역으로 그렇게 많은 재물을 들고 가는 것은 좋지 않은 생각이었을 것이다. 그리고 아그넬루스도 그렇게 썼다.

　게오르기우스는 전투가 벌어지기 직전에 도착했던 듯하다. 여기에서 아그넬루스의 전투 묘사는 생생한데, 십중팔구 그가 교전 이후에 전투원들(적어도 당시 로타리우스 진영에 있었던 라벤나 사람들)을 상대로 수행한 면담과 대전투에 대한 고전적인 묘사를 바탕으로 했을 것이다. 아그넬루스는 군대들이 비틀 위에 반짝이는 실타래처럼 뒤엉키는 모습을 묘사했다.7 적의 전열에 몸소 뛰어들어 긴 창으로 주변 사람들을 쓰러트리며 도망치려는 병사들을 규합하려고 헛되이 애쓰던 로타리우스의 영웅적인 모습도 묘사했다. 운이 다한 로타리우스는 "제국이 분할되지 않게 하려고 열 사람처럼 싸웠다."8 아그넬루스에 따르면 그의 행동은 단 하나의 무리에게 효과가 있었는데, 그는 피피누스가 로타리우스 쪽으로 와서 전투를 재개했으며 카롤루스의 병사들이 적이 언뜻 퇴각하는 것처럼 보이자 혼란에 빠진 동안 잠시 기세를 회복했다고 묘사했다.

지금까지 이 책의 정보원들은 모두 퐁트누아 전투를 직접 체험하거나 간접적으로 전해들었다. 니타르두스는 본인이 직접 싸웠고, 『생-베르탱 연대기』의 작가와 아그넬루스는 다수의 성난 성직자 및 병사들과 이야기를 나누었을 것이다. 그들은 각자 자투리 서사들을 남겨서, 역사가들이 포착하여 평가한 다음 이를 이용해 최상의 태피스트리, 할 수 있는 최선의 이야기를 짤 수 있게 해주었다.

그런데 역사적인 베틀을 떠나 온전한 그림이 떠오르는 것을 보기 전에 한 가지 사료를 더 고려해야 한다. 역시 그 자리에 있었던 사람이 작성한 것이다. 어쩌면 로타리우스의 군대가 전장을 떠나고 얼마 지나지 않아 막사 안에서 쓰였을 수도 있는 앙젤베르의 시에서는 작가를 둘러싸고 있는 죽음과 피, 냄새가 진동한다. 작가의 고통은 수 세기를 가로질러 공명하며, 그가 들려주고 싶어한 이야기는 무슨 일이 일어났는지 그리고 그것이 왜 중요한지를 이해하는 열쇠가 된다. 다만 여기에서 살펴볼 점은 감정적인 내용에 대한 것이라기보다는 전장에서 무슨 일이 벌어졌는지 하는 문제를 결정하는 데에 이 시를 어떤 식으로 이용할지에 대한 것이다.

다른 수많은 사료에서 본 것처럼 사료의 작가들은 모두 저마다 편견을 가지고 있다. 『프랑크인 열왕편년사』는 카롤루스 왕조와 프랑크족의 정복할 권리를 정당화하고자 카롤루스 마그누스 주변에서 만들어진 궁정의 작품이다. 테간은 독일왕 루도비쿠스 2세를 지지하고 경건왕 루도비쿠스 1세를 옹호하려고 글을 썼다. 천문가는 경건왕 루도비쿠스의 죽음 이후 사람들의 충성심을 기록해두기를 원했고, 어쩌면 로타리우스가 단독 황제의 역할을 떠맡는 데에 회의적인 입장이었을 수도 있다. 앙젤베르도 다르지 않았다. 유일하게 다른 점이라면 그 역사서의 형태가 산문이 아니라 운문이라는 것뿐이다. 순전히 그 형태 때문에 역사보다는 문학처럼 읽힌다고 해서 이 사료를 무시해버리지 않도록 매우 조심해야 한다. 운문과 산문의 구분은 9세기 프랑크 세계 사람들에게는 별 의미가 없었다.

로타리우스 군대의 전사였다는 사실 말고는 앙젤베르가 누구였는지 알려진 바가 없다. 그는 카롤루스 성속 상류층에 광범위했던 식자력과 교육받았음을 암시하는 유식한 라틴어로 글을 썼다. 물론 당시에 펜을 들어 양피지에 자신의 감정을 쏟아낸 사람이 그만은 아니었겠으나, 그의 양피지는 유럽사어 걸쳐 도서관과 문서고를 파괴한 끊임없는 전쟁과 화마를 통과해 오늘날에 전해진 글이다. 다시 말해 그는 잘 교육받고 당파적이었으나 현장에 있었고, 그의 시는 구체적인 사항들 일부를 확인해줌과 동시에, 전투 지형에 대한 감각을 확장시켜준다.

앙젤베르는 자신을 전장에 가져다두었다. 우리는 천둥처럼 쿵쿵거리는 말발굽 소리를 듣고, 우리 혀에 내려앉은 꽃가루를 맛보고, 군대의 기대감과 두려움을 감각할 수 있다. 그는 이렇게 썼다.

나 앙젤베르는 다른 이들과 나란히 싸우며 보았네,

내가 운문으로 묘사한 이 범죄가 펼쳐지는 것을.

최일선의 많은 사람들 중에 나 혼자만 남았다.

골짜기의 심연을 내려다보고 능선의 꼭대기를 따라 눈길을 돌리니

용감한 로타리우스 왕이 적들에 맞서 싸우고 있고

적들은 시내의 트인 쪽으로 도망치고 있었다[9]

그러나 학살은 로타리우스가 부족해서 일어난 일이 아니다. 앙젤베르는 로타리우스가 열 사람처럼 싸웠으며 더 많은 사람들이 황제의 용기와 실력을 공유했다면 승패는 매우 달랐을 수도 있다는 아그넬루스의 주장을 뒷받침한다. 왕들은 직접 싸우지 않는다는 것이 역사가들의 일반적인 상식이지만, 바로 그 때문에 최상의 증거는 로타리우스가 혼전에 직접 뛰어들었을 수도 있다고 암시한다. 칼과 창을 휘두르는 전사로서 그를 기억하는 것이 추종자들에게 중요했다는 것은 분명하다. 로타리우스 잘못이라고 생각하지는 않지만, 앙젤베르는 탓할 사람이 많았다. 그는 황제가 귀족들에게 배신당했으며, 이는 유다가 예수를 배신한 것에 버금가는 반역이라고 말했다. 가능성이 큰 반역자 한 명은 셉티마니아의 베르나르두스로서, 그는 이론적으로는 피피누스, 로타리우스와 한편이었고 그들을 구하러 갈 수도 있었겠지만 불과 수 킬로미터 떨어진 곳에 진을 치고는 뒷짐을 지고 있었다. 저쪽 카롤루스의 진영에서는 니타르두스 역시 베르나르두스가 구경꾼으로 머무는 것을 의아해했다. 더욱이 로타리우스의 지지자들에게는 베르나르두스를 유다라고 부를 만한 이유가 있었는데, 카롤루스와 루도비쿠스가 승리했음이 분명해지자 이 셉티마니아의 영주는 아들 기욤을 보내 카롤루스에게 신하로서 복종을 바치도록 했기 때문이다. 카

롤루스는 어쩌면 승리의 여파로 관대한 기분에 사로잡혀 있었는지, 베르나르두스와 기욤의 충성을 받아들였다.

• ◂ ❖ ◆ •

경건왕 루도비쿠스는 840년 6월 20일에 죽었다. 거의 딱 1년 뒤에 그의 아들들은 서로를 죽이려고 하고 있었다. 그가 자리매김하려고 한 모든 것이 말짱 도루묵이 되었고 까마귀와 늑대들은 프랑크인들의 시신으로 배불리 먹었다.

841년 6월 초부터 로타리우스와 카롤루스는 그 지역에서 서로를 쫓아다녔고, 카롤루스는 늪지와 숲에 크게 의존하며 자신에게 유리하지 않을 때에는 전투를 회피했다. 그동안 내내 양측 사이에는 사자가 오갔는데, 평화를 바란다는 의사를 지속적으로 표명하는 동시에 기습은 없으리라는 것을 보여주는 신호이기도 했다. 모두가 상대방이 어디에 있는지, 얼마나 많은 병사를 보유하고 있는지, 그들이 얼마나 무장을 잘 갖추고 있는지를 알고 있었다. 루도비쿠스가 도착하면서 두 동생은 단단한 동맹을 결성했고, 루도비쿠스는 노련하고 잘 무장한 핵심 전력을 제공했다. 그 순간 루도비쿠스와 카롤루스는 우위를 점했지만, 그들은 피피누스가 오고 있다는 사실을 알고 있었다. 한편 로타리우스는 일단 아키텐에서 온 병력으로 아군이 증강되자 틀림없이 해볼 만하다고 느꼈을 것이다. 형제들은 자신만만하게 6월 어느 토요일 아침에 전투를 벌이기로 동의했다. 어느 쪽의 자신감도 꼭 잘못되었다고는 볼 수 없었다. 양측 모두 날이 밝았을 때 상대편이 진지를 버리고 전장을 떠났으리라고 생각한 것이 거의 확실하다. 그러나 이번에는 그런 일이 일어나지 않았다.

전투 자체에서 루도비쿠스는 황제의 개인적인 용맹에도 불구하고 로타리우스의 전위를 몰아내 도망치게 했다. 피피누스는 상황을 구제해보려고 했지만 실패했으리라. 비록 카롤루스의 파벌은 그렇게 기억하려고 하지 않지만 말이다. 뒤이은 총추격에서는 프랑크인들이 다른 프랑크인들을 뒤쫓아가 참살하고 포로를 거의 거두지 않았다. 추격이 마침내 중단되었을 때 대학살은 퐁트누아 벌판에 카롤루스 사람들이 결코 씻어낼 수 없는 핏자국을 남기며 관찰자들을 충격에 빠트렸다.

이것을 한 이야기의 끝이라고 생각하기는 쉽다. 확실히 여러 측면에서의 전환점이었다. 모르기는 몰라도 왕조의 창건에서 거의 원죄 역할을 한 쿠데타로 거슬러가는 카롤루스 가문의 수치스러운 비밀들이 마침내 밖으로 쏟아져나왔다. 심지어 당시에도 그 균열의 조짐을 모두가 알고 있었지만, 그럼에도 다들 경악을 금치 못했다. 한 정보원은 조금 나중에 글을 쓰면서 퐁트누아에서 기독교도들이 "광인처럼 서로 싸웠다"고 섬뜩하게 언급했고[10] 또다른 정보원은 "양측 모두에서 엄청난 살육이 벌어져 이 시대에 프랑크 민족 사이에 이보다 더 큰 인명 피해를 떠올릴 수 없다"고 딱 잘라 말했다.[11]

그 참상은 논쟁과 프로파간다를 낳았고, 퐁트누아 전투에서 싸운 사람들이 모두 오래 전에 죽은 먼 미래에도 역사서가 쓰였다. 로타리우스가 전투 중에 스러지거나 붙잡히거나 수도사가 되거나 무대에서 빠졌다면, 그 전투는 이야기의 끝이 될 수도 있었다. 아니면 아키텐의 피피누스 2세의 필사적인 구조 시도가 성공했거나 셉티마니아의 베르나르두스가 로타리우스와 피피누스에 대한 맹세를 깨지 않았다면 끝이 될 수도 있었을 것이다. 카롤루스 사람 누구라도 죽을 수 있었다. 그러나 우리는 그들 모두를 다시 만나게 될 것이다.

어쩌면 870년 독일왕 루도비쿠스 2세에 대한 환시, 다시 말해 역사가 모종의 참사를 향해서 나아가고 있다고 카롤루스 마그누스가 받은 경고는 예언이라기보다는 역사였다. 프랑크족은 카롤루스 마그누스와 함께 풍요의 시대(라흐트)를 통과했고 경건왕 루도비쿠스 1세 치하에서 쇠퇴(라돌레이바)을 경험헀으며 세 형제의 치세 초기에 몰락(나스그)을 더 경험한 후에 마침내 엔티, 즉 최종 단계에 도달했다. 퐁트누아 전투는 신세계의 탄생, 수 세기 동안 지속될 고질적 전쟁의 시작을 의미했다. 어쩌면 프랑크족 본인들이 친구와 가족들의 시신을 보고, 그들의 누이와 딸들의 통곡을 들으며, 카롤루스 왕조가 이제 종말에 다가가고 있음을 알았을 것이다.

9

대지가 공포에
몸서리치다

841년 6월-842년 2월

독수리라서 좋은 날이었다. 값나가는 것은 모조리 떼어지고, 뼈에서 살점을 뜯어내는 것을 방해할 금속 갑옷도 벗겨진 시신들이 시골 들판 수 킬로미터에 걸쳐서 널려 있었다. 승자들은 들판과 개울을 가로질러 숲을 지나 등성이를 오르내리며 적을 뒤쫓았고, 달아나던 그들을 쓰러트렸다. 이제 그들은 살육을, 새들의 날카로운 울음소리와 늑대의 울부짖음, 죽어가는 자들의 신음을 마주해야 했고, 파리 떼가 사체를 뒤덮기 시작하는 모습을 지켜보아야 했다. 앙젤베르는 다음과 같이 쓰면서 패자 쪽에서 전장을 되돌아보고 있었을까?

오, 통탄스럽도다! 저기에 죽은 자들이 벌거벗고 누워 있네.

독수리와 까마귀, 늑대가 잔인하게 그들의 살을 먹어치운다.

그들은 무덤이 없어서 몸을 떨고, 그들의 시신은 끝없이 거기 누워 있네.[1]

승자들도 짐승과 새들이 전사자들의 뼈를 쪼고 핥아먹는 것을 보았을 것이다. 그들의 전우도 있고 적도 있었지만, 모두가 기독교도 동포였다. 불과 수년 전까지 모두가 프랑크 제국이라는 위대한 계획의 일원이었다.

841년 6월 25일 토요일은 처음에는 전투로, 그다음에는 시신에서 귀중품과 무구(武具), 옷가지를 벗겨내는 약탈, 적의 진지 장악, 그리고 살아 있던 자들을 포로로 거두는 일로 하루가 갔다. 독일왕 루도비쿠스와 대머리왕 카롤루스의 군대는 저녁 늦게까지 자축하고 있었을 것이 분명하다. 어쩌면 이튿날 아침 썩은 고기를 먹는 동물들이 도착했을 때에야, 봉긋 솟은 언덕과 평야가 깃털과 털의 잿빛과 검은빛으로 바뀌었을 때에야 참상의 규도가 분명해졌을 것이다. 승리한 군대의 지도자들은 그날 아침에 이르러서야 그 전투의 여파를, 즉 권력으로 가는 순조로운 길이 되리라고 생각한 일이 이미 잘못되기 시작했음을 틀림없이 깨닫기 시작했으리라.

그런데 어째서인가? 루도비쿠스와 카롤루스는 드디어 적과 정면 전투를 벌여서 이겼다. 그들은 기만이나 속임수 없이 공개적으로, 거룩한 미사와 용기를 주는 설교, 고해성사에 힘입어 승리를 거두었다. 전투의 결과로 드러났듯이 신은 분경 그들 편이었다.

그런데 왜 승리라는 느낌이 들지 않을까? 어쩌면 그다음 날 아침 눈을 떴을 때 전날 밤의 참상을, 악취가 진동하는 전쟁터에 쌓인 친구와 가족들의 시신을 직면해서일까? 아니, 어쩌면 그보다는 정신을 차려 보니 이 전투가 전쟁을 끝내기는커녕 새로운 전쟁을 개시했다는 것을 깨달았기 때문이리라. 로타리우스는 자유의 몸이었고 여전히 황제로서 군대를 이끌고 있었으며, 재규합을 위해서 아헨으로 달려가고 있었다. 전투가 끝난 직후에 카롤루스와 루도비쿠스, 그리고 그들의 선전가들은 자신들에게(그리고 다른 이들에게) 들려줄 이야기를, 신의 새로운 선민으로서 프랑크족이 이해하는 성스러운 목적에 퐁트누아 전투를 결부시켜줄 이야기를 찾아야 했다. 문제는 비단 죽음의 규모만이 아니었다. 아무리 유혈이 심해도 이교도나 심지어 프랑크족이 아닌 기독교도를 상대로 한 전투는 프랑크족이 스스로에 대해서 들려주기 좋아하던 이야기에 완벽하게 부합했다. 즉, 그들은 옳고 신은 그들 편이라는 이야기 말이다. 신은 당신의 뜻을 그 결과로 드러내셨다. 신이 노하셨다면, 승리는 찾아오지 않았으리라고 프랑크족은 생각했다.

전쟁은 한순간에 이길 수 있는 것이 결코 아니다. 전장에 모여 서로를 노려보다가 형제 살해를 저지른 프랑크족은 어쩌면 그 전투가 모든 것을 끝내리라고 생각했을지도 모른다. 확실히 그렇게 생각할 만한 이유가 있었다. 그것이 두 세대 동안 적들을 정복해온 방식이었다. 그러나 명확한 결과는 전투 직후에 드러나지 않았다. 이 세상에서 신의 뜻은 프랑크족에게 모호해졌고, 다시금 앙젤베르를 인용하자면 "형제가 형제의 죽음을, 삼촌이 조카의 죽음을 준비하고 / 아들은 아버지에게 마땅한 것을 바치지 않으려고" 할 때 신의 뜻은 듣기 더 힘들었다. 물론 프랑크족이 과거에 서로를 죽인 것은 사실이지만 규모가 훨씬 작었다. 기껏해야 소규모 교전에서였다. 이 전투는 달랐다. 대군이 소집되었고 그들은 들판에서 서로를 노려보다가 흩어졌다. 분쟁이란 실제로는 전투가 발발하지 않을 만큼 충분한 이데올로기적 승리를 달성하는 일이었다. 그러나 이제는 형제가 형제에 맞서 싸웠고 카롤루스 마그누스의 후손들이 기억하기에 유례없을 정도로 시신이 벌판에 널려 있었다. 이튿날 아침이 되자 전투를 "이긴" 프랑크인들마저도 그들의 승리에 오점이 생겼으며 앞으로 가야 할 길이 매우 길게 펼쳐지리라는 점을 지각하기 시작했다.

· ◆ ✣ ◆ ·

841년 6월 26일 일요일 아침이자 전투 이튿날, 로타리우스의 군대가 아헨으로 서둘러 가고 있을 때 초여름의 태양이 학살의 현장 위로 떠올랐다. 성직자들—대체로 주교들—이 전장으로 왔고, 왕과 대귀족들의 엄숙한 행렬이 뒤따랐다. 유디트 황후와 궁정 여인들, 궁정인과 관리들, 그리고 아마도 재산이 대단하지 않은 자유민들, 다시 말해 통치자를 위해서 창과 칼을 들고 보병으로 싸운 징집 민병대의 거대한 행렬도 뒤따랐을 것이다. 승리와 생존을 기리며 잠시 축배를 들었다가, 씻고 휴식을 취하며 전날 저녁을 보낸 후에 화려하게 차려입은 지도자들의 모습이 그려진다. 그러나 이제 그들이 시신을 넘어갈 때마다 발걸음 소리가 벌판을 가로질러 울려 퍼진다. 까마귀와 갈까마귀들이 날개를 퍼덕이며 마지못해 물러갔지만 잠시뿐이다. 늑대, 그리고 사체를 뜯는 다른 길짐승들은 조심스레 거리를 둔다. 그러나 그놈들은 지켜보고 있다.

　성직자들은 행진을 멈추고 전장에서 적당한 지점을 찾는다. 아무래도 바람이 불어오는 쪽이지만, 분명히 기독교식 매장을 기다리며 여전히 주변에 널브러져 있는 시신들이 보이는 곳이다. 사제들은 휴대용 제단을 세운다.[2] 미사를 올리고 기도문을 암송하고 봉헌을 해야 할 것이다. 그들은 동방에서 수입한, 화려하게 염색되었으며 장식적이고 정교하며 다채로운 비단으로 나뭇조각을 감싼다. 그 위에 조심스레 석판―이집트에서 채석된 희귀하고 귀한 자줏빛 돌인 반암―을 얹는다. 반암판은 섬세하고 다채로운 에나멜 세공과 화려한 문양의 은으로 둘러싸여 있으며, 귀중한 보석이 박힌 그리스 십자가와 소용돌이 무늬가 있다. 공기 중에 향내가 진동하고 사제들이 기도문을 읊조리며, 전투에서 입은 상처가 여전히 아물지 않은 고관대작들이 지켜보는 가운데 제단이 경건하게 제막된다.

　종교 의례는 오랫동안 카롤루스 군사 관행에서 중심을 차지해왔다. 병사들은 전투를 앞두고 죄를 고백했다. 사제들은 전장에서 고해를 듣고 앞에서 설명한 것과 같은 제단에서 미사를 드렸지만, 시간이 지나면서 그 제단들은 유실되거나 부서졌으며 중세 유럽에서 지금까지 남아 있는 것은 상대적으로 드물다. 그래도 우리는 그 시대의 모든 중요 군대에는 모종의 휴대용 제단이 있었다는 사실을 알고 있다. 카롤루스 마그누스의 손자들인 대머리왕 카롤루스와 독일왕 루도비쿠스에게는 분명히 그들의 제단이 소중했을 것이다. 사제들은 임박한 무력 분쟁의 정당성을 설교했다. 리옹의 대주교 아고바르드는 833년 "거짓말의 들판"에서 당시에는 뭉쳐 있던 아들들을 위해 바로 그렇게 했다. 그와 유사하게, 승리한 이후에 거행하는 축하 행사도 언제나 최소한 준종교적인 성격을 띠었다. 카롤루스 마그누스와 경건왕 루도비쿠스는 전투를 앞두고, 또 승리한 후에 제국의 수도원과 유럽 전역의 대성당에서 군대를 위한 기도를 올리게 했다. 그러나 퐁트누아 전투가 끝나고 모인 성직자와 그들의 세속 후원자들은 새롭고 더 강력한 제의적인 대책을 마련해야 할 필요성을 분명히 느꼈다.

우선 연기가 걷힌 뒤에 그들은 미사를 드리고 제단 주변에서 기도했다. 그다음 생존자들은 친구와 적을 가리지 않고 시신을 경건하게 수습해 땅에 묻었는데, 죽은 적군 가운데에는 그들의 형제와 친구, 삼촌과 조카, 아버지와 아들, 이전에 대제국의 동포였던 사람들이 있었기 때문이다. 그런 계층의 일원들은 서로를 속속들이 알았고 가장 좋은 시절에도 친구와 지인들의 죽음을 애도했다. 그러나 이제 그들을 죽였으니, 최악의 시절이었다.

근대 이전의 유럽인들이 오늘날 우리보다 단순히 더 미개하고, 사람을 더 잘 죽였다고 상상해서는 안 된다. 현대전에서도 전투원들이 전투의 순간적인 흥분에 이성이 압드되어 무감각해지고 싸움을 거의 즐기게 된다는 증거거 풍부하다.[3] 증세 사람들은 무엇보다도 현대인들과 그다지 다르지 않은 사람들이었다. 그들도 친절함과 세련됨의 측면에서 떠로 좋은 면도 있었고, 이 경우처럼 나쁜 면도 있었다. 전투가 끝나고 흥분이 가라앉자 그들은 무슨 일이 벌어졌는지 깨닫기 시작했다. 그들은 부상자들을 위로했을지도 모르지만, 전투가 끝나자 그들은 전과 다른 사람이 되었다. 그리고 일반 병사들이 피에 젖은 땅에 힘들게 무덤을 파는 동안 왕들은 주교들에게 고개를 돌려 이유를 물었다. 이 전투는 왜 벌어졌는가? 그들이 방금 겪은 참상의 의미는 무엇인가? 형제와 친구들의 죽음을 어떻게 이해해야 하는가?

주교들은 공의회를 개최해 그 질문에 답하고자 했다. 중세 기독교 성직자들이 모여서 세계를 검토하고 올바른 행동과 올바른 신앙, 올바른 해석에 대해서 선언하는 대규모 심의 기구 말이다. 공의회는 명령이 아니라 토의와 논쟁으로 이루어졌다. 얼마간 숙의한 끝에 그들은 두 왕—이복형제인 독일왕 루도비쿠스와 대머리왕 카롤루스—이 오로지 정의와 형평을 위해서 싸웠다고 선언했다. 신은 그들의 승리로 그들이 옳았음을 분명히 하셨다. 배신을 일삼는 그들의 형제 로타리우스는 탐욕에 사로잡혀서, 아버지와 형제들에게 그들의 옹호자와 수호자가 되겠다고 한 맹세를 깼고, 그리하여 신은 그가 전장에서 후퇴하게 만드셨다.

그러므로 전투의 폭력은 정당했다고 그들은 말했다. 그러나 만약 어느 전투원이든 분노와 증오 때문에 혹은 영광을 탐하여 싸웠다면 죄를 고백하고 속죄해야 한다. 주교들은 마지막으로 분쟁 양측의 전사자들을 위해서 사흘 간의 금식을 선포했다. 죽은 자는 고해할 수 없지만, 공동의 보속 행위를 통해서 산 자는 하느님께 죽은 자의 죄를 용서해주시기를 간청할 수 있었고 그리하여 그들의 형제들을 구원함과 동시에 하느님이 계속해서 루도비쿠스와 카롤루스의 대의를 도와주시도록 할 수 있었다.

그날 그들은 강력한 메시지를 내놓았지만, 이것은 거의 필사적인 메시지였다. 주교들은 익숙하고 적절하다는 느낌이 들도록 기존의 전례 형식을 이용했지만, 프랑크족이 동족을 학살한 후의 전장에서 그렇게 했고, 따라서 그 익숙한 요소들은 6월 말 그 일요일의 유례없는 상황에 맞게 변형된 셈이었다. 정말 매우 영리한 대응이었다. 이 공의회와 그 제의적 배경을 거쳐서 나온 교령(敎令)에는 833년 경건왕 루도비쿠스의 폐위 때 거행된 의례와 다르지 않게 사안을 정리하려는 목적이 있었다. 그리고 833년 경건왕 루도비쿠스의 폐위처럼 그 의례는 실패했다.

• ◆ ✦ ◆ •

퐁트누아 전투 이후에 무슨 일이 일어날지 아무도 몰랐는데, 그 전투가 실제로 벌어질 것이라고 아무도 생각하지 않았기 때문이다. 예상했다고 해도 그 예상들은 결과로 뒤집혔다. 아무렴, 로타리우스는 형제들이 달아나거나 전투가 벌어진다고 해도 금방 끝날 것이고, 형제들은 결국 그의 정당한 종주권에 복종하리라고 예상하고 있었다. 그러나 그런 일은 일어나지 않았으니 로타리우스가 전투에서 졌기 때문이다. 전투가 벌어지기 전 카롤루스와 루도비쿠스는 기껏해야 로타리우스의 양보를 기대하고 있었는데 (이제는 카롤루스가 서부에서, 죽은 형의 자리를 차지한다는 조건과 함께)『오르디나티오 임페리』의 전체적인 골자를 확인해주는 수준의 양보를 기대했을 것이다. 그러나 그런 일은 일어나지 않았는데, 그들이 전투에서 이겼으니 양보 대신 공세로 전환하여 맏형을 다시 이탈리아로 몰아내 그곳에 가두고, 그들의 왕국을 프랑크 제국의 핵심부로 확대시키는 꿈을 꿀 수 있게 되었기 때문이다. 불과 며칠 전까지만 해도 꿈도 못 꾸던 신세계가 전투가 끝나자마자 태어나고 있었다.

학살이 벌어지고 몇 시간 뒤에 전장에서 올린 미사는 두 가지 방식으로 해석될 수 있고, 두 쪽 다 맞을 것이다. 한편으로 그 미사는 자신들이 정의와 섭리의 편임을, 프랑크 민족과 그들의 왕이 성스러운 지위를 이어가는 편임을 보여주려는 두 동생들의 또다른 의도적인 행위였다. 다만 루도비쿠스와 카롤루스, 그리고 그들의 지지자들이 직면한 처치 곤란한 문제가 있었다. 싸움에 찬성하는 프랑크족의 일반적인 논법—적이 부정한 방식으로 행동했다, 신은 우리 편이다—은 전투에 뛰어드는 것을 정당화하는 데에는 충분할지 몰라도 살육을 해명해주기에는, 도망치는 형제들을 쫓아가는 짓을 정당화하기에는, "그들을 학살해라, 마음껏 죽여라"라고 말하기에는 충분하지 않다는 점이었다. 니타르두스는 교전의 그 부분에 대해서는 침묵을 지켰고 제2권을 끝으로, 토요일에 로타리우스가 도망치지만 아무도 추격에 나서지 않은 상태로 역사서를 갑작스레 마무리했다.

그러나 소문이 돌기 시작했다. 아마도 나중에, 퐁트누아 이후 고작 수개월이 지나서 니타르두스는 이야기를 이어가 기록을 바로잡아야 한다고 느꼈다. 의미심장하게도 그의 서술은 전투 그다음 날부터 재개되며 미사, 시신의 매장, 주교들의 공의회에 대해서 이야기한다. 그의 불안감이 큰 울림으로 다가온다. 그는 자신의 편이 죽은 자들을 보살폈고, 그들의 행동은 정당했으며, 신은 정말로 그들 편이었다는 점을 보여주어야 했다. 그는 포로들이나 포로의 부재를 언급하지 않은 채, 도망치는 적을 추격한 문제는 회피해버렸다. 그리고 그러한 침묵 역시 큰 울림으로 다가온다.

포로들이 적어도 일부는 있었다. 카롤루스의 군대가 전장에서 조금 떨어져 아마도 남쪽의 브리오트 숲과 북쪽의 퐁트누아 마을을 내려다보는 언덕 위에 위치한 로타리우스의 진지를 덮쳤을 때 그들은 라벤나의 대주교 게오르기우스를 붙잡았다. 그들은 그의 제의를 벗기고 조롱하고 창으로 툭툭 치며 이리저리 조리돌림을 하다가 기형에 불구가 된 짐말 위에 짐짝처럼 내던졌다. 전쟁 포로의 몸값을 요구하는 것은 당시 드문 일이었지만 유례가 없지는 않았다. 그럼에도 불구하고 대머리왕 카롤루스는 그가 대주고로부터 돈을 원하지는 않는다는 점을 금방 분명히 했다. 그는 정의를 원했다. 카롤루스는 게오르기우스를 유배시키려고 했으나 더 냉철한 인사들—다시 말해 카롤루스의 어머니 유디트—이 그의 마음을 바꾸었다. 왕은 "황금 브로치로 여민 자주빛 예복을 걸치고, 에메랄드를 박았으며 히아신스석이 빛나는 황금 주구(呪具)를 왼쪽에 걸고, 한쪽 팔은 방패로 가리고, 흉갑을 걸치고, 손에는 창과 철제 부속 창을 들고, 머리에는 전선에 나서는 것처럼 투구를 쓴 채, 무장하고 사나운 모습으로 서서" 게오르기우스와 대면했다.[4] 이제 승리자인 왕은 게오르기우스에게 그가 왜 주교좌를 버리고 와서는 전장에서 로타리우스를 지지했는지 대답을 요구했다.

게오르기우스는 그저 평화를 구하고 있었을 뿐이라고 항변했지만,

카롤루스는 전투 전에 그 사제가 이제는 그 앞에 찬란한 승자의 모습으로 서 있는 프랑크 왕이 삭발하고 수도사가 될 것이라고 호언장담했다는 사실을 어찌어찌 전해들었으므로 거짓말은 집어치우라고 했다. 카롤루스는 벌벌 떠는 대주교에게 호통치며 그의 불충으로 신의 이름을 더럽혔다고 꾸짖었지만, 결국 그가 망신스럽게 라벤나로 귀환하는 것을 허락했다. 그런데 그가 떠나기 전에 또다른 미사가 거행되었는데, 왕의 명령에 따라 게오르기우스가 그를 위해서 집전한 그 미사는 세속 권력의 권위를 인정하는 한 방식이었다. 그다음 게오르기우스는 꼬리를 내리고 집으로 돌아갔다. 거의 빈손으로 말이다. 카롤루스는 그가 압수한 교회 재산의 극히 일부를 반환했고, 게오르기우스가 로타리우스를 위해서 들고 온 보석들은 대머리왕 카롤루스 진영으로 흘러들어갔다. 곱게 차려입고 알프스 산맥을 넘어 달려온 사제단은 거지꼴로 걸어서 돌아가야 했다.

아니, 적어도 이는 라벤나 상관의 실패와 치욕을 기뻐하는 눈치인 아그넬루스가 들려주는 이야기이다. 게오르기우스는 정말로 붙잡혀서 약탈당하고 수모를 당했을까? 아마 그랬을 것이다. 그럼 그 자리에 있던 누군가가 이를 메모해두었다가 아그넬루스에게 전했을까? 가능하기는 하지만, 있을 법하지는 않은 일이다. 어느 정도 자신 있게 말할 수 있는 것은 로타리우스 편에 가담한 비전투원들에게는 포로가 될 위험이 있었으며 약탈이 확실히 카롤루스와 루도비쿠스에게 무기와 갑옷뿐 아니라 상당한 재산도 가져다주었다는 점이다.

다른 한편으로, 유디트는 아들의 격노를 누그러뜨리며 변함없이 현명한 정치인의 모습을 보여주었다. 어머니든 아내든 왕비가 궁정에서 그런 역할을 담당하는 것은 특이한 일이 아니었다. 왕들이 무자비함을 보여주어야 하지만 화해를 불가능하게 할 만큼 난폭할 필요는 없는 상황들이 있었다. 그런 경우에 어머니나 아내, 누이 혹은 딸의 공개적인 중재는 용서와 자비를 베풀 여지를 주었다. 경건왕 루도비쿠스는 어떤 경우에는 장기적으로 해를 자초하면서까지 여러 차례 그 두가지 면모를 보여주었다. 그러므로 유디트의 역할은 다른 규범들이 산산이 부서진 것처럼 보였던 퐁트누아 전투의 여파에서 특히 중요했을 것이다. 하기야 더 현실적인 측면에서는 카롤루스가 열여덟 살밖에 되지 않았고, 그러므로 형제들보다 한참 어렸다는 사실을 기억해 둘 만하다. 그는 훌륭한 전사이고 카리스마 넘치는 지도자였을지 몰라도 10대였다. 그리고 중요하게도 그는 아직 결혼하지 않았다. 이 점은 여기에서 아그넬루스가 묘사한 유디트의 역할을 한층 더 중요하게 만들었다. 동일한 역할을 수행할 카롤루스의 왕비가 부재한 상황에 특히나 세련된 국정 운영자로 그려진 그의 어머니는 이 일화와 원정 전체에 걸쳐 사실적으로 다가온다.

게오르기우스가 남쪽으로 떠난 뒤, 승리를 거둔 두 동생은 헤어졌다. 아이러니하게도 퐁트누아 전투로 이어지는 기간보다 841년 6월 말부터 퐁트누아 전투가 끝난 후의 수 주일 동안에 불확실성의 안개가 좀더 짙다. 로타리우스가 적어도 당분간은 도망다니는 상황에 루도비쿠스와 카롤루스에게는 본국에서 해결해야 할 다른 문제들이 있었고, 그래서 루도비쿠스는 동쪽으로 돌아갔고 카롤루스도 피피누스

2세를 처리하고 아키텐에 대한 자신의 권리 주장을 최종적으로 매듭 짓기 위해서 서쪽으로 갔다. 루도비쿠스와 카롤루스 어느 쪽도 로타리우스를 추격하지 않기로 했다. 이 점이 충격적으로 보일 수도 있다. 카롤루스와 루도비쿠스는 형을 끝장낼 기회를 놓친 셈이었으니 말이다. 그런데 이 결정은 두 가지 사실을 드러낸다. 첫째, 그런 식의 추격은 840년대 카롤루스 왕조의 일반적인 행동 양식이 아니었다. 일례로 독일왕 루도비쿠스는 아버지의 군대에 의해서 (거듭해서) 군대가 뿔뿔이 흩어진 뒤 수차례 라인 강 너머로 도망쳐서 상처를 추스르고 군대를 재규합할 수 있었다. 둘째, 그리고 더 중요하게도, 로타리우스는 여전히 황제이자 여전히 그들의 형제, 같은 카롤루스 사람이었다. 6월 25일에 피의 세례를 받은 논쟁은 통일 제국이 어떻게 될 것인지를 둘러싼 상이한 시각들 간의 충돌이었다. 루도비쿠스와 카롤루스는 실질적인 독립을 원했다. 로타리우스는 헤게모니적 권력을 원했고, 아직 그 논쟁에서 지지 않았다.

황제는 패배를 덮기 위해서 재빨리 피해 수습 단계에 들어갔다. 그와 지지자들은 먼저 소문과 정치로 전장에서 실패한 것을 달성하고자 했다. 최소한 그는 패배에도 불구하고 여전히 황제로서 존재하기를, 그리고 계속해서 자신의 주장을 펼칠 수 있도록 논점을 흐리기를 바란 것 같다. 그의 첫 번째 행동은 형제 루도비쿠스가 전사했고 카롤루스는 중상을 입었다는 소문을 널리 퍼트리는 것이었다. 물론 로타리우스가 실제로 이를 믿고 잘못된 정보 아래에서(가짜 뉴스는 9세기에도 있었다) 움직이고 있었을 수도 있지만, 그보다는 그의 아버지와 할아버지가 그랬던 것처럼 제국을 장악할 방법을 여전히 찾고 있었을 가능성이 더 크다. 결국에 그는 루도비쿠스의 영토를 향해 이동하고 있었고, 중상모략적인 암시와 거짓말 때문에 그 지역에서 흔들리는 지지자들을 동생에게서 떼어낼 수 있다면 충분했다. 최소한 그는 그런 전술로 루도비쿠스와 카롤루스 간 동맹을 끊거나 새로운 군대를 일으켜 두 동생들을 떼어놓을 수 있으며 그리하여 퐁트누아 전투 이전의 상태로 복귀하고 갈등의 새로운 국면을 개시하면 승리가 가능하리라고 기대했을지도 모른다.

로타리우스의 소문 유포가 퐁트누아 전투 직후에 프랑크 귀족층 사이에 널리 퍼진 충격에 어떤 식으로든 책임이 있는지는 분명하지 않다. 그의 경쟁자들의 부상과 죽음에 대한 소문은 틀렸고 분명히 정치적인 동기가 작용한 데에 반해, 전장의 살육은 개탄스럽게도 사실이었고 현장에 있었다가 살아남은 누구에게나 잘 알려져 있었다. 그러나 퐁트누아 전투가 학살이었다는 평판은 동생들을 위법적이고 신뢰할 수 없는 찬탈자들로 몰아가려는 로타리우스의 의도에 보탬이 되었다. 앞에서 본대로 카롤루스 마그누스의 후계자들이 권력을 놓고 다투는 것은 꽤 일반적인 일이었다. 그러나 그런 분쟁에서 무력 충돌이 결정적인 요소인 경우는 거의 없었고, 더 일반적으로는 무력 충돌을 일으킬 것처럼 내내 위협하면서 왕국의 대귀족들의 충성심을 얻어내고 유지하는 능력이 결정적이었다. 한편, 대귀족들은 자기에게 유리하다면 충성을 바꿀 수 있었다. 핵심적인 권력과 병력을 유지하는 한 바람 부는 대로 왔다 갔다 할 수도 있었다. 카롤루스 사람은 종종 쓰러트릴 수 있어도 완전히 나가떨어지게 할 수는 없었다.

풍트누아 전투 이후 유포된 소문과 진실은 루도비쿠스와 카롤루스에게 진정한 위협, 다시 말해 그들이 각자 왕국을 유지하고자 한다면 대처해야 할 위협이었다. 대귀족들은 앞에서 본 것처럼 지는 편에 속하지 않기 위해서 상황에 따라 어느 형제 편으로든 넘어올 수 있었다. 편을 바꾸려면 위험을 감수해야 했지만, 그 결과가 뒤따르는 경우는 놀라울 정도로 드물었다. 830년과 833-834년에 경건왕 루도비쿠스에게 대항한 반란 이후로 반란을 일으켰다고 영구적인 처벌을 받은 귀족은 거의 없었다. 물론 몇몇은 처형을 당했다. 일부는 수도원으로 보내진 다음 더 이상 소식을 들을 수 없게 되기도 했다. 그러나 기존의 통치자에게 반대했던 대다수의 귀족들에게는 구제되거나 공동체로 복귀할 수 있는 길이 열려 있었다.

게다가 전투에서 졌을지라도 로타리우스에게는 여전히 유리한 점이 많았다. 풍트누아 전투가 내전의 결론이 아니라 그 시작일 뿐이었다는 것은 금세 분명해졌다. 그는 황제였고 그 사실이 중요했다. 그의 아버지와 할아버지는 그 점이 중요하다는 것을 확실히 했다. 황제는 혈통으로 세습되며, 전투에서의 패배나 (833년에 아버지를 폐위시키려고 했을 때 로타리우스 본인이 깨달았듯이) 임시변통의 종교 의례로 박탈할 수 없는 칭호였다. 로타리우스는 또한 전쟁 수행을 지원해줄 재산을 아헨의 왕궁에 보유하고 있었고, 이제는 그 재산을 동원했다. 그는 루도비쿠스와 카롤루스를 갈라놓기 위해서 새롭게 군사를 일으키기 시작한 한편, 여전히 황제의 직무를 수행하고 있었다. 그는 동료들에게 자행된 유혈 사태를 목격하거나 카롤루스와 루도비쿠스가 죽었다는 소문을 듣고 걱정하면서 흔들리는 거물 귀족들에게 황제라는 지위를 공개적으로 과시함으로써 자신이 여전히 싸우고 있음을 상기시켰다.

이를 위해 로타리우스는 수드원들에 토지를 하사하면서(그리고 황제와의 관계를 부각시키려는 의도로, 작고한 아버지 경건왕 루도비쿠스에 대한 기억을 종종 환기하면서) 지지자들과 잠재적 지지자들에게 특권을 수여하는 증서를 수차례 발행했다.[5] 그러한 문서들은 사소한 행정적인 사안에 그치지 않고 수행적이었다. 칙서에는 반드시 증인이 있어야 했고, 일단의 귀족과 막강한 성직자들에게 황제의 호의를 입증하는 문서였다. 그들은 하사를 스스로 건의하거나 그러한 문서를 작성하는 자리에 입회할 수 있도록(그리고 서명할 수 있도록) 황제에게 접근할 권한이 허용된 사람들이었다. 특정한 수도원에 기증을 하는 문제는 838년에 독일왕 루도비쿠스와 아버지 간에 돌이킬 수 없는 불화를 낳았다. 그러므로 로타리우스의 수많은 증서들은 알프스 산맥 이남에서 여전히 그의 권력 기반인 이탈리아 교회와 수도원을 상대로 한 것이었지만, 그 종교적 가문들은 대개 세속 상류층 가문과 오랜 연계가 있었고 제국 전역에 토지를 보유했다. 황제가 주는 그러한 특전은 알프스 산맥 이북으로 지원을 보내는 것이 여전히 가치 있는 일임을 상기하는 역할을 했다. 더욱 중요하게도, 카롤루스와 분쟁 중인 영토에서의 하사는 지속적인 지지에 대한 요청이기도 한 동시에 황제로서의 권위의 천명이었다. 군사 작전이라는 열전은 계속되겠지만, 이제는 정치, 증여, 기념, 의례라는 또다른 냉전도 동반했다.

　동생들이 각자 왕국에서 처리해야 할 일이 있으며 그 일 때문에 그들이 정치적으로는 아닐지라도 지리적으로 떨어질 수 있다는 것이 로타리우스에게는 다행이었다. 그들은 헤어지면서 9월에 만나기로 약속했지만, 약속을 놓치게 된다. 카롤루스와 그의 수행단은 841년 7월부터 10월까지 프랑스 대부분을 가로지르며 쉴새없이 이동했다. 수백 킬로미터에 걸친 그 순행은 세 가지 주요 목표를 띠고 있었다. 첫째, 그의 지지자들의 지지를 더욱 다져서 그를 버리고 황제 편으로 돌아서지 않게 하는 것이었다. 둘째, 중립을 지키며 사태를 관망하거나 퐁트누아 전투에서 어느 쪽에도 가담하지 않고 싸우지 않았던 귀족들을 자기편으로 끌어들여서 반대로 로타리우스에 대한 지지를 흔드는 것이었다. 셋째, 아키텐의 피피누스 2세 문제를 확실히 처리하는 것이었는데, 이상적으로는 카롤루스에게 신종을 바치고 그를 주군으로 인정하게 만드는 것이었다.

　마지막 목표를 위해서 카롤루스는 비장의 무기가 있다고 생각했다. 퐁트누아 전투에서 휘하의 군사를 투입하지 않아서 양측 모두를 짜증나게 한 셉티마니아의 베르나르두스를 장기판에 다시 등장시키기로 했다. 퐁트누아의 승패가 결정된 직후에 그는 카롤루스의 군대에 아들 기욤을 보냈다. 기욤은 구미가 당기는 제안들을 들고 왔다. 첫째, 부르군트에서 기욤이 보유한 영지(기욤이 이미 하사받았지만 카롤루스가 인정하지 않은 땅)의 소유권을 카롤루스가 승인해준다면, 기욤은 대머리왕 카롤루스에게 충성을 맹세할 것이다. 둘째, 일단 기욤의 영지를 카롤루스가 공식화해주면, 베르나르두스는 자신의 군대를 이용해 아키텐을 둘러싼 분쟁을 종식시키고 피피누스 2세의 항복을 받아낼 것이다. 그러나 카롤루스 사람들이 절대 배우지 못한 듯한 교훈이 하나 있었으니, 바로 선물을 들고 오는 셉티마니아 사람을 믿어서는 안 된다는 것이었다.

첫 번째 약속은 실제로 이루어졌다. 기욤은 베르나르두스가 얌전히 처신하도록 볼모가 되어 카롤루스의 궁정에 합류했다. 그런데 궁정에서 귀족 볼모의 지위란 억류자가 아니라 오히려 궁정의 일원으로서 그 왕에게 합류하는 일에 가까웠다. 물론 베르나르두스가 약속을 뒤집는다면 당장이라도 떨어진 준비가 된 칼이 기욤의 머리 위에 매달려 있는 처지이기는 했다. 카롤루스와 그의 새로운 동맹은 그다음 아키텐으로 진군했다. 그러나 군대를 하나로 유지하기는 쉬운 일이 아니며, 그 목표가 정복하고 약탈하는 것이 아니라면 특히나 그렇다. 니타르두스에 따르면 모두가 느릿느릿 그저 "무심하게 떨어져나갔다." 게다가 카롤루스의 군대는 피피누스 2세에게 굴복을 강요하기에는 너무 작았다. 군대가 쪼그라든 것은 딱히 악의가 있어서라기보다는 원정 기간이 끝나가고 병사들이 추수를 하러 귀향해야 했기 때문일 수도 있다.

어쩌면 대머리왕 카롤루스는 근래의 승리를 믿고서 그런 선례를 뒤집으려고 했을 수도 있고 아니면 그저 경험이 부족하고 고집불통인 열여덟 살짜리였을 수도 있지만, 어쨌거나 결과적으로 그는 (분명히 저장 식량을 징발당하거나 약탈당할 수도 있는 현지 주민들로서는 무척 분노할 일인데) 복잡한 보급 활동이 필요할 만큼은 크지만 일체의 권위를 행사하기에는 작은 군대를 이끌고 서프랑크 왕국을 배회한 셈이었다. 심지어 카롤루스와 함께 이동한 베르나르두스도 계속 변명을 대고 충성 맹세를 미루면서 결코 공식적으로 신종을 바치지 않아서 분명히 카롤루스의 부아를 돋우었을 것이다. 그리고 카롤루스가 남서부로 진군함에 따라, 퐁트누아 전투에서 그가 쇠약해졌다는 풍문으로 북부의 귀족들에 대한 장악력이 약화되기 시작했고, 당연하게도 그들은 왕이 몸소 나타나주기를 청했다. 아니, 실제로는 강력히 요구했을 것이다. 마침내 실제로 북부에 모습을 드러냈을 때 그는 여전히 소규모 군대를 거느리고 있었고 소수의 핵심 귀족들만 그의 편으로 달려왔다. 그 소수의 귀족들 중에 한 명은 그의 삼촌으로서, 카롤루스 마그누스의 사생자이자 830년대에 경건왕 루도비쿠스의 측근이었던 생-캉탱 수도원장 위그였다.

한편 동쪽으로 간 독일왕 루도비쿠스 2세는 로타리우스가 자신의 영토로 향하는 것을 걱정하고 있었고, 따라서 바이에른과 작센의 왕으로서 권위를 재천명할 작정이었다. 지난 수년간 이곳에서 독일왕 루도비쿠스의 입지는 경건왕 루도비쿠스 1세와 메스의 아달베르트에게 수차례나 위협당해서 이미 허약해졌음을 기억해야 한다. 그는 왕국을 박탈당했었고, 바이에른 외부에 있는 그의 귀족들은 곧 일어날 로타리우스와의 대결이 어떻게 전개될지 알 수 없었다. 그러나 이제 대세는 루도비쿠스 편이었다. 당근(영지와 특권의 하사)과 채찍(위협과 실제 폭력)을 병행하며 그는 라인 강 동쪽, 즉 작센인, 알레만니아인,

튀링겐인 그리고 제국 그 지역의 여타 민족들로부터 상당한 지지를 끌어모았다. 또한 루도비쿠스는 브상을 입었으며 카롤루스는 죽었다는 로타리우스의 풍문이 또다른 거짓말이라는 것을 잠재적 지지자들에게 확신시키고자, 루도비쿠스는 다양한 지역들에 직접 모습을 드러냈다.

루도비쿠스가 841년 7월과 8월에 왕국 내에서 끊임없이 돌아다니며 그의 지지자들을 안심시킨 것은 잘한 일이었는데, 로타리우스가 그를 무력화할 또다른 계획을 꾸미고 있었기 때문이다. 830년대와 840년대에 제국 동부의 프랑크인과 작선인 상류층의 충성심은 분열되어서, 일부는 황제인 경건왕 루도비쿠스 1세 편에, 일부는 독일왕 루도비쿠스 2세 편에 가담했었다. 두 집단은 자신들의 목적에 부합할 때마다 편을 바꾸었다.

로타리우스는 기회를 엿보았다. 먼저 그는 루도비쿠스를 고립시키고 전투에서 그를 홀로 상대하기를 바라며 동부로 진군했다. 그는 넉넉한 병력을 이끌고 라인 강을 건널 수는 없었지만, 그래도 동맹이자 루도비쿠스의 숙적인 마인츠 대주교 오트가르를 남겨두어 (메스의 아달베르트는 죽어버려서 부를 수 없었다) 루도비쿠스를 라인 강 동쪽에 묶어두게 했다. 덕분에 로타리우스는 더 많은 동맹자를 찾을 시간을 벌었다. 그는 작센에서 동맹을 모색했고 충성스러운 일부 작센 귀족들을 보너며 흥미로운 집단에게 제의했는데, 바로 스텔링가(Stellinga)였다.

카롤루스 마그누스 치세 때 프랑크족은 작센족을 잇따라 정복(하고 학살)하면서, 그들에게 기독교만이 아니라 재산 소유, 사법 절차, 지주에 대한 노동 의무 등과 관련한 프랑크 법을 강요했다. 정복은 800년경에 완료되었고 따라서 840년대에 이르자 많은 프랑크 상류층이 토지와 작센 공동체에 대한 권리를 수여받았을 뿐 아니라 많은 작센 상류층도 제국에 완전히 통합된 상태였다. 왜 아니겠는가? 제국 전역에 걸쳐, 특히 사람들이 자신을 반드시 프랑크인이나 혹은 전적으로 프랑크인로만 생각하지 않는 곳에서 그런 집단들은 프랑크 전통과 나란히 자신들만의 현지 전통을 유지해왔다. 통합은 문화적인 말살을 요구하지 않았다.

상충하는 듯이 보일 수도 있지만 반드시 상충하지는 않는 다수의, 흔히 중첩되는 정체성을 가지는 것은 매우 중세적인 존재 방식이었다. 각각의 중세인은 위계적이고도 공동체적인 체계와 정체성들의 중심에 서 있었다. 다만 중첩적인 체계들의 존재를 인정한다고 해서 그들이 모두 완벽한 조화를 이루며 산다는 뜻은 아니었다. 그 대신 그 사람들과 그들의 정체성들은 서로 기능하면서도 줄곧 긴장 관계에 있었다.

정복 이후의 작센에서도 마찬가지였다. 많은 지배층이 프랑크 법에서 권력을 찾아 행사하고자 한 반면, 비자유민(비참한 동산 노예제는 물론이고 더 복잡한 여러 신분을 비롯해 매우 다양한 방식의 비자유가 존재했다)부터 자유로운 영세 토지 소유주와 심지어는 일부 소(小)젠트리에 이르기까지 다양한 사람들은 모여서 동무, 혹은 고대 색슨어로 스텔링가라고 하는 의도적 공동체를 이루었다.

중세와 근대 역사가들은 스텔링가를 야만적이고 다신교적인 농민 반란으로 묘사해왔다. 그러나 그들의 존재 자체에 폭력적인 구석은 없었다. 이 집단은 841년 전부터 꽤 오랫동안 존재해왔다.6 주로 현지 관습을 보존하고 무수한 방식으르 상호 부조했으며, 이 책에서 보듯이 가장 중요하게도 관습법을 적용해 사법 집행을 관장하는 데에 집중했다. 다시 말해 그들은 작센 사회의 정상적인 일부, 프랑크 제국 내의 매우 전형적인 지역 집단이었다. 그래서 로타리우스는 그들에게 제안을 했다. 형제인 루도비쿠스에 맞서 그의 권리 주장을 지지해준다면, 그들이 선택하는 어떤 법이나 관습이든 시행할 권리를 주겠다는 제안이었다. 사실상 그는 작센 관습법을 카롤루스 마그누스와 후손들이 부과한 프랑크 법보다 우위에 두겠다고 말한 셈이었다. 이는 좋은 거래였다. 스텔링가는 루도비쿠스의 지지자들을 향해서 공격을 개시했다. 작센이 이렇게 교란되면 로타리우스는 서쪽에서 침공해야 할 것이고 그 사이 그의 내부 지지자들은 루도비쿠스의 지지를 약화할 것이다. 적어도 그는 그렇게 기대했다.

마인츠의 오트가르가 라인 강을 지키고 있고 스텔링가가 반대쪽 측면에서 독일왕 루도비쿠스 2세를 공격하고 있으니, 로타리우스는 퐁트누아 전투에서 잃어버린 발판을 다시 마련할 기회를 보았다. 그는 841년 7월과 8월에 다른 곳에서도 동일한 전술을 시도하여, 루도비쿠스와 카롤루스의 주의를 분산시킬 외부의 동맹을 찾았다. 일례로 그는 부르군트 공작을 자기편으로 끌어들이려고 했으나 실패했다.7 그는 경건왕 루도비쿠스 1세의 동맹이었던 덴마크 군주를 불러내 형제

들의 영토를 습격해달라고 요청하기도 했다. 이 모든 움직임은 제국
의 주변부를 그를 대신해 싸움에 끌어들이려는 시도였다. 동생들이
각자 국경선을 방어하는 동안 로타리우스는 군대를 끌어모아 카롤루
스를 추격하고자 했다.

그러나 뜻대로 되지는 않았다. 로타리우스는 또다시 그의 최대의
적, 바로 강에게 패배했다. 서쪽으로 진군해 카롤루스와 정면으로 맞
붙으려고 했을 때 로타리우스는 카롤루스가 취약한 처지임을 발견했
다. 카롤루스의 군대는 로타리우스의 군대에 열세였다. 그러나 카롤
루스는 센 강 이북에, 로타리우스는 이남에 있었다. 퐁트누아에서는
모두가 싸우기를 원했고 그래서 싸웠다. 이제 카롤루스는 전투를 회
피해야 한다는 사실을 알았으므로 가능한 모든 수를 써서 로타리우
스의 군대가 강을 건너오지 못하게 하려고 했다. 강화 조약을 협상하
며 겨울이 올 때까지 시간을 끌거나 봄에 싸우자고 제안하는 것이었
다. 로타리우스는 제의를 거부하고, 남쪽으로 방향을 틀어 피피누스
와 재회한 다음 함께 카롤루스를 공격하러 다시 북쪽으로 향했다(카
롤루스는 센 강 남쪽으로 건너왔지만 여전히 이동 중이었다). 그러나 적
이 기습을 당하거나 끔찍한 실수를 저지르지 않는 한, 전투는 양측이
모두 원할 때에만 벌어졌다. 로타리우스는 전투를 원했지만 카롤루스
는 원하지 않았다. 동생을 수세에 몰아넣음으로써 아주 순조롭게 출
발한 듯했던 원정은 로타리우스의 병사들의 진을 빼고 피피누스에게
는 아키텐으로 돌아가는 편이 더 낫겠다는 확신만 심어주는 막막한
추격전이 되고 말았다.

대머리왕 카롤루스는 나름대로 좌절을 겪기는 했지만(형과 형이 이끄는 대군에게 프랑크 제국 전역을 쫓겨다니는 일은 과히 즐겁지 않았으리라) 동시에 중요한 지지자들을 일부 자기편으로 끌어들일 수 있었다. 그의 삼촌인 생-캉탱의 위그 외에도 카롤루스에게 가담한 카롤루스 마그누스의 후손이 있었다. 카롤루스에게는 이복누이이지만 로타리우스와 루도비쿠스에게는 친누이인 힐데가르트는 라옹에 있는 수녀원의 수녀원장이 되었다. 힐데가르트는 원래 로타리우스 편이었고 카롤루스의 가장 충성스러운 측근 한 명을 포로로 데리고 있었다. 겨울에 로타리우스가 추격을 포기하자, 카롤루스는 그의 충성스러운 추종자를 되찾아오기로 결심하고 도진 추위에도 밤새도록 병사들을 강행군시켰다. 동이 트기 전에 모든 퇴로를 차단한 다음 도시를 공격할 채비를 하고서 다가오고 있는 군대의 모습을 보고 라옹 성벽의 파수꾼들은 경악했다. 라옹은 항복을 간청했다. 어쩌면 그곳 관리들은 834년 비슷한 상황에서 로타리우스가 샬롱-쉬르-손에 한 일을 기억했을 것이다. 아마도 힐데가르트는 당시에 셉티마니아의 베르나르두스의 누이인 수녀 게르베르가에게 무슨 일이 벌어졌는지를 기억했으리라. 녹초가 되었지만 약탈을 간절히 고대하는 카롤루스의 병사들은 어쨌거나 공격할 태세였다고 한다. 왕은 차츰차츰 그들을 설득(하고 위협)했고 결국 병사들이 물러서자, 평화롭게 도시를 장악했다. 힐데가르트는 잘못을 뉘우치고 카롤루스 편으로 돌아섰다고 한다. 군대가 얼마나 큰 설득력을 발휘할 수 있는지 놀랍기 그지없다.

그 새로운 승리를 막 거둔 카롤루스는 곧장 형 루도비쿠스를 도우러 진군했다. 마인츠의 오트가르는 이제 두 적대적인 군대 사이에 낀 형국이었다. 그는 자신의 승산을 다시 생각해본 뒤 달아났다. 독일왕 루도비쿠스는 라인 강을 건넜고, 두 형제는 842년 2월 14일에 라인 강변의 스트라스부르에서 만났다. 로타리우스의 계획은 실패했다.

퐁트누아 전투는 결판을 내지 못했다. 비록 그 순간에는 카롤루스와 루도비쿠스가 승리했지만 다음 7개월에 걸쳐 진짜 변한 것은 전혀 없었다. 카롤루스는 퐁트누아 전투 승리의 여세를 이용하는 데에 어려움을 겪고 있었다. 피피누스 2세는 여전히 아키텐을 휘젓고 다니고 있었다. 루도비쿠스는 자신의 근거지를 다진 다음에 작센을 기반으로 한 내부 반란에 맞서 국경을 방어해야 했는데, 용의주도하게 그의 충성파를 겨냥한 반란이었다. 로타리우스는 슬그머니 아헨으로 돌아갔다가(혹은 전술적으로 후퇴했다가) 한동안 우위를 점한 듯이 보였다. 루도비쿠스가 다른 데에 정신이 팔린 사이 카롤루스를 추격한 것은 로타리우스였다. 그러나 그마저도 고작 수개월만에 수포로 돌아갔다. 형제들은 이제 모두 분쟁이 오래갈 것임을 깨달았다. 다만 이제 카롤루스와 루도비쿠스가 재회했고 황제와 일전을 벌일 태세였다.

· ◆ ✤ ◆ ·

9세기 중반에 익명의 시인이 퐁트누아 전투의 여파와 밀접한 상관이 있는, 터무니없이 거대한 서사시를 들려주었다.[8] 어떤 측면에서는 820년대와 830년대에 제국을 그토록 어지럽힌 환시 문학과 그다지 다르

지 않은 그 시는 듣고 이해할 수 있는 자들에게 경고를 외쳤다. 퐁트
누아의 학살은 제국의 정치를 즉각 뒤죽박죽으로 만들지는 않았을지
라도 프랑크족의 지적 세계는 뒤흔들었다. 그들은 처음에는 경악했다
가 제의적인 면죄부를 주려고 시도했다. 그러나 그 시도는 명백하게
실패했다. 그다음 수십 년에 걸쳐 프랑크족은 폭력과 전쟁, 그리고 프
랑크족이라는 다름 아닌 그들의 정체성에 대한 사고방식을 바꾸기 시
작했다.

『발타리우스(*Waltharius*)』라고 알려진 이야기는 훈족 아틸라가 유럽
을 휩쓰는 장면으로 시작한다. 아틸라에 맞서 다른 군주들과 연합하
는 대신, 프랑크 왕은 곧장 항복하고 막대한 보물과 함께 최고의 전사
하겐을 볼모로 보낸다. 부르군트와 아키텐의 왕들도 프랑크족의 본
보기를 따른다. 부르군트인은 왕의 외동딸인 힐디군드를, 아키텐인들
은 왕의 아들 발터를 보낸다(그래서 제목이 『발타리우스』이다).

그런데 알고 보니 아틸라의 궁정은 퍽 위대하다. 힐디군드는 아틸
라의 왕비가 되고 하겐과 발터는 아틸라의 가장 위대한 전사이자 서
로의 절친한 친구가 된다. 그러나 프랑크 왕이 죽고, 하겐은 볼모로서
의 맹세를 깨고 프랑키아로 도망친다. 그러자 서사시에서 흔히 예상
할 수 있듯이 발터와 힐디군드는 사랑에 빠져 아틸라를 배신한다. 그
들은 아틸라와 그의 부하들을 술에 취하게 만든 다음 많은 보물을 훔
쳐서 서쪽으로 달아난다.

안타깝게도 보물을 잔뜩 짊어진 우람한 용사에 대한 소식이 프랑크
궁정에 닿았고 그들은 탐욕을 부려 보물을 빼앗기로 한다. 그들은 하

겐과 함께 나가서 발터를 구석으로 몰고 보물을 내놓으라고 요구한다. 발터는 무사히 지나가기 위해서 일부를 내놓겠다고 제안하고 하겐도 프랑크인들에게 제안을 받아들이라고 충고하지만, 그들의 왕은 너무 욕심이 많아 공격을 감행한다. 발터는 왕과 하겐만 빼고 모두 쓰러트린다. 싸움은 격렬하고, 살아남은 사람은 영화 「몬티 파이튼의 성배」에 등장하는 흑기사처럼 모두 팔다리가 잘리거나 불구가 된다. 아닌 게 아니라 그들은 결국 무승부로 하기로 한다. 상처를 치유하는 동안 발터와 하겐은 다른 무엇보다도 기진맥진한 탓에 화해하고, 그다음 각자 갈 길을 간다. 서사시는 발터와 힐디군드가 결혼하여 이후로 행복하게 아키텐을 다스리는 것으로 끝난다.

발터, 하겐, 힐디군드, 아틸라 이야기는 이 서사시가 지어진 당시에 구전 문화와 문자 문화 양쪽에 잘 알려져 있었을 것이다. 그렇다면 죽음과 영광을 갈망하는 젊은이들에게 노병들이 맥주와 포도주를 앞에 두고 술집에서 들려주던 이야기들, 마을과 촌락의 세계관을 반영하고 있는 것은 아닐까? 이 서사시는 까마득한 과거에 대한 거짓말 같은 이야기처럼 들린다. 그러나 9세기에 지어진 이 서사시 판본은 이 책에서 이미 살펴본 예지적 꿈들처럼 나쁜 왕에 대한 비판이 그 밑바탕에 깔려 있는데, 이 경우에는 경건왕 루도비쿠스의 아들들을 정조준하고 있다. 비겁한 프랑크 왕은 경건왕 루도비쿠스를 의도한 것이고, 탐욕을 부려 모든 재물을 차지하려고 했기 때문에 궁극적으로 그 모든 사람들의 죽음과 불구를 야기한 장본인인 그 아들은 로타리우스이다. 그렇다면 이 시는 당대의 사건들에 대한 논평, 다시 말해 우화와 암시의 뒤에 숨어서 비판을 감추면서도 뜻을 확실하게 전달하는 방식이다. 그러나 비판의 메시지는 특정한 시각에서, 물론 로타리우스를 좋아하지 않는 사람이지만 카롤루스 왕권 전반에 대해서 점점 회의를 느끼는 누군가에게서 나오는 것이다. 퐁트누아 전투는 서사시 마지막에 나오는 전투처럼 헛된 희생, 즉 용서받지 못할 탐욕이 불러온 비극이자 교착상태, 정말로 아무것드 바꾼 것이 없는 전투였다.

그리고 시인은 단지 왕들의 탐욕이 유혈을 불러온다고 말하는 것이 아니라, 탐욕이 비겁함과 짝을 이룬다고 말하고 있다. 탐욕스러운 로타리우스는 퐁트누아에서 회피하는 대신 전투에 뛰어들기는 하지만 그다음 도망친다. 서사시 속의 프랑크 왕이 탐욕을 부려 발터에 맞서 부하들을 전투로 이끌었다가 도망치는 것처럼 말이다. 그 도망은 갈등을 해소하기는커녕 더 많은 분쟁으로 이어진다. 서사시 끝에 가면 모두가 심한 부상을 입고 누구도 잘못으로부터 자유롭지 못하다. 발터는 특히 너무도 싸우고 싶어한다. 그래도 적어도 승리를 거둔 뒤에는 죽은 자들에게 장례를 치러주는데, 이번 장을 열었던 의례들을 연상시키는 듯하다.

퐁트누아 전투 이후로 더 이상 영웅은 존재하지 않았다. 착한 사람들이 불가능한 선택들과 직면하여 끝내는 서로를 죽이거나 지독한 고통을 안긴다. 모든 왕은 비겁함이나 탐욕, 피에 굶주린 잔인성을 가진 실패자이다. 여기에서 얻는 교훈이란, 전사들은 지도자들이 내놓는 불가능한 선택지들을 헤쳐나가면서 서로에게 잘해야 하며 그러면서도 결국에는 원하든 원하지 않든 친구의 입술을 베어야 할 수도 있음을 이해해야 한다는 것이다. 프랑크족의 퍽이나 위대한 계획이다.

풍트누아 전투의 동족상잔을 상황이 더욱 나빠지는 전환점으로 간주한다는 측면에서 『발타리우스』는 혼자가 아니다. 물론 많은 비관주의적 사료들이 두 노선으로 나뉜다. 한 가지는 니타르두스의 발언이 전형적으로 보여주는데, 상황은—지금 그대로도 아주 나쁘지만—앞으로도 나빠지기만 할 것이라는 시각이다. 니타르두스는 경건왕 루도비쿠스의 아들들에 대한 그의 역사서를 843년도에서 끝냈다. 그는 사촌인 대머리왕 카롤루스의 의뢰로 책을 집필했지만, 글을 쓰면서 태도가 바뀌어 말미에 이르면 작품은 애가(哀歌), 심지어 자신의 시대가 몰락했음을 개탄하는 장광설로 변한다. 그의 『역사(*Historiae*)』 마지막 권인 제4권은 다음과 같이 마무리된다.

거의 30년 전에 돌아가신 위대한 카롤루스의 시대에는 어디에서나 평화와 화합이 넘쳤으니 우리 민족이 하나의 올바른 길과 다 같이 잘 되는 길을 걸었고 그리하여 하느님의 법도를 따랐기 때문이다. 그러나 이제는 각자의 길을 가면서 불화와 쟁투가 난무한다. 한때는 어디에서나 풍요롭고 행복했으나 이제는 어디에서나 빈곤과 슬픔만이 있다. 한때는 광포한 자연도 모든 것에 미소를 지었으나 이제는 위협한다.……이즈음……하룻밤 새에 많은 눈이 내렸고, 하느님의 정의로운 심판이 앞에서 말한 것처럼 모두의 가슴을 슬픔으로 채웠다. 내가 이를 언급하는 것은 온갖 불의와 약탈이 사방에서 판을 치고 이제는 철에 맞지 않은 날씨가 앞날이 나아지리라는 마지막 희망도 꺾어버린 까닭이다.9

니타르두스는 희망을 잃었다. 나아지는 것은 없으리라. 심지어 자연도 동의하지 않았는가? 형제가 형제를 죽일 때 신은 고개를 돌린다.

그러나 로타리우스의 다른 지지자들, 제국과 그 제국을 다스리는 황제를 여전히 믿는 사람들은 다른 입장을 취했다. 리옹의 신학가 플로루스는 양식과 소재를 통해서 9세기 프랑크족을 고대 이스라엘 민족에 대놓고 비유하는 시를 썼다. 다만 그 비유는 사람들을 안심시키려는 것이 아니었다. 시는 『성서』의 「아모스」에 의존하는데, 「아모스」는 하느님께서 이스라엘 민족이 정결하기를 기대했으나 그들의 본성이 죄악에 물들었으니 벌하시리라고 경고하는 내용이다. 플로루스는 이 경고를 이용해 퐁트누아 전투를 시의 핵심으로 삼아서 이렇게 말한다.

우리는 잔혹한 전쟁을 안다[즉, 최근에 목격했다]

기독교인들이 칼을 들고 사악하게 서로를 공격하고

친족의 칼날로 의무의 끈이 끊어지고

들짐승과 새가 그들의 보기 좋은 팔다리를 먹어치웠을 때

하늘에서는 끔찍한 혜성이 불타며

인간에게 재앙과 파괴를 예고했다.[10]

플로루스는 프랑크족의 죄 때문에 분명히 신이 그들을 벌하고 있다고 생각했다. 오로지 그것만이 제국의 분열과 그들에게 파도처럼 밀려든 재앙을 설명해주리라. 그러나 시 말미에 이르면 여전히 희망이

있는데, 재앙은 프랑크족을 재정화하고 올바른 길로 다시 이끌 것이기 때문이다. 만일 프랑크족이 "주님의 인도하심으로 평화의 항구에" 들어올 수 있다면, "이 음울한 씨앗으로부터 자란 달콤한 열매를 따고 다시 한번 주님의 승리를 영원히 찬송할 수 있으리라!"[11]

그러나 로타리우스에게 그 승리는 찾아오지 않는다.

• ◆ ✛ ◆ •

중세 유럽에서 인간의 삶을 묘사한 말들 중에 그 긴 세월이 지난 후에도 울림을 주는 말이 있다. "삶은 끔찍하고, 잔혹하고, 짧다." 우리는 폭력이 어디에나 상존했고, 전쟁은 변함없는 동반자였으며, 대학살이 다반사였다고 배운다.

확실히 폭력과 전쟁이 난무했지만, 퐁트누아 전투 이후의 비관주의와 비탄을 그 시대의 잔혹성의 징후라기보다는 그 반대로 독해할 수도 있다. 그 참사의 규모에 대한 프랑크족의 인식과 형제 살해의 분쟁이 야기한 도덕적 위기는 그들이 상대를 비인간화하여 가책을 느꼈다는 방증이자 적의 말살을 축하하지 않았다는 방증이다. 그들은 자신의 인간성을 내버리지 않았고 그보다는 그 참상 속에서 그들이 너무 멀리 갔다는 것을, 물러나야 한다는 신호를 보았다. 이후로 수년간, 다음 전투들이 재개될 때 퐁트누아 전투의 교훈은 프랑크족의 마음에 경고로 남게 된다.

퐁트누아 전투는 그 전투 전후로 여러 해 동안 싸움을 회피했다는 데에서 보다시피 꼭 일어나지 않아도 되었다. 그래도 전투는 일어났다. 후퇴하는 적을 학살할 필요는 없었다. 그래도 학살은 일어났다. 그리고 그 학살은 전쟁을 끝내는 결정적 승리로 이어지지 않았다. 전쟁은 계속되었다. 그 많은 죽음은 헛되었다. 그리고 그 죽음의 반향은 세대를 넘어, 돌이킬 수 없게 이어질 것이었다.

10

맹세하는 자들

842년 2−12월

풍트누아 전투가 벌어지고 딱 여덟 달이 지난 842년 2월, 스트라스부르에서는 로타리우스 황제와 그의 동생들이 맞붙는 내전이 격렬히 진행 중이었다. 그간 대머리왕 카롤루스 2세와 독일왕 루도비쿠스 2세는 황제의 책동으로 압박을 받았다. 루도비쿠스는 스텔링가 반란에 대처하는 중이었고, 카롤루스는 황제의 군대에 추격당했다. 그러나 이제 두 사람은 압박에서 풀려났고 맏형에 맞선 싸움에서 동기 간 유대를 돈독히 할 때였다. 그래서 그들은 승부를 벌이기로 했다.[1]

스트라스부르 바깥 벌판에서 독일왕 루도비쿠스와 대머리왕 카롤루스의 군대는 무기를 빼들고 서로 마주했다. 수백 명의 동프랑크 보병이 먼저 움직였다. 단단한 대형을 유지하면서 진격하다가 그들의 왕을 에워싼 중기병들로부터 멀어져 마지막 순간 전속력으로 돌진하여 적과의 거리를 급속히 좁혔다. 맞은편의 서프랑크 대형도 방패를 높이 쳐들고 전진하여 반격했다. 그런데 작센인들이 돌격하기 시작하자 부르군트인들은 용기가 사라진 듯했고, 군기를 완전히 망각하고서는 몸을 돌려 달아났다. 도망치던 그들은 추격하는 적이 쏘는 화살을 막으려고 필사적으로 방패를 등에 걸쳤다. 모든 것이 끝장인 것 같지만 어쩌면, 정말이지 어쩌면, 벌판 반대편에 있는 동료들에게 닿을 수 있다면 무사할 수 있을지도 모른다.

갑자기 서프랑크의 지휘관이 몸을 돌렸고, 한몸처럼 돌진해오는 적을 그의 군대로 마주했다. 방패가 덜거덕거렸고, 일제히 내던진 100자루의 투창이 대기를 가르며 이는 바람이 분명히 느껴졌다. 서프랑크인들은 적이 승리를 차지하려고 무리한 나머지 규율이 무너졌다고 판단하고는 돌격해오는 적군을 향해서 진격하라는 새로운 명령에 따랐다. 서프랑크인들은 거의 즉시 다시 대형을 이루어 추격자들을 향해서 반격했다. 전세가 역전되어 이제는 동부인들이 방패를 등에 걸고 벌판을 가로질러 도망칠 차례였고, 그러다가 또다시 한 지휘관이 서부인들의 규율이 충분히 무너졌다고 판단하자, 또 동부인들에게 다시 대형을 구성해 돌진하고 적을 추격하라고 명령했다. 양측의 보병은 돌격과 반격을 되풀이했다. 결국에는 기병 군대가 이리저리 말을 달려 사방에서 추격했다. 말에 올라탄 두 왕이 함께 출진하고, 주변의 청년들도 환호성과 함성을 지르며 긴 창을 한참 앞으로 뻗고 말을 몰아서 보병들이 후퇴하게 만들었다가 보병들이 돌격하면 다시 후퇴했다.

마침내 기진맥진한 두 군대는 각자 진지로 돌아갔다. "볼 만한 광경이었다"라고 니타르두스는 쓴다.[2] "명령을 훌륭하게 수행하고 규율을 유지한 덕분에 그렇게 커다란 군중과 그렇게 다양한 사람들 틈에서 단 한 명도 상대방을 모욕하거나 다치게 하지 않았다.” 양측 모두 단 한 명의 병사도 잃지 않았고 목숨을 잃은 사람도 없었다. 모든 것이 그저 재미난 게임이었다. 전투가 아니었기 때문이다. 그 대신 그것은 마침내 다시 만난 카롤루스 마그누스의 손자들, 즉 대머리왕 카롤루스와 독일왕 루도비쿠스의 우정과 연대를 보여주는 행위였다. 퐁트누아 전투에서 승리한 후에도 여전히 로타리우스에게 쫓기던 그들은 전쟁을 재개하려고 준비하면서, 다시 한번 그들이 공유하는 대의를 굳건히 했다.

∙ ◆ ✥ ◆ ∙

830년대의 어느 시점이나 지난 2년의 무질서 어디에서도 이 카롤루스 사람들 중 어느 쪽도 황제 칭호를 주장하거나 자신이 아버지의 유일한 후계자가 될 만하다고 주장하지 않았다는 점을 기억할 필요가 있다. 그리고 로타리우스도 그의 형제들이 왕이 아니라고 주장한 적이 없다! 그보다 더 이전은 아니라고 해도, 적어도 833년의 두 번째 쿠데타로 거슬러가는 모든 논의의 핵심은 황제와 왕 사이의 위계질서가 어떻게 작동해야 하는지에 관한 것이었다(물론 관련된 모든 사람이 한 가족, 즉 아버지나 아들, 혹은 형제이다 보니 논의가 한층 더 복잡하기는 했다).

그 논쟁은 학살로 이어졌다. 그러나 학살은 논쟁을 끝내지 않았다.

그 시기를 돌아보면, 퐁트누아 전투 이후 1년 동안 상황이 여러 방식으로 달라질 수도 있었던 수많은 가능성이 쉽게 떠오른다. 카롤루스가 아키텐에서 승리를 거두거나, 부르군트인들이 로타리우스를 더 많이 돕거나, 로타리우스가 강을 건너서 센 강이나 라인 강에서 전투를 벌여 한 형제를 물리치고 판을 다시 짤 수도 있었을 것이다. 그러나 그 대신 스트라스부르에서의 두 형제의 재결합이 내전 종식의 첫발을 내딛는 결정적 순간이 된다.

카롤루스와 루도비쿠스는 퐁트누아 전투 직후 이후로 서로 만나지 못했다. 두 사람은 황제인 형의 손아귀에서 벗어나 의기양양해져 재회했다. 다만 의심은 여전히 남아 있었을 것이다. 그들과 그들의 추종자들은, 특히 로타리우스의 계속되는 저항과 퐁트누아 전투 이후 겪은 여러 차례의 좌절을 고려할 때 과연 신이 정말로 카롤루스와 루도비쿠스의 편이라고 할 수 있을까 자문했을 것이다. 그래, 부르군트인의 개울에서 동포 프랑크족을 학살한 일이 무엇을 이루었는가? 제국에 평화를 가져올 수 있는, 최종적인 승리를 가져올 수 있는 계획이 있었는가?

있었다. 아니, 루도비쿠스와 카롤루스 그리고 그들의 최측근들은 계획이 있기를 바랐다.

평화에 대한 희망이 직면한 가장 큰 문제는 과거에 공동의 대의—결혼, 왕실 사냥, 경건왕 루도비쿠스를 함께 모시는 일—로 하나였던 양측의 충직한 신하들이 이제는 서로를 더는 신뢰하지 않는다는 사실이었다. 그들을 묶어주던 오래된 유대, 그들이 했던(그리고 깨뜨렸던)

옛 맹세는 더 이상 유효하지 않은 것 같았다. 그래서 형제들과 고문관들은 새로운 이해 관계가 걸린 새로운 맹세와 더불어 새로운 의례를 들고 나왔다. 그렇게 함으로써 그들은 잠재적으로 맹세를 깨트릴 수 있는 자들에게 새로운 위협을 만들어냈고, 이를 통해서 추종자들의 우려를 달래고 양측이 계속 협력할 수 있기를 바랐다.

그러므로 스트라스부르에 도착한 지 얼마 지나지 않아 두 왕은 도시 성벽 바깥에 양측의 세력을 집결시켰다. 두 군대는 주로 전투 연령의 남성으로 이루어져 있었겠지만 궁정도 왕과 함께 이동하고 있었으므로, 성직자와 왕비 및 수행단(카롤루스의 경우에는 전 황후인 어머니도 포함되었다)은 물론이고 그런 대규모 모임에서 시중을 들어야 하는 하인들도 대거 있었을 것이다. 모두가 그 장관을 지켜보았다.

형인 독일왕 루도비쿠스가 먼저 입을 열었다.[3] 그는 운집한 인파 위에 여전히 먹구름이 끼어 있다는 말로 연설을 시작했다. 그가 퐁트누아 전투에 대해서 공개적으로 발언하기는 처음이었다. 그는 오로지 로타리우스가 형제들을 싹 몰아내고 제국 전체를 차지하려고 했기 때문에 전투가 벌어졌으며, 그와 대머리왕 카롤루스는 (니타르두스에 따르면) 힘을 모아 "그 문제를 전능하신 하느님의 심판"에 맡길 수밖에 없었다고 천명했다. 그들은 전투에서 이겼다. 그러므로 신의 심판은 분명했다. 루도비쿠스는 바로 전쟁터에서 주교들이 내놓았던 판단을 되풀이하고 있었다.

그러나 그 모든 죽은 프랑크인들과 끝날 기미가 없는 전쟁이라는 작은 문제가 여전히 남아 있었다. 연설에서 루도비쿠스는 그들이 "우리 기독교인들에 대한 우애와 연긴에 감동하여, 적을 추격해 섬멸하기를 원하지 않았다"라고 말하며 그와 카롤루스가 학살을 중단시키기 위해서 했던 역할을 강조했다. 신의 뜻을 거역하고 있는 사람은 로타리우스이며, 루도비쿠스는 그의 후퇴와 이후의 재정비를 "이제 불과 약탈, 학살로 우리 민족을 파멸시키려고" 되돌아온 위협으로 묘사했다. 그리고 그는 로타리우스를 아헨으로 추적하지 않기로 한 루도비쿠스와 카롤루스의 결정이 자비의 행위였다고 역설했다. 그런데 어쩌면 그는 지나치게 변명하고 있었는지도 모른다. 특정한 논지들만을 되풀이하며, 퐁트누아 전투가 전략적 실책이었다고 사실상 인정한 꼴이었다. 전투는 프랑스의 들판에 수많은 시신만을 남겼을 뿐 후속 상황에 대한 진정한 계획은 없었다.

그는 이어서 당면한 문제로 눈을 돌려, 모인 귀족과 성직자들에게 이렇게 말했다. "여러분은 우리의 형제애가 굳건한지, 우리의 충성심이 지속될지 의심하고 있소. 그래서 우리는 여러분 앞에서 맹세를 하기로 결정했소." 그리고 실제로 그들은 맹세했다. 루도비쿠스와 카롤루스는 서로에게 충성을, 로타리우스에게 적의를 맹세했다. 이는 모두 통상적인 절차였다. 공개적인 맹세는 중세 사람들에게 자연스러우면서도 중요한 정치적 의례였다. 이 의례는 공개적으로 거행되어야 했고, 행동이 말과 일치하리라는 신뢰에 바탕을 두었다. 맹세자들은 모인 군중(그리고 흔히 성인의 유골과 같은 성유물이 있었으므로 성스러운 것) 앞에서 특정한 일을 하거나 하지 않겠다고 말했고, 만약 약속을 어길 경우 벌을 내려달라고 청했다. 모인 사람들은 모두 과거에 그런 행위를 해본 적이 있었지만, 이번에는 몇 가지 다른 점이 있었다.

지금까지 살펴본 다른 맹세들은 한쪽이 맹세를 어길 경우 그 맹세에서 상대방을 해방시키는 데에 초점을 맞춘 반면, 이번에는 만약 한쪽 당사자가 맹세를 위반하면 그가 **자신의** 봉신들을 복종의 맹세로부터 풀어줄 것이라는 내용이었다. 다시 말해 이전에 형제들이 했던 맹세는 행위가 가져오는 외부적인 결과에 대한 것이었다. 한 통치자가 이렇게 하면, 그 상대방의 추종자들은 저렇게 할 수 있다는 것이다. 그런데 스트라스부르 맹세는 맹세 위반의 결과를 각 형제의 왕국 내부의 정치로 이전시키려고 했다. 한 형제가 맹세를 어기면 다른 형제가 그를 공격하고 도덕적 우위를 주장할 수 있게 되는 대신, 이제 이론적으로는 자신의 왕국을 하나로 유지해주는 약속과 의무의 유대가 해체되는 결과를 초래할 것이었다. 다시 말해 (두 형제) 어느 쪽이든 이 맹세를 어기면, 그의 통치에 대한 반란을 정당화하고 심지어 필요하게 만들 터였다.

게다가 단순히 왕들만이 맹세한 것이 아니라, 이번에는 주변의 대귀족들도 맹세에 동참하게 했다. 이것은 집단 행동이었다. 그들은 추종자들에게로 고개를 돌려서, 만약 그들의 주군이 약속을 어기고 다른 형제를 공격한다면 돕지 않겠다고 맹세하도록 요구했다. 이 의례는 프랑크족을 다시 엮어매고, 그들을 묶는 결속을 강화하여 내전을 최종적으로 해결할 때까지 하나로 뭉치자는 점을 모두에게 재확인시키려는 시도였다. 842년 2월에 행해진 이 맹세는 "거짓말의 들판"의 "평화"로, 퐁트누아 전투의 유혈 사태 이전의 시기로 시계를 거꾸로 되돌리려는 노력이었다.

그러나 그들이 시계를 거꾸로 되돌리고 싶다는 듯이 보일 때조차도 대머리왕 카롤루스와 독일왕 루도비쿠스는 그들이 새로운 세상에 살고 있음을 시인했다. 그때까지 프랑크 상류층 사이에서의 맹세는 교회와 제국의 보편적인 언어인 라틴어로 이루어졌다. 라틴어는 프랑크족 공동체를 통합시켜왔고, 라틴어 교육은 수 세대 전 카롤루스 마그누스 궁정에서 뻗어나온 개혁과 학식에 방점을 찍었다. 그런데 스트라스부르 맹세는 프랑크 통일성이 환상이라는 점을 드러냈다. 두 형제가 저마다 추종자들에게 토착 언어로 말했던 것이다.

루도비쿠스는 추종자들에게 토착 게르만어로 말했고, 카롤루스도 프랑스어의 일종의 원형인 로망스어로 그렇게 했다. 그다음 그들은 반대편으로 몸을 돌렸다. 루도비쿠스는 맹세하며, 그의 형제를 돕고 로타리우스와 어떤 식으로든 카를루스를 해칠 수 있는 타협을 하지 않겠다고 약속했다. 뒤이어 카롤루스도 동일한 맹세를 게르만어로 했다. 마지막으로 카롤루스의 부하들이 만일 카롤루스가 루도비쿠스를 배신한다면 주군을 버리겠다고 르망스어로 맹세했고, 루도비쿠스의 부하들도 게르만어로 동일한 맹서를 하면서 의례가 마무리되었다. 얼마 뒤에, 십중팔구 그 자리에서 직접 지켜보았을 니타르두스가 그 맹세를 라틴어로 받아적었다.

루도비쿠스와 카롤루스가 각자의 토착어로 말한 다음 언어를 바꾸어서 상대방의 토착어로 맹세한 이유는 그들의 신하와 부하들이 이미 그 토착어들로 말했기 때문이다.[4] 여러 측면에서 더 흥미로운 점은 라틴어가 여전히 제국 전역에 공통의 언어적 기준을 제공했다는 사실인데, 이런 관행은 카롤루스 마그누스 치하에서 교육 개혁으로 더욱 단단히 자리를 잡았고 니타르두스의 『역사』를 읽을 수 있는 독자층을 형성했다. 더욱이 니타르두스가 라틴어 서술을 잠시 끊고 맹세를 각자의 토착어로 기록하기로 한 결정은 잠재적 상류층 독자들이 언어 변화에 대해서 그다지 신경 쓰지 않았음을 보여준다. 제국은 광대했고, 사람들은 일상에서 다양한 언어를 사용했다. 카롤루스와 루도비쿠스를 포함해 많은 사람들이 여러 언어를 구사했다.

1,000년 후, 프랑스와 독일의 민족주의 역사학자들은 이 순간을 나라[프랑스와 독일이라는 나라]뿐 아니라 민족이 탄생한 순간으로, 근대 국가들과 그 국가들을 구성하는 사람들의 근대적 정체성을 위한 기원 이야기라고 덥석 비약한다. 이는 역사를 드러내기보다는 지워버리는 방식으로, 중세와 현대를 직접 연결하기 위해서 무지개와 같은 다리를 만들려는 시도였다. 그러나 9세기 프랑크족에게 중요한 것은 맹세와 관련하여 모든 관련 당사자들이 그 상황을 완전히 이해하는 것이었다.

바로 그곳, 그 당시의 내전이라는 맥락을 놓고 볼 때 그 맹세 행위는 로타리우스에 맞서 동맹을 맺었다고 주장하는 양측 간에 여전히 남아 있는 불신을 해소하기 위한 시도였다는 점에서 중요했다. 니타르두스가 맹세 전문을 기록했다는 사실에서 그 우려를 일부 엿볼 수 있다. 독일왕 루도비쿠스와 대머리왕 카롤루스 간에(그리고 그들의 추종자들 간에) 실제로 긴장이 아주 높아서, 관련자 모두에게 정교한 그 의례가 필요했던 것일까? 맹세는 실제로 **무슨** 역할을 했을까?

한마디로 스트라스부르에서의 의례와 수행은 루도비쿠스와 카롤루스가 앞으로 나아갈 길을 열어주었다. 정교한 의례는 퐁트누아에서의 대학살과 패배의 그림자가 줄곧 아른거렸던 답답한 여름과 가을, 겨울이 지났으며 이제 새롭게 시작한다는 뜻을 지지자들에게 전달했다. 형제들은 산과 강에 가로막혀 물리적으로 떨어져 있었지만, 이제 함께 모여 동맹의 사슬로 서로를 묶었다. 그들은 그 사슬이 끊기지 못할 것처럼 보이게 하려고 최선을 다혔다.

그리고 그것은 효과가 있는 듯했다. 스트라스부르에서 구축한 유리한 입지에서 그들은 맏형인 황제에게 협상 말고는 다른 선택지가 없다는 뜻을 보냈다. 그는 황제 칭호와 중부 왕국을 유지할 수 있었지만, 이제 카롤루스와 루도비쿠스는 불가분의 관계였다. 그것은 위협이었지만, 동시에 그들의 지지자들에게 평화에 대한 희망을 주었다. 아무렴, 이번만큼은 로타리우스가 동의하겠지. 이번에야말로 전쟁이 곧 끝날 수도 있겠구나.

어느 정도는 실제로 그렇게 되었다. 로타리우스는 재무장 중이었고 군사를 라인 강과 모젤 강―그렇다, 또다른 강이 나왔다―이 만나는 도시 코블렌츠의 바로 북쪽으로 이동시켰다. 독일왕 루도비쿠스는 로타리우스와 맞서고 그의 진격을 저지하고자 스트라스부르에서 라인 강을 따라 배를 타고 내려왔고, 그의 맏아들로 이제는 열두 살인 카를로마누스가 이끌고 징발한 대규모 군사가 함께했다. 카롤루스는 최고의 훈련을 받은 기병대와 함께 육로로 지원군을 이끌었다. 842년 3

월 18일 코블렌츠에서, 연합한 두 형제 카롤루스와 루도비쿠스는 미사에 참석하고, 갑옷을 입고, 배에 올라타 모젤 강을 건너, 로타리우스가 용감하게 도망치는 모습을 지켜보았다. 또다시 말이다.

3월 말에 이르자 로타리우스는 부르군트까지 도망쳤고, 두 동생은 마침내 카롤루스 마그누스의 도시인 아헨에 도착하여 로타리우스를 빼고 자기들끼리 제국을 분할하려고 준비 중이었다. 결국 로타리우스는 자신의 입장을 방어할 기회로부터 도망쳤던 것이다. 카롤루스와 루도비쿠스는 퐁트누아 전투 이후에 있었던 의례를 되풀이하듯이 주교들을 모았고, 이번의 의례는 전투에서 드러났듯이 신의 심판, 즉 두 형제가 승자임을 확인해주는 것이었다. 두 형제는 각자 가장 믿음직한 귀족 15명을 데려가 둘 사이에 프랑크 제국을 가장 공평하게 분할할 방안을 제시해달라고 요청했다.

이 책의 이야기에서 루도비쿠스와 카롤루스가 로타리우스—다름 아닌 황제—를 제국에서 배제하려고 한 경우는 이번이 처음이었다. 다만 진지한 시도는 아니었다. 카롤루스와 루도비쿠스는 실제로 양자 간 분할이 이루어졌다면 아마도 기뻐했겠지만, 이 움직임은 향후 어떤 식으로 삼분할 협정이 맺어지든 간에 그 과정에서 유리한 고지를 차지하기 위해 우선 요구치를 최대한 높이고 보는 수법이었다.[5] 누구도 로타리우스가 여전히 멀쩡히 살아 있으며 폭넓은 지지를 누리고 있다는 것을 망각하지 않았다. 그리고 그는 여전히 황제였다.

실제로 로타리우스의 입지는 여전히 강력했다. 퐁트누아 전투 이후, 그가 동생들에 맞서 전세를 얼마나 빠르게 뒤집었는지를 기억해보자.

그는 외부 동맹들로 지지를 끌어모았고, 원래의 841년 6월의 전투에는 끼지 않았으나 흔들리던 귀족들을 자기편으로 끌어들였다. 비록 지금은 코블렌츠에서 도망쳤지만, 그는 새로운 군대를 계속 증원하고 있었다. 퐁트누아 전투에서 패배한 후 아헨으로의 전략적 후퇴는 상징적으로 중요했는데, 뜻밖의 패배의 여파 속에서 그가 아헨 왕궁에 자리를 잡게 해주었기 때문이다. 게다가 그곳에는 황금이 있었다. 다시 말해서 아헨의 국고 덕분에 그는 지지를 사들이고 군대에 식량과 물자를 공급할 수 있었다. 루도비쿠스와 카롤루스의 지지자들은 로타리우스가 약탈했다고 비난했을지 모르나, 황제에게는 현금이 언제나 유용하며 충성심은 보통 돈으로 살 수 있는 법이다.

로타리우스에게는 다른 자산들도 있었다. 일단 3월의 눈이 4월의 비로 바뀌어 고갯길이 열리자 이탈리아는 여전히 확고한 그의 진영이었고, 부르군트와 프랑크 제국 심장부에서는 여전히 제국에 대한 통일된 미래상을 믿는 이들의 지지를 기대할 수 있었다. 무엇보다도 중요한 것은 로타리우스가 황제이며 여전히 카롤루스 왕조의 일원이라는 사실이었다. 이는 카롤루스와 루도비쿠스뿐 아니라 그들의 모든 추종자들에게도 중요했다. 830년과 833-834년의 반란 동안에도 반란자들이 아무리 애쓴들 경건왕 루도비쿠스는 폐위될 수 없었다. 프랑크족에게는 제국이 있었고, 제국에는 황제가 필요했다. 카롤루스와 루도비쿠스가 로타리우스를 배제하기로 했다고 요란하게 선언한 것은 사실상 다른 수단을 통한 전쟁 방식, 다시 말해 배제의 위협을 통해서 로타리우스를 협상 자리로 다시 끌고 오려는 전략이었다.

그것이 카롤루스와 루도비쿠스의 이상적인 전략이었든 아니었든 간에 그 수법은 효과가 있었다. 842년 4월에 이르러 로타리우스는 휴전을 청하는 사절을 파견했다. 6월에 이르자 세 형제는 원칙적으로 합의에 도달했고, 최종적으로 의견 차이를 해소하고 제국을 재분할하기 위해서 10월에 다시 만날 계획을 세웠다.

물론 전에도 평화를 위한 방안들이 있었다. 지난 3년에 걸쳐 형제들은 몇 번이고 만나서 담판을 짓자는 합의를 했다가 어느 쪽이든 자신에게 잠재적으로 유리하다고 느끼면 폭력으로 되돌아가고는 했다. 이번이라고 왜 다르겠는가?

여기에 답하자면, 나머지 세계가 형제의 내분을 알아차리고 자기들도 여기에서 얻을 것이 있는지 보려고 찾아와 문을 두드리기 시작했기 때문이다.

$$\bullet \ \blacklozenge \ \clubsuit \ \blacklozenge \ \bullet$$

캉슈 강은 프랑스 북서부를 관통하여 영국 해협으로 흘러나간다. 카롤루스 시대 내내, 그리고 그보다 분명히 훨씬 이전부터 캉슈 강 하구는 대륙으로 오는 잉글랜드 방문객들에게 반가운 항구였으며, 바다 건너편에서 온 상품의 교역과 생각의 교환에 프랑크 제국을 연결시켜주는 장소로 인식되었다. 또한 이 책에서 다루는 시기 내내, 캉슈 강 하구의 캉토비크라는 정착지는 대서양 연안에 위치한 해안 엠포리아(emporia : 화물 집산지)—교역지—주화 주조지로 기능했다.[6] 그러나

바다에 접한 부유한 항구에는 문앞에 찾아오는 것이 기회만은 아니라
는 문제가 있다. 842년 봄이나 초여름, 스트라스부르 맹세가 있고 얼
마 지나지 않아 로타리우스가 카롤루스, 루도비쿠스와 협상을 개시했
을 무렵, 새벽녘의 캉토비크 앞바다에 롱십(longship : 노르드어로 랑스
킵이라고 하며, 북방에서 널리 이용된 긴 유선형 배/역주) 함대가 나타났
다. 바이킹들이 도착한 것이다.

『생-베르탱 연대기』에 따르면, 그들은 "도시를 약탈하고 쑥대밭으
로 만들었으며, 남녀를 가리지 않고 주민들을 잡아가거나 학살했다.
그들이 돈을 받고 건드리지 않기로 한 건물만 빼고는 아무것도 남지
않았다."7 대머리왕 카롤루스의 왕국이 공격받고 있었다. 설상가상으
로, 연대기의 계속된 서술에 따르면 같은 해에 지중해에서는 이슬람계
의 "해적들이 론 강을 거슬러 아를 근처까지 와서는 도중에 모든 것을
약탈하고 아주 멀쩡하게 다시 빠져나갔다."

해적이 북쪽이나 남쪽에서 카롤루스 왕조를 습격하기는 이번이 처
음이 아니었지만 연대기 작가에게 놀라운 것은 습격들이 제국의 양단
에서 거의 동시에 일어났다는 점이었다. 실제로 두 사건은 『생-베르탱
연대기』에서 연속적인 문장으로 서술된다. 양자 간 연결성이 요점이
었다. 더욱이 그 사실은 작가에게 습격자들이 그저 아무 생각 없는 약
탈자들이라기보다는, 지역들 간의 충분한 연결망과 연락을 이용하여
대머리왕 카롤루스의 군대가 다른 곳에 투입되어 있음을 알게 되었다
고 시사하는 것 같았다. 그들은 그 점을 알고 나서 습격한 것이다.

이런 일이 처음은 아니었다. 마지막도 아닐 터였다. 그리고 현지인

들이 침략자들에게 뇌물을 먹여 특정한 건물을 무사히 지킬 수 있었다고 해도, 그 사실이 죽임을 당하고 노예로 전락하고 멀리 끌려간 사람들에게 위로가 될 리는 없었다. 왕의 임무 중 하나는 외부의 위협으로 자기 땅을 지키는 것이며, 카롤루스는 명백히 부인할 수 없는 방식으로 백성을 저버리고 있었다.

설상가상으로 대머리왕 카롤루스의 걱정거리는 해적만이 아니었다. 그는 내부의 위협도 걱정해야 했는데, 아키텐의 피피누스 2세가 특히 문제였다. 피피누스는 그의 할아버지인 경건왕 루도비쿠스가 변덕스럽게 앗아가버린 아버지의 유산을 되찾고 싶다는 소망을 아직 버리지 않았다. 피피누스는 842년 초에 카롤루스가 스트라스부르와 아헨에 정신이 팔린 틈을 타서 군사를 소집하고 아키텐에 다시 자리를 잡았다.

그러므로 카롤루스는 아헨을 떠나 아키텐으로 진군했다. 앞에서 매우 여러 차례 보았듯이 전투를 하려면 두 편이 필요하지만, 피피누스는 전투를 원하지 않았다. 그는 자신이 수적 열세임을 깨닫고 도망쳤고, 카롤루스가 형제들과 협상하기 위해서 돌아가야 하므로 그 지역에 오래 머물 수 없으리라는 점을 잘 알고 있었다. 이 전략은 통했다. 이번에도 말이다. 퐁트누아 전투 이후 841년 늦여름에 피피누스 2세는 로타리우스와 헤어져 고향 땅으로 돌아가려고 했고, 추격을 피해 카롤루스 군대의 주변부로 빙 둘러가는 길을 택했다. 카롤루스는 추격을 포기해야 했고 파리로 향했다가 하마터면 로타리우스에게 붙들릴 뻔했다(홍수로 강물이 불어난 덕분에 살았다!). 이제 842년 초에 피피누스는 똑같은 전략을 구사했다. 그와 군대는 요리조리 피해다니며 카롤루스가 다시 포기하게 만들었다. 아무 성과도 없이 왕국을 다소 난장판인 상태로 남겨둔 채 카롤루스는 다시 아헨으로 향했다.

한편 독일왕 루도비쿠스가 처리해야 할 내부적 위협이란 작센에 대한 지배권을 다시금 확고히 하는 것이었다. 로타리우스가 후퇴하고 새로운 평화에 대한 초기 논의가 오간 뒤, 루도비쿠스는 여름 원정 기간에 스텔링가를 탄압하러 동쪽으로 갔다. 그런데 가보니 작센족은 탄압에 반발하며 공공연한 반란으로 반응했다. 로타리우스는 다른 사안에 매여 있고, 대머리왕 카롤루스는 피피누스 2세를 잡으려고 애쓰는 동안, 독일왕 루도비쿠스는 작센으로 가서 전쟁을 벌였다. 『생-베르탱 연대기』는 다음과 같이 전한다.

루도비쿠스는 작센 전역으로 진군하여, 여전히 그에게 저항하는 모든 이들을 무력과 공포로 철저히 분쇄했다. 그 끔찍한 불복종의 사례를 주도한 모든 우두머리들—기독교 신앙을 거의 버리다시피 했으며 루도비쿠스와 충실한 신하들에게 그토록 맹렬히 저항했던 자들—을 사로잡은 후, 140명의 목을 베어 처벌하고, 14명을 목매달았으며, 수많은 이들의 사지를 잘라 불구로 만들어서 누구도 더는 그에게 반대할 수 없게 만들었다.[8]

분명히 말해 이 문헌은 사후에 반란을 묘사하는 모든 기록들과 마찬가지로 루도비쿠스의 폭력을 칭송하고 있다. 퐁트누아 전투에 대한 묘사와는 천양지차이다. 이러한 서술에서 작센족은 외부자들이었

고, 프랑크 법을 거부한 스텔링가는 그보다 한층 더한 외부자들이었
다.9 그러므로 그들은 그런 잔혹한 취급을 받아 마땅했다. 연대기 작
가들이 그들을 거의 배교자처럼 그리는 방식에 주목하라. 이것은 연대
기 작가의 생각을 은연중에 드러내는 단서로서, 반란에 대한 소급적
인 기록들에는 그런 단서들이 수시로 등장한다. 만일 작센족이 정말
로 이전의 다신교로 되돌아갔다면, 연대기 작가는 그들을 신앙의 바
깥으로 거의 벗어난 존재가 아니라 "이교도"라고 지칭했을 것이다. 그
대신 그들은 『생-베르탱 연대기』에서 타자화되는 방식으로 이교도와
유사한 존재로서 묘사된다. 이는 그들의 배신을 카롤루스 마그누스
치하에서 작센족에게 가해진 프랑크 폭력의 역사와 연결시켜서, 독일
왕 루도비쿠스의 행위가 정당하다는 의미를 전달한다.

그 폭력은 효과가 있었다. 스텔링가는 당장은 진압되었다. 손에 피
를 잔뜩 묻힌 채로 루도비쿠스는 협상을 마무리하러 서부로 향했다.

• ◆ ⬌ ◆ •

루도비쿠스와 카롤루스는 물론 이 드라마의 유일한 주인공들이 아니
었다. 여전히 무대를 떠나지 않은 로타리우스는 상황이 암울해 보일
때에도 자신을 도울 동맹을 성공적으로 동원한 전력이 있었다. 그리
고 공교롭게도 당시 비잔티움 제국의 황제 테오필로스는 도움이 필요
할 만한 크고 작은 문제들을 겪고 있었고, 이는 로타리우스에게 판을
다시 짤 수 있는 기회가 될 듯했다. 테오필로스의 진짜 큰 문제는 바

그다드를 거점으로 삼아 팽창 중인 아바스조 칼리파 제국으로, 그는 칼리파 제국에 맞서 아나톨리아를 거쳐 중동에 이르기까지 장대한 원정들을 치러왔지만 대부분 졌다. 게다가 다른 문제도 많았다. 그는 서쪽에서는 불가르족과 싸우고 있었고, 지중해에서는 아랍 약탈자들이 정복자로 변신하여 제국으로부터 시칠리아를 빼앗고 비잔티움 선박이 아드리아 해에 들어오지 못하도록 차단하려고 위협하고 있었다.

테오필로스는 병력, 함선, 자금 부족에 시달려서 해결책이 거의 없었다. 그에게 있었던 것은 남아돌 만큼 많은 위신이었고, 그래서 동맹을 찾기 위해서 지역 곳곳에 사절단을 보냈다. 먼저 그는 839년에 에스파냐의 우마이야 칼리파 궁정에 사절단을 보내, 이베리아 반도에서 다마스쿠스에 이르는 그의 통치의 정당성을 칭송하고 바그다드의 아바스 왕조에 맞서 도움을 얻기를 바랐다. 그 계획은 실패했다. 그다음으로 그는 『생-베르탱 연대기』가 "로스(Rhos)"라고 불렀던 집단과 접촉하려고 했는데,[10] 이들은 서아시아에서 유래한 집단일 수도 있고(훗날 키예프 루스가 된다) 스칸디나비아에서 왔을 수도 있다. 그러나 이 계획도 잘 풀리지 않았다. 테오필로스는 다시 시도했다. 이듬해인 840년, 그는 최근에 아드리아 해 입구에 위치한 타란토를 침공한 정복자들에 맞서 해군 지원을 요청하고자 베네치아에 사절을 파견했다. 베네치아는 지원에 동의했다. 베네치아와 비잔티움 제국 모두 공동의 적에 맞서 함대를 파견했다. 다만 그들은 서로 협조하지 않았다. 베네치아 함대가 먼저 타란토에 도착했다가 패배했다. 그후 비잔티움 함대가 도착했고 역시 패배했다. 현재까지 테오필로스의 전적은 3전 무승, 다시 말해 세 번 시도했지만 모두 실패한 셈이었다.

그러나 테오필로스는 적어도 베네치아에 파견한 사절단으로부터는 무엇인가가 나왔다는 데에 만족했고, 그래서 841년 5월에―그러니까 퐁트누아 전투가 벌어지기 딱 몇 주일 전에―또다른 사절단을 프랑크 제국에 파견하여 황제를 만나보게 했다. 그런데 여행이란 날씨와 병, 베네치아 오징어에 대한 애호와 그밖에 어떤 이유로든 얼마든지 지체될 수 있는 법이라, 비잔티움 외교관은 842년 중반에야 북방에 도착했다. 그리고 그를 맞이한 것은 예상과는 매우 다른 세계였다. 그때쯤이면 퐁트누아 전투와 스트라스부르 맹세가 이미 일어났고, 로타리우스는 공정한 제국 분할을 협상하고 전쟁을 끝내기로 형제들과 공식적으로 동의한 터였다. 그러나 그 합의는―모든 약속들과 마찬가지로―조건부였다. 무슨 일이든 일어날 수 있었다. 로타리우스는 의기소침하기는 했지만 몰락하지는 않았고, 필요하다면 무슨 수를 써서라도 자신의 지지자들과 황제로서의 지위를 놓지 않으려고 작심했다.

그러므로 842년 8월 29일 오늘날 독일의 트리어에서 로타리우스는 수도원의 통제권을 이탈리아에 있는 그의 어느 지지자로부터 박탈하여 트리어 대주교에게 넘기는 증서에 서명하는 중이었다.[11] 이 칙허장에는 로타리우스가 "신의 훈계"를 따르지 못한 실패를 공식적으로 인정하는 내용과 함께, 내전을 "인간사" 탓으로 돌리며 앞으로 더 잘하겠다는 약속이 담겨 있었다. 이는 군주가 겸손을 표현하는 의례적인 행위로서, 특히 이를 일종의 습관처럼 행한 경건왕 루도비쿠스의 아들이 내놓은 문서에서 그다지 보기 드문 내용은 아니었다. 그런데 이 문서가 중요한 이유는 콘스탄티노폴리스에서 온 황제 사절단의 도착을 기록하고 있기 때문이다. 비잔티움 황제 테오필로스의 사절들이 묘한 시점에 도착하여 로타리우스 황제를 만난 것은 이번이 처음이 아니었다. 테오필로스가 829년에 황제로 즉위한 지 얼마 지나지 않은 833년에도 그의 사절들은 콩피에뉴에 도착해 경건왕 루도비쿠스를 찾았지만, "거짓말의 들판" 직후에 제위를 차지하고 있던 아들을 대신 만나게 되었다. 842년의 사절들은 833년만큼 놀라지는 않았을지도 모르나, 황제는 여전히 황제였고 잠재적인 동맹이었다.

로타리우스와 테오필로스는 로타리우스의 장남이자 당시 열일곱이었던 이탈리아의 루도비쿠스 2세를 테오필로스의 딸과 혼인시키기로 합의했다. 이는 최고 수준의 혼인 외교이자 양측 모두에게 이로울 전략적 동맹이었다. 839년에 경건왕 루도비쿠스는 독일왕 루도비쿠스를 내쫓고 로타리우스를 다시 받아들이면서, 루도비쿠스 2세를 이탈리아왕으로 지명했다. 사료에는 그에 대한 언급이 많지 않지만, 모든 증거를 고려하면 840년에 성년이 되었을 때 그는 반도 전역에서 적극적으로 활동하며 적어도 대리인으로서 비잔티움인들을 지속적으로 상대하고 있었음을 알 수 있다.

이 혼인 동맹은 생-드니의 『황제 서한(*Kaiserbrief*)』으로 알려진, 심하게 손상된 파피루스 외교 문서에 자세히 설명되어 있으며, 루도비쿠스 2세가 군대를 이끌고 육로를 통해서 시칠리아의 새로운 이슬람교도 지배자들을 공격하고, 비잔티움 제국은 해군 지원을 제공하도록 명시했다.

『황제 서한』은 좀더 자세히 살펴볼 가치가 있는 중요한 문서이다. 첫째, 이 문서가 오늘날까지 남아 있다는 사실 자체가 대단하다. 비잔티움인들은 파피루스가 고대를 상기시키는 만큼 그들의 공문서에도 중후한 무게감을 부여하기 때문에 파피루스를 이용했다. 그런데 파피루스는 독일 북부와 프랑스의 습한 기후에서는 오랜 세월을 견디기 어렵다. 둘째, 이 문서는 공동의 적에 맞서 합동 군사 작전을 요청하고 있었다. 다시 말해서 『황제 서한』에 제안된 시도는 양측의 거대한 야망과 문화적, 물질적으로 현저히 다른 민족들 간의 연결성, 그리고 지중해 지역에서 새롭게 등장하고 있던 국가들 간의 긴장을 반영했는데, 그 긴장 관계는 이후 수 세기 동안 그 지역에 영향을 미치게 된다. 이론적으로는 이전 780년대에 카롤루스 마그누스와 비잔티움 제국의 여제 이레네 사이의 성사되지 못한 혼인 동맹에서 처음 제안된 계획이 부활한 것이었다.

비잔티움 제국과 프랑크 제국 사이의 접촉은 이 책의 이야기 내내 항상 더 넓은 세계가 존재했음을 상기시킨다. 그 세계는 바이킹이나 이슬람교도 습격자 혹은 제국 법으로부터의 해방을 추구하는 스텔링가 같은 독특한 집단의 형태로 나타날 수도 있다. 지중해 건너편에서 온 외교관이 특정한 순간에 궁정에 도착할 수도 있다. 카롤루스 내전 동안 이 책의 시야가 프랑스의 한 들판, 라인란트의 어느 도강 지점, 제단, 왕좌, 단 하나의 문서로 좁혀질 때조차도 그것만이 유일한 줄거리는 아니었고, 멀리 떨어진 곳에서 벌어진 사건들이 결국에는—직접적으로든 간접적으로든 조만간에—다른 왕국들, 즉 프랑크족의 왕국들에도 영향을 미칠 수 있었다. 여기에서, 죽음을 앞둔 비잔티움 황제의 대체로 무익한 외교는 로타리우스에게 프랑크족의 이야기에서 힘들게 위상을 회복하려고 시도하면서 자신의 제국적 존재감을 연출할 기회를 제공했다.

그러나 모든 것은 수포로 돌아갔다. 이번에도 말이다.

비잔티움 특사들이 트리어에 당도해 로타리우스를 만났을 무렵, 황제 테오필로스는 이미 사망했고 그의 두 살 난 아들 미하일 3세가 제위를 물려받았다. 다른 문제들이 개입했고, 비잔티움 제국 측은 흥미를 잃었으며, 로타리우스는 합의 조건을 강요할 만큼 입지가 강하지 않았다. 로타리우스의 돛에 가득 실리는 것 같았던 지중해 동맹이라는 바람은 갑작스럽게 멈추어버렸다. 동서 로마 제국을 다시 한번 결속시키고 로타리우스에게 유리한 방향으로 저울추를 기울일 수도 있었던 혼인은 결국 성사되지 않았다. 모든 시선은 다시 형제들 간의 협상으로 향했다.

◆ ◆ ✤ ◆ ◆

10월이 되자 겨울이 다가오고 있었고, 가을 작황은 좋지 못했다. 사람들은 그해에 굶주릴 것이고, 전쟁이 1년 더 계속된다면 굶어 죽을 수도 있었다. 국경지대의 위협으로부터 주의를 분산시킬 것은 확실했다. 프랑크족의 전쟁은 흔히 한 원정 기간 동안 지속되었다. 날씨가 좋으면 군대를 내보내고, 군대가 승리하면 약탈품을 가지고 돌아와 해산했다. 세 형제와 그들의 조카, 그리고 제국의 귀족들 대다수는 842년 10월에 이르자 이럭저럭 2년 넘게 전장에 나와 있었다. 모두가 지쳐 있었다. 어느 누구도 해결책을 강요할 수 없었는데, 이는 어느 한 쪽이든 원하면 상대편을 항상 솜씨 좋게 따돌리고 싸움을 회피할 수 있었기 때문이었지만, 더 중요하게는 아무도 또다른 퐁트누아 전투를 원하지 않았기 때문이었다. 하느님의 새로운 선민들 중에 너무나 많은 사람들이 최근에 서로를 죽이고 있었다.

로타리우스가 코블렌츠에서 퇴각한 후, 대머리왕 카롤루스와 독일왕 루도비쿠스는 상황을 타결하기 위해서 다른 전술을 시도했다. 그들은 요란하게 외교적 행보를 과시하면서 맏형이 비협조적으로 나온다면 그를 그냥 배제해버릴 것이라고 말했다. 그러나 그것은 엄포에 지나지 않았다. 그들은 여전히 왕이었고, 그들의 형은 여전히 황제였다. 841년 6월의 대승리는 그들의 분쟁을 해결하기는커녕 장기적인 내전을 촉발했다.

842년 10월이 되자, 세 형제 중에 누구도 스스로 타개책을 찾을 수 없었고 그래서 그들은 각각 40명의 귀족을 코블렌츠로 보냈다. 루도비쿠스와 카롤루스가 미사를 드린 다음 갑옷을 걸치고 마지막으로 다시 한번 로타리우스를 전장에서 몰아내려고 했던 바로 그 교회였다. 그들이 직접 가지 않고 사절을 보냈다는 것은 그들의 절박함과 그 시점에서의 서로에 대한 불신을 증언한다. 그리고 그 불신에 대한 의식이 아직 역력하지 않는다는 듯, 귀족들의 회의는 모젤 강과 라인 강이 합류하는 코블렌츠의 성 카스토르 교회에서 열려야 했다.

로타리우스의 군대는 진을 치고 모젤 강 건너편에서 교회를 주시하고 있었다. 카롤루스와 루도비쿠스의 군대는 진을 치고 라인 강 건너편에서 로타리우스의 군대와 교회를 주시하고 있었다. 양측 귀족들은 오로지 배로 강을 건너야만 교회로 올 수 있었다.

그 긴장된 분위기 속에서 120명의 프랑크족 귀족들은 명확한 임무를 부여받았다. 제국을 셋으로 나누는 일이었다. 그러나 이는 말처럼 쉽지 않았다. 프랑크 제국은 거대했다. 카롤루스 마그누스 치하의 전성기에서 약간 축소되었지만, 제국은 여전히 이베리아 반도에서 덴마크까지, 그리고 이탈리아의 로마 쿠근에서 부르군트 국경지대와 발칸 반도까지 뻗어 있었다. 누구도―어느 집단도―제국 전체의 세부 사항을 알 수 없었고, 모든 주요 성직록, 정착지, 세입을 창출하는 토지, 재산(노예 포함) 등의 상대치를 비롯한 제국 곳곳의 상대적 가치야 말할 것도 없었다. 그래서 왕들이 각지로 대리인을 파견해 제국 전체에 대한 상세한 문서를 만들기로 합의하면서 협상은 또 한 번 연기되었다. 수개월 후에 사절들이 임무를 완수하면 형제들은 다시 모이기로 했다. 그러면 오로지 그때에야 그들은 제국을 가치가 동등한 세 부분으로 분할할 수 있을 것이며 로타리우스가 장남이자 황제로서 우선적 선택권을 누릴 예정이었다. 평화를 위한 이러한 시도가 성공할지는 아무도 몰랐지만, 시도해볼 가치는 충분했다.

그 시점에는 어떤 시도든 해볼 만했다. 로타리우스가 경외심을 자아내는 황제로서의 지위를 투사하여 동생들을 굴복시키려던 원래의 희망은 840년 말과 841년 초에 수포로 돌아갔다. 대머리왕 카롤루스와 독일왕 루도비쿠스가 퐁트누아 전투에서 거둔 신속하고 끔찍한 승리도 (그들 생각에는) 오만한 형을 응징하지 못했다. 그리고 그 과정 내내 귀족들은 왕들의 뜻을 따르며 정치 공작을 벌이고 투덜거리고 사랑하는 사람들의 죽음을 애도했다.

아마도 842년경에 작성된 것으로 추정되는 한 통의 특별한 편지에서 그러한 경험을 일부 알 수 있다. 이 편지는 로타리우스의 아내인 에르망가르드 앞으로 쓰인 것이며, 작가의 신원은 확실하지 않지만 정황 증거는 아달라르라는 인물을 가리킨다. 그는 불과 1년 전 퐁트누아 전투에서 대머리왕 카롤루스 군대의 세 번째 날개를 지휘했던 인물이며, 그전에는 830년 첫 번째 쿠데타 시도 직후부터 경건왕 루도비쿠스의 가령이었다. 그러므로 아달라르는 830년 피피누스 1세와 마트프리드, 위그가 제국을 거의 해체시킬 뻔한 뒤 경건왕 루도비쿠스(그리고 로타리우스)가 제국의 균열을 다시 봉합하려고 애쓸 때 그와 함께했을 것이다. 아마도 그는 833년 두 번째 반란 때 "거짓말의 들판"에서 경건왕 루도비쿠스 곁에 남았던 소수의 사람 중 하나였거나, 혹은 밤에 로타리우스에게로 넘어갔을 수도 있다. 어쨌든 830년대 말에 접어들면서 대머리왕 카롤루스가 독자적인 왕으로서 자리매김하고 아키텐 평정을 시도할 때 그가 경건왕 루도비쿠스와 카롤루스를 잇는 연결고리 역할을 했다.

만약 이 편지를 정말로 아달라르가 썼다면(그럴 가능성이 커 보인다) 장기간 로타리우스의 적대자였던 사람이 로타리우스의 아내에게 편지를 쓰고 있었던 셈이다. 편지는 에르망가르드 황후가 처음에 보낸 편지에 대한 답장이라고 밝힌다. 그녀는 내전의 모든 책임이 아달라르에게 있으며 그가 형제 왕들 사이에 불화를 조장했다는 말을 들었다고 했다. 또 그런 짓은 분명 악마의 소행이라고도 덧붙였다. 830년대 초 아인하르트가 말한 위고라는 상상의 악마의 영향력이 참 멀리까지 미쳤던 모양이다. 그러나 아달라르는 중상모략이라고 항변했다. 지금 활개치고 있는 유일한 악마는 황후에게 그를 모함하는 사람들이다. 그리고 그는 이를 증명할 수 있다. 악마들은 전쟁을 원하지만, 자신은 오직 평화만을 원하기 때문이다.

아달라르는 에르망가르드에게 자신이 경건왕 루도비쿠스 앞에서 로타리우스를 수차례 변호했으며 그 소신 있는 자세로 큰 대가를 치렀다고 상기시켰다. 더욱이 그는 형과 합의에 도달하라고 대머리왕 카롤루스에게 압력을 가한 장본인이 자신이었다고 덧붙였다. 그는 로타리우스를 사랑하지만 카롤루스를 버리지 않을 것인데, "단지 일시적인 물질적 이득을 위해서" 그렇게 한다면 "그[로타리우스]나 생각이 올바른 모든 사람에게 더 이상 받아들여질 수 없기" 때문이다.[12] 다시 말해 아달라르는 (필시 약간의 피로감을 느끼며) 두 카롤루스 형제들이 이미 실패한 전술을 계속 시도하면서도 매번 결과가 다를 것이라고 기대하고 있음을 알았다. 그들은 "유치한 조언"을 계속 듣는 한 갈등을 계속할 것이다. 아달라르는 카롤루스와 로타리우스가 그의 말을 듣지 않는다면 "그 용감한 외국의 조언자들, 즉 우리를 사방에서 에워싼 적들을 통해서라도" 평화가 오기를 바란다는 (신랄하고 비꼬는 듯한) 희망을 표명하며 편지를 맺었다.

중세 유럽에서 편지는 결코 개인적인 서신이 아니었다. 그것은 공개적인 행위였으며, 여러 사람이 돌려보고 큰 소리로 낭독하기 위한 것이었다. 따라서 아달라르의 편지는 자신의 입장을 변호할 뿐 아니라 로타리우스 진영의 사람들에게 그들의 후원자가 평화로 향하도록 압박하라고 요구한 셈이었다. 그는 서로 다투는 형제들의 아버지에 대한 전직 고문관으로서의 권위를 끌어내면서 한때 귀족들을 단단히 묶었던 유대(이제 그 구성원들은 서로 반대편에 서 있지만)에 호소하고 있었다. 다시 한번 이 책의 모든 등장인물들이 얼마나 긴밀하게 서로 연결되어 있었는지, 840년 여름 전쟁이 시작되기 전 수십 년 동안 아헨에서 그들 중 많은 이들이 서로를 얼마나 속속들이 알고 지냈는지, 그리고 그 유대가 어떻게 여전히 그들을 묶고 있었는지 알 수 있다. 또한 그보다 더 중요하게도, 이 전쟁이 그들 모두에게 얼마나 타격을 주었는지도 알 수 있다.

아달라르는 그의 편지 독자들처럼, 830년대로 거슬러올라가는 기나긴 내력과 원한의 계보가 경건왕 루도비쿠스의 아들들 사이의 내전을 연장하기 위해 끊임없이 현재로 소환되는 것을 보았다. 아달라르의 눈에는 냉소적이고 탐욕스러운 사람들만 보였다. 그들은 프랑크족을 향한 진짜 위협이 시골 지역을 유린하고 있는 바이킹과 작센족이라는 것을 보지 못하거나 보려고 하지 않으면서, 자신들의 배와 주머니만을 채우려고 경쟁자의 군대들 사이를 오가는 자들이었다. 그리고 그들이야말로 진짜 악마였다. 아달라르는 그의 독자들처럼 지치고 답답했다. 그는 또다른 퐁트누아 전투는 있어서는 안 된다고 간청했다.

그 편지가 어떻게 받아들여졌는지 알 수는 없지만, 그들의 행동으로 미루어 보아 아달라르의 서신 내용을 형제들도 들었을지 모른다. 842년 겨울이 다가오자, 세 형제는 120명의 귀족들에게 임무를 맡기고 (소규모 군대가 주시하는 가운데) 각자의 왕국으로 물러갔다. 모두가 싸움에 지쳐 있었기 때문에 어쩌면 희망에 가까운 심정으로 봄을 맞이했으리라. 어쩌면 귀족 협의회가 실행 가능한 계획을 들고 나올 것이다. 어쩌면 끝이 보이는지도 모른다. 로타리우스는 진득히 기다렸고, 루도비쿠스는 스텔링가 진압의 후유증을 처리해야 했다.

그러나 카롤루스에게는 다른 계획이 있었으니, 바로 결혼이었다.

11

비통한 제국과
비통한 어머니들

842년 12월–843년 8월

842년 12월에 키에르지 궁전에 도착했을 때, 카롤루스와 수행단—물론 그의 어머니 유디트도 포함되어 있었다—은 궁전이 목가적 장면들과 더불어 『성서』와 프랑크 역사의 몇몇 순간들을 묘사한 프레스코화로 화려하게 장식되어 있는 것을 보았다.[1] 아치형 통로를 따라서 걸려 있는 마른 꽃은 콧속을 파고드는 구운 고기의 향과 섞여 그윽한 향기를 더했고, 모든 하인들이 부엌에서 마구간까지 종종걸음으로 오가며 잔치를 준비하고 있었다. 연례 겨울 연회뿐 아니라 그보다 훨씬 더 중요한 연회가 열릴 예정이었다. 카롤루스가 결혼을 하는 것이다.

그 축복받은 날에 카롤루스와 그의 신부인 젊은 프랑크족 귀족 에르망트뤼드는 금실로 수를 놓고 어쩌면 『성서』의 장면들을 묘사했을 호화로운 망토를 걸치고는 중앙 홀로 들어갔다. 먼저 잔치가 벌어졌다.[2] 음료, 기름진 고기, 치즈, 빵, 구운 뿌리채소 등이 차려진 성찬이었다. 식탁에는 사냥한 야생동물의 고기와 소고기, 돼지고기, 양고기가 함께 놓였으며, 왕족만을 위한 어쩌면 좀더 이국적인 음식(공작 등)이 준비되었을 수도 있다. 맥주, 벌꿀술과 함께 포도주가 흘러넘쳤다. 과거 정복의 무용담과 전쟁에서 사랑하는 사람을 잃은 이야기가 오갔다. 만약 손님들이 퐁트누아 전투에 대해서 이야기한다면, 그것은 오직 로타리우스의 비열함과 비겁함을 강조하고 식탁에 둘러앉은 이들의 영웅다움을 역설하기 위함이었다. 주로 현악기와 타악기로 이루어진 음악이 방 안을 채웠다.

밤이 찾아오고 촛불이 깜빡이는 가운데, 음악은 잦아들고 사람들은 조용해졌다.[3] 신랑과 신부는 일어서서 모든 하객 앞에서 결혼에 대한 동의를 공개적으로 선언했다. 유디트는 동의를 표시했고 신부의 가족들도 그렇게 했다. 그리고 부부는 결합을 완성하기 위해서 침실로 물러갔다. 마지막 한 단계만 남았는데, 부부가 침실 문에 다다르자 카롤루스의 수행단에 속한 주교들—그들 다수는 퐁트누아 전장에 있었다—이 맞이했다. 성직자들은 부부를 축복하고 그들의 다산을 위해서 기도했다.

왜 결혼식이 열렸을까? 제국의 운명이 여전히 위태롭고, 조약은 합의되었지만 아직 최종적으로 승인되지 않았으며, 이번에는 평화가 지속되리라고 확신할 만한 이유도 없는 이때에 말이다. 이 책에서 계속 보아왔듯이, 결혼은 전쟁과 마찬가지로 다른 수단으로 수행되는 정치이기도 했다. 842년 겨울, 카롤루스는 방금 전 보름스에서 형인 독일왕 루도비쿠스를 만났고, 두 사람 모두 수년 만에(아마도 833년, 카롤루스가 형들에게 포로로 잡혔을 때 이후) 처음으로 세 형제가 한자리에 모일 회담에 대비하고 있었다. 그리하여 그는 이 권력의 소재지로, 838년에 경건왕 루도비쿠스가 당시 열다섯 살이었던 아들 카롤루스에게 의례적으로 검을 채워주며 성인식을 축하했던 바로 그곳으로 돌아왔다. 4년 후 결혼을 통해서 카롤루스는 모든 관련자들에게 자신이 성인임을 더욱 뚜렷이 보여줄 수 있었다.

카롤루스의 아내인 에르망트뤼드—어린 열두 살(프랑크족의 법적 성인 연령)이었을 수도 있지만, 10대 중반이었을 가능성이 더 크다—는 오를레앙의 외드의 딸이자 가령 아달라르의 조카였다. 이들은 우리도 아는 이름이다. 두 사람 모두 820년대 말에 셉티마니아의 베르나르두스와 나란히 명성을 얻었다. 외드와 아달라르는 830년 첫 번째 반란 당시 경건왕 루도비쿠스에게 충성을 유지했고, 유디트와 그녀의 어린 아들 카롤루스를 지지했다. 아달라르는 경건왕 루도비쿠스의 가령으로 일했고, 퐁트누아 전투에서 카롤루스와 루도비쿠스의 군대 일부를 지휘했다. 에르망트뤼드의 아버지인 외드는 셉티마니아의 베르나르두스의 사촌으로서 829년 마트프리드가 실각한 후 그의 백작령을 차지했던 인물이며, 833년 두 번째 반란 때 로타리우스의 큰 지지자였던 마트프리드가 834년에 복수심에 살해한 바로 그 외드였다. 이 모든 가문들이 얼마나 복잡하게 얽혀 있는지! 이 책의 이야기의 막판에 다다른 여기에서조차, 같은 이름, 같은 가문, 같은 폭력의 계보가 840년대 초의 내전까지 대대로 이어지고 있었다.

아버지가 죽은 뒤, 어린 에르망트뤼드는 삼촌인 아달라르의 보호를 받았고, 아마 아헨의 궁정에서 크면서 그곳에서 어린 카롤루스를 알았을 수도 있다. 따라서 이 결합은 즉흥적인 결정이 아니라 오랫동안 계획된 전략적 결합이었다. 이 결혼은 왕과 왕의 최대 지지자 가문을 결합시켰다. 게다가 카롤루스는 이 결혼으로 아버지와 자신을 다시 연결시키고—경건왕 루도비쿠스의 제국 궁정에서 높은 직위에 올랐던 이들의 지위를 높임으로써—자신이 아키텐과 서프랑크 왕국의 적법한 상속인임을 정당화함과 동시에, 첫 번째와 두 번째 쿠데타 시도 당시에 경건왕 루도비쿠스와 유디트에게 충성을 다했던 이들에게 보상하고자 했다. 또한 새로운 왕비인 에르망트뤼드가 오랫동안 유디트가 맡아왔던 왕비의 공식적인 역할을 궁정에서 이어받을 수 있으리라는 소망도 품었다. 819년에 경건왕 루도비쿠스와 결혼한 이후 오랫동안 그 역할을 수행해온 황후는 병을 앓고 있었다.

모권 권력의 이전에 대한 자세한 내용은 잘 기록되지 않는다. 유디트는 에르망트뤼드가 도착하자마자 즉시 궁정에서 물러난 것으로 보인다. 전에 경건왕 루도비쿠스의 궁정의 일원이었던(따라서 궁정에서 유디트의 지위 덕분에 혜택을 받았을 가능성이 큰) 어느 사람은 카롤루스가 어머니의 재산을 차지하기 위해서 억지로 그녀를 물러나게 했다고 심술궂게 말하지만, 더 너그럽게 보자면 유디트는 지난 한 해 동안 간헐적으로 아팠는데 아마도 힘든 여행이나 어려운 여건, 혹은 그저 아들이 목숨이 오락가락하는 상황을 거듭 지켜보며 쌓인 스트레스 때문이었을 것이다.

어쨌든 카롤루스 왕의 새로운 궁정은 모습을 갖추어갔다. 아달라르는 왕에 대한 접근을 통제하고 은전을 나누어주면서 카롤루스 궁정의 유력자가 되었다. 새로운 인물들이 그와 함께 부상했다. 다른 이들은 총애를 잃었다. 그 격동의 시기 내내 이 책의 충실한 연대기 작가였던 니타르두스는 아달라르의 후원을 받는 사람이었지만, 대머리왕 카롤루스의 궁정 개편 직후에 후원을 잃었다.[4] 니타르두스와 더불어서 적어도 830년대 말부터 카롤루스 편에 섰던 이들은 분명히 버림받았다고 느꼈을 것이다. 니타르두스의 『역사』 마지막 부분들은 신랄한 불만의 토로로 바뀌어 카롤루스가 맹세를 위반했다고 비난하는데, 전에는 로타리우스와 셉티마니아의 베르나르두스에게만 돌린 비난이다.

니타르두스는 이미 841년 여름 퐁트누아 전투 직후에 깃펜을 내려놓고 이야기를 끝내려고 한 적이 있었다. 이번 843년 초에는 완전히 끝냈다. 로타리우스의 아내인 에르망가르드가 아달라르에게 제기했던 비판과 어느 정도 유사하게, 니타르두스는 카롤루스 궁정의 새로운 거물이 경건왕 루도비쿠스를 꾀어 공공선을 버리게 만들었으며 이제는 대머리왕 카롤루스에게도 똑같이 하고 있다고 말했다. 그렇게 궁정을 떠난 니타르두스는 정나미가 떨어진 채로 그의 역사서를 덮었다. 역사서의 거의 마지막 문장은 카롤루스와 새로운 왕비가 결혼 후 아키텐으로 향하는 모습을 기록하고 있는데, 아마 몸이 편찮은 어머니를 은퇴지로 모시고 가는 길이었을 것이다. 적절하게도 왕과 그의 어머니는 루아르 계곡 지역의 투르, 구체적으로는 그곳의 유명한 생-마르탱 수도원을 은퇴지로 골랐다. 이는 우연이 아니었다. 아달라르가 그 교회의 특별한 후원자이자 보호자였으니 말이다. 카롤루스를 중심으로 한 권력 중심지의 재편은 이미 시작되고 있었다.

• ◆ ✛ ◆ •

한 젊은 귀족, 기욤이라는 열다섯 살 소년이 결혼식 후 남쪽으로 향하는 카롤루스와 동행했다. 그러나 그곳에 있기를 원했지만 그러지 못했던 니타르두스와 달리, 기욤은 거의 확실히 카롤루스의 곁이 아닌 다른 곳에 있기를 바랐을 것이다. 퐁트누아 전투 직후, 시신들 사이에서 미사가 거행된 지 얼마 지나지 않아 기욤은 아버지인 셉티마니아의 베르나르두스에 의해서 카롤루스에게 볼모로 넘겨졌다.

베르나르두스는 830년대 말 내내 아키텐의 피피누스 2세와 동맹 관계였고 대머리왕 카롤루스에게 정면으로 반하는 사람이었다. 일부 기록에 따르면, 그는 839년에 경건왕 루도비쿠스에 맞서 반란을 일으키도록 피피누스를 부추긴 장본인이었다. 베르나르두스와 피피누스 사이의 그 동맹은 갑자기 판이 커지고 유혈 사태의 조짐이 비치던 841년 6월까지 유지되었다. 베르나르두스는 상당한 군사를 이끌고 퐁트누아로 향했지만, 전투 자체에 참여하지는 않았다. 로타리우스와 피피누스에게 한 약속을 지키는 대신, 그는 승자가 확실해질 때까지 군사를 아껴두었다. 그런 다음 그는 편을 바꾸어 대머리왕 카롤루스에게 충성을 맹세하면서, 피피누스를 굴복시키겠다고 말하고 보증으로 자신의 장남인 기욤을 볼모로 넘겼다.

기욤의 어머니인 두오다는 그 일에 아무런 발언권이 없었다. 카롤루

스, 에르망트뤼드, 아달라르, 그리고 유디트가 결혼식 이후 투르에 도
착했던 바로 그달인 843년 2월에 그녀가 부재중인 아들에게 보낸 놀
라운 편지에 기록된 그대로이다. 이 편지는 내전 시기에 귀족들이 맞
닥뜨린 잠재적인 기회와 위험, 그리고 내전에 직접적으로 영향을 받은
이들의 당시 삶을 들여다볼 수 있는 거의 유례없는 창을 열어준다.

• ◆ ✣ ◆ •

안타깝게도 두오다에 대해서 알려진 바는 많지 않다. 그녀 자신의 글
로부터 얻을 수 있는 전기적 세부 사항에 의존할 수밖에 없기 때문이
다. 그녀는 라인 강 동쪽에 위치한 중요한 소귀족 출신이었던 것 같
고, 아마도 유디트 황후와 어떤 식으로든 관련이 있었다. 어쩌면 유디
트의 시중을 들었을 수도 있다. 이 같은 가설은 그녀의 게르만어 이름
("토타[Tota]"라고 표기할 수도 있다), 그리고 824년 아헨에서 셉티마니
아의 베르나르두스와 결혼했다는 본인의 설명(이를 의심할 만한 이유
가 전혀 없다)으로 설득력이 커진다. 여기에, 왕과 황제들의 결혼이 초
래한 결과 못지않게 현실적이고 고통스러우며 지속적인 파장을 낳을
결혼이 또 하나 있다. 아헨에서의 결혼은 부부에게 엄청난 영광이었
을 것이다. 베르나르두스는 330년 무렵, 모든 이들의 존재에 점차 골
칫거리가 되기 전 그 시점에는 경건왕 루도비쿠스의 대자이자 사촌이
었다. 그리고 만약 두오다가 유디트에게 속한 사람이었다면, 아헨에
서의 그들의 결혼은 완벽하게 이치에 맞았을 것이다.

베르나르두스가 830년대 초에 자신의 몰락을 곰곰 곱씹으며, 여기저기에서 반란을 선동하고 궁정과 왕국에서 권력을 잡으려고 할 때, 여전히 그들 가문의 지배 아래에 있는 영지들을 관리하는 임무는 두오다의 몫이었다. 베르나르두스는 안심하고 아내에게 그 일을 맡겼는데, 이는 프랑크 귀족 부부 사이에 흔한 책임 분담 방식이었다.

840년 5월 또는 6월, 베르나르드스는 두오다에게 돌아왔다가 떠날 때 장남을 데리고 갔다. 기욤은 빠르게 성인기에 접어들고 있었으므로, 그의 다가오는 열다섯 번째 생일은 베르나르두스가 일을 꾸미고 아들을 흥정의 수단으로 삼아 대머리왕 카롤루스로부터 다시 환심을 살(그는 퐁트누아 전투 후에 실제로 그렇게 했다) 기회가 될 터였다. 이러한 모습은 841년에 그의 둘째 아들이 태어난 직후 되풀이되었다. 위제스의 주교 엘레판투스(맞다, 그의 본명이며 실제로 '코끼리'를 뜻할 가능성이 크다)는 그 아기를—두오다에 따르면 심지어 세례를 받기도 전, 즉 이름도 붙이기 전에—어머니로부터 떼어내 그의 아버지의 독점적인 소유로 넘겼다. 그 행동 도한 "실용적이었다." 기욤이 퐁트누아 전투 후 셉티마니아의 베르나르두스의 충성을 보증하는 볼모로 대머리왕 카롤루스에게 넘어갔기 때문에, 베르나르두스는 자신에게 여전히 아들이 한 명 더 있고, 만약 기욤에게 좋지 않은 일이 생기더라도 후계자가 무사히 자기 곁에 있다는 것을 확실히 하고 싶어했다. 두오다는 매우 괴로워했다.

이제 여기, 책의 거의 끝 부분에 이르러 두오다에게 초점을 맞추어 보자. 왕들과 군대에서 시선을 돌려, 전쟁이 전투원들을 훨씬 뛰어넘는 수많은 사람들에게 어떻게 영향을 미치는지 기억해야 하기 때문이다. 민간인들은 항상 고통받는다. 834년 두 번째 반란 동안 로타리우스가 샬롱-쉬르-손을 약탈했을 때 틀림없이 수백 명의 사람들이 죽임을 당했을 테고 841년 여름 원정 이후에도 토벌 작전이 수십 차례 벌어졌겠지만, 사료들은 언급하지 않고 넘어간다. 우리는 종종 그러한 폭력에 대해서 앙트랭-쉬르-노앵의 경우처럼 화가 날 만큼 적은 단서들만 얻게 되는데, 그곳에서 학자들은 그곳의 우물 바닥에서 20-30구의 시신―남성과 여성 그리고 서너 살의 어린이들―을 발견한 바 있다.5

시신에 대한 탄소 연대 측정법을 활용하면 부정확하기는 하지만 뼈의 시대 범위를 어느 정도 추정할 수 있고, 그에 따르면 이 시신들은 9세기나 10세기의 것이다. 이 마을 자체는 오세르로 이어지는 오래된 로마 도로 위에 있다. 그 도로를 따라서 북쪽으로 가면, 불과 22킬로미터 떨어진 퐁트누아를 곧장 통과하게 된다. 1,000년도 더 전에 살고 사랑했던 이 불쌍한 사람들은 의심할 여지 없이 학살의 희생자이다. 그런데 841년 6월 전투 후에 벌어진 추격의 광란에 휩쓸렸을 가능성도 있을까? 확실히 알 수는 없지만 그럴 수도 있다. 로타리우스는 북쪽으로 도망쳤지만, 피피누스 2세는 아키텐의 고향을 향해 남쪽으로 도망쳤으므로 앙트랭-쉬르-노앵을 바로 지나갔을지도 모른다.

짜증스러울 만큼 짐작에 불과하다고 해도, 감질나는 이 증거가 중요한 이유가 있다. 전쟁이 많은 가정을 파탄낼 수 있다는 사실을 간과해서는 안 되기 때문이다. 이러한 폭력은 앙트랭-쉬르-노앵의 학살처럼 끔찍하고 요란한 방식으로 일어날 수 있다. 그런데 이는 또한 전시의 삶에 "통상적인", 더 평범하고 일상적인 폭력, 즉 멀리 떨어진 자식이 살아 있는지 죽었는지 알 수 없는 공포 속에서도 찾아볼 수 있다. 그 중대한 순간, 사후적으로 전쟁이 끝나가고 있음을 우리가 알고 있을 때에도 그 전쟁에 얽인 사람들은 계속해서 그 고통을 느꼈다.

두오다는 두 아들을 모두 빼앗겼다. 그녀는 아들들을 걱정했다. 그래서 그녀는 841년 11월에 퐁트누아 전투 소식과 기욤이 볼모가 되었다는 소식을 들은 후에 깃펜을 들어 편지를 썼다. 그녀는 장남 앞으로 편지를 쓰면서도 그 안에 담긴 "브잘것없는 지혜"를 어린 동생, 다시 말해 "여전히 아주 작고, 나의 주인이자 너희 둘의 아버지인 베르나르두스가 데려오라고 시켰을 때 아직 세례의 은총도 받지 못한" 동생에게도 전해달라고 수시로 부탁한다.[6] 이는 이 글이 작성된 상황을 보여주는 한편으로, 더 큰 진실에 대한 첫 번째 단서가 되기도 한다. 다시 말해 두오다가 기욤에게 쓴 편지는 오늘날 우리가 생각하는 의미의 편지가 아니다.

중세의 사자(使者)들은 흔히 봉인된 문서를 전달했지만, 서면의 내용을 보충하거나 명확히 하기 위해서 구두로 뜻을 전달하기도 했다. 이 경우, 아달라르가 에르망가르드 황후에게 보낸 편지처럼 그 지도서가 명벽히 공적 문서이자 사적 군서였다는 것을 알 수 있다. 두오다의 서신은 확실히 아들을 위한 지도서였지만, 작성자와 수신자는 그것이 궁정에서 회람되리라는 점을 잘 알고 있었다. 실제로 그녀는 서신 전체에 걸쳐 이를 여러 차례 언급했다. 그녀는 기욤이 대머리왕 카롤루스의 궁정에 볼모로 있다는 것을 알고 있었다. 그녀는 그 왕—전쟁 중인 그 세 왕들—과 자신의 가족 사이의 역사를 알고 있었다. 그녀에게, 또 아들과 나머지 가족들에게는 바로 그 같은 사실에 위험이 도사리고 있었다. 그녀는 아들을 안전하게 지키기 위해서, 그리고 궁정에서 지내는 동안 그를 이끌어줄, 그들이 위제스에서 함께 지낼 때 시작했던 도덕적, 정치적 지도를 끝마치기 위해서 편지를 썼다.

이 지침서는 전체적으로 미묘한 가르침과 훨씬 더 미묘한 의미 전달을 담고 있는 세련된 작품이다. 두오다의 서신은 **평신도 거울**이라고 하는, 카롤루스 시대의 느슨한 문학 양식의 하나로 볼 수 있다. 『구약 성서』에서 이스라엘 왕들에게 불편한 진실을 말하던 기독교 예언자들을 본보기로 삼은 그 프랑크 글들은 경건한 사회에서 어떻게 살아야 하는지에 관한 조언을 제공했다. 그보다 먼저 프랑크 왕궁 학교의 가장 학식이 높은 일부 인물들은 경건한 사회에서 평신도 귀족들이 어떻게 역할을 다해야 하는지에 관한 지침서를 썼다. 일부는 그 양식을 확장하여 왕들에게 특화된 지침서를 쓰기도 했다. 예를 들면, 그중 하나는 경건왕 루도비쿠스가 아버지의 뒤를 이어 즉위하기 직전에 건네졌고 또다른 하나는 831년에 아키텐의 피피누스 1세에게 건네졌다(그전 해에 그가 반란을 일으킨 것을 꾸짖는 내용이었다). 모든 경우에 그 글들은 작가들이 이전에 썼던 다른 지침서들—흔히 수도원 생활에 대한 것—에서 많은 내용을 차용했다. 또한 도덕적 지침과 정의의 실천에 중점을 두었다. 두오다의 글도 다르지 않다.

이 양식의 다른 글들과 마찬가지로 그녀의 작품은 시, 『성서』의 인용 및 주해, 실용적인 조언, 그리고 도덕적 교훈으로 가득 차 있었다. 두오다는 카롤루스 학문이 세워진 토대에 익숙했으며, 히포의 아우구스티누스와 교황 그레고리우스 1세 같은 유명한 초기 기독교 사상가들과 카롤루스 마그누스와 경건왕 루도비쿠스의 궁정 학교를 채웠던 더 현대적인 작가들을 막힘없이—그리고 솜씨 좋게—인용했다.

그러나 그녀의 글은 평신도 여성이 썼다는 점에서 앞에서 언급된 글들과는 물론 다르다. 그녀가 사용한 명확하고 일관된 인용문들은 그녀의 주장을 분석하는 데에 중요할 뿐 아니라, 프랑크 세계 구석구석에 배어든 그 문학적, 지적 문화에 여성이 참여했다는 사실을 알 수 있게 해주기 때문에도 중요하다. 두오다가 기욤에게 가장 먼저 가르치고 싶어했던 것은 충성심이었다. 그녀의 남편이 평생에 걸쳐 취한 행동을 고려하면 언뜻 이는 아이러니하게 느껴질 수도 있지만, 그녀가 윗사람들에 대한 맹목적인 믿음을 조언했던 것은 아니다. 귀족이 충성을 바쳐야 할 대상들 사이에는 정확한 위계가 있었고, 게다가 때로는 폭군에 맞서 맹세를 깨뜨릴 수 있다고 두오다는 아들에게 말했다.

두오다의 작품은 근래의 프랑크 역사에 대한 논평으로 읽을 수 있고 또 그렇게 읽어야 하며, 그 편지를 훑어본 사람은 모두 그렇게 인식했을 것이다.[7] 그녀가 여러 쪽어 걸쳐 논한 아버지와 아들 간의 올바르고 경건한 관계는 830년대의 프랑크족에 대한, 로타리우스와 독일왕 루도비쿠스 2세에 대한—그다지 미묘하지 않은—공격이었다. 대귀족과 사제들에 대해서 논의한 대목에서는 그들이 나쁜 본보기이자 나쁜 조언자임을 인정하면서 그 시대의 무질서에 적어도 부분적으로는 그들에게 책임이 있다고 보았다. 에보, 마트프리드, 위그 및 그들과 같은 사람들에 대한 기억은 여전히 생생했다.

그리고 기억은 과거로부터의 경고뿐 아니라 미래에 대한 희망도 제공했다. 지침서가 끝나갈 무렵 두오다가 사색에 잠겨 그때까지 "너(기욤)에 대한 크나큰 사랑의 달콤함과 너의 아름다움에 대한 갈망으로 나의 처지를 거의 잊고 있었다"라고 말하는 순간이 있다. 그러나 그녀는 자신이 고통받고 있다고 말을 잇는다. 그녀는 자신이 병들었고 구원에 대해서 걱정하고 있으니 자신의 영혼을 위해서 기도해달라고 부탁했다. 계속해서 그녀는 덕분에 "나의 혈족으로부터의 위험, 백성으로부터의 위험"을 겪었던 과거를 되돌아보게 되었다고 말한다. 여기에서 그녀는 「고린토인들에게 보낸 둘째 편지」 11장 26절에서 바울이 복음을 전하기 위해서 거의 죽을 뻔했다고—구타당했고, 돌에 맞았고, 난파당했다고—말하는 대목을 선택하여 넌지시 『성서』를 인용한다. 그녀와 그녀의 집안도 비슷하게 고통받았다. 그녀는 "탈출"과 "해방"을 뜻하는 라틴어 단어들을 사용해 탈옥과 필사적인 피난에 대한 이미지를 간접적으로 연상시켰다. 이는 과장이 아니었다. 아니, 적어도 그다지 심한 과장은 아니었는데 그녀와 그녀의 가족이 수년 동안 교전지역에 살았기 때문이다. 로타리우스는 베르나르두스의 가족, 그러므로 두오다의 가족이기도 한 사람들을 공격했다. 그의 사촌들과 남동생을 죽이거나 눈을 멀게 했고, 베르나르두스의 누이인 게르베르가를 수녀원에서 붙잡아 통 속에 넣은 뒤 강물에 빠트려 죽였다. 평화의 가능성이 가까워진 듯했지만, 그녀의 가족에게 일어났던 일에 대한 트라우마는 그녀가 기욤에게 보낸 여러 장의 편지를 통해서, 여러 세기를 거쳐, 우리에게까지 배어난다. 대귀족과 사제들이 제국을 망치고 경건왕 루도비쿠스의 아들들이 탐욕에 눈이 멀어 공공선을 등한시하는 모습을 목격했던 두오다에게는 마치 악마 위고의 말이 다시 한번 현실이 된 것 같았다. 그녀는 힘 있는 자들이 "교만과 허영심에 빠져, 백성을 정의롭게 다스리기 위해서 받은 높은 지위를 악용한다. 멀리 떨어진 사람들뿐 아니라 가까운 이웃, 동맹을 맺은 사람들에게도 증오와 악의를 보인다. 친구는 친구를 불신하고, 형제는 형제를 미워하며, 아버지는 아들을 사랑하지 않는다"라고 말했다.

그런데 위고에 대한 거짓말 같은 이야기를 전할 때의 아인하르트처럼 두오다도 공개적으로 반항하고 있었다. 그녀가 기욤에게 건네는 조언은 10년 전에 아인하르트가 진단했던 병폐에 대한 해독제였다. 세상은 불명예와 불충이 판을 쳤고, 그래서 그녀는 곁에 없는 아들에게 이러한 문제들에 어떻게 대처해야 하는지, 어떻게 경건한 사회를 회복하며 프랑크족에 평화를 가져올 수 있는지 설명했다. 하느님을 공경하라. 아버지를 공경하라. 왕을 공경하라. 좋은 조언을 하라. 죽은 자들을 위해서 기도하라. 자비를 베풀라. 이 책의 이야기는 명백한 이유들로 인해서 주로 카롤루스 마그누스의 아들들, 경건왕 루도비쿠스의 아들들, 그들의 가장 가까운 친족, 그리고 그들의 배우자들에게 초점을 맞추었다. 그러나 내전이란 오로지, 심지어 대체로, 왕이 되려는 자들에 관한 일이 아니다. 대신 그것은 삶이 망가진 수많은 사람들, 그리고 죽었거나 죽은 그 사람들을 애도하는 거의 셀 수 없는 사람들에 관한 것이다. 우리는 일반 병사들이 고향 사람들에게 보낸 편지를 가지고 있지 않다. 우리는 원정 중에, 선술집에서, 혹은 장례식에서 이야기되는 사연들을 들을 수 없다. 분명히 농부들은 들판이 곡식보다는 병사들로 가득한 것을, 행군 중인 군대가 아무것도 남기지 않고 식량을 가져가는 바람에 자신과 자식들이 굶주리는 것을 한탄했을 것이다. 그러나 이 모든 이야기를 들려줄 사료가 없더라도, 우리에게는 적어도 두오다의 편지—귀족과 왕들이 만들어낸 그칠 줄 모르는 폭력 앞에서 자식들을 안전하게 지키려는 그녀의 필사적인 시도—가 있다.

843년 2월, 두오다는 기욤에게 편지를 곁에 두고, 기도할 때 그녀를 잊지 말아달라고 부탁하면서 편지를 마무리했다. 힘든 일이 끝났다. 그녀의 지침서 마지막 두 단어는 "다 이루었다(Consummatum est)", 다시 말해 십자가 위에서 죽기 전 예수가 한 마지막 말이다. 네 어머니를 기억하라. 그녀는 최선을 다했다.

• ◆ ✥ ◆ •

기욤이 어머니로부터 지침서를 받은 것은 843년 초여름 어느 때였을 것이다. 그는 7월에 카롤루스와 동행하여 북동쪽의 소읍인 베르됭으로 향할 때 그 편지를 지니고 있었다. 그들은 소식을 듣고서 남쪽으로 향하던 길에서 급작스레 벗어났다. 세 형제의 수행단에서 선발된 프랑크 귀족 120명으로 구성된 협의회가 제국에 대한 조사를 마쳤다는 소식이었다. 형제들은 그전 해에 합의한 대로 만나야 했다. 귀족들의 작업을 검토하고, 각자 왕국의 경계를 정하고, 어쩌면 내전도 끝낼 수 있으리라.

베르됭은 그 시기에 특별히 중요한 장소는 아니었다. 주교는 있었지만, 그 지역을 넘어 세속적 권력을 상당히 행사하는 편은 아니었다. 그러나 이곳은 전쟁 중인 경건왕 루도비쿠스 아들들 가운데에 위치해 있었고, 세 명의 왕뿐 아니라 제국의 현황을 자세히 묘사하고 분할하는 임무를 관장하는 귀족들, 추가적으로 참석을 원하는 모든 귀족들, 그들의 가신과 하인, 수행원, 그리고 갑자기 몰려든 무리를 지원하는 데에 필요한 모든 사람들을 수용할 수 있었다. 게다가 그들이 데려온 말도 베르됭 주변의 풍부한 농지에서 먹일 수 있었다. 베르됭에게는 이 회담에 대비하여 준비할 시간이 수개월 있었지만, 그래도 대규모의 징발 군대를 지원하는 것과 맞먹는 물류 작업이 필요했다. 베르됭은 미어터졌다고 해도 과언이 아니다.

경건왕 루도비쿠스의 아들들이 저마다 이 회담에서 무엇을 얻고자 했는지는 정확히 알 수 없다. 그러나 아무도 싸움을 원하지 않았다는 것은 분명하다. 왕들이 한껏 위용을 과시해보았자 갈수록 조각나는 제국에 더는 일방적으로 질서를 부과할 수는 없었다. 오히려 프랑크 제국의 서로 다른 지역들이 카롤루스 마그누스와 경건왕 루도비쿠스 아래에서 그들을 하나로 접합시켰던 통일의 겉모습을 마침내 벗어던 졌다고 말하는 편이 더 나을 것이다. 어쩌면 마침내 프랑크족을 갈라 놓고 신의 새로운 선민 수천 명을 학살했던 적대감이 종식되기를 기대했을지도 모른다. 그러나 관련자 모두는 지난 10년, 특히 지난 수년을 기억했다. 더는 누구도 서로를 믿지 않았기 때문에 프랑크족의 걱정스러운 운명에 대한 장기적인 해결책은 매우 요원해 보였다. 기대치를 가장 낮게 잡자면, 그들은 최소 수년간의 휴전으로 상처가 아물고 각자의 영토에서 시급한 내부와 외부의 위협들을 처리할 수 있기를 바랐다.

843년 8월에 한 건의 문서가 작성되었다. 그렇게 짐작된다. 분명히 그처럼 식자 능력을 갖춘 문화에서는 누가 어느 영토를 차지할지를 구체적으로 명시한 실제 서명된 조약이나 휴전 협정 등 수많은 서류가 작성되었을 텐데, 아무것도 남아 있지 않기 때문에 그저 작성되었으리라고 짐작해야만 한다. 지난 10월부터 7월까지 파견된 대리인들이 내놓은 작업을 담은, 제국에 대한 서면 기술(旣述)도 틀림없이 있었을 것이고, 그 조사 결과가 결국 누가 무엇을 가질지를 결정하는 데에 토대가 되었을 것이다. 그것 역시 참으로 안타깝게도 남아 있지 않다. 아마도 원본을 보았거나 그 내용을 알았을 사람들이 그 분할에 대해서 설명한 글만이 남아 있다. 어떤 문서가 만들어졌든 간에 그 문서는 명확했을 것이다. 그후에 누구도 국경선을 두고 다투지 않은 듯하다. 물론 수많은 통치자와 선동 정치가들이 그다음 수십 년, 수 세기 동안 제국이 개별적인(적어도 준독립적인) 왕국들로 분할된 것을 이용해 개인적인 이익을 추구하기는 했지만 말이다.

각 형제는 그 자리에 있던 모든 사람이 그들의 것이라고 인정한 왕국을 가졌다. 로타리우스는 이탈리아, 루도비쿠스는 바이에른, 카롤루스는 아키텐을 말이다(모든 사람이 그 자리에 **있지는 않았다는** 점에 주목하라. 피피누스 2세는 참석하지 않았고 아무것도 얻지 못했다). 이는 전에도 분쟁의 대상이 전혀 아니었다. 따라서 영토와 관련하여 베르됭에서 합의된 것은 중프랑크의 부(富)였다. 독일왕 루도비쿠스는 라인 강 유역에 대해서 자신의 통제권을 주장했고, 심지어 라인 강 서안의 마인츠, 보름스, 슈파이어까지 주장했다. 그는 838년에 부자(父子) 사이를 심하게 갈라놓고 폭력 직전까지 몰고 갔던 논쟁에서 마침내 이겼다. 역시 강이, 항상 강이 문제였다. 강변 도시에서는 수입을 얻을 수 있었다. 또한 도강도 편리했다. 한편 카롤루스는 카롤루스 마그누스 세계에서 마찬가지로 경제적, 문화적으로 활기찬 영역인 센 강 유역 전체를 확보하고 바르셀로나까지 영향력을 행사했으며, 그의 영토에는 셉티마니아 전체가 포함되었다. 베르나르두스와 그의 볼모 아들 기욤은 분명 기뻐했을 것이다.

로타리우스는 그 중간에 있는 모든 것을 얻었다.

로타리우스가 상실한 것에 집중하기는 쉽고, 실제로 그는 상실했다. 형제들에 대해서 그가 주장할 수 있는 권력은 사라졌고, 그의 중부 왕국은 오래가지 못했다. 그러나 당시에는 아무도 그것을 예측할 수 없었다. 나중에 로타링기아로 알려진 왕국의 붕괴는 필연적이지 않았으며, 로타링기아는 이 책의 지금까지의 어느 이야기 못지않게 우연적이고 예측 불허인 이야기를 나름대로 가지고 있었다.[8] 중요한 점은 이 합의의 목적이 로타리우스가 다스릴 수 없는 상황을 만드는 것이 아니었다는 점이다. 그는 여전히 충분한 자원, 충성스러운 귀족들,

이탈리아 전체, 그리고 두 곳의 제국 수도인 아헨과 로마를 가지고 있었다. 그렇게 나쁘지만은 않았다.

그렇다면 베르됭이 가리키는 진정한 이행이란, 제국이 프랑스, 독일, 그리고 중간의 다소 이상한 영토로 분할되었다는 것이 아니었다. 실제로 그런 일은 일어나지 않았기 때문이다. 대신 그것은 황제 칭호를 보유한 인물이 여러 왕국에 대해서 이론적으로 행사하던 통제권조차 제거하는 방식으로 제국이 재편되었다는 의미였다. 로타리우스는 817년에, 그리고 다시 839-840년에 프랑크 제국 전체에 대한 종주권을 약속받았지만, 이제 그 약속은 사라진 것처럼 보였다. 그의 아버지는 827-828년 바르셀로나 참사의 여파로 궁정을 대대적으로 개편하려고 하면서, 또 그다음 830년대 초 반란 이후에는 분노 때문에 수시로 마음을 바꾸면서 그 희망들에 찬물을 끼얹었다. 그러다가 퐁트누아 전투가 그 희망들을 아예 욕조에 빠뜨려 익사시켰다. 카롤루스 마그누스와 경건왕 루도비쿠스는 새로운 왕국들을 만들어 아들들에게 물려주었지만, 그 왕국들은 여전히 제국의 일부였으며 프랑크 황제의 종주권 아래에 있는 하위 정치 단위들이었다. 그것들은 여전히 제국의 영토들이었다. 베르됭 조약 이후로, 통합된 제국이라는 허구―프랑크족은 신의 선민이며 제국은 그 지위의 현시(顯示)라는 꿈을 떠받쳐온 유용한 허구―는 오직 염원으로만 유지될 수 있었다. 로타리우스는 여전히 황제였지만, 카롤루스와 루도비쿠스는 각자의 왕국 내에서 주권자였다. 그들은 더는 형에게 고개를 숙이지 않았다.

베르됭 조약의 결과로 생겨난 왕국들에게는 문제가 있었는데, 각 왕국이 뚜렷하게 구분되기보다는 여전히 아주 쉽게 서로 얽히고설킬 수 있다는 점이었다.9 귀족 가문과 거대한 교회 기관들은 여전히 국경을 가로질러 지배권을 유지하거나 곳곳에 가족이 있었으며, 불가피하게도 이런 현실은 혼란스러운 정치와 심지어 폭력적인 분쟁을 낳게 된다. 누구도 이 상황을 영구적인 해결책으로는 보지 않았던 것이 거의 확실하다. 경건왕 루도비쿠스 1세 치하에서 제국이 몇 번이나 분할되었던가? 814년 이탈리아의 베르나르두스에게, 838년 독일왕 루도비쿠스 2세에게, 그리고 다른 많은 이들에게 한 약속들은 너무나도 쉽게 무효화되었다. 많은 사람들이 베르됭에서의 그 순간도 그다지 다르지 않으리라고 의심했다. 국경은 유동적이었고, 상황에 따라 부침을 거듭하는 통치자의 유효한 권력이 미치는 곳으로 이동했다. 귀족들 그 누구도 한 왕국을 포기하고 전적으로 다른 왕국에만 머물러야 할 필요를 느끼지 못했다.

그러나 더욱 통합된 제국으로 돌아갈 길은 그 누구도 생각해내지 못했다. 로타리우스와 루도비쿠스에게는 이미 성인 자녀들이 있었고, 그들은 자신의 혼자 힘으로 통치하기를 간절히 바라면서 저마다 독자적인 왕조를 세우고 있었다. 카롤루스는 이제 결혼했고, 모두가 그에게도 곧 상속자들이 생길 것이라고 예상했다. 실제로 그의 왕비 에르망트뤼드는 843년 8월 베르됭에 있을 때 이미 임신 중이었고 곧 첫아이를 낳을 예정이었다(알고 보니 딸이었고, 할머니의 이름을 따서 유디트라고 불렀다). 그리고 물론 여전히 피피누스 2세, 다시 말해 817년에 이탈리아의 베르나르두스가 그랬던 것처럼 제국 분할에서 제외된 조카이자 역시 이탈리아의 베르나르두스처럼 현 황제로부터 무엇인가를 약속받은 조카가 있었다. 베르됭의 사건들은 많은 것들을, 어쩌면 새로운 형태로 다시 봉합된 제국을 약속했다. 그러나 843년에 이르면 카롤루스 마그누스의 적법한 후손들이 너무 많았다. 그리고 물론 이 세상에는 카롤루스 가문 하나만 있지 않았다. 바이킹과 다른 침략자들, 정복자가 되려는 자들, 정치적 경쟁자들, 그리고 말썽 많은 피정복민들이 제국의 언저리 곳곳에 줄곧 도사리고 있었다.

• ◆ ⟐ ◆ •

베르됭 조약이 형제들 간의 평화를 가져왔을지는 몰라도, 그들이 다스리는 제국의 여러 지역들은 지속적인 전쟁 상태에 있었다.

베르됭 조약 직후 수년 동안 외적(대부분 비기독교도)들이 프랑크족에게 제기한 심각한 위협에 초점을 맞추기는 쉽다. 그리고 그 위협은 실제로 심각했다. 846년에 아마도 시칠리아로부터 지중해를 건너온 이슬람 세력이 로마를 공격했다. 그 대군은 오스티아의 수비대를 학살한 후에 내륙으로 진격하여, 그들과 맞서기 위해 파견되어 우왕좌왕하던 소규모 프랑크 군대를 격파했다. 로마 시민들은 아우렐리아누스 성벽 안에 머물렀지만, 성 베드로 대성당과 성밖의 성 바오로 대성당은 철저히 약탈당했다. 그런데 이슬람 군대는 생각을 바꾸어 도시에 대한 전면적 공격은 하지 않은 채 남쪽으로 훌쩍 떠났다. 이 소식에 경악한 로타리우스는 군대를 소집하여 장남에게 지휘권을 맡겼지만,

군대가 도착했을 때 약탈자들은 떠난 지 오래였다.

유럽의 다른 끄트머리에서는 대머리왕 카롤루스가 바이킹을 상대해야 했다. 845년, 바이킹은 센 강을 거슬러 올라와 현지 주민들의 저항에 부딪혔고(생-캉탱 근처 자신의 영지를 방어하던 니타르두스를 바이킹이 죽였을 가능성이 크다) 뜻밖에도 파리의 성벽 바로 앞까지 왔다. 크산텐 수도원에서 쓰인 한 연대기는 대머리왕 카롤루스가 그들과 싸우려고조차 하지 않았다면서 왕의 "나태함(desidia)"을 비난하고 왕이 그들을 매수해 떠나게 했다고 기록한다. 이 수법은 한동안은 효과가 있었다. 바이킹의 지도자인 라그나르 로드브로크는—훗날 로마에서 일어날 일과 다르지 않게—돈을 받고 파리는 건드리지 않되 도시 밖은 만만한 먹잇감이라고 판단했다. 그의 군사는 생-제르맹-데-프레 수도원을 약탈한 후 해안으로 돌아갔다.

그 수년 동안 그런 습격만 프랑크 제국의 국경을 위협한 것은 아니었다. 카롤루스 마그누스는 동화 정책을 통해서 제국의 영토를 확장했다. 이탈리아 북부의 랑고바르드족과 독일 북동부의 작센족처럼 정복된 집단은 제국의 정식 일부가 되었다. 다시 말해 그곳의 주민들은 필요하다면 강제로 기독교로 개종되었고, 현지의 관습은 거의 소멸되었으며, 현지 귀족들은 프랑크 정치 계급의 일부가 되었다. 더 멀리 제국 변방에 있던 집단들은 명목상의 독립을 유지할 수 있었지만, 조공을 바치고 제국과의 동맹 관계를 유지해야 했다. 경건왕 루도비쿠스 1세도 그 정책을 계속 이어갔지만, 여러 집단들이 내전의 혼란을 틈타 속박을 벗고 독립을 주장했다. 843-846년에 독일왕 루도비쿠스 2세는 북부에서 슬라브족의 반란에 직면했고, 840년대 여러 해 동안 부르군트인들은 대머리왕 카롤루스를 골치 아프게 만들었다.

형제들은 각자의 왕국을 다스리면서 주변부의 압박에 대처해야 할 뿐 아니라 점점 들썩거리는 귀족들을 달래야만 했다. 귀족들은 제국의 새로운 국경을 가로질러 뻗은, 동일한 가족 관계라는 그물망을 지렛대로 삼아 유럽 전역으로 쉽게 이동할 수 있었다. 845년 프로방스에서 로타리우스는 짧게 끝났으나 꽤 심각했던 반란을 진압했는데, 불만을 품은 한 백작이 독립 왕국을 세우려는 의도를 비치며 일으킨 것이었다. 846년에는 대머리왕 카롤루스 아래의 한 백작이 로타리우스의 딸 한 명을 납치하여 아키텐의 피피누스 2세에게 도망치는 바람에 두 번째 내전이 터질 뻔했다. 이것은 그야말로 공갈 협박 시도였다. 이 백작은 잘못된 말에 돈을 거는 바람에 841년 퐁트누아 전투 이후 로타리우스에서 카롤루스로 갈아탔는데, 843년 베르됭 조약으로 그의 영지가 로타리우스의 중부 왕국에 편입되고 말았다. 로타리우스는 그때의 배신을 잊지 않았고 그래서 그의 영지를 다른 사람에게 주었다. 이에 화가 난 백작이 납치 계획을 감행한 것인데, 이 필사적인 도박이 장기적으로는 성공을 거두어 848년에 그와 로타리우스는 화해했다.

846-847년 내내 대머리왕 카롤루스와 독일왕 루도비쿠스는 납치 사건이 자신들과는 상관없다는 점을 로타리우스에게 필사적으로 확신시키려고 했다. 『풀다 연대기(*Annales Fuldenses*)』에는 847년이 "전쟁이 없던 해"라고 기록되었지만,[10] 세 형제 모두 서로 다시 싸워야 할까 봐 걱정하고 있었으니 그저 중요한 대외 원정이 없었다는 뜻일 가

능성이 높다. 상황은 그해 열린 회담에서 마침내 해소되었는데, 로타리우스는 이 자리에서 지난날의 원한을 묻고 카롤루스가 음모에서 결백하다고 확신하게 되었다. 로타리우스, 독일왕 루도비쿠스, 그리고 대머리왕 카롤루스는 귀족들이 세 형제 사이에 불화를 조장하지 못하도록 하고, 그 귀족들의 협조를 얻어 선정(善政)을 회복하기로 결의했다(애초의 만남의 이유를 고려한다면 놀랍지 않게도, 이 결의에는 특별히 여성을 납치한 자를 처벌한다는 내용도 포함되었다). 로타리우스는 또한 아키텐에서 카롤루스의 통치를 약화하기 위한 아키텐 대귀족들과의 모의를 더는 꾸미지 않기로도 동의했는데, 그동안 모의와 공작이 계속되고 있었음을 인정한 셈이었다. 그러나 그 회담에서 가장 중요했던 것은 세 통치자가 베르됭 조약의 분할이 유지된다는 데에, 즉 그들의 아들들은 "현재 명확히 규정된 분할에 따라서" 각자 아버지의 왕국을 상속받는다는 데에 동의했다는 점이다.[11]

◆ ◆ ✛ ◆ ◆

퐁트누아 전투로부터 6년 후, 그리고 베르됭 조약으로부터 4년 후, 모든 것이 변했지만 아무것도 변하지 않았다. 또다른 승계 합의는 국가 간 친선만큼 많은 긴장을 드러냈고, 문제를 해결한 것처럼 보였지만 실제로는 단순히 문제를 무시해버린 것이었다. 방 안의 또다른 카롤루스 사람이 이 논의에서 완전히 배제되고 제외되었으니 바로 아키텐의 피피누스 2세였다.

그리고 실제로 대머리왕 카롤루스와 피피누스 2세는 내내 전쟁 중이었다. 844년, 피피누스는 중요한 도시인 툴루즈를 점령했고, 카롤루스는 소규모 군사만 이끌고 진군하여 대응했다. 카롤루스가 적을 도시에 붙잡아두는 사이에 대귀족들에게 더 큰 원정군을 모으는 일을 맡겨서, 나중에 자신과 합류하게 할 심산이었다. 이때 셉티마니아의 베르나르두스가 카롤루스의 진영에 왔는데, 붙잡혔는지 아니면—아마도 "돕겠다"는 또다른 제안을 들고—자발적으로 왔는지는 불분명하다. 어쨌거나 『생-베르탱 연대기』에 따르면, 베르나르두스는 재판을 받고 "프랑크인들의 판결에 따라서" 반역죄로 유죄가 인정되어 처형되었다. 셉티마니아의 베르나르두스의 이야기, 우리가 경건왕 루도비쿠스 치세 때 바르셀로나 전투와 함께 추적해왔던 이야기가 갑자기 막을 내렸다. 볼모였던 그의 아들 기욤에게는 물론 좋은 소식이 아니었다. 그는 달아났다. 아마도 아버지가 사로잡혔다는 소식을 들었지만 아직 처형되기는 전이었을 것 같은데, 기욤은 대머리왕 카롤루스의 궁정에서 도망쳐 바르셀로나 인근 지역에 있던 피피누스 2세에게 갔다. 기욤은 반란 군사를 일으켰다. 숫자를 세고 있던 독자라면 여기 두 번째 동전을 받으시라.

대머리왕 카롤루스가 툴루즈 성벽 바로 바깥의 수도원에서 궁정을 주재하며 증원군이 오기를 기다리는 동안, 피피누스 2세와 기욤은 카롤루스의 군대를 우회하여 북쪽으로 향했다. 그들은 왕의 구원군이 도착하기 전에 요격하여 툴루즈 포위를 풀려고 했다. 퐁트누아 전투를 앞두고 보았듯이 소규모 병력은 종종 왕과 함께 이동했지만, 대규모 원정군은 거추장스러웠다. 군사를 모으는 데에는 시간과 계획이 필요했다. 피피누스와 기욤은 정찰병과 첩자를 파견하여, 카롤루스의 주요 귀족들이 모은 군대가 크며 그의 본거지인 푸아티에에 먼저 집결할 것임을 알게 되었다. 그들은 매복을 준비했다. 844년 6월, 카롤루스의 구원군은 푸아티에에서 툴루즈를 향해 남쪽으로 진군하던 중에 (가장 가능성 있는 경로인 옛 로마 도로를 따라갔다고 가정할 때) 앙굴렘 근처에서 피피누스와 기욤이 기다리고 있는 것을 발견했다. 이 지역은 비교적 평평하지만 숲이 우거져 있었을 것이고, 남쪽이나 남서쪽으로 이동하던 군대는 어느 시점에 샤랑트 강을 건너야 했을 것이다. 이전에도 여러 번 그러했듯이 참사가 닥친 곳이 바로 그곳이었을 수도 있다. 『생-베르탱 연대기』는 인정사정없이 다음과 같이 전한다. 피피누스와 기욤은 "[그들의] 병사들 사이에서는 사상자를 내지 않고 잠깐 사이에 [카롤루스의 군대를] 뿔뿔이 흩어지게 했고, 지도자들이 전사하자 전투가 시작되기도 전에 이미 달아나기 시작했던 나머지 병사들은 빠져나간 아주 소수를 제외하고는 모두 포로로 잡히거나, 가진 것을 모두 빼앗기고 엄숙한 서약에 묶인 뒤에야 집으로 돌아갈 수 있었다."[12] 전사자 중에는 카롤루스 마그누스의 아들이자 경건왕 루도비쿠스의 이복형제였던 생-캉탱의 위그 수도원장을 포함하여 중요 백작과 성직자들이 여럿 있었다.

 퐁트누아 전투에서 앙젤베르의 탄식, "형제가 형제의 죽음을 준비하고, 삼촌이 조카의 죽음을 준비한다"는 말은 여기에서 울림을 준다. 그 무렵 익명으로 쓰인 한 편의 시는 위그 수도원장이 창에 찔려 죽었다고 전했다. 이후 승리를 둘러보던 피피누스는 병사들에게 옷가지를 약탈당해 알몸이 된 종조부의 시신을 발견하고 눈물을 흘렸다.

그러나 피피누스와 기욤의 승리는 짧았다. 카롤루스가 복수를 맹세했기 때문이다. 대머리왕 카롤루스는 툴루즈를 되찾았다. 그는 적들을 피레네 산맥 너머 남쪽으로 몰아냈다. 이 시기의 아랍 문헌은 "베르나르두스의 아들, 기욤"이라는 사람이 코르도바의 아브드 아르-라흐만 2세에게 특사로 도착하여, 프랑크족과 에미르의 권위에 반항하는 다른 이슬람교도들에 맞서 지원을 얻으려고 했다고 기록한다. 이슬람 진영의 도움으로 기욤은 848년에 바르셀로나를 손에 넣었다. 그 도시는 그의 아버지에게는 명성으로 통하는 길이었지만, 아들에게는 결국 무덤이 된다. 850년, 기욤은 간계로 카롤루스에게 충성하는 일부 백작들을 사로잡았으나, "그 자신이 더 교묘한 간계에 걸려 사로잡혀 죽임을 당했다." 그의 아버지처럼, 아마도 카롤루스의 명령에 따라 이제 수복된 도시 바르셀로나에서 맹세 위반과 배신죄로 처형되었을 것이다. 베르됭 조약은 가문 간 살육이 멈추리라는 희망을 주었다. 그러나 푸아티에 남쪽 숲과 피레네 산맥 남쪽의 한 도시에서, 그 희망은 스러진 카롤루스 마그누스의 후손들과 더불어 사라졌다. 두오다의 최악의 두려움이 모두 현실이 되었다.

• • ✤ • •

로타리우스는 855년 프륌 수도원에서 죽었다. 얼마 지나지 않아 독일왕 루도비쿠스와 대머리왕 카롤루스는 로타리우스의 아들들에 맞서서 작당했고, 870년에 이르자 알프스 산맥 북쪽에 있는 로타리우스의 영토 거의 전부를 둘이서 나누어 가졌다. 로타리우스의 마지막 아들이 875년에 사망한 후 대머리왕 카롤루스는 이탈리아를 장악했고, 그 이듬해 독일왕 루도비쿠스가 사망하자 동프랑크 왕국을 침공했다. 대머리왕 카롤루스는 바로 그해어 황제 칭호를 주장했다. 아이러니하게도 로타리우스가 시작한, 1인 치하에 제국을 재통일하는 작업을 완수하겠다는 희망을 품은 것이다. 그 역시 실패했다. 876년 강을 사이에 두고 벌어진 안데르나흐 전투에서 카롤루스는 지는 쪽이 되었다. 대머리왕 카롤루스에게는 지독히도 피비린내 나는 패배였으며, 그는 가까스로 탈출했다. 비록 향수를 불러일으키는 꿈으로 남았을지라도 프랑크 제국은 결코 재통일되지 못하며, 언젠가—수백 년 후에—프랑스와 독일이 될 독립적 후계 왕국들이 등장했다.[13]

후대 사람들, 즉 카롤루스 마그누스의 제국이 무너지는 것을 지켜본 사람들에게 퐁트누아 전투는 모든 것이 바뀐 순간, 제국이 산산조각 난 순간이었다. 폭력은 어마어마했고, "프랑크족의 힘은 매우 줄어들었고, 그들의 이름난 남자다움은 너무도 쇠퇴하여, 그 이후로는 제국을 확장할 수 없었을 뿐 아니라 접경지를 방어할 수도 없었다."[14] 9세기 초의 내전에 대한 이 책의 이야기가 막을 내리는 가운데, 경건왕 루도비쿠스의 아들들이 베르됭에서 잉크와 맹세로 만들어낸 정치적 혼성체가 아니라, 『프랑켄슈타인(*Frankenstein*)』에서처럼 마치 아무것도 변하지 않았다는 듯이 계속해서 음모와 계략을 꾸미고 서로를 죽였던 프랑크족 본인들이 이 이야기의 괴물이었음이 드러난다. 중세 유럽을 만들고, 대지에 정치적 국경을 새겨넣고, 유럽의 역사를 서술하는 문헌에 글자를 써넣고, 피로 토양을 비옥하게 만든 세력들은 모두 어떤 면에서는 그 내전과 퐁트누아를 뒤흔든 요란한 말발굽 소리에서 자라난 것이었다.

제국의 유령들에 대한 기념비

18€0년경

오늘날 퐁트누아 주변의 들판은 우리 앞에 부드럽고 잔잔한 물결처럼 펼쳐져 있다. 이 지역은 농경ㅈ가 풍부하고, 평화롭고 조용하다. 4월과 5월에는 유채꽃밭이 풍경을 노랗게 물들이고, 잘 정돈된 또다른 들판에서는 수천 그루의 해바라기가 하늘을 향해서 노란 얼굴을 쳐든다. 멀리, 평지를 가로지르는 한두 차선의 도로들로 작은 돌집들 몇 채가 띄엄띄엄 연결되어 있는 것이 보인다. 완만한 언덕 하나를 오르면, 사방으로 거의 수 킬로미터를 볼 수 있다.

9세기 풍경의 흔적은 거의 남아 있지 않다. 퐁트누아 마을에는 작은 박물관과 함께 식당, 정육점, 작은 교회가 있다. 남쪽으로는 전투의 첫 번째 교전이 벌어졌던 울창한 브리오트 숲이 여전히 남아 있다. 훨씬 줄어들기는 했지만 말이다. ㄴ타르두스가 싸웠던 솔메 촌락은 남동쪽에 있으며, 지금은 예스러운 돌집들이 늘어선 소로(小路)에 불과하다. 부르군트인의 개울은 약간 동쪽으로 한가롭게 흘러간다. 마을에서 나와 코르비에르 길을 따라서 남쪽으로 운전하면 아름답고 전망이 좋은 지점으로 서서히 올라갈 수 있는데, 시골 풍경이 지평선까지 한눈에 들어오는 그 언덕의 꼭대기에는 도로 옆에 낮은 울타리에 둘러싸인 단순한 회색 석조 오벨리스크가 서 있다.

유럽 식민주의자들이 이집트에서 맞닥뜨린 기념물들에 대체로 영감을 받아, 오벨리스크는 18세기와 19세기 유럽 전역에 기념물로 등장하기 시작했다. 대서양 건너편인 미국에서도 그만큼 인기가 많지는 않았지만 그 존재감을 드러냈다. 미국 독립전쟁의 벙커 힐 전투를 기념하는 벙커 힐 기념탑은 1827년에, 워싱턴 기념탑은 1848년에 착공되었다. 퐁트누아의 작고 외딴 기념비는 그로부터 그다지 오래 지나지 않은 1860년에 세워졌다. 기념탑에는 9세기 전투를 기리는 두 개의 비문—하나는 라틴어, 다른 하나는 프랑스어—이 새겨져 있다.

상단의 라틴어 비문은 간단히 "퐁트누아 전투, 841년 6월 25일"이라고 새겨져 있다. 그 아래 프랑스어 비문은 "여기에서 841년 6월 25일에 경건왕 루도비쿠스의 자식들 사이에 퐁트누아 전투가 벌어졌다. 대머리왕 카롤루스의 승리로 서부 제국으로부터 프랑스가 분리되었으며, 독립적인 프랑스 민족이 수립되었다(프랑스어 : et fonda l'indé-pendance de la nationalité française)"라고 새겨져 있다.

여기 이 이야기의 끝에서, 이러한 판본의 전투에 대해 잠시 멈추어 생각해보자. 그것이 오로지 대머리왕 카롤루스만의 승리였던가? 이 전투가 프랑크 제국의 서부를 제국의 통치로부터 최종적으로 분리시켰는가? 그리고 더 이데올로기적인 측면에서 볼 때 퐁트누아는 정말

로 프랑스와 프랑스 민족을 창조했던가? 우리가 알다시피 그후 10년
은 카롤루스와 피피누스 2세 간의 투쟁과 황제의 칭호를 차지하려는
카롤루스의 노력으로 점철되어 있는데도? 이에 대한 확고한 대답—
아니오—은 다시 우리에게 두 가지 질문을 던진다. 우리는 과거를 도
대체 어떤 방식으로 기억하는가? 그리고 그러한 기념은 누구를 위한
것인가?

이 오벨리스크와 그 비문이 어떤 의미를 전달하려고 했는지는 그
건립 배경을 고려하면 더욱 잘 이해할 수 있다. 건립 자금은 1857년에
나폴레옹 시대의 지사였던 현지 어느 귀족의 유산 기증으로 마련되었
다. 그러나 기념비를 세우기로 한 최종 결정은 1859년 프랑스-오스트
리아 전쟁에서 프랑스의 승리에 자극을 받아 내려졌을 가능성이 큰
데, 이 승리는 프랑스의 국경선을 확대하여 게르만 제국에 대한 과거
의 승전들의 재연처럼 비쳤다.

1851년, 루이-나폴레옹 보나파르트는 프랑스 대통령직에서 물러나
기를 거부하고 군대의 도움을 받아 의회를 해산했다. 1852년 12월, 자
신을 나폴레옹 3세라고 선언한 그는 스스로에게 황제 칭호를 부여하
고 그 지위를 세습 지위로 만들었다. 외교 정책에서 제2제국은 초대
황제이자 그의 삼촌인 나폴레옹 보나파르트를 모방하고자 했다. 이
시기 프랑스는 종종 전쟁을 치렀는데 처음에는 크림 반도에서 싸웠
고, 방금 언급했듯이 1859년에는 이탈리아 북부에서 싸웠다. 그해 프
랑스는 사르데냐 왕국과 동맹을 맺고 이탈리아 북부에서 오스트리아
제국을 몰아냈다. 이는 프랑스에게 엄청난 성공이었으며, 사부아 공

국과 니스의 합병이 이어졌다.

1860년 6월 오벨리스크 헌정과 관련한 연설에서, 지역 역사학회 회장은 퐁트누아 전투가 기념할 가치가 있다고 설명하면서 "너무나 치열하고 치명적이었던" 이 전투가 "역사가들에 따르면 프랑크족과 골 지방의 그 백성이 프랑스 민족으로 변모하는 출발점"이었기 때문이라고 말했다.1 다시 말해 연설자는 절정으로 치달으며 841년 6월의 퐁트누아 전투가 프랑스의 시작이었다고 말했다. 실제로 이 전투에서 프랑크족(연설자는 "게르만족"이라고 부른다)이 대량 사망하면서 그들은 토착 골족과 융합했고, 스트라스부르 맹세에서 사용되었던 프랑스어를 우선시하게 되었다.

이것들은 9세기가 아닌 19세기의 주장이다. 다시 말해 퐁트누아의 오벨리스크는 프랑스 제2제국이나 나폴레옹 3세 본인의 직접적인 지시로 세워졌다기보다는 거의 확실하게 지역 민족주의적인 행위로 세워진 것이다. 1,000년 이상 떨어져 있음에도 불구하고, 이 두 사건은 오벨리스크를 만든 사람들의 마음속에서 떼려야 뗄 수 없게 연결되어 있었다. 1860년 오벨리스크의 비문과 헌정이 모두 전투에서 프랑스 통치자가 게르만 제국을 물리치고 나라와 민족의 자유를 확보했다는 사실을 강조하는 것은 결코 우연이 아니다. 그것은 나폴레옹 3세가 그의 가장 근래의 전쟁에 대해서 마찬가지로 했을 법한 이야기였다.

기념물은 과거에 대한 특정한 이해를 대중의 의식에 굳히려고 한다. 그것은 어지러운 역사와, 지금의 역사를 다른 식으로 흘러가게 할 수도 있었던 과거의 사람들이 내린 선택을 덮어버리고, 논쟁을 없애려고 한다. 기념비를 세우는 것은 허석에 대한 도덕적 합의를, 방문객들이 타인들의 기억을 "기억하는"2 장소를 만들어내는 일이다(이를테면 퐁트누아 오벨리스크의 방문객들은 타인들, 즉 19세기 프랑스인들이 9세기의 역사적 사실에 대해서 기억하는 내용을 기억하게 된다/역주).

　우리는 니타르두스의 변증론적 역사와 앙젤베르의 고뇌로부터 아주 멀리 왔다. 19세기 중반 욘 쾨파르트망에서 적어도 한동안은, 제국을 산산조각 내고 형제들이 서로의 피를 흘리게 했던 퐁트누아 전투가 축하할 일이었다.

◦ ◆ ✣ ◆ ◦

민족국가라는 바로 그 관념 자체는 19세기에 만개했고, 그 개념을 설계한 사람들은 그 정당성을 위해서 종종 중세의 과거에 의지했다. 문헌"학"―주로 언어의 역사적 발달을 다루는 학문 분야―과 새로운 학문 분야인 역사학 모두 국가를 위해서 일했다. 처음에는 학문적 연구가 기념물과 매우 비슷한 역할을 했고, 그러므로 이러한 학문 분야들이 부상한 시기가 "조각상 열풍"3이 일어난 시기와 일치한다는 점은 놀랍지 않다. 모든 경우에 과거―과거의 사건, 기념물, 언어들―에 대한 연구는 계보 연구, 즉 19세기의 현재를 과거와 연결하여 현재가 운명처럼 보이게 만드는 방법이었다. 달리 표현하자면 그들은 자신들의 거울상을 찾으려고 과거를 뒤지고 있었다.

　이러한 근대인들은 종종 중세 유럽에서, 더 구체적으로 말하자면

19세기 프랑스와 독일의 민족국가 신화 편찬자들은 카롤루스 왕조의 역사에서 자신들이 찾던 것을 발견했다. 그들은 내전과 제국의 붕괴가 자신의 민족을 탄생시켰다고 주장했다. 예를 들어, 위대한 프랑스 역사가 쥘 미슐레는 1833년에 여러 권의 방대한 저서인 『프랑스사(Histoire de France)』 제1권에서 퐁트누아 전투에 대해서 썼다. 그는 이 전투가 참사였지만 그 자체로는 중요성이 없다고 결론지으며 다음과 같이 말했다.

역사가들의 말을 믿는다면, 전투는 치열했고 유혈이 심했다. 너무 심해서 제국의 군사 인구를 바닥냈고 야만인들의 유린에 무방비 상태가 되었다. 그러한 학살은 어느 시대에든 믿기 어렵지만, 무기력하고 교회의 영향력이 강했던 이 시대에는 특히 그렇다.……카롤루스 마그누스와 그의 바로 다음 후계자들의 치세는 그 뒤를 이은 개탄스러운 시대의 사람들에게 영웅적 시대가 되었고, 그들은 애국적인만큼이나 김빠지는 우화들을 통해서 옛 시대의 영광을 드높이고자 했다. 게다가 그 시대 사람들은 서방의 인구 감소와 군사적 기상의 쇠퇴를 정치적인 측면에서 설명하는 것이 불가능했다. 모든 용자들이 단 한 차례 전투에서 전사했고 겁쟁이들만 남았다고 가정하는 것이 더 쉽고 시적이었다.[4]

미슐레는 대머리왕 카롤루스와 독일왕 루도비쿠스가 승자였을지는 모르지만, 해결된 것은 아무것도 없었다고 주장했다(적어도 그 부분은 옳았다). 미슐레에게 유일하게 긍정적인 결과는 그 전투가 두 형제를 다시 협력하게 만들었고, 842년 스트라스부르에서 그들이 오래 존속할 언어로 오래갈 맹세를 했다는 사실이었다. "두 민족의 경계선인 라인 강둑에서 표명된 [그] 엄숙한 말들"은 그들 "민족성의 첫 기념비(프랑스어 : le premier monument de leur nationalité)"였다고 미슐레는 말을 잇는다. 그렇다면 베르됭 조약은 미슐레에 따르면 실제로 프랑스와 독일 모두를 창조한 맹세—언어—의 공식적인 적용에 불과했다.

퐁트누아 오벨리스크와는 어조는 다르지만 언어는 유사하다는 점에 주목하라. 하나는 글을, 다른 하나는 돌을 이용한 두 기념화 작업은 모두 841−843년의 사건들을 프랑스인이 하나의 민족("민족성")으로 탄생한 기원이라고 묘사한다. 입헌 군주제인 1830년대 7월왕정의 들뜬 낙관주의 속에서 글을 썼던 미슐레는 전투의 폭력과 내전의 무의미함에 경멸적 시선을 던지며, 그 대신 외교를 국가 탄생의 결정적 순간으로 보았다. 오벨리스크는 더 나중에, 1851년 나폴레옹 3세가 공화정을 전복하고 제2제국을 수립한 뒤에 만들어졌다. 제2제국 정부는 중세와 근대를 가릴 것 없이 전투에서 영광을 찾았고, 나폴레옹 3세 본인도 9세기 말에 대머리왕 카롤루스가 선호했던 거처였다는 이유로 콩피에뉴를 그의 주요 궁전으로서 선택했을 것이다. 오벨리스크는 프랑스가 전쟁으로 주조되었으며 민족의 아버지는 대머리왕 카롤루스라고 말한다.

라인 강 건너편에서는, 1880년대에 역사가 레오폴트 폰 랑케가 인생 만년에 전 9권짜리 저서 『세계사(Weltgeschichte)』의 말미에 퐁트누아를 논의했다. 그는 이 전투에 대해서 다음과 같이 말했다.

전투는 사람들이 상상하는 것만큼 치열하지 않았고, 그 사건에서 가장 중요한 것은 그 사건이 일어났다는 점이었다. 오랫동안 유럽을 지배했던 [카롤루스] 군대는 형제들의 불화에 사로잡혔고, 단 하루의 전투로 파괴되어 결코 회복하지 못할 상태가 되었다. 두 동생들은 각자 자리를 잡았다. 그리고 당면한 중대한 문제는 주로 이 전투를 통해서 결정되었다. 그 문제는 제국과 세습 권력 간의 관계에 관한 것이었고, 후자의 손을 들어주는 방향으로 결정되었다.[5]

첫 문장에 주목하라. "그 사건에서 가장 중요한 것은 그 사건이 일어났다는 점"이다. 실제로 랑케는 나머지 부분에서 퐁트누아 전투가 실제로 바꾼 것이 얼마나 적은지를 논의한다. 다시 말해 형제들 간의 전쟁이 금방 뒤따랐다.

미슐레가 라인 강 건너편에서 주장했듯 진정으로 중요한 사건은 스트라스부르에서 맹세의 순간이었다. 역시 미슐레와 마찬가지로, 랑케에게 그 맹세는 "민족들이 등장하는(독일어 : werdenden Nationalitäten)" 순간을 보여주기 때문에 중요했다. 랑케는 내전이 제국을 전복시키려는 것이 아니라 오히려 구조 조정하려는 것이었다고 말을 잇는다. 다시 말해서 그것은 민족 의식이 실패한 순간이었다. 프랑스와 독일은 대머리왕 카롤루스와 독일왕 루도비쿠스를 통해 스스로를 창조할 만큼 아직 진화하지 못했다. 대신, 랑케에게는 다행스럽게도 제국이 존속했다. 베르됭 조약으로 인한 분할은 스트라스부르 맹세의 성문화였지만, 더 중요하게는 806년의 『디비시오 레그노룸』(왕국 분할령)부터 카롤루스 마그누스가 줄곧 원했던 일이었다. 스트라스부르와 베르됭에서의 맹세는 그 지역의 "자연적인" 언어들로 선서되었으며, 독일(제국의 계보를 유지했다)과 서쪽의 프랑스(경쟁자를 깎아내리기 위해서, 19세기 독일인만이 구사할 수 있는 방식으로서 랑케의 책에서는 대체로 "아키텐"이라고 부르기는 한다)의 시작을 가능하게 했다.

미슐레와 랑케를 크게 구분할 만한 것은 없다. 랑케가 제국의 연속성을 강조했다는 점만 제외하면 말이다(랑케의 정치적 보수주의와 1871년에 선포된 제1독일제국어 대한 지지를 고려하면 놀랄 일도 아니다). 두 역사가 모두 퐁트누아 전투를 주로 실수이자 그것도 경멸의 대상으로 간주했다. 퐁트누아 오벨리스크의 건립자들은 이에 동의하지 않고, 그 전투를 "그들 편"의 영웅적인 승리로 여겼다. 그러나 그들 모두는 그 전투가 일어날 운명이었으며, 불가피한 내전에 시동을 걸었고, 그 내전이 결국 저 근대적인 19세기 해석자들을 탄생시켰다는 점에 동의했다.

◆ ◆ ✛ ◆ ◆

9세기 프랑크 사료들은 퐁트누아 전투를 한결같이 성서적인 파국으로 보았다. 카롤루스 왕조 치하의 프랑크족은 통치권 이데올로기를 너무나 성공적으로 만들어냈기 때문에, 그것이 허구임이 드러났을 때 모두가 충격을 받았다. 제국들은 거짓말 위에 세워지고, 거짓말은 결국 무너지기 시작한다. 카롤루스 마그누스는 여러 아내에게서 얻은 아들들로 어지러운 왕조 승계 게임을 벌였고 792년에는 장남에게 왕위를 잃을 뻔했다. 경건왕 루도비쿠스 역시 그의 아들들로 같은 일을 벌였고 830년과 다시금 833년에 그의 아버지보다 더 아슬아슬하게 왕위를 잃기 직전까지 갔다. 이런 의미에서 840년대 초의 내전은 통상적인 일이었다. 카롤루스 사람은 카롤루스 사람이었고 카롤루스 사람이었으며, 841년에는 그들 모두(피피누스 2세도 카롤루스 사람이었음을 잊지 말자)가 적어도 프랑크족 본인들에 따르면 왕이라는 칭호를 주장할 정당한 권리가 있었다. 그러나 그 현실은 통일된 제국이라는 이데올로기와 결국 양립할 수 없었다. 통치자들이 권력을 얻고 유지하려고 하면서, 교전 당사자들 사이에 동맹이 결성되고 깨지고 다시 결성되었다. 끊임없는 맹세자들, 끊임없는 맹세 위반자들이었다.

그런 점에서 그 사건들에 대한 19세기의 이해는 한 가지 측면에서 옳았다. 내전과 그후 통치자들 사이에 이루어진 맹세가 길고 험난한 길을 거쳐 유럽의 분열로 이어지리라는 점 말이다. 그러나 근대 역사가들은 모든 것이 완전히 다르게 흘러갈 수도 있었다는 점을 놓쳤거나 인정하려고 하지 않았다. 유럽 국가들의 국경은 당연하지 않다. 그리고 가장 평범한 하루조차도 우리가 지금 살아가는 결과로 이어지는 사건들을 촉발한다.

만약 카를로마누스가 781년에 피피누스로 다시 세례받지 않았다면, 그리하여 꼽추 피피누스가 사실상 상속에서 제외되지 않았다면 어떻게 되었을까? 프랑크족이 817년의 제국 분할령을 존중하고, 경건왕 루도비쿠스가 막내아들이 태어난 후 그것을 그렇게 여러 번 고치려고 하지 않았다면? 828년에 마트프리드와 위그가 해임되지 않고 셉티마니아의 베르나르두스가 그들을 대신하도록 소환되지 않았다면? 독일왕 루도비쿠스가 838년 6월에 아버지에게 어떤 말을 했든 간에 그 말을 하지 않았고, 아버지의 총애와 어쩌면 제국을 잃게 만들 언쟁이 벌어지지 않았다면? 메스의 아달베르트가 전에 여러 차례 그랬던 것처럼 841년 봄에 라인 강에서 독일왕 루도비쿠스를 저지하고, 루도비쿠스가 퐁트누아 들판에서 대머리왕 카롤루스와 연합하는 것을 막았다면? 두오다가 기욤을 계속 곁에 두었고, 그녀의 남편은 퐁트누아에서 피피누스 2세에게 한 맹세를 지킬 수밖에 없었다면? 그가 아키텐의 왕과 로타리우스를 위해서 전투에 뛰어들어 대머리왕 카롤루스를 불시에 덮치고 내전을 그때 그곳에서 종식시켰다면? 우리는 그 모든 경우에 무슨 일이 일어났는지. 어떤 선택이 이루어졌는지, 어떤 행운과 불운이 있었는지 알고 있다. 그런데 그 갈림길들 중에 어느 하나에서라도 결정이 단 하나만 달랐어도 길은 아주 다른 곳으로 이어졌을지 모른다.

퐁트누아 전투 이후 앙젤베르는 눈앞의 참극에 눈물을 흘리고, 니타르두스는 왕들과 대귀족들 사이에 탐욕이 만연한 것을 보고 절망하기 시작하고, 리옹의 플로루스는 프랑크족이 죄를 지어 천벌이 내리는 것을 반기고 있을 때, 형제들―경건왕 루도비쿠스의 아들들이자 카롤루스 마그누스의 손자들이었으며, 그들 모두 왕이었다―은 마치 별일 없었던 것처럼 계속 행동했다. 그들은 싸웠고, 거래를 했으며, 그러다가 또다른 거래를 했다. 결국 그들은 죽었고 그들의 자식들도 똑같이 했다. 대귀족들은 카롤루스 가문의 필요성에 대한 그 밝고 빛나는 거짓말 아래에서 그들의 왕들을 따랐다. 그리고 전제군주와 폭군에 대한 맹목적인 충성 이면에는 갈수록 늘어나는 피와 배신, 풍비박산이 난 가족들의 흔적이 남아 있었다.

9세기에 살았던 사람들이 경험한 프랑크족의 이야기는 황제 대관식과 군주에게 신종의 예를 바치는 귀족과 성직자들의 엄숙한 맹세로 이루어져 있지만, 또한 권력자들이 사리사욕 때문에 내린 결정과 깨진 약속들로 이루어져 있기도 하다. 그것은 왕과 귀족뿐 아니라 아내, 어머니, 그리고 고아가 된 아들들의 이야기이기도 했다. 그러나 가장 중요하게는 프랑크족에 의해서, 그리고 프랑크족을 위해서 창조된 이야기이자 너무나 강렬하여 그들도 그것이 거짓말이었다는 것을 잊어버린 이야기였다. 841년 여름 어느 밝은 아침, 창이 부딪히고 말발굽 소리가 요란하게 진동하며 독수리와 늑대들에게 진수성찬을 남기기 전까지는 말이다.

감사의 글

지금 이 순간 우리 주변의 모든 것이 금방이라도 부서질 것처럼 느껴지는 시기에 내전과 배신, 한 제국의 붕괴에 관한 책을 쓰는 데에는 매우 많은 이들의 도움이 필요했으며, 그들 모두에게 감사드리는 것은 불가능할 정도이다. 이 책의 발행은 우리의 에이전트 윌리엄 캘러핸과 세라 하우건의 지원이 없었다면 이루어지지 못했을 것이다. 이보다 더 훌륭한 협력자는 바랄 수 없을 것이며, 두 사람은 우리가 들려주려고 하는 이야기를 이끌어나갈 수 있도록 항상 알맞은 순간에 꼭 필요한 질문을 던져주는 듯하다. 미너소타 대학교와 버지니아 공과대학교의 동료들에게도 감사드린다. 특히 버지니아 공과대학교 인문학 센터의 연구비 지원으로 레이철 보즈를 연구 조교로 채용할 수 있었으며, 그녀가 이 책의 기획 초기에 기울인 노력 덕분에 우리가 이 일을 시작할 수 있었다. 매슈는 2023년 여름에 세인트 앤드루스 대학교 중세사학부에서 지내며 제임스 T. 파머, 알렉스 울프, 사이먼 매클린, 프랜시스 앤드루스 등과 의견을 나눴다. 데이비드는 특히 애덤 스템플, 브루스 슈나이어, 크리스토퍼 플린의 도움에 감사드린다. 그들의 통찰은 매우 소중했다. 그러나 무엇보다도, 우리가 또 다른 책을 쓰겠다고 말했을 때 미소를 지으며 성공을 응원해주고, 힘들어 보일 때마다 응원해준 가족들에게 감사하다. 그들 없이는—특히 이 책을 비롯해—그어느 것도 불가능했을 것이다.

주

프롤로그

1 시 전문은 다음에서 볼 수 있다. Angelbert, "At the Battle of Fontenoy," in *Carolingian Civilization : A Reader,* trans. Paul Edward Dutton, 2nd ed. (Toronto : University of Toronto Press, 2004), 332−33.

2 Regino of Prüm, *Chronicle,* in *History and Politics in Late Carolingian and Ottonian Europe : The Chronicle of Regino of Prüm and Adalbert of Magdeburg,* trans. Simon MacLean (Manchester, UK : Manchester University Press, 2009), 131−32.

3 Hugh of Flavigny, *Chronicon,* ed. G. H. Pertz, *Monumenta Germaniae Historica : Scriptores,* vol. 8 (Hanover : Hahn, 1848), 481.

서론

1 이하의 내용에 대해서는 다음의 간략한 설명을 보라. James T. Palmer, *Merovingian Worlds* (Cambridge, UK : Cambridge University Press, 2024).

2 James Palmer, "The Making of a World Historical Moment : The Battle of Tours (732/3) in the Nineteenth Century," *postmedieval* 10, no. 2 (2019) : 206−18.

3 Thomas F. X. Noble, *Images, Iconoclasm, and the Carolingians* (Philadelphia :

University of Pennsylvania Press, 2009), 6−9.

4　다음을 보라. Courtney M. Booker, *Past Convictions : The Penance of Louis the Pious and the Decline of the Carolingians* (Philadelphia : University of Pennsylvania Press, 2009).

5　이 주제에 관해서는 예를 들어 다음 등을 보라. Rosamond McKitterick, *History and Memory in the Carolingian World* (Cambridge, UK : Cambridge University Press, 2004) ; Matthew Gabriele, *An Empire of Memory : The Legend of Charlemagne, the Franks, and Jerusalem Before the First Crusade* (Oxford, UK : Oxford University Press, 2011).

6　Dhuoda, *Handbook for William : A Carolingian Woman's Counsel for Her Son,* trans. Carol Neel (Washington, DC : Catholic University of America Press, 1999), 6.

제1장 불만과 상속 박탈

1　쉽게 구할 수 있는 영역본은 다음과 같다. Notker the Stammerer, *Charlemagne,* in *Two Lives of Charlemagne,* trans. Lewis Thorpe (London : Penguin, 1969), 93−172.

2　Carl I. Hammer, "Pipinus Rex : Pippin's Plot of 792 and Bavaria," *Traditio* 63 (2008) : 235−76.

3　Paul Edward Dutton, *The Politics of Dreaming in the Carolingian Empire* (Lincoln : University of Nebraska Press, 1994), 86−87.

4　아마도 8세기가 끝날 때부터 830년 무렵까지 최소 서너 명의 작가가 이 기록을 이어서 썼을 것이다. 다음을 보라. Rosamond McKitterick, *History and Memory in the Carolingian World* (Cambridge, UK : Cambridge University Press, 2004), 101−4.

5　Paul Fouracre, "The Long Shadow of the Merovingians," in *Charlemagne : Empire and Society,* ed. Joanna Story (Manchester, UK : Manchester University Press, 2005), 5−21.

6　Fouracre, "The Long Shadow of the Merovingians."

7　"Pope Stephen Scolds Charlemagne and Carloman," in *Carolingian Civilization : A Reader,* ed. Paul Edward Dutton, 2nd ed. (Toronto : University of

Toronto Press, 2004), 25-26.

8 Courtney M. Booker, "By Any Other Name? Charlemagne, Nomenclature, and Performativity," in *Charlemagne : Les temps, les espaces, les hommes. Construction et déconstruction d'un règne,* ed. Rolf Grosse and Michel Sot (Turnhout, Belgium : Brepols, 2018), 409-26.

9 Hammer, "Pipinus Rex."

10 Roger Collins, "The 'Reviser' Revisited : Another Look at the Alternate Version of the Annales Regni Francorum," in *After Rome's Fall : Narrators and Sources of Early Medieval History,* ed. Alexander Callander Murray (Toronto : University of Toronto Press, 1998), 191-213.

11 Hammer, "Pipinus Rex," 263.

제2장 아버지와 아들들

1 8세기의 이 원정에 대해서는 다음을 보라. Sam Ottewill-Soulsby, *The Emperor and the Elephant : Christians and Muslims in the Age of Charlemagne* (Princeton, NJ : Princeton University Press, 2023), 159-70. 쉽게 구할 수 있는 이 12세기 시의 영역본으로는 다음이 있다. Glyn Burgess, trans., *The Song of Roland* (London : Penguin, 1990).

2 Janet L. Nelson, *King and Emperor : A New Life of Charlemagne* (Oakland : University of California Press, 2019), 384-85.

3 예를 들어 다음을 보라. Nelson, *King and Emperor* ; Rosamond McKitterick, *Charlemagne : The Formation of a European Identity* (Cambridge, UK : Cambridge University Press, 2008) ; Jennifer R. Davis, *Charlemagne's Practice of Empire* (Cambridge, UK : Cambridge University Press, 2015).

4 *Royal Frankish Annals,* in *Carolingian Chronicles,* trans. Bernhard Walter Scholz and Barbara Rogers (Ann Arbor : University of Michigan Press, 1970), 81.

5 더 자세한 내용은 다음을 보라. Ottewill-Soulsby, *The Emperor and the Elephant.* 구체적으로 예루살렘과의 관계에 대해서는 다음을 보라. Michael McCormick, *Charlemagne's Survey of the Holy Land : Wealth, Personnel, and Buildings of a Mediterranean Church Between Antiquity and the Middle Ages*

(Cambridge, MA : Harvard University Press, 2011) ; Matthew Gabriele, *An Empire of Memory : The Legend of Charlemagne, the Franks, and Jerusalem Before the First Crusade* (Oxford, UK : Oxford University Press, 2011).

6   McCormick, *Charlemagne's Survey of the Holy Land.*

7   카롤루스 마그누스가 실제로 어떻게 다스렸는지에 관한 새로운 시각에 대해서, 다음을 보라. Davis, *Charlemagne's Practice of Empire.*

8   Janet L. Nelson, "Women at the Court of Charlemagne : A Case of a Monstrous Regiment?," in Nelson, *The Frankish World, 750-900* (London : Hambledon Press, 1996), 223-42.

9   Simon Coupland, "A Coin of Queen Fastrada and Charlemagne," *Early Medieval Europe* 31, no. 4 (2023) : 585-97.

10   "Divisio regnorum," in *Carolingian Civilization : A Reader,* ed. Paul Edward Dutton, 2nd ed. (Toronto : University of Toronto Press, 2004), 146-51.

11   가축 전염병과 그것이 동물로부터 사람에게 옮을 가능성에 대한 더 자세한 설명은 다음을 보라. Timothy Newfield, "A Great Carolingian Panzootic : The Probable Extent, Diagnosis and Impact of an Early Ninth-Century Cattle Pestilence," *Argos* 46 (2012) : 200-210.

제3장 누이와 조카들

1   The Astronomer, *The Life of Emperor Louis, in Charlemagne and Louis the Pious : Lives by Einhard, Notker, Ermoldus, Thegan, and the Astronomer,* trans. Thomas F. X. Noble (University Park : Pennsylvania State University Press, 2009), 247.

2   다음을 보라. Courtney M. Booker, *Past Convictions : The Penance of Louis the Pious and the Decline of the Carolingians* (Philadelphia : University of Pennsylvania Press, 2009) ; Mayke de Jong, *The Penitential State : Authority and Atonement in the Age of Louis the Pious, 814-840* (Cambridge, UK : Cambridge University Press, 2009).

3   *Royal Frankish Annals,* in *Carolingian Chronicles,* trans. Bernhard Walter Scholz and Barbara Rogers (Ann Arbor : University of Michigan Press, 1970), 103.

4 이 시기의 환시 문학의 중요성에 대해서는 다음을 보라. Paul Edward Dutton, *The Politics of Dreaming in the Ccrolingian Empire* (Lincoln : University of Nebraska Press, 1994).

5 "The Vision of the Poor Woman of Laon," in *Carolingian Civilization : A Reader*, ed. Paul Edward Dutton, 2nd ed. (Toronto : University of Toronto Press, 2004), 203-4.

6 Dutton, *The Politics of Dreaming*, 72.

7 Mayke de Jong, "Bride Shows Revisited : Praise, Slander and Exegesis in the Reign of the Empress Judith," in *Gender in the Early Medieval World : East and West, 300-900*, ed. L. Brubaker and J.M.H. Smith (Cambridge, UK : Cambridge University Press, 2004), 257-77.

8 *Royal Frankish Annals*, in *Carolingian Chronicles*, trans. Bernhard Walter Scholz and Barbara Rogers (Anr Arbor : University of Michigan Press, 1970), 109-10.

9 다음에서 이에 대한 멋진 분석을 볼 수 있다. Andrew J. Romig, *Be a Perfect Man : Christian Masculinity and the Carolingian Aristocracy* (Philadelphia : University of Pennsylvania Press, 2017).

10 Philippe Depreux, "The Penance of Attigny (822) and the Leadership of the Bishops in Amending Carolingian Society," in *Religious Franks : Religion and Power in the Frankish Kingdoms : Studies in Honour of Mayke de Jong*, ed. Rob Meens et al. (Manchester, UK : Manchester University Press, 2016), 370-85.

11 The Astronomer, *The Life of Emperor Louis*, 266.

제4장 섹스, 마법, 성난 귀족들

1 위고 이야기에 대한 전말은 다음에 번역되어 있다. Einhard, "The Translation and Miracles of Marcellinus and Peter," in *Charlemagne's Courtier : The Complete Einhard*, trans. Paul Edward Dutton (Toronto : University of Toronto Press, 1998), 103-5.

2 이전 시기의 사례에 근거했다고 설득력 있게 주장하는 한 9세기 글은 궁내관의 임무를 묘사한다. 영역본으로 다음이 있다. Hincmar of Rheims,

“On the Governance of the Palace,” in *Carolingian Civilization : A Reader,* ed. Paul Edward Dutton, 2nd ed. (Toronto : University of Toronto Press, 2004), 525.

3 Thegan, *The Deeds of Emperor Louis,* in *Charlemagne and Louis the Pious : The Lives by Einhard, Notker, Ermoldus, Thegan, and the Astronomer,* trans. Thomas F. X. Noble (University Park : Pennsylvania State University Press, 2009), 209 ; Agobard of Lyons, *Liber apologeticus I,* in *Opera Omnia,* ed. L. van Acker, *Corpus Christianorum Continuatio Mediaevalis,* vol. 52 (Turnhout, Belgium : Brepols, 1981), 309−10.

4 전문은 다음에 번역되어 있다. Paschasius Radbertus, “Epitaph for Arsenius,” in *Confronting Crisis in the Carolingian Empire : Paschasius Radbertus' Funeral Oration for Wala of Corbie,* trans. Mayke de Jong and Justin Lake (Manchester, UK : Manchester University Press, 2020), 49−223.

5 이에 대한 한 가지 분석이 다음에 제시되어 있다. Roger Collins, “Pippin I and the Kingdom of Aquitaine,” in *Charlemagne's Heir : New Perspectives on the Reign of Louis the Pious (814−840),* ed. Peter Godman and Roger Collins (London : Clarendon Press, 1990), 380−81.

6 The Astronomer, *The Life of Emperor Louis,* in *Charlemagne and Louis the Pious : Lives by Einhard, Notker, Ermoldus, Thegan, and the Astronomer,* trans. Thomas F. X. Noble (University Park : Pennsylvania State University Press, 2009), 276.

제5장 폐위

1 Flodoard of Reims, *Historia Remensis Ecclesiae,* in *Monumenta Germaniae Historica : Scriptores,* vol. 36 (Hanover : Hahnsche Buchhandlung, 1998), 175. 두 사람의 관계는 다음에서도 논의된다. Peter R. McKeon, “Archbishop Ebbo of Reims (816−835) : A Study in Carolingian Empire and Church,” *Church History* 43, no. 4 (1974) : 437−47.

2 이 특정한 이미지에 대한 이 책의 분석은 다음의 설명을 따른다. Bart Jaski, “The Ruler with the Sword in the Utrecht Psalter,” in *Religious Franks : Religion and Power in the Frankish Kingdoms : Studies in Honour of Mayke de Jong,* ed.

Rob Meens et al. (Manchester, UK : Manchester University Press, 2016), 72-91.

3   Thegan, *The Deeds of Emperor Louis, in Charlemagne and Louis the Pious : The Lives by Einhard, Notker, Ermoldus, Thegan, and the Astronomer*, trans. Thomas F. X. Noble (University Park : Pennsylvania State University Press, 2009), 210-11.

4   다음에 번역되어 있다. Courtney M. Booker, *Past Convictions : The Penance of Louis the Pious and the Decline of the Carolingians* (Philadelphia : University of Pennsylvania Press, 2009), 257-64.

5   Janet L. Nelson, trans., *Annals of St-Bertin* (Manchester, UK : Manchester University Press, 1991), 28.

6   Thegan, *The Deeds of Emperor Louis*, 211-13.

7   John B. Gillingham, "Fontenoy and After : Pursuing Enemies to Death in France Between the Ninth and the Eleventh Centuries," in *Frankland : The Franks and the World of the Early Middle Ages. Essays in Honour of Dame Jinty Nelson*, ed. Paul J. Fouracre and David Ganz (Manchester, UK : Manchester University Press, 2008), 242-65.

8   Thegan, *The Deeds of Emperor Louis*, 215-16.

9   특히 다음을 보라. Booker, *Past Convictions ; Mayke de Jong, The Penitential State : Authority and Atonement in the Age of Louis the Pious, 814-840* (Cambridge, UK : Cambridge University Press, 2009).

제6장 왕이 죽었다. 왕들이여, 만세!

1   The Astronomer, *The Life of Emperor Louis,* in *Charlemagne and Louis the Pious : Lives by Einhard, Notker, Ermoldus, Thegan, and the Astronomer,* trans. Thomas F. X. Noble (University Park : Pennsylvania State University Press, 2009), 292-93.

2   Janet L. Nelson, trans., *Annals of St-Bertin* (Manchester, UK : Manchester University Press, 1991), 39.

3   Eric J. Goldberg, *Struggle for Empire : Kingship and Conflict Under Louis the German, 817-876* (Ithaca, NY : Cornell University Press, 2006), 82-90.

4   "1916-1917년의 키에르지 발굴 당시에 대형 홀의 흔적과 밝게 채색된 벽,

도자기, 구내를 동심원으로 둘러싼 여러 담, 근처의 수도원이 드러났는데, 수도원은 왕궁 교회의 역할을 했을 수도 있다." Janet L. Nelson, *King and Emperor : A New Life of Charlemagne* (London : Allen Lane, 2019), 24, 495−96. 또한 다음을 보라. Janet L. Nelson, *Charles the Bald* (London : Longman, 1992), 96−98.

5 Timothy Reuter, trans., *The Annals of Fulda* (Manchester, UK : Manchester University Press, 1992), 17.

6 The Astronomer, *The Life of Emperor Louis*, 301.

제7장 가짜 공격과 도발

1 "The Vision of Charlemagne," in *Carolingian Civilization : A Reader*, ed. Paul Edward Dutton, 2nd ed. (Toronto : University of Toronto Press, 2004), 456−57.

2 Bernard Bachrach, "The Practical Use of Vegetius' 'De Re Militari' During the Early Middle Ages," *Historian* 47, no. 2 (1985) : 239−55 ; throughout Bernard Bachrach, *Early Carolingian Warfare : Prelude to Empire* (Philadelphia : University of Pennsylvania Press, 2001).

3 Bachrach, *Early Carolingian Warfare*, 55−73.

4 Nithard, Histories, in *Carolingian Chronicles*, trans. Bernhard Walter Scholz and Barbara Rogers (Ann Arbor : University of Michigan Press, 1970), 164.

5 Christopher Flynn, "'Unconquered Louis Rejoiced in Iron' : Military History in East Francia Under King Louis the German (c. 825−876)," (PhD diss., University of Minnesota, 2020), 169, https://conservancy.umn.edu/items/c8c42ce4-4fc6-4042-b73e-ca38b8f08514.

6 Flynn, "'Unconquered Louis Rejoiced in Iron,'" 221.

7 Nithard, *Histories*, 142.

8 Nithard, *Histories*, 142−43.

9 Flynn, "'Unconquered Louis Rejoiced in Iron,'" 161−62.

10 전장의 첩보에 관해서는 다음을 보라. Bernard Bachrach and David Bachrach, "Military Intelligence and Long-Term Planning in the Ninth Century : The Carolingians and Their Adversaries," *Mediaevistik* 33, no. 1 (2020) : 101−4.

제8장 퐁트누아

1 Christopher Flynn, "'Unconquered Louis Rejoiced in Iron' : Military History in East Francia Under King Louis the German (c. 825–876)," (PhD diss., University of Minnesota, 2020), 170, https://conservancy.umn.edu/items/c8c42ce4-4fc6-4042-b73e-ca38ɔ8f08514.

2 다음을 보라. John B. Gillingham, "Fontenoy and After : Pursuing Enemies to Death in France Between the Ninth and the Eleventh Centuries," in *Frankland : The Franks and the World of the Early Middle Ages. Essays in Honour of Dame Jinty Nelson,* ed. Paul J. Fouracre and David Ganz (Manchester, UK : Manchester University Press, 2008), 242–65.

3 Nithard, *Histories,* in *Carolingian Chronicles,* trans. Bernhard Walter Scholz and Barbara Rogers (Ann Arbor : University of Michigan Press, 1970), 155. 또한 다음을 보라. David S. Bachrach and Bernard S. Bachrach, "Nithard as a Military Historian of the Carolingian Empire c. 833–843," in *Bachrach and Bachrach, Writing the Military History of Pre-Crusade Europe* (London : Routledge, 2020), 29–55.

4 Janet L. Nelson, trans., *Annals of St-Bertin* (Manchester, UK : Manchester University Press, 1991), 50.

5 다음을 보라. Bachrach and Bachrach, "Nithard as a Military Historian," 29–55.

6 Nelson, trans., *Annals of St-Bertin,* 50–51.

7 아그넬레스에서 핵심 표현은 "루치다 텔라(lucida tela)"이며, 로마 작가 루크레티우스에서 가져온 듯하다. 다음의 골드버그의 번역이 그 의미에 가장 근접하다. Eric J. Goldberg, *Struggle for Empire : Kingship and Conflict Under Louis the German, 817–876* (Ithaca, NY : Cornell University Press, 2006), 101.

8 Agnellus of Ravenna, *The Book of the Pontiffs of the Church of Ravenna,* trans. Deborah Mauskopf Deliyannis (Washington, DC : Catholic University of America Press, 2004), 301.

9 Angelbert, "At the Battle of Fontenoy," in *Carolingian Civilization : A Reader,* ed. Paul Edward Dutton, 2nd ed. (Toronto : University of Toronto Press, 2004), 332–33.

10 B. de Simson, ed., *Annales Xantenses et Annales Vedestini, Monumentis*

Germaniae Historicis : Scriptores rerum Germanicarum, vol. 12 (Hanover : Hahnsche Buchhandlung, 1909), 11.

11 Timothy Reuter, trans., *The Annals of Fulda* (Manchester, UK : Manchester University Press, 1992), 19.

제9장 대지가 공포에 몸서리치다

1 Angelbert, "At the Battle of Fontenoy," in *Carolingian Civilization : A Reader,* ed. Paul Edward Dutton, 2nd ed. (Toronto : University of Toronto Press, 2004), 332–33.

2 휴대용 제단에 대해서는 다음을 보라. Sarah Luginbill, "The Medieval Portable Altar Database," *Material Religion* 16, no. 5 (2020) : 683–85.

3 Drew Gilpin Faust, *This Republic of Suffering : Death and the American Civil War* (London : Penguin, 2009) ; 베트남 전쟁에 참전한 군인들의 경험도 다음에서 참조하라. Karl Marlantes, *What It Is Like to Go to War* (New York : Grove Atlantic, 2011).

4 Agnellus of Ravenna, *The Book of the Pontiffs of the Church of Ravenna,* trans. Deborah Mauskopf Deliyannis (Washington, DC : Catholic University of America Press, 2004), 302–3.

5 Elina Screen, "The Importance of an Emperor : Lothar I and the Frankish Civil War, 840–843," *Early Medieval Europe* 12, no. 1 (2003) : 25–51.

6 Ingrid Rembold, *Conquest and Christianization : Saxony and the Carolingian World, 772–888* (Cambridge, UK : Cambridge University Press, 2017).

7 Simon Coupland, "From Poachers to Gamekeepers : Scandinavian Warlords and Carolingian Kings," *Early Medieval Europe* 7, no. 1 (1998) : 85–114.

8 다음을 보라. Alice Rio, "Waltharius at Fontenoy? Epic Heroism and Carolingian Political Thought," *Viator* 46, no. 2 (2015) : 41–64.

9 Nithard, *Histories,* in *Carolingian Chronicles,* trans. Bernhard Walter Scholz and Barbara Rogers (Ann Arbor : University of Michigan Press, 1970), 174.

10 Florus of Lyons, "Lament on the Division of the Empire," in *Poetry of the Carolingian Renaissance,* trans. Peter Godman (Norman : University of Oklahoma Press, 1985), 264–73.

11 Florus of Lyons, "Lament on the Division of the Empire."

제10장 맹세하는 자들

1 모의 전투에 대해서는 다음을 보라. Christopher Flynn, "'Unconquered Louis Rejoiced in Iron' : Military History in East Francia Under King Louis the German (c. 825−876)," (PhD diss., University of Minnesota, 2020), 268, https://conservancy.umn.edu/items/c8c42ce4-4fc6-4042-b73e-ca38b8f08514.

2 Nithard, *Histories,* in *Carolingian Chronicles,* trans. Bernhard Walter Scholz and Barbara Rogers (Ann Arbor : University of Michigan Press, 1970), 164.

3 연설은 다음을 보라. Nithard, *Histories,* 161−62.

4 Sara S. Poor, "The Curious Multilingual Prehistory of French and German Monolingualism," *German Studies Review* 41, no. 3 (2018) : 465−85.

5 Janet L. Nelson, *Charles the Bald* (London : Longman, 1992), 124−25.

6 다음을 보라. Simon Coupland "Trading Places : Quentovic and Dorestad Reassessed," *Early Medieval Europe* 11, no. 3 (2002) : 209−32.

7 Janet L. Nelson, trans., *Annals of St-Bertin* (Manchester, UK : Manchester University Press, 1991), 53.

8 Nelson, trans., *Annals of St-Bertin,* 54.

9 Ingrid Rembold, *Conquest and Christianization : Saxony and the Carolingian World, 772−888* (Cambridge, UK : Cambridge University Press, 2017).

10 Jonathan Shepard. "Revisiting the Rus Visitors to Louis the Pious," *Byzantino-slavica* 80, nos. 1−2 (2022) : 59−37.

11 Elina Screen, "The Importance of an Emperor : Lothar I and the Frankish Civil War, 840−843," *Early Medieval Europe* 12, no. 1 (2003) : 25−51.

12 번역은 다음을 참조했다. Janet L. Nelson, "The Search for Peace in a Time of War : The Carolingian Brüderkrieg, 840−843," in *Träger und Instrumentarien des Friedens im hohen und späten Mittelalter,* ed. Johannes Fried (Ostfildern, Germany : Jan Thorbecke Verlag, 1996), 103. 다음에서 번역에 대한 논평도 보라. Courtney M. Booker, "Imitator Daemon Cicor : Adalhard the Seneschal, Mistranslations, and Misrepresentations," *Jahrbuch für Internationale Germanistik* 33 (2001) : 114−26.

제11장 비통한 제국과 비통한 어머니들

1 "1916–1917년의 키에르지 발굴 당시에 대형 홀의 흔적과 밝게 채색된 벽, 도자기, 구내를 동심원으로 둘러싼 여러 담, 근처의 수도원이 드러났는데, 수도원은 왕궁 교회의 역할을 했을 수도 있다." Janet L. Nelson, *King and Emperor : A New Life of Charlemagne* (Oakland : University of California Press, 2019), 24, 495–96.

2 카롤루스 왕조 시대의 음식에 대해서는 다음을 보라. Cullen J. Chandler, "Charlemagne's Table : The Carolingian Royal Court and Food Culture," *Viator* 50, no. 1 (2019) : 1–30.

3 Andrea Maraschi, "Rules for Attending Wedding Banquets in Early Medieval Europe : A Matter of Fun, Excess, and Moral Integrity," *Food & History* 20, no. 2 (2022) : 9–30. 안타깝지만 프랑크 왕족의 결혼식이 어떻게 치러졌는지에 대한 구체적 증거는 없다.

4 이 관계에 대해서는 다음을 보라. Janet L. Nelson, "Public Histories and Private History in the Work of Nithard," *Speculum* 60, no. 2 (1985) : 251–93.

5 이 발견에 대해서 우리는 다음에서 간단히 논의한 바 있다. "Bodies at the Bottom of a Well," Modern Medieval, https://buttondown.email/ModernMedieval/archive/bodies-at-the-bottom-of-a-well.

6 전문 영역. 다음을 보라. Dhuoda, *Handbook for William : A Carolingian Woman's Counsel for Her Son,* trans. Carol Neel (Washington, DC : Catholic University of America Press, 1999).

7 Régine Le Jan, "The Multiple Identities of Dhuoda," in *Ego Trouble : Authors and Their Identities in the Early Middle Ages,* ed. Richard Corradini et al. (Vienna : Austrian Academy of Sciences Press, 2010), 211–20.

8 예컨대 다음을 보라. Charles West, *The Fall of a Carolingian Kingdom : Lotharingia, 855–869* (Toronto : University of Toronto Press, 2023).

9 Stuart Airlie, *Making and Unmaking the Carolingians : 751–888* (London : Bloomsbury Academic, 2020), 173–74.

10 Timothy Reuter, trans., *The Annals of Fulda* (Manchester, UK : Manchester University Press, 1992), 26.

11 간략한 설명은 다음을 보라. Eric J. Goldberg, *Struggle for Empire : Kingship*

and Conflict Under Louis the German, 817–876 (Ithaca, NY : Cornell University Press, 2006), 152–53.

12 Janet L. Nelson, trans., *Annals of St-Bertin* (Manchester, UK : Manchester University Press, 1991), 58–59.

13 향수를 불러일으키는 꿈으로의 변화는 다음을 보라. Matthew Gabriele, *Empire of Memory : The Legend of Charlemagne, the Franks, and Jerusalem Before the First Crusade* (Oxford, UK : Oxford University Press, 2011). 카롤루스 왕조들과 그 종말은 특히 다음을 보라. Simon MacLean, *Kingship and Politics in the Late Ninth Century : Charles the Fat and the End of the Carolingian Empire* (Cambridge, UK : Cambridge University Press, 2003) ; Justine Firnhaber-Baker, *House of Lilies : The Dynasty That Made Medieval France* (New York : Basic Books, 2024). 이상하게도, 오토 왕조에 대해서는 한 권짜리 좋은 영어 역사서가 없으나 다음이 유용하다. Hagen Keller, *Die Ottonen* (Munich : C. H. Beck, 2021).

14 Regino of Prüm, *Chronicle,* in *History and Politics in Late Carolingian and Ottonian Europe : The Chronicle of Regino of Prüm and Adalbert of Magdeburg,* trans. Simon MacLean (Manchester, UK : Manchester University Press, 2009), 131–32.

에필로그

1 다음에 수록. *Bulletin de la Société des sciences historiques et naturelles de l'Yonne* 14 (1860) : 44–76.

2 Jay Winter, "Sites of Memory," in *Memory : History, Theories, Debates,* ed. Susannah Radstone and Bill Schwarz (New York : Fordham University Press, 2010), 312–24.

3 Maurice Agulhon, "La 'statuomanie' et l'histoire," *Ethnologie française* 8, nos. 2–3 (1978) : 145–72.

4 Jules Michelet, *Histoire de France,* vol. 2 (Paris : Champion, 1833), 18–21.

5 Leopold von Ranke, *Weltgeschichte,* vol. 6 (Leipzig : Verlag von Duncker & Humblot, 1885), 102–3.

더 읽을 만한 문헌들

프랑크족, 카롤루스 왕조 그리고 서 대륙에 걸쳐서 그들을 상대한 다양한 민족들을 다루는 학술 문헌은 방대하다. 따라서 여기에 제시된 것은 이 책을 집필하는 동안 참고한 모든 자료들 중에 일부에 불과하다. 다만 이 목록에는 주에서 인용된 모든 자료와 더불어 번역본을 구할 수 있는 8-9세기 1차 사료 대부분이 포함되어 있다. 실제로 다음의 목록은 대부분 영어 저작물이지만, 카롤루스 왕조에 관한 한 세기 이상 거슬러가는 학술 연구의 상당 부분은 프랑스어, 돈일어, 이탈리아어로 이루어져 있다. 여기에 제시된 목록에서도 그 점을 눈치챌 수 있을 것이다.

『빛의 시대, 중세』와 마찬가지로 이 책에서도, 잘 알려져 있는 중세 유럽 세계에 대해서 강렬한 이야기를 들려주고자 했다. 그러나 모든 이야기는 불완전하며, 각각의 이야기는 과거의 다른 이야기들에서 비롯되어 미래의 이야기들로 이어지고 항상 수많은 사람들이 각양각색의 역사를 만들어가는 복잡하고 광활한 세계 속에서 펼쳐진다. 발견할 것도 더 많고, 배울 것도 더 많다. 따라서 독자 여러분은 이 목록을 무엇보다도 더 넓은 대화에 참여하라는 초대로 받아들였으면 한다. 다음에 소개되는 문헌들을 탐구하면서 우리 시대만큼 인간적인 한 시대를 발견하기를 바란다.

모든 경우에, 동료 역사가들과 중세의 정보원들은 과거의 목소리들의 다양한 판본을 들려준다. 그 목소리들은 한 제국에 대해서, 독일 시골 지방을 돌아다니는 코끼리의 경이로움에 대해서, 그리고 프랑크족이 국경을 확장함에 따라 축하한 승리에 대해서 이야기한다. 그러나 다음의 저작들은 또한 제국이 기대고 있던 거짓말을, 그리고 그 거짓말이 드러났을 때 형제들끼리 서로 싸우다가 독수리와 늑대의 진수성찬이 되는 모습을 보고 작가들이 어떻게 경악했는지를—마지못해—드러낸다.

Agnellus of Ravenna. *The Book of the Pontiffs of the Church of Ravenna.* Translated by Deborah Mauskopf Deliyannis. Washington, DC: Catholic University of America Press, 2004.

Agobard of Lyons. *Liber apologeticus I.* In *Opera Omnia,* edited by L. van Acker, 309−19. *Corpus Christianorum Continuatio Mediaevalis,* vol. 52. Turnhout, Belgium : Brepols, 1981.

Agulhon, Maurice. "La 'statuomanie' et l'histoire." *Ethnologie française* 8, nos. 2−3 (1978) : 145−72.

Airlie, Stuart. *Making and Unmaking the Carolingians : 751−888.* London : Bloomsbury Academic, 2020.

Angelbert. "At the Battle of Fontenoy." In *Carolingian Civilization : A Reader,* translated by Paul Edward Dutton, 2nd ed., 332−33. Toronto : University of Toronto Press, 2004.

Astronomer, The. "The Life of Emperor Louis." In *Charlemagne and Louis the Pious : The Lives by Einhard, Notker, Ermoldus, Thegan, and the Astronomer,* translated by Thomas F. X. Noble, 226−302. University Park : Pennsylvania State University Press, 2009.

Bachrach, Bernard S. *Early Carolingian Warfare : Prelude to Empire.* Philadelphia : University of Pennsylvania Press, 2001.

———. "The Practical Use of Vegetius' 'De Re Militari' During the Early Middle Ages." *Historian* 47, no. 2 (1985) : 239−55.

Bachrach, Bernard S., and Bachrach, David S. "Military Intelligence and Long-Term Planning in the Ninth Century : The Carolingians and Their Adversaries." *Mediaevistik* 33, no. 1 (2020) : 89−112.

Bachrach, David S., and Bachrach, Bernard S. "Nithard as a Military Historian of the Carolingian Empire c. 833–843." In *Bachrach and Bachrach, Writing the Military History of Pre-Crusade Europe,* 29–55. London : Routledge, 2020.

Booker, Courtney M. "By Any Other Name? Charlemagne, Nomenclature, and Performativity." In *Charlemagne : les temps, les espaces, les hommes. Construction et déconstruction d'un règne,* edited by Rolf Grosse and Michel Sot, 409–26. Turnhout, Belgium : Brepols, 2018.

______. "Histrionic History, Demanding Drama : The Penance of Louis the Pious in 833, Memory, and Emplotment." In *Vergangenheit und Vergegenwärtigung : Frühes Mittelalter und europäische Erinnerungskultur,* edited by Helmut Reimitz and Bernhard Zeller, 103–27. Vienna : Austrian Academy of Sciences Press, 2009.

______. "Imitator Daemon Dicor : Adalhard the Seneschal, Mistranslations, and Misrepresentations." *Jahrbuch für Internationale Germanistik* 33 (2001) : 114–26.

______. *Past Convictions : The Penance of Louis the Pious and the Decline of the Carolingians.* Philadelphia : University of Pennsylvania Press, 2009.

______. "The Two Sorrows of Nithard." In *In This Modern Age : Medieval Studies in Honor of Paul Edward Dutton,* edited by Courtney M. Booker and Anne A. Latowsky, 97–142. Budapest : Trivent Publishing, 2023.

Bulletin de la Société des sciences historiques et naturelles de l'Yonne 14 (1860) : 44–76.

Burgess, Glyn, trans. *The Song of Roland.* London : Penguin, 1990.

Chandler, Cullen J. "Charlemagne's Table : The Carolingian Royal Court and Food Culture." *Viator* 50, no. 1 (2019) : 1–30.

Choy, Renie S. *Intercessory Prayer and the Monastic Ideal in the Time of the Carolingian Reforms.* Oxford, UK : Oxford University Press, 2016.

Claussen, M. A. "Fathers of Power and Mothers of Authority : Dhuoda and the Liber manualis." *French Historical Studies* 19, no. 3 (1996) : 785–809.

Collins, Roger. "Pippin I and the Kingdom of Aquitaine." In *Charlemagne's Heir : New Perspectives on the Reign of Louis the Pious (814–840),* edited by Peter Godman and Roger Collins, 363–89. London : Clarendon Press, 1990.

———. "The 'Reviser' Revisited : Another Look at the Alternate Version of the Annales Regni Francorum." In *After Rome's Fall : Narrators and Sources of Early Medieval History,* edited by Alexander Callander Murray, 191–213. Toronto : University of Toronto Press, 1998.

Costambeys, Marios, Matthew Innes, and Simon MacLean. *The Carolingian World.* Cambridge, UK : Cambridge University Press, 2011.

Coupland, Simon. "A Coin of Queen Fastrada and Charlemagne," *Early Medieval Europe,* 31, no. 4 (2023) : 585–97.

———. "From Poachers to Gamekeepers : Scandinavian Warlords and Carolingian Kings." *Early Medieval Europe* 7, no. 1 (1998) : 85–114.

———. "Holy Ground? The Plundering and Burning of Churches by Vikings and Franks in the Ninth Century." *Viator* 45, no. 1 (2014) : 73–98.

———. "Trading Places : Quentovic and Dorestad Reassessed." *Early Medieval Europe* 11, no. 3 (2002) : 209–32.

Czock, Miriam. "Arguing for Improvement : The Last Judgment, Time and the Future in Dhuoda's Liber Manualis." In *Cultures of Eschatology : Time, Death and Afterlife in Medieval Christian, Islamic and Buddhist Communities,* edited by Veronik Wieser et al., vol. 2, 509–27. Berlin : De Gruyter, 2020.

Davis, Jennifer R. *Charlemagne's Practice of Empire.* Cambridge, UK : Cambridge University Press, 2015.

de Jong, Mayke. "Bride Shows Revisited : Praise, Slander, and Exegesis in the Reign of the Empress Judith." In *Gender in the Early Medieval World : East and West, 300–900,* edited by Leslie Brubaker and Julia M. H. Smith, 257–77. Cambridge, UK : Cambridge University Press, 2004.

———. *Epitaph for an Era : Politics and Rhetoric in the Carolingian World.* Cambridge, UK : Cambridge University Press, 2019.

———. *The Penitential State : Authority and Atonement in the Age of Louis the Pious, 814–840.* Cambridge, UK : Cambridge University Press, 2009.

Depreux, Philippe. "The Penance of Attigny (822) and the Leadership of the Bishops in Amending Carolingian Society." In *Religious Franks : Religion and Power in the Frankish Kingdoms : Studies in Honour of Mayke de Jong,* edited by Rob Meens et al., 370−85. Manchester, UK : Manchester University Press, 2016.

______. *Prosopographie de l'entourage de Louis le Pieux (781−840)*. Ostfildern, Germany : Jan Thorbecke Verlag, 1997.

Dhuoda. *Handbook for William : A Carolingian Woman's Counsel for Her Son*. Translated by Carol Neel. Washington, DC : Catholic University of America Press, 1999.

Divisio regnorum. In *Carolingian Civilization : A Reader,* translated by Paul Edward Dutton, 2nd ed., 146−51. Toronto : University of Toronto Press, 2004.

Dutton, Paul Edward. *Charlemagne's Mustache and Other Cultural Clusters of a Dark Age*. London : Palgrave Macmillan, 2004.

______. *The Politics of Dreaming in the Carolingian Empire*. Lincoln : University of Nebraska Press, 1994.

Einhard. *The Life of Charlemagne*. In *Two Lives of Charlemagne,* translated by Lewis Thorpe, 49−90. London : Penguin, 1969.

______. "The Translation and Miracles of Marcellinus and Peter." In *Charlemagne's Courtier : The Complete Einhard,* edited and translated by Paul Edward Dutton, 69−130. Toronto : University of Toronto Press, 1998.

Faust, Drew Gilpin. *This Republic of Suffering : Death and the American Civil War.* London : Penguin, 2009.

Firnhaber-Baker, Justine. *House of Lilies : The Dynasty That Made Medieval France*. New York : Basic Books, 2024.

Flodoard of Reims. *Historia Remensis Ecclesiae. Monumenta Germaniae Historica : Scriptores,* vol. 36. Hanover : Hahnsche Buchhandlung, 1998.

Florus of Lyons. "Lament on the Division of the Empire." In *Poetry of the Carolingian Renaissance,* translated by Peter Godman, 264−73. Norman : University of Oklahoma Press, 1985.

Flynn, Christopher. "Fontenoy and the Justification of Battle-Seeking Strategy in the Ninth Century." *Mediaevistik* 35, no. 1 (2022) : 89−110.

______. "'Unconquered Louis Rejoiced in Iron' : Military History in East Francia

Under King Louis the German (c. 825−876)." PhD diss., University of Minnesota, 2020, https://conservancy.umn.edu/items/c8c42ce4-4fc6-4042-b73e-ca38b8f08514.

Folz, Robert. *The Coronation of Charlemagne, 25 December 800.* Translated by J. E. Anderson. London : Routledge, 1974.

Fouracre, Paul. "The Long Shadow of the Merovingians." In *Charlemagne : Empire and Society,* edited by Joanna Story, 5−21. Manchester, UK : Manchester University Press, 2005.

Gabriele, Matthew. *Between Prophecy and Apocalypse : The Burden of Sacred Time and the Making of History in Early Medieval Europe.* Oxford, UK : Oxford University Press, 2024.

———. *An Empire of Memory : The Legend of Charlemagne, the Franks, and Jerusalem Before the First Crusade.* Oxford, UK : Oxford University Press, 2011.

Gabriele, Matthew, and David M. Perry. *The Bright Ages : A New History of Medieval Europe.* New York : Harper, 2021.

Garver, Valerie L. *Women and Aristocratic Culture in the Carolingian World.* Ithaca, NY : Cornell University Press, 2009.

Gillingham, John B. "Fontenoy and After : Pursuing Enemies to Death in France Between the Ninth and the Eleventh Centuries." In *Frankland : The Franks and the World of the Early Middle Ages. Essays in Honour of Dame Jinty Nelson,* edited by Paul J. Fouracre and David Ganz, 242−65. Manchester, UK : Manchester University Press, 2008).

Gillis, Matthew Bryan. *Religious Horror and Holy War in Viking Age Francia.* Budapest : Trivent Publishing, 2021.

———, ed. *Carolingian Experiments.* Turnhout, Belgium : Brepols, 2022.

Godman, Pe ter. *Poetry of the Carolingian Renaissance.* Norman : University of Oklahoma Press, 1985

Goldberg, Eric J. "Popular Revolt, Dynastic Politics, and Aristocratic Factionalism in the Early Middle Ages : The Saxon Stellinga Reconsidered." *Speculum* 70, no. 3 (1995) : 467−501.

______. *Struggle for Empire : Kingship and Conflict Under Louis the German, 817–876.* Ithaca, NY : Cornell University Press, 2006.

Hammer, Carl I. "Christmas Day 800 : Charles the Younger, Alcuin and the Frankish Royal Succession." *English Historical Review* 127, no. 524 (2012) : 1–23.

______. "'Pipinus Rex' : Pippin's Plot of 792 and Bavaria." *Traditio* 63 (2008) : 235–76.

Heinzle, Georg Friedrich. "Le souvenir de nos gloires : Überlegungen zur Schlacht von Fontenoy (841) in der französischen Erinnerung des Spätmittelalters und des 19. Jahrhunderts." In *Wissen im Mythos? Die Mythisierung von Personen, Institutionen und Ereignissen sowie deren Wahrnehmung im wissenschaftlichen Diskurs,* edited by Christina Bröker et al., 189–216. Munich : Akademische Verlagsgemeinschaft München, 2017.

Hincmar of Rheims. "On the Governance of the Palace." In *Carolingian Civilization : A Reader,* edited by Paul Edward Dutton, 2nd ed., 516–32. Toronto : University of Toronto Press, 2004.

Hugh of Flavigny. *Chronicon.* Edited by G. H. Pertz. *Monumenta Germaniae Historica : Scriptores,* vol. 8. Hanover : Hahn, 1848.

Jaski, Bart. "The Ruler with the Sword in the Utrecht Psalter." In *Religious Franks : Religion and Power in the Frankish Kingdoms : Studies in Honour of Mayke de Jong,* edited by Rob Meens et al., 72–91. Manchester, UK : Manchester University Press, 2016.

Keller, Hagen. *Die Ottonen.* Munich : C. H. Beck, 2021.

Kramer, Rutger. *Rethinking Authority in the Carolingian Empire : Ideals and Expectations During the Reign of Louis the Pious (813–828).* Amsterdam : Amsterdam University Press, 2019.

Le Jan, Régine. "The Multiple Identities of Dhuoda." In *Ego Trouble : Authors and Their Identities in the Early Middle Ages,* edited by Richard Corradini et al., 211–20. Vienna : Austrian Academy of Sciences Press, 2010.

Luginbill, Sarah. "The Medieval Portable Altar Database." *Material Religion* 16, no. 5 (2020) : 683–85.

MacLean, Simon. *Kingship and Politics in the Late Ninth Century : Charles the Fat and the End of the Carolingian Empire.* Cambridge, UK : Cambridge University Press, 2003.

Maraschi, Andrea. "Rules for Attending Wedding Banquets in Early Medieval Europe : A Matter of Fun, Excess, and Moral Integrity." *Food and History* 20 (2022) : 9–30.

Marlantes, Karl. *What It Is Like to Go to War.* New York : Grove Atlantic, 2011.

McCormick, Michael. *Charlemagne's Survey of the Holy Land : Wealth, Personnel, and Buildings of a Mediterranean Church Between Antiquity and the Middle Ages.* Washington, DC : Dumbarton Oaks Research Library and Collection, 2011.

McKeon, Peter R. "Archbishop Ebbo of Reims (816–835) : A Study in the Carolingian Empire and Church." *Church History* 43, no. 4 (1974), 437–47.

McKitterick, Rosamond. *Charlemagne : The Formation of a European Identity.* Cambridge, UK : Cambridge University Press, 2008.

______. *The Frankish Kingdoms Under the Carolingians, 751–987.* London : Longman, 1983.

______. *History and Memory in the Carolingian World.* Cambridge, UK : Cambridge University Press, 2004.

Michelet, Jules. *Histoire de France,* vol. 2. Paris : Champion, 1833.

Neel, Carol. "Mother, Father, King : Dhuoda and Carolingian Patriarchy." In *On the Shoulders of Giants : Essays in Honor of Glenn W. Olsen,* edited by David Appleby and Teresa Olsen Pierre, 23–39. Turnhout, Belgium : Brepols, 2016.

Nelson, Janet L., trans. *Annals of St-Bertin.* Manchester, UK : Manchester University Press, 1991.

______. *Charles the Bald.* London : Longman, 1992.

______. "Dhuoda on Dreams." In *Motherhood, Religion, and Society in Medieval Europe, 400–1400 : Essays Presented to Henrietta Leyser,* edited by Lesley Smith and Conrad Leyser, 41–53. London : Routledge, 2016.

______. *King and Emperor : A New Life of Charlemagne.* Oakland : University of California Press, 2019.

________. "The Last Years of Louis the Pious." In Nelson, *The Frankish World, 750−900*, 37−50. London : Hambledon Press, 1996.

________. "Public Histories and Private History in the Work of Nithard." *Speculum* 60, no. 2 (1985) : 251−93.

________. "The Search for Peace in a Time of War : The Carolingian Brüderkrieg, 840−843." In *Träger und Instrumentarien des Friedens im hohen und späten Mittelalter,* edited by Johannes Fried, 87−114. Ostfildern, Germany : Jan Thorbecke Verlag, 1996.

________. "Violence in the Carolingian World and the Ritualization of Ninth-Century Warfare." In *Violence and Society in the Early Medieval West,* edited by Guy Halsall, 90−107. Martlesham, UK : Boydell and Brewer, 2002.

________. "Women at the Court of Charlemagne : A Case of Monstrous Regiment?" In Nelson, *The Frankish World, 750−900,* 223−42. London : Hambledon Press, 1996.

Newfield, Timothy. "A Great Carolingian Panzootic : The Probable Extent, Diagnosis and Impact of an Early Ninth-Century Cattle Pestilence." *Argos* 46 (2012) : 200−210.

Nithard. *Histories.* In *Carolingian Chronicles.* translated by Bernhard Walter Scholz, 129−74. Ann Arbor : University of Michigan Press, 1970.

Noble, Thomas F. X. *Images, Iconoclasm, and the Carolingians.* Philadelphia : University of Pennsylvania Press, 2009.

Noga-Banai, Galit. "The Sarcophagus of Louis the Pious at Metz : A Roman Memory Reused." *Frühmittelalterliche Studien* 45 (2016) : 37−50.

Notker the Stammerer. *Charlemagne.* In *Two Lives of Charlemagne,* translated by Lewis Thorpe, 93−172. London : Penguin, 1969.

Ottewill-Soulsby, Sam. *The Emperor and the Elephant : Christians and Muslims in the Age of Charlemagne.* Princeton, NJ : Princeton University Press, 2023.

Palmer, James T. *The Apocalypse in the Early Middle Ages.* Cambridge, UK : Cambridge University Press, 2014.

________. "Gaul, Francia, and the Wider Early Medieval World." In *Routledge Handbook of French History,* edited by David Andress, 21−30. London : Routledge, 2023.

______. "The Making of a World Historical Moment : The Battle of Tours (732/3) in the Nineteenth Century." *Postmedieval* 10 (2019) : 206−18.

______. *Merovingian Worlds.* Cambridge, UK : Cambridge University Press, 2024.

Paschasius Radbertus. "Epitaph for Arsenius." In *Confronting Crisis in the Carolingian Empire : Paschasius Radbertus' Funeral Oration for Wala of Corbie,* translated by Mayke de Jong and Justin Lake, 49−223. Manchester, UK : Manchester University Press, 2020.

Phelan, Owen M. "The Scope of Fidelity in Nithard's Ninth Century." *Viator* 48, no. 2 (2017) : 21−47.

Poor, Sara S. "The Curious Multilingual Prehistory of French and German Monolingualism." *German Studies Review* 41, no. 2 (2018) : 465−85.

Ranke, Leopold von. *Weltgeschichte,* vol. 6. Leipzig : Verlag von Duncker & Humblot, 1885.

Regino of Prüm. *Chronicle.* In *History and Politics in Late Carolingian and Ottonian Europe : The Chronicle of Regino of Prüm and Adalbert of Magdeburg,* translated by Simon MacLean, 61−231. Manchester, UK : Manchester University Press, 2009.

Rembold, Ingrid. *Conquest and Christianization : Saxony and the Carolingian World, 772−888.* Cambridge, UK : Cambridge University Press, 2017.

Renoux, Annie. "Du palais impérial aux palais royaux et princiers en Francie occidentale (c 843−1100)." In *The Emperor's House : Palaces from Augustus to the Age of Absolutism,* edited by Michael Featherstone et al., 93−106. Berlin : De Gruyter, 2015.

Reuter, Timothy, trans. *Annals of Fulda.* Manchester, UK : Manchester University Press, 1992.

Riché, Pierre. *Daily Life in the World of Charlemagne,* 2nd English ed. Translated by JoAnn McNamara. Philadelphia : University of Pennsylvania Press, 1988.

Rio, Alice. "Waltharius at Fontenoy? Epic Heroism and Carolingian Political Thought." *Viator* 46, no. 2 (2015) : 41−64.

Romano, John F. "The Coronation of Charlemagne as a Liturgical Event."

Mediaeval Studies 82 (2020) : 149−81.

Romig, Andrew J. *Be a Perfect Man : Christian Masculinity and the Carolingian Aristocracy.* Philadelphia : University of Pennsylvania Press, 2017.

Royal Frankish Annals. In *Carolingian Chronicles,* translated by Bernhard Walter Scholz and Barbara Rogers, 37−125. Ann Arbor : University of Michigan Press, 1970.

Screen, Elina. "The Importance of an Emperor : Lothar I and the Frankish Civil War, 840−843." *Early Medieval Europe* 12, no. 1 (2003) : 25−51.

Shepard, Jonathan. "Revisiting the Rus Visitors to Louis the Pious." *Byzantinoslavica* 80, nos. 1−2 (2022) : 59−87.

Simson, B. de, ed., *Annals of Xantenses, Monumenta Germaniae Historica : Scriptores rerum Germanicarum,* vol. 12. Hanover : Hahnsche Buchhandlung, 1909.

Sorber, Andrew H. *Prophecy and Politics in the Early Carolingian World.* London : Routledge, 2024.

Stone, Rachel. *Morality and Masculinity in the Carolingian Empire.* Cambridge, UK : Cambridge University Press, 2012.

Story, Joanna, ed. *Charlemagne : Empire and Society.* Manchester, UK : Manchester University Press, 2005.

Thegan. "The Deeds of Emperor Louis." In *Charlemagne and Louis the Pious : The Lives by Einhard, Notker, Ermoldus, Thegan, and the Astronomer,* translated by Thomas F. X. Noble, 194−218. University Park : Pennsylvania State University Press, 2009.

Ubl, Karl. "Carolingian Mirrors for Princes : Texts, Contents, Impact." In *A Critical Companion to the "Mirrors for Princes" Literature,* edited by Noëlle-Laetitia Perret and Stéphane Péquignot, 74−107. Leiden, The Netherlands : Brill, 2022.

van Renswoude, Irene. *The Rhetoric of Free Speech in Late Antiquity and the Early Middle Ages.* Cambridge, UK : Cambridge University Press, 2019.

"The Vision of Charlemagne," In *Carolingian Civilization : A Reader.* edited by Paul Edward Dutton. 2nd ed., 456−57. Toronto : University of Toronto Press, 2004.

"The Vision of the Poor Woman of Laon." In *Carolingian Civilization : A Reader,* edited by Paul Edward Dutton. 2nd ed., 203−4. Toronto : University of Toronto Press, 2004.

Ward, Elizabeth. "Caesar's Wife : The Career of the Empress Judith, 819−829." In *Charlemagne's Heir : New Perspectives on the Reign of Louis the Pious (814−840),* edited by Peter Godman and Roger Collins, 205−27. London : Clarendon Press, 1990.

Ward, Elizabeth F. "The Career of the Empress Judith, 819−843." PhD diss., King's College, University of London, 2002, https://kclpure.kcl.ac.uk/ws/portalfiles/portal/2929040/402576.pdf.

West, Charles. *The Fall of a Carolingian Kingdom : Lotharingia, 855−869.* Toronto : University of Toronto Press, 2023.

Winter, Jay. "Sites of Memory." In *Memory : History, Theories, Debates,* edited by Susannah Radstone and Bill Schwarz, 312−24. New York : Fordham University Press, 2010.

인명 색인